KB116229

장회익의
자연철학 강의

철학을 잊은 과학에게,
과학을 잊은 철학에게

장회익 지음

한 그루의 나무가 모여 푸른 숲을 이루듯이
청림의 책들은 삶을 풍요롭게 합니다.

장회익의
자연철학 강의

철학을 잊은 과학에게,
과학을 잊은 철학에게

장회익 지음

추수밭

책 머리에

왜 '자연철학'인가?

자연철학은 한마디로 자연에 대한 합리적인 그리고 포괄적인 이해를 추구하는 학문이라 규정할 수 있다. 이런 점에서 우리 시대는 가히 자연철학의 시대라고 부를 만도 하다. 하지만 웬일인지 이 용어는 그저 낯설기만 하다. 사실 오늘 우리는 '자연철학'이라는 용어조차 거의 사용하지 않는다.•

이렇게 된 데는 하나의 역사적 아이러니가 존재한다. 인류 지성사에서 어쩌면 최초로 자연철학에 획기적 성취를 이룩한 책이 바로 뉴턴의 《프린키피아》인데, 이 책의 정식 명칭이 《자연철학의 수학적 원리Philosophiae naturalis principia mathematica》다. 그러나 오늘 누구도 이 책을 '자연철학'에 관한 책이라 말하지 않는다. 좁게 말해 이 책은 '고전역학' 책이며, 넓게

• 브리태니커 백과사전은 자연철학에 관해 '자연철학natural philosophy'과 '자연의 철학philosophy of nature'이라는 두 개의 항목에서 해설하고 있다(*Encyclopedia Britannica, Micropedia*. VII. p.223.). 우리가 말하는 자연철학은 대략 이 두 가지를 함께 지칭하는 것으로 보면 된다.

보아도 '물리학' 또는 '과학'에 관한 책이지 철학에 관한 책이라 말하는 사람은 없다. 분명히 뉴턴은 이것을 '자연철학'이라 했으며, 아마도 자신을 철학자 혹은 자연철학자로 여겼을 텐데, 후세 사람들은 전혀 달리 부르고 있다.

성공한 철학은 이미 철학이 아니라는 말이 있듯이, 그가 철학에서 유례없는 성공을 거두었기에 사람들은 이를 따로 분리시켜 '역학'이라, '물리학'이라 부른다. 그리고 이 새 학문은 이후 엄청난 발전과 혁명을 거듭하면서 그야말로 '과학' 전성시대를 이끌어가고 있다.

하지만 이러한 상황에 밝은 면만 있는 것은 아니다. 철학의 한 중요한 부분이 전문 학문 영역으로 분화되면서 본래 철학이 간직했던 학문 정신 또한 상당 부분 왜곡되고 있다. "과학자는 철학을 모르고, 철학자는 과학을 모른다"고 하는 것이 상식으로 통하는 상황에 이른 것이다. '과학'을 '성공한 철학'이라고 놓고 이 문장을 다시 읽어보자. "'성공한 철학자'는 철학을 모르고, 철학자는 '성공한 철학'을 모른다"는 어처구니없는 말이 된다. 이것은 단순한 말장난이 아니다. 그간 철학으로 대변되던 진정한 '학문'이 사라지고 있음을 말하는 것이다. 서양에서는 '앎을 사랑한다는 뜻'으로 '철학'이라 했고, 동양에서는 그저 '학學'이라고 불렀을 뿐 부분으로 갈라놓지 않았다. 그런데 '철학' 또는 '학'이 다른 이유도 아닌 '학문 자체의 성공'으로 인해 이리 찢기고 저리 찢겨 그 본연의 모습을 잃고 있다는 것이 얼마나 역설적인 비극인가?

이를 극복하기 위해 지금이라도 학문 본연의 정신으로 되돌아가야 한다. 물리학, 역학, 또는 양자역학이라 세분하기 전에 이러한 추구의 과정을 앞선 이들의 학문적 지향에 맞추어 '자연철학'이라고 부르고, 이것이 포괄하는 전체의 모습을 한눈에 담아보려는 시도가 요청된다. 이 작업은 기존의 분과 학문의 내용들을 연결하는 것만으로 되는 것이 아니다. 그 전모를 담아낼 새로운 학문의 틀을 마련하고 그 안에 모든 것을 체계적으로 재구성해내야 하는 또 하나의 창조적 노력이 요구된다.

당연히 쉽지 않은 작업이며 앞으로 누군가가 여기에 매달려 본격적으로 심혈을 기울여야 할 과제이지만, 우선 가볍게 산책이라도 하는 기분으로 그 전역을 살펴보며 개략적 윤곽이라도 잡아보는 것 또한 나름대로 의미 있는 작업이라 여겨진다. 이것이 바로 이 책이 시도하는 바인데, 이를 위해서는 나름의 형식적 구조를 갖추지 않을 수 없다.

이를 위해 고안한 틀이 '심학십도尋學十圖'라는 형식이다. 〈십우도十牛圖〉 또는 〈심우도尋牛圖〉라고도 불리는 곽암廓庵의 〈심우십도尋牛十圖〉와 퇴계退溪의 저작인 《성학십도聖學十圖》에서 각각 한 자씩을 취해 마련한 명칭인데, '소(牛)'로 상징되는 참된 깨달음을 찾아나간다는 점에서 〈심우십도〉의 자세를 취했고, 도식을 통해 학문의 요지를 전달한다는 점에서 《성학십도》의 형식을 빌렸다. 《성학십도》가 발간된 이후 지난 삼사백 년간 인류의 지성이 그 깊이를 심화시켜나간 주요 계기들을 정리했고, 이들을 다시 축약해 열 개의 도식에 담아보려 했다.

잘 알려진 바와 같이 곽암의 〈심우십도〉는 한 개인이 자신 속에 내재한 참자아, 곧 불성佛性을 찾아나가는 과정을 그린 것이다. 그러나 이런 명백한 의도에도 불구하고 〈심우십도〉는 적어도 그 형식에 있어서는 단순한 우화에 지나지 않는다. 한 목우자牧牛子가 거친 산천을 헤매면서 소 한 마리를 찾아 포획한 다음 이를 어렵사리 길들여 타고 돌아오는 과정들을 목가적으로 그리고 있는 열 편의 그림이며, 여기에 다시 아름다운 열 편의 연작시를 첨부해놓은 것이다. 모든 우화가 그러하듯 명시적으로는 이 소가 무엇을 상징하며 또 목우자는 누구인가에 대해 아무런 말도 해주지 않는다. 단지 불가의 한 큰 스승이 이것을 만들었고 또 말하지 않아도 그 의도가 명백히 드러나기에 이후 이 작품에 대한 많은 종교적 해설이 덧붙여져 전수되어왔을 뿐이다.

그런데 매우 우연하게도 나는 이 열 편의 그림과 연작시가 인류 지성사의 주요 과정 특히 자연의 기본 원리를 찾아온 역사적 계기들을 담아낼 아주 적절한 상징체계임을 발견했다. 본 창작자인 곽암선사로서는 전혀 기대하지도 의도하지도 않은 사실일 테지만 결과적으로는 이를 표현할 무척 폭넓은 그러면서도 아름다운 '이야기의 틀'을 제공한 셈이다. 사실 나 자신은 〈심우십도〉보다 《성학십도》에 먼저 관심을 가지고 이와 대비되는 측면에서 새로운 열 개의 도식으로 《성학십도》 이후의 학문 전개 과정을 표현해보려 시도했다. 그러다가 우연한 계기에 〈심우십도〉에 생각이 미쳤고, 이를 음미해본 결과 〈심우십도〉의 그림과 거기에 부수된 연작시를 바탕에 까는 것이 더욱 효과적일 것이라는 생각에 이르렀다.

이처럼 선인들의 두 '십도十圖'의 정신을 이어받아 만들어진 '심학십도' 곧 '앎의 지평을 넓혀간 열 가지 이야기'는 대체로 세 개의 층위 안에서 전개된다. 그 첫째가 〈역사 지평〉으로 인류 지성사의 진행 과정 속에서 그 내용이 어떤 계기로 어떤 사람들에 의해 어떻게 마련되었는가를 보이는 역사적 층위라면, 둘째는 〈내용 정리〉로서 저자인 나 자신이 이러한 내용들의 핵심을 어떻게 짚어내어 어떻게 정리했는가를 제시하는 내용적 층위이며, 마지막 〈해설 및 성찰〉은 여기에 사용된 용어 및 개념들에 친숙치 않은 독자들을 위해 이 내용들을 해설하고 이것이 지닌 더 깊은 의미를 성찰해보는 보충적 내용을 담고 있다.

사실 이 책이 전하고자 하는 핵심적 내용은 두 번째 층위인데, 이를 다시 《성학십도》의 양식을 빌려 열 개의 도식으로 표현했다. 《성학십도》의 취지가 그러했듯이, 시간을 내기 어려운 분들이라면 이것만을 따로 음미해보아도 좋을 것이다. 하지만 이런 내용들이 인간의 체취 없이 학문의 전개 양식만 따라 몰역사적으로 이루어진 것이 아님을 보이기 위해 〈역사 지평〉을 도입했으며, 독자들의 이해를 최대한으로 돕기 위해 〈해설 및 성찰〉을 부가했다.

기본적으로 이 책은 '이야기' 형식을 취하고 있고, 또 특정 분야의 사전 지식을 요구하고 있지는 않으나, 불가피하게 일정 분량의 수학적 표현들마저 피해갈 수는 없었다. 오히려 이러한 수학적 표현 그 자체가 중요한 지적 성취의 한 부분을 이루고 있기에, 힘이 든다고 해 수학적 표현을 피해가는 것은 산을 안내하는 자가 산을 피해가는 길만 안내하려는 태도와 같다고 할 수 있다. 오래전에 갈릴레오가 이미 지적했듯이 "철학은 우주라고 하는 이 위대한 책 안에 적혀 있다. 이 책은 언제나 열려 있어서 우리가 열고 읽어나갈 수 있지만, 이것을 이해하기 위해서는 먼저 그 언어와 이를 구성하는 글자를 파악해야 한다. 이 책은 수학이라는 언어로 적혀 있다".•

사실상 갈릴레오 이후 갈릴레오로서는 상상도 못했을 만큼의 새로운 수학이 만들어졌고 그 상당 부분은 자연을 독해하기 위해 고안된 것이다. 하지만 대다수의 독자들은 이 책이 담고 있는 수학적 표현 때문에 크게 당혹해할 필요가 없다. 고등학교까지의 우리 교육과정 속에는 이미 많은 내용의 수학이 들어 있어서, 여기서는 이것을 조금 회상하거나 연장시키기만 하면 된다. 단지 많은 사람들이 졸업 후 이것을 활용할 기회가 없었을 것이고, 따라서 이를 대부분 잊고 있을 것이기에 이 책에서는 꼭 필요한 수학적 표현과 수학적 기교들을 〈부록〉 장의 〈권말 부록〉에 따로 정리해 이것 때문에 걸림돌이 되지 않도록 배려했다.

이 책이 만들어지는 과정에서 많은 분들의 도움을 받았다. 항상 관심을 가지고 지켜봐준 서울의 녹색아카데미, 양자역학 공부모임, 천안 온생명 공부모임의 여러 친구들, 그 가운데서도 특히 〈심우십도〉 열 장의 그림을 섬세한 필치로 그려준 녹색아카데미의 황승미 박사께 감사한다. 그리고 초본 원고를 읽고 수정할 부분들을 지적하며 소중한 제안들을 함께 준 서울대학교 최무영 교수, 부경대학교 장창익 교수, 한국과학영재학교 김재영 박사, 경희대학교의 김종옥 선생께 감사한다. 또 이 책의 집필과정에서 진행된 경희대학교의 융합학술연구 세미나와 '철학자를 위한 물리학' 강의가 생각을 정리하는 데에 많은 도움을 주었으며, 여기에 참여해 논의를 펴주신 교수와 학생 여러분께 감사를 드린다. 마지막으로 책의 기획과 제작에 정성을 쏟아주신 청림출판 여러분들, 특히 추수밭 팀장 허태영 선생께 사의를 전한다.

• Galileo, *Il Saggiatore*, in *The Controversy on the Comets of 1618*. 1623, pp.183-84.; Gleick, J. *Isaac Newton*. Vintage, 2003, p.35.

차례

여는 글

《성학십도》와 〈심우십도〉

우리에게는 성격이 서로 다른 두 개의 '십도十圖'가 전해지고 있다. 하나는 12세기 무렵 중국의 곽암선사가 작성해 우리나라에까지 흘러 들어온 〈심우십도〉이고, 다른 하나는 1568년 퇴계 이황이 만들어 선조 임금께 바친 《성학십도》다. 이들이 가진 공통점은 심오한 내용을 열 개의 그림으로 표현해 그 개요를 간결하게 전달한다는 점이다. 이러한 형태의 전달 방식은 주로 동아시아 전통문화 안에서 만들어지고 전해져왔는데, 말로 전하기 어려운 내용을 대중에 전달하는 매우 효과적인 방법이라 할 수 있다.

이 가운데 〈심우십도〉는 불교에서의 깨우침 곧 진리를 찾아나가는 과정을 열 단계의 상징으로 나타낸 그림들이다. 〈심우십도〉의 취지는 이러한 내용들을 자연 속에서 활동하는 사람과 소의 모습을 통해 나타냄으로써 글자를 모르는 사람들도 직접 그 뜻을 헤아려 느낄 수 있게 해주려는 것이다. 물론 해설을 곁들이지 않고는 그 뜻을 바로 전달하기 어렵겠지만 일단 그림으로서의 영상을 간직케 한다는 점에서 매우 직감적인 방식이라 할 수 있다. 이것에 비해《성학십도》는 성리학이라고도 하는 신유학新儒學의 핵심적 내용을 열 폭의 도식으로 요약해놓은 것이다. 이는 성리학의 본격적인 학습을 위해 좋은 지침에 해당하는 것이며, 또 성리학에 대한 깊은 학습을 수행할 수 없는 사람들에게도 그 가르침의 주된 내용을 전함으로써 사람으로서의 바른 삶을 영위하는 데 도움을 주려는 것이다.《성학십도》는 〈심우십도〉와 달리 내용들을 실물의 영상이 아닌 간단한 도식으로 담아냈으며 핵심 개념들에 대한 문자적인 표현을 사용했다.

내가 이 책에서 시도하는 것은 이러한 문화적 유산을 최대한 수용해 새로운 대중적 소통방식을 찾는 동시에 일견 서로 상반되는 것으로 보이는 두 형태의 '그림'을 함께 사용해 이들이 지닌 장점을 모두 활용하려는 것이다. 물론 이를 통해 전하고자 하는 내용은 불교에서 말하는 깨우침도 아니고 성리학이 담고 있는 학문적 가르침도 아니다. 오히려 성리학 이후 새롭게 전개된 앎의 지평이 어떠한 경로를 통해 넓혀져 왔는가 하는 것을 되도록 탐구자의 입장에 서서 되짚어나가려는 것이다. 이는 인류의 집합적 지성이 수백 년에 걸쳐 이루어낸 성취이지만 이 시대에 사는 각 개인이 이를 자신의 지적 영역 안에 되살리기 위해서는 스스로 구도자의 입장에 서서 이 과정을 실감 있게 되밟아볼 필요가 있다.

이 과정은 〈심우십도〉가 보여주고 있는 구도자의 입장과 매우 유사하며, 동시에 하나하나의 지적 성취가 진행됨에 따라 그 주된 요지를 간결한 도식 안에 담아낸다는 점에서 《성학십도》의 형식을 본받을 수 있다. 이렇게 함으로써 근대 이후의 자연철학 곧 인류 지성의 주된 성과에 해당하는 고전역학, 상대성이론, 양자역학, 통계역학 등이 내포한 사유양식과 이를 활용해 이해할 수 있는 우주, 그 안에 형성된 물질과 생명, 그리고 이에 바탕을 둔 인간의 마음, 이것이 이루어내는 앎의 참모습 등을 열 개의 탐구 과정 그리고 그 결과물인 열 개의 도형으로 나타내보고자 한다.

이를 위해서 실제 이것이 이루어진 역사적 현장을 찾아가며 당시의 상황과 그 주역들의 활동 양상을 되도록 면밀히 그려봄으로써 인류 지성의 지평을 넓혀나간 창의적 활동이 어떤 탐구정신과 작업방식을 통해 성취되는지를 살펴보려 했다. 그러나 이러한 지적 성취가 어떤 성격의 사람들에 의해 어떻게 이루어지는가를 이해하는 것도 중요하지만 더욱 중요한 것은 그들이 성취한 내용이 무엇이며 오늘 내가 그것을 어떻게 체득해 내 삶에 보탬이 되도록 할 것인가 하는 점이다. 따라서 오늘 우리가 가장 손쉽게 접근할 수 있는, 그러면서도 그 핵심적 골간에 해당하는 내용만 과감히 추려 재구성했으며, 이 과정 속에서 불가피하게 많은 역사적 성취들을 생략하거나 서술의 편의상 역사적 과정과 상반된 순서를 따르기도 했다.

여기서 중점을 둔 것은 앎의 지평을 넓혀간 열 가지 주제들이 서로 어떻게 연결되고 맞물리고 있는지를 살펴보려는 것이다. 특히 이들 사이의 관계에서 중시한 것은 역사적 연계성보다는 오히려 논리적 관련성이다. 그렇게 함으로서 전체 내용을 합리적으로 연결된 하나의 정합적 틀 안에서 이해해보도록 했다.

아마도 전례가 없는 방식이겠으나, 열 가지 주제를 선택함에 있어서 우리(동아시아) 문화권에서 출발해 주로 서구에서 성취된 내용들을 섭렵한 후 다시 우리 문화권으로 복귀해 본래 우리가 지녔던 학문적 염원이 어떻게 달성될 수 있을지를 살펴보는 형태를 취했다. 즉 제1장 《우주설》(〈답동문〉 포함)에 나타난 문제의식에서 출발해 근대 서구 과학이 그 내용을 어떻게 채워왔는가를 알아본 후 다시 제10장에서 이 모두를 〈태극도설〉의 구도와 비교해 논의함으로써 '삶 중심'으로 형성된 동아시아의 학문 전통이 어떻게 이어질 수 있을지를 살펴보았다. 이는 근본적으로 우리 문화의 풍토에 바탕을 놓고 그간 서구 과학이 얻어낸 내용들을 우리의 관념 틀 속에서 파악해 결국은 우리의 지적 자산으로 삼아보자는 자세다. 달리 말해 우리 전통 학문의 뿌리와 둥치를 찾아 그 위에 서구 학문을 접붙여 성장시킨 후 다시 우리의 풍토에서 결실을 맺게 하자는 취지라 할 수 있다.

또 이 모든 선구적 역정을 다시 〈심우십도〉의 선화禪畵와 곽암의 선시禪詩에 연결시킴으로써, 자칫 추상적이며 무미건조할 수도 있는 서술 구조 위에 가시적, 예술적 풍미를 얹어보려 시도했다. 이렇게 함으로써 〈심우십도〉가 진정 우리에게 말해주려는 것 즉 이러한 성취를 내 것으로 체화시키기 위해서는 스스로 홀몸으로 이에 뛰어들어야 한다는 가르침에 좀 더 쉽게 젖어들지 않을까 한다.

이처럼 《성학십도》와 〈심우십도〉는 형식적 보조적 기능 이상의 특별한 의의를 지니는 것이 아니지만, 독자 가운데는 이들이 과연 어떤 의미를 지닌 문헌인가에 대해 궁금해 할 사람도 적지 않을 것이기에, 여기서는 내가 이들을 접하게 된 경위를 중심으로 이들이 지닌 역사적 의의를 간략히 서술하기로 한다.

퇴계의 《성학십도》

여러 해 전, 서울 인사동 거리에서 고문헌 전시 및 판매 행사가 열리고 있었다. 우연히 그 곳을 둘러보던 가운데, 유달리 높은 가격이 매겨진 얇은 책 한 권이 눈에 띄었다. 표지가 너무도 낡아 거의 판독이 안 되었지만, 자세히 보니 《성학십도》였다. 왜 그렇게 비싸냐고 물었더니 주인은 뒤표지를 젖히고 마지막 쪽을 보여주었다. 거기에는

융경이년십이월 일隆慶二年十二月 日

이라는 날짜와 함께 검은 도판에 음각으로 찍힌

융경사년隆慶四年
하동개간河東開刊

이라는 글자가 보였다.

나는 두말 않고 책을 구입했다. 이 안에서 어떤 역사적 무게를 느꼈

기 때문이었다. 이 책은 융경 2년(중국 명 목종의 연호, 1568) 12월에 임금께 바쳤던 글이고, 그 2년 후인 융경 4년(1570)에 하동에서 출간되었음을 말해주고 있다.

내가 이 문헌의 구입을 굳이 언급하는 까닭은 이 일이 아니었더라면《성학십도》에 대해 관심을 가질 이유가 별로 없었을 것이고 따라서《성학십도》가 지닌 역사적 의미 자체를 의식하지 못하고 지나쳤을 것이기 때문이다. 사실 나뿐 아니라 현대의 지식인 대부분도《성학십도》에 별 관심을 가지지 않을 것이며, 그 이유 또한 타당한 면이 있다. 한마디로 이 책은 이미 그 역사적 사명을 다했다. 그렇기에 오늘날 학문을 추구하거나 심지어 폭넓은 교양을 갖추기 위해서도 이 책을 굳이 찾아 읽어야 할 이유는 별로 없으며, 따라서 우리 지성계에서 거의 완벽하게 망각되고 있음은 애석하기는 하나 불가피한 추세라 하지 않을 수 없다.

그렇다고 해서 이 책이 지닌 역사적 의미가 줄어든 것은 결코 아니다. 오히려 그렇기에 더욱 이 책이 지닌 역사적 무게는 늘어난다고 생각한다. 이제 그 이유를 자세히 밝히겠지만 이 책이야말로 고전학문과 근대학문 사이의 경계를 가르는 기념비적 작품이기 때문이다. 이 책은 적어도 동아시아 문화권에서 고전학문의 정수를 뽑아 담은 빼어난 저작이며, 이 책을 정점으로 고전학문의 시대가 일단락되고 곧 이어 근대학문의 시대가 열리는 역사적 분수령에 해당하는 저작이다. 이 점을 내게 일깨워준 것이 이 낡은 고본古本《성학십도》이며 이것은 바로 그런 내용을 담고 있을 뿐 아니라 바로 그 역사적 시점에 제작된 실물 표

본에 해당한다.•

《조선왕조실록》과 《퇴계 연보》에 따르면, 선조 원년인 1568년 12월••, 당시 68세•••이던 판중추부사 퇴계 이황은 갓 등극한 17세의 어린 임금 선조에게 열 폭의 도표를 중심으로 유학이 지닌 핵심적 내용을 서술한 책인《성학십도》를 바치고 정계에서 물러나기를 청했다. 그는 선조가 이 책의 내용을 잘 익혀 성왕聖王이 되어주기를 바란다는 뜻을 그 서문이라 할 수 있는 〈진성학십도차進聖學十圖箚〉에서 다음과 같이 우회적으로 밝히고 있다.

> 도道는 넓고 넓어서 어디서 착수해야 할지 옛 가르침은 천만 가지여서 어디서 시작해야 할지 알기가 어렵습니다. 하지만 성학聖學에는 커다란 단서가 있고 심법心法에는 지극한 요지가 있습니다. 이러한 단서와 요지를 드러내어 도표를 만들고 여기에 해설을 붙여 사람들에게 도道로 들어갈 문과 덕德을 쌓게 될 터를 보여줄 수 있습니다.

• 《성학십도》에 관한 현대 해설 및 번역본은 이미 여러 가지가 있으나, 비교적 이른 시기의 것으로는《성학십도》(이황, 조남국 역, 교육과학사, 1986)가 있다.

•• 퇴계와 관련된 제1장과 제10장 그리고 여헌에 관련된 제2장에 나오는 월일月日은 모두 우리의 역사기록 관례에 따라 음력으로 표기한다.

••• 현재 적용되는 국제관례에 따르면 만 67세이나, 퇴계와 여헌에 관련된 제1장, 제2장, 제10장에 나오는 연령은 모두 우리의 전통 나이 표시 관례에 따라 표기한다.

여기에 대해 선조는 "경이 올린 십도十圖는 학문하는 데 매우 절실한 것이니, 병풍을 만들어 좌우에 펴놓고 자경自警토록" 하겠다고 응답했다. 하지만 그는 퇴계가 조정을 떠나는 일만은 허락할 의사가 없었다. 그리하여 다음 해 초, 이조판서에 제수했고, 이에 취임하지 않자 또 다시 의정부 우찬성에 임명했으나 퇴계는 역시 취임하지 않고 거듭 물러나기를 청했다. 결국 선조는 퇴계를 더 이상 붙들어둘 수 없음을 알고, 퇴계와 독대할 자리를 마련해 마지막으로 좋은 가르침을 듣고자 했다. 이 자리에서 퇴계는 당시 나라가 처한 여러 가지 어려운 일들에 대해 세세히 이야기한 후, 몇 달 전에 지어올린 《성학십도》를 언급하면서, 자신은 그 가운데 한두 그림을 보충했을 뿐 이것은 모두 옛 성현들의 말씀이니 여기에 특히 유의해 공부해줄 것을 당부했다.

이렇게 퇴계가 왕과 하직하고 서울을 떠나자, 그 며칠 후 홍문관 학자 조정기, 구사맹, 신응서 등 다섯 명에게 《성학십도》를 강의하라는 어명이 내렸다. 그러자 이들은 모두 난색을 표하면서 아직 이것을 병풍과 책으로 펴내지 못했으니 이것부터 마련해야 한다는 의견을 제시했다. 이리하여 《성학십도》는 그해(1569년) 9월 궁내에서 간행되어 각 관청에 보급되기 시작했고, 서애 류성룡은 다음달에 사신을 따라 서장관書狀官으로 북경에 가면서 중국의 학자 오경吳京에게도 한 부 전달한 것으로 알려졌다. 한편 도산陶山에 가 있던 퇴계는 이 간행 과정에서 직접 교정을 했고, 그렇게 간행된 《성학십도》가 퇴계의 손에 들어온 것은 다음 해인 1570년 늦은 봄이었다.

궐 밖에서는 경상감사 이양원李陽元이 경상도에서 십도十圖를 간행하려 했으나, 퇴계는 "그 도圖는 모두 전철前哲(옛 현인들)이 용의주도하게 마련한 것이지만", 자신이 손을 댄 곳도 있다는 점을 언급하면서, 이를 만류했다는 기록이 있다. 그 결과 이양원의 계획이 어떻게 되었는지는 알려져 있지 않으나, 한 가지 확실한 것은 다음 해인 1570년 경상도 하동에서 그 누군가에 의해 이 책이 출간되었다는 점이다. 앞에 소개한 내 소장본《성학십도》가 바로 이 점을 입증해준다.•

'성학십도'를 올리고 그 간행본까지 받아본 퇴계는 그해(1570년)를 넘기지 못하고 음력 12월 초여드레 날 향년 70세로 세상을 떠났다. 이후《성학십도》는 그의 사후에도 꾸준히 간행되었으며, 숙종, 영조를 비롯한 역대 임금들은 경연 등을 통해 이를 익히고 또 보급시키기에 힘썼다. 이에 따라 이 책은 시간이 지날수록 많은 유학자들의 관심과 논의의 대상이 되었고, 그 내용 또한 지속적으로 응용되고 확장되었다.

그렇다면 이러한《성학십도》를 편찬한 퇴계 이황은 과연 어떠한 사람이었을까? 이를 위해 우리는 그의 출생과 성장 과정을 잠시 되돌아보기로 한다.

• 불행히도 곧 이어 발발한 임진왜란 등의 전쟁 참화로 인해 당시 발간된《성학십도》는 대부분 소실되었고, 필자가 조사해본 바로는 이 무렵에 발간된《성학십도》로서 현존하는 것은 규장각 등 국내외 주요 도서관이나 도산서원에 소장된 것까지 모두 합해도 1572년(융경 6) 영주에서 발간된 것을 비롯한 몇 점에 불과하다.

퇴계의 학문편력

퇴계 이황(1501~1570)은 1501년(연산군 7) 예안현 북쪽 온계리(오늘날 안동시 도산면 온혜리)에서 태어났다. 퇴계의 아버지 식埴은 초취 김씨에게서 두 아들과 딸 하나를 두었고, 김씨가 일찍이 세상을 떠나자, 다시 재취 박씨에게서 막내인 황滉을 포함해 네 아들을 두었다. 퇴계의 아버지는 젊어서부터 아우(송재공松齋公 우堣)와 함께 공부를 좋아해 과거에만 목표를 두지 않고 폭넓게 독서를 했다. 과거도 여러 번 보았으나 결국 진사進士로 그쳤고, "학도를 모아 가르치는 것이 곧 내 길이 되리라"고 하며 교육에 뜻을 두었다. 하지만 그는 뜻을 크게 펼치지 못하고 퇴계 생후 일곱 달 만에 세상을 떠나고 말았다. 이때 자녀들은 오직 맏아들만이 혼사를 치렀을 뿐 나머지는 모두 미성년이어서, 퇴계의 어머니 박씨는 스스로 농사짓기, 누에치기를 해가며 이 여섯 아이들을 혼자 손으로 길러내야만 했다.

퇴계가 자신의 젊은 시절에 대해 회고한 글에 보면 다음과 같은 이야기가 나온다.

> 내 나이 열일곱에서 열여덟 무렵, 향 내에는 뛰어난 선배가 있는 것도 아니고 또 따라서 배울 만한 스승이 있는 것도 아니었다. 다만 옛 글을 읽고 실심實心(학문을 추구하는 마음)을 얻고자 했고, 한결같이 몸가짐을 바로 하고자 했다. … 나는 학문에 뜻을 두었으나 들어가는 단서와 연구의 방법을 몰라 애를 태웠다. 하지만 탐

구하고 사색하기를 마지않았고 때로는 밤새도록 정좌해 밤을 새우기도 했는데, 마침내 마음의 병을 얻어 여러 해 동안 공부를 폐한 일마저 있었다. 그때에 사우師友가 있어서 갈팡질팡하던 것을 바로잡을 수 있었다면, 그렇게 심력心力을 헛되이 쓰지 않았을 것이고 좀 더 일찍이 얻음에 이르렀을 것이다.•

그러다가 19세에 이르러서는 당시 자신의 심사를 읊은 주목할 만한 시를 남겼다.••

숲속 초당에서 만 권 책을 홀로 즐기며
일상의 마음으로 십 년 넘게 지냈구나.
이제야 어렴풋이 근원과 마주하니
내 마음 휘어잡아 태허를 바라본다.•••

이 시를 통해 우리는 퇴계의 학업 과정에 대해 몇 가지 중요한 통찰을 해볼 수 있다. 우선 그가 살던 시골집에 다른 것은 몰라도 책은 넉넉하게 있었다는 점이다. 알려진 바에 따르면 글을 좋아하던 그의 아버

• 정순목, 〈퇴계선생 연보보유〉, 《퇴계정전》, 지식산업사, 1992, 382~383쪽.

•• 권오봉, 《퇴계선생 일대기》, 교육과학사, 1997, 38쪽; 이상은, 《퇴계의 생애와 학문》, 예문서점, 1999, 24~25쪽; 정순목, 《퇴계정전》, 291쪽.

••• 獨愛林廬萬卷書 一般心事十年餘 邇來似與源頭會 都把吾心看太虛

지가 첫 부인 쪽 처가에서 많은 책을 물려받았다고 하는데, 이것이 어린 퇴계에게 다양한 독서 경험을 가능케 했던 것으로 보인다. 그러나 글을 읽기 시작해 십여 년에 이르기까지도 이렇다 할 스승에게서 본격적인 수업을 받지는 못했다. 앞에서 그가 언급했듯이 이 중요한 시기에 그는 특별한 스승도 지정된 과정도 없이 그저 혼자 학문에 취해 사색과 책 읽는 즐거움에만 푹 빠져 지냈던 것이다. 이를 일러 그는 "십여 년간 만 권의 책을 홀로 즐겼다"고 읊고 있다.

바로 이 점이 흥미롭다. 우리가 퇴계를 비롯해 앎의 지평을 넓혀간 여러 사람들의 자취를 따라가며 그 공부해나간 모습을 살펴보면 한 가지 중요한 공통점을 찾을 수 있는데, 바로 비교적 이른 시기에 자기 혼자 자기만의 방식으로 공부에 심취할 기회를 가졌다는 점이다. 이는 물론 주변의 도움을 전혀 받지 않았다는 것은 아니다. 도움을 받되 간헐적으로 중요한 깨우침의 계기를 얻거나 또는 격려를 얻는 것들이지 지속적인 이끌림을 당한다든가 싫증을 느낄 정도의 수동적 학습을 받지는 않았다는 점이다. 퇴계의 경우 중요한 계기에 숙부에게 도움을 받았고, 또 몇몇 깨우침에 대해 격려를 받았다고 전해지는데, 이 점 또한 창의적 자기 발전을 하는 데 큰 도움이 되었을 것으로 보인다.

그러다가 퇴계는 중요한 전환점을 맞는다. 사물의 근원에 마주친 것이다. 어쩌면 "나는 어떠한 세상에 살고 있는 어떠한 존재이며, 그렇기에 나는 어떠한 자세로 어떻게 살아야 하나?" 하는 근원적 물음이 자기도 모르게 떠올랐을 것이고, 여기에 대한 심오한 해답으로 (아마도 장재張載의 글에서 보았을) '태허太虛'라는 개념에 이끌렸던 것이다. 그리하여 그는 그간의 긴 방황을 뒤로 하고 이제 막 대지를 박차고 일어서는 한 고독한 탐구자의 모습을 지니게 된다.

그의 연보보유年譜補遺에 따르면 열아홉 살 때 처음으로《성리대전性理大全》의 수首·미尾 두 권을 읽고 갑자기 마음이 즐겁고 눈이 뜨이는 듯했으며, 오랫동안 익혀가다 보니 차츰 글의 뜻이 이해되고 학문의 문로가 열렸다고 한다. 특히 그는 "《성리대전》 가운데 〈태극도설〉은 내가 계발된 첫출발이었다"고 말한다. 마침내 그가 품었던 근원적 물음에 대한 해결의 실마리가 잡힌 것이다. 그는 또 이렇게 말한다.•

> 도설을 보니 모든 의문이 싹 가시고 앞뒤가 확 트이게 되었으며 우주의 근본원리와 인간의 본질이 무엇인지가 마음속에 잡혔다. 도설 가운데 군자는 (이 원리를) 닦으니(수지修之) 길하고 소인은 이를 거스르니(패지悖之) 흉하다는 말은 사람이 공부를 할 때 가장 염두에 두어야 할 말이다. 닦는다(수지修之) 혹은 거스른다(패지悖之)는 갈림길은 오직 자신이 공경하냐 방자하냐 하는 가운데 있는 것이니, 어찌 두렵지 아니한가!

〈태극도太極圖〉는 그가 후에 만든《성학십도》의 첫 번째 도표이며 이에 대한 해설이 바로 〈태극도설太極圖說〉인데, 그는 이미 이 시기에 이 글을 학문적 각성의 첫 관문으로 삼았던 것이다. 이것은 누구에게 배

• 정순목, 〈퇴계 선생 연보보유〉,《퇴계정전》, 388쪽.

운 것도 아니고 오로지 자신의 힘으로 찾아낸 첫 성과였던 만큼 느꼈던 감흥도 그만큼 더 컸으리라는 것은 짐작하고도 남는다. 〈태극도〉와 〈태극도설〉에 관한 이러한 감흥은 그의 전 생애를 통해 지속되었다.• 훨씬 훗날의 이야기지만 그의 수제자 격인 학봉 김성일이 이기理氣 이론에 대한 이해가 어렵다고 토로하자 퇴계는 곧바로 "그대가 〈태극도설〉을 깊이 읽지 못해 그렇다"고 대답한 일도 있다.••

《성학십도》의 성격

그렇다면 이처럼 예사롭지 않은 과정을 거쳐 출현한 《성학십도》는 도대체 어떤 성격의 책인가? 그리고 또 이것은 오늘 우리들에게 어떤 의미를 지니고 있는가? 이 점을 생각하기 위해 《성학십도》의 내용을 간략히 정리해보면, 그 특징을 크게 두 가지로 요약할 수 있다.

첫째는 적어도 퇴계 자신이 파악할 수 있었던 학문 내용 가운데 가장 중요하고 핵심이 될 내용을 엄선해 한 권의 책으로 묶었다는 점이

• 이덕홍의 기록에 따르면, "선생은 말씀하시기를 《성리대전》의 〈태극도설〉 권은 내가 계발되어 입문을 찾은 곳이다" 했고, 또 〈태극도설〉을 강학하시면서 "내가 사람들과 강학함에 있어서 반드시 이것을 먼저 강의하는 것은, 내가 초년에 이로부터 들어갔기 때문이다"라 하셨다.(〈언행록〉 권2, 《퇴계전서》 하, 651면 상단: 이상은, 《퇴계의 생애와 학문》, 93쪽.)

•• 이상은, 《퇴계의 생애와 학문》, 94쪽.

다. 이것은 전체 내용에 대한 포괄적이고 심층적인 이해 없이는 해내기 어려운 작업이며, 따라서 퇴계는 적어도 이러한 이해에 근접하고 있었다는 이야기가 된다. 그리고 둘째는 그 분량을 극도로 축소하고 도식화 시각화함으로써 누구나 큰 부담을 느끼지 않고 학문의 핵심에 도달해 그 내용을 체득하게 만들었다는 점이다. 일차적으로는 정무에 항상 바쁠 수밖에 없는 임금이 학문의 길에 깊이 들어가지 않고도 이를 체득하게 하겠다는 것이지만, 사실은 학문에 깊이 몰두할 겨를을 갖지 못하는 수많은 사람들이 이를 통해서 학문의 진수에 접근하도록 만들겠다는 더 넓은 취지가 그 안에 담긴 것이다.

비유하자면 이를 식재료와 음식에 견주어 생각할 수 있다. 많은 학자들이 오랜 기간에 걸쳐 만들어낸 방대한 분량의 학문을 인간에게 필요한 식재료라 한다면, 이것을 추리고 추려 한 사람 한 사람이 그 내용에 접근할 수 있게 만든 것은 요리사가 식재료들을 가리고 추려 소화 가능한 음식으로 재생시켜놓은 것이라 할 수 있다. 아무리 식재료가 풍성하다 하더라도 이것이 요리의 과정을 거쳐 음식으로 만들어져 나오지 않으면 우리는 이것을 먹어 소화시킬 수가 없듯이 아무리 심오한 학문이 쏟아져 나온다 하더라도 이를 모두 섭렵해 이해할 여건과 시간을 갖지 못한 사람에게는 그림의 떡에 지나지 않을 것이다.

그러니까 퇴계의 《성학십도》는 바로 퇴계 이전까지의 학문 곧 고전학문의 총체를 소재로 해 누구나 손쉽게 소화할 수 있는 영양가 높은 음식을 한 상 차려놓은 것이라 할 수 있다. 그리고 그 음식만 먹으면 누구나 성인으로 탈바꿈할 수 있는 값진 내용을 담고 있다. 이것이 바로

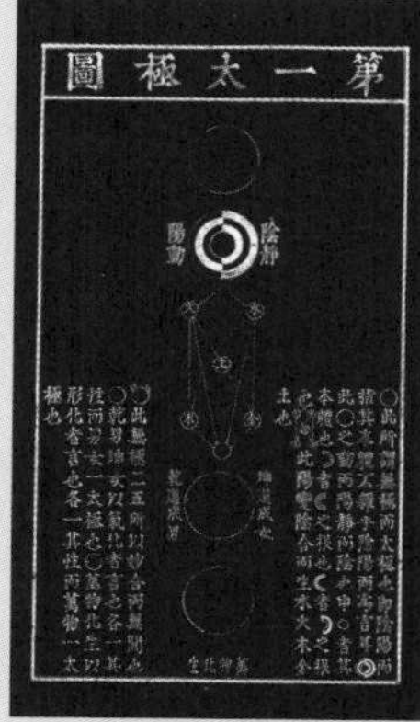

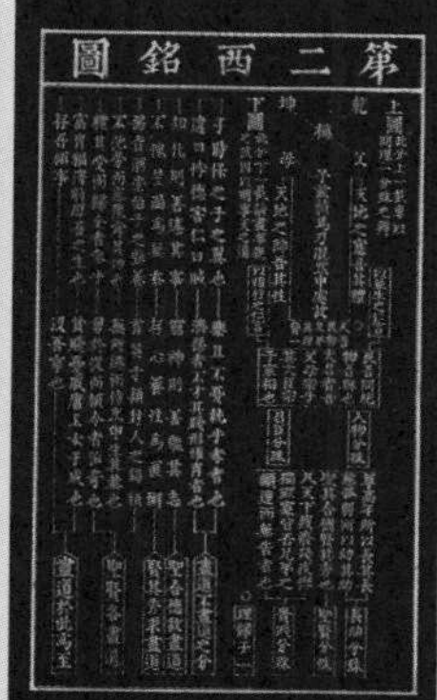

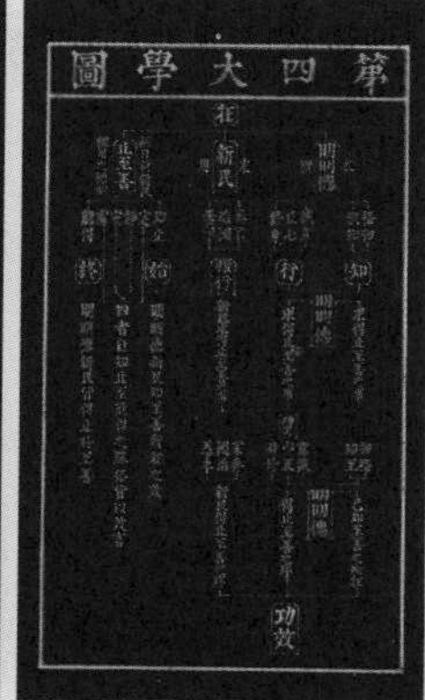

《성학십도》. 1568년(선조 1) 이황이 당시 어린 나이에 즉위한 임금인 선조에게 설명하기 위해 유학의 핵심을 열 폭의 도표로 정리했다. 상단 왼쪽부터 차례대로 〈태극도〉, 〈서명도〉, 〈소학도〉, 〈대학도〉, 〈백록동규도〉, 〈심통성정도〉, 〈심학도〉, 〈인설도〉, 〈경재잠도〉, 〈숙흥야매잠도〉. 이 가운데 〈심통성정도〉는 〈천명도〉에 대한 기대승의 지적을 수용해 수정한 것이다.

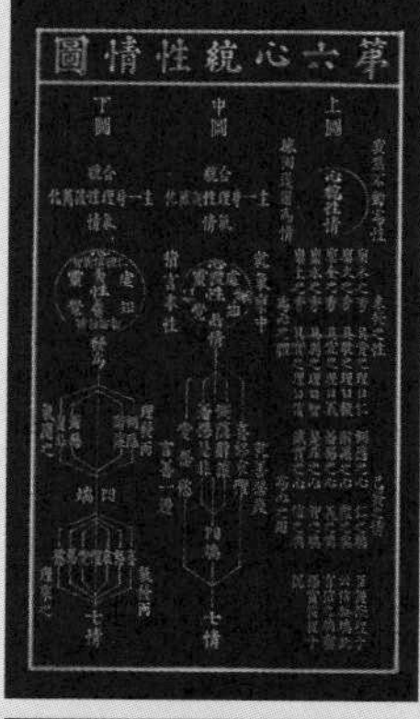

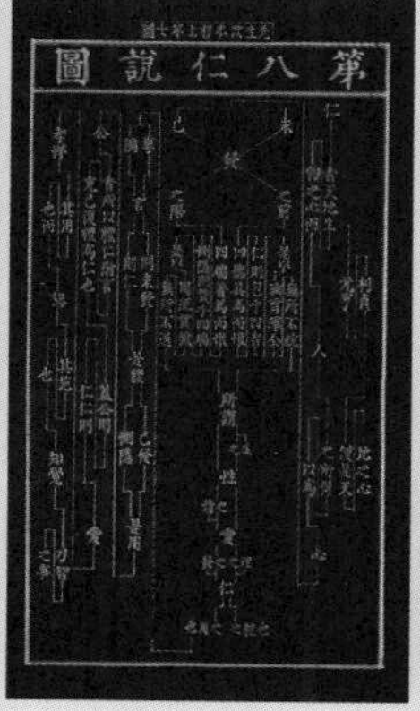

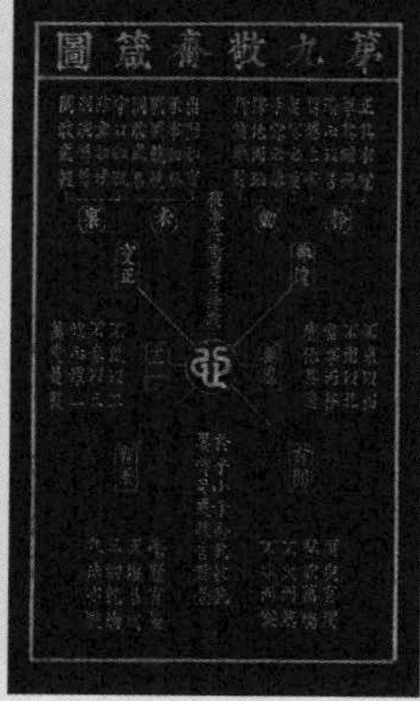

퇴계가 시도한 일이며 그 결과로 나타난 것이 바로《성학십도》다.

그럼에도 불구하고 이것이 오늘에 와서는 그 역사적 사명을 다했다고 볼 수 있다. 이 책은 그 후에 전개된 학문적 진전을 담고 있지 않을 뿐 아니라 이러한 학문적 진전을 촉진시킬 별다른 자극도 주지 않고 있기 때문이다. 예를 들어《성학십도》가운데 제1도인 〈태극도〉와 제2도인 〈서명도西銘圖〉가 "근본을 추구하고 확충해 하늘을 체득하고 도道를 다하게 되는 극치를 보여주는 것"이라고 하고 있지만, 이것이 담고 있는 개념의 틀이 현대인의 사유와 조화되기 어려운 측면이 있으며 이것이 제시하는 내용 또한 그 자체로서 큰 설득력을 지니지 않는다. 다만 근본을 추구하고 이에 맞는 삶의 길을 찾아야 한다는 정신은 아직도 유효하며 힘써 계승해야 할 부분이다.

그렇기에 우리에게 요구되는 것은 이러한 정신은 살리되, 단순히 수용하는 자세가 아니라 아직 알려지지 않은 새 진리를 자신의 힘으로 찾아나가는 자세를 지니는 일이다. 이것이 바로 또 하나의 '성학십도'가 아닌 '심학십도'가 요구되는 이유다.《성학십도》에서는 이미 마련된 학문의 핵심을 제1도인 〈태극도〉와 〈태극도설〉에 제시하고 나머지는 이를 학습하거나 체득해가는 형태를 취한 반면, '심학십도'에서는 제1도에서 제9도까지 단계별로 학문을 추구하는 과정을 담고 마지막 제10도에서 이를 종합하는 형태를 취한다. 그럴 경우《성학십도》의 〈태극도〉와 〈태극도설〉의 정신에 가장 잘 부합하는 부분이 이 책의 제10도 곧 '온전한 앎' 부분이 되며, 따라서 이 부분에서 이 두 내용을 비교해 검토하기로 한다.

곽암의 〈심우십도〉

대부분 사람들이 그렇겠지만 내가 〈심우십도〉를 처음 접한 경험은 어느 사찰의 대웅전 옆벽과 뒷벽을 빙 둘러가며 펼쳐진 멋진 풍경화와 그 안에 그려진 소와 동자의 모습에서다. 예사롭지 않은 그림이라고는 생각했지만, 이것이 바로 곽암의 〈심우십도〉였다는 것도 몰랐고 또 이를 통해 어떤 깨달음에 이르리라는 느낌을 얻은 바도 아니다. 하지만 이 경험이 내 인상에 깊이 박혔다는 사실만으로도 후일 내가 이것을 이해하고 또 어느 의미에서 활용하게 될 좋은 인연의 단초가 아니었나 하는 생각이 든다.

앞에서도 말했듯이 이 그림을 다시 되새기게 된 것은 그간 내가 경험해온 학문의 추구 과정들을 몇 개의 도상圖像으로 표현해보고자 시도하면서다. 예술적 상상력이 별로 출중하지 못한 사람으로서도 이 열 폭의 그림이 바로 내가 표현해내고 싶었던 내용들에 대한 상징물이 될 수 있겠구나 하는 느낌에서였다. 이는 어쩌면 불가에서 추구하는 구도의 정신과 인류의 집합적 지성이 추구하는 학문 탐구 정신 사이에 보이지 않은 공통점이 있기에 나온 생각일 것이다.

실제로 불가에서는 '소를 찾는다'고 하는 심우尋牛의 이미지와 도를 익힌다고 하는 학도學道의 이미지를 연결시키는 발상이 오래전부터 이어져왔다. 《전등록傳燈錄》(중국 송 시기 도언道彦이 1004년에 엮은 불교서적. 석가모니 이래 여러 조사祖師들의 법맥과 법어를 모아 엮은 것으로 모두 30권으로 되어 있음.) 권29에 보면 용아龍牙(835~923)의 다음과 같은 게송이 나온다.

> 소를 찾으려면 모름지기 발자국을 찾아야 하며, 도를 배우려면 무심을 찾아야 한다.
>
> 발자국이 있으면 소 또한 있고, 무심이 되면 도道 또한 찾기가 쉽다.•

실제로 소를 찾는 과정을 10단계로 나누어 그림으로 표현한 〈십우도〉는 여러 종류가 있었는데, 그 가운데 대표적인 것이 보명普明 선사의 〈목우도牧牛圖〉와 곽암선사의 〈심우십도〉다. 보명의 전기는 분명치 않으며 단지 그의 생년이 곽암보다는 앞선 것으로 추정되고 있다. 보명이 그린 〈목우도〉에는 검은 소가 수행 과정을 거치면서 점차 흰색으로 변하는 모습을 보이고 있으며 그림마다 보명선사송普明禪師頌이라는 게송이 각인되어 있다. 보명의 〈목우도〉는 명대 이후 중국과 한국에 많이 알려졌으나, 지금은 곽암선사의 〈심우십도〉가 통칭 〈십우도〉라 불리면서 중국, 한국, 일본에 걸쳐 가장 널리 유포되고 있다.

한편 곽암선사는 12세기경인 북송 말기 지금의 중국 호남성湖南省 상덕현常德縣 지역인 정주鼎州 양산梁山에 거주했던 사람이다. 그는 임제종 양기파에 속하는 대수원정大隨元靜(1065~1135) 선사의 법사法嗣(법통을 이어받은 후계자)라고 하나, 출생이나 사망 연도 등 자세한 전기는 알려져 있지 않다. 현존하는 그의 저술로는 제자 자원慈遠이 편찬한

• 尋牛須訪迹 學道訪無心 迹在牛環在 無心道易尋

《십우도》가 있다. 이 안에는 이 책의 본문에 해당하는 열 편의 그림인 도圖와 함께 각 그림에 대한 제목과 게송인 제題와 송頌이 있는데, 이들은 모두 곽암 자신이 지은 것이다. 여기에 편찬자 자원은 이 전체에 관한 서문인 총서總序와 함께 각 그림에 대한 별도의 서문인 서序를 추가하고, 여기에 덧붙여 석고이石鼓夷 화상과 괴납련壞納璉 화상의 화답송和答訟인 화和와 우又를 각 항목별로 싣고 있다.• 편찬자 자원은 총서에서 이 책이 출현할 당시의 상황을 비교적 소상히 설명한다.

> 무릇 제불諸佛의 참된 근원은 중생이 본래 갖추고 있으나, 미혹으로 인해 삼계三界에 빠져들기도 하고, 깨달음으로 인해 사생四生에서 즉각 벗어나기도 한다. 그렇기에 부처들이 생겨나는가 하면 중생으로 머물기도 한다. 이를 옛 성현들이 가엽게 여겨 다양한 방편들을 널리 펼치셨다. 치우침과 원만함에서 이치를 알게 했고, 즉각적 깨우침과 점차적 깨우침을 함께 가르쳤다. 거친 것에서 섬세한 것에 이르게 했고, 얕은 곳에서 깊은 곳에 다다르게 했다 … 청거선사淸居禪師라는 분이 중생의 근기를 살펴 병에 맞는 처방을 내리듯 소 기르는 것을 그림으로 나타내 근기에 따라 가르침을 베풀고 있다. … 그 이치는 근원에 이르고 있으나 그 방법에는 못 미침이 있다. … (그래서) 어떤 이는 이를 허망한 데 떨어뜨린다고

• 이에 대한 자세한 해설과 번역은《십우도》(조광호 역해, 비운과소통, 2015),《깨달음에 이르는 열 가지 단계: 십우도》(이희익, 경서원, 1985, 2003 개정) 등에 실려 있다.

의심하며, 어떤 이는 이를 일상적 견해에 불과하다고 비난한다.

그러면서 그는 곽암선사를 칙공선사則公禪師라 칭하며 그의 작업에 대해 다음과 같이 소개한다.

> 지금 칙공선사를 보면, 옛 성현의 모범을 본받고 자신의 흉금을 토해내는 열 편의 아름다운 노래를 지어 서로를 비추어가며 빛을 나누고 있다. 처음 소를 잃어버린 곳에서 마지막 근원으로 돌아감에 이르기까지, 여러 근기에 잘 대응하는 것이 마치 굶주리고 목마른 것을 구원하려는 것과 같다.

이렇게 전파되기 시작한 〈십우도〉는 이후 불가에서 초심자가 선禪에 이르기 위해 꼭 읽어야 한다는《선종사부록禪宗四部錄》의 하나로 편집되기에 이르렀다.《선종사부록》은 〈신심명信心銘〉, 〈증도가證道歌〉, 〈십우도〉, 〈좌선의坐禪儀〉의 넷을 합쳐서 엮은 책인데 그 정확한 편찬 연대는 알려지지 않았다. 이 가운데 〈신심명〉은 삼조三祖 감지승찬鑑智僧璨 선사의 저작이고 〈증도가〉는 영가현각永嘉賢覺 선사의 저술이며, 〈좌선의〉는《백장청규百丈清規》를 근거로 해서 쓴 것인데 저작자는 자각대사慈覺大師라 불리는 장노종색長盧宗賾이라고도 하나 분명치 않다는 설도 있다.* 〈십우도〉가 선문禪門에서 가장 중요시해 널리 애독된다는 이《사부록》의 하나에 속한다는 것은 그만큼 〈십우도〉가 대중에 널리 알려졌다는 이야기이기도 하다.

우리나라에서는 사명당泗溟堂 유정惟政(1544~1610)의 발문이 있는 목판본으로, 1613년(만력 41)에 경산 안흥사에서 간행된 〈십우도〉가 있는데, 그 1행에 "정주양산곽암화상십우도송병서鼎州梁山廓庵和尙十牛圖頌幷序"라고 밝히고 있다. 특히 민간에서 추앙을 받는 사명대사가 발문을 썼다는 점은 이 책이 그만큼 민중에 널리 애독되었음을 말해주는 것이기도 하다.

이와 관련해 한 가지 흥미로운 점은 사명당의 스승이기도 한 서산대사西山大師 휴정休靜(1520~1604)이 제자인 소요태능逍遙太能 선사에게 주었다는 다음과 같은 선시禪詩가 있다.

> 그림자 없는 나무를 베어다 물속의 거품을 모두 태워버렸네.
>
> 우습다, 소를 탄 사람이여 소의 등에 타고서 다시 소를 찾는구나.••

여기서 서산대사는 앞의 두 구절을 통해 일상의 논리를 뛰어넘는 삶의 새로운 경개景槪를 말하고 있다. 그러면서 마치 〈십우도〉의 노력을 비웃기라도 하듯 소를 탄 사람이 다시 소를 찾는 자세를 조롱하고 있다. 그러나 이것이 진정한 조롱일까? 아마도 그렇지 않을 것이다. 그러한 경지에 이르도록 끝없이 추구해보라는 강력한 경구일 수 있다.

• 우리나라에서 《선종사부록》을 소개한 책으로는 《선종사부록》(이희익 주해, 보련각, 1972)이 있다.

•• 斫來無影樹 燋盡水中漚 可笑騎牛者 騎牛更覓牛

제1장

소를 찾아 나서다

앎의 바탕 구도

茫茫撥草去追尋 水闊山遙路更深 力盡神疲無處覓 但聞楓樹晚蟬吟
망망발초거추심 수활산요로경심 역진신피무처멱 단문풍수만선음

첫 번째 여정, 심우尋牛

곽암 〈심우도〉의 첫 그림에는 '심우'라는 제호가 붙어 있다. 한 구도자가 손에 밧줄을 잡고 드넓은 들판으로 소를 찾아 나서는 모습이다. 소가 있을 것이라는 기대와 이를 잡아오겠다는 결의가 넘쳐나고 있다. 하지만 아직 소의 모습은 물론 흔적조차 나타나지 않고 있다.

여기서 소는 진리를 상징한다. 그러니까 우리는 이 그림에서 진리 곧 참이치를 추구하겠다고 나선 한 구도자를 본다. 그는 참이치를 알아볼 어떤 결의와 식견을 갖추고 있을까?

역사 지평

이 땅에서 어느 시기에 참이치를 찾겠다고 나선 사람들은 아마 무수히 많을 것이다. 그 모두를 우리는 알지 못하거니와 설혹 안다 한들 그 모두를 우리의 논의에 등장시켜 일일이 그 행적을 살펴나갈 필요는 없다. 그러나 우리의 문화 풍토 안에서 아직 근대 학문의 맹아조차 보이지 않던 시기에 스스로 앎을 향한 강한 집착으로 한 생애를 바친 끝에 근대 학문의 바탕 구도를 제시한 한 인물이 있다면, 그의 행적을 통해 '심학尋學' 곧 '진리 찾음'의 첫 장면을 구성해보는 것이 유용할 것이다.

이러한 점에서 '심학십도'의 역사 지평 위에 첫 구도자의 모습으로 떠오른 인물이 여헌旅軒 장현광張顯光(1554~1637)이다. 그는 말하자면 성현들의 가르침인《성학십도》의 내용을 단순히 수용하는 것에 만족하지 않고 자신이 직접 드넓은 들판으로 나가 소로 상징되는 참이치를 찾아보려 시도했던 인물이다. 우주를 이해해보겠다는 그의 시도는 현대의 기준으로 볼 때 턱없이 불충분한 것이었으나, 이를 추구할 바른

'앎의 구도'를 제시했다는 점에서 '심학'의 첫 장면에 해당하는 선구적 구실을 했다고 말할 수 있다. 이제 그 구체적 정황을 간략히 추적해 보자.

근대학문의 싹, 《우주요괄첩》

우리는 앞에서 퇴계가 선조 원년(1568년)에 《성학십도》를 임금께 바쳐 그것을 읽고 도움을 얻게 되기를 청했던 일에 대해 이야기했다. 그 일이 있은 지 85년이 지난 효종 4년(1653)에는 여헌의 문인門人 박길응朴吉應이 임금(효종)께 《우주요괄첩宇宙要括帖》이라는 책자 하나를 헌정하면서, 임금이 이것을 보고 도움을 얻게 되기를 간청하고 있다. 그의 이 상소문에는 다음과 같은 말이 담겨 있다.•

> 신은 일찍이 유신儒臣인 장현광에게 수학하였사온바 《우주요괄첩》과 그 표제 요어要語를 보오니, 참으로 마음에 좋아하고 항상 눈으로 보아야 할 내용이었습니다. 별세한 스승의 문집이 세상에 간행되었으나 유독 이 한 기록은 빠졌습니다. 그러므로 신이 정사淨寫(깨끗이 다시 적음)하여 올리오니, 원하옵건대 전하께서는 유념하소서. 요괄 10첩 중에 특히 〈반궁첩反躬帖〉이 가장 체인體認하

• 〈여헌 기문록: 문인 박길응〉, 《여헌속집》 제9권, 《국역여헌집》 4, 196쪽

기에 마땅하오니, 엎드려 원하옵건대 전하께서는 살펴주옵소서.

박길응이 올린 이《우주요괄첩》은 여러 모로 퇴계가 올린《성학십도》와 대비된다.《성학십도》는 68세의 노학자가 만들어 당시 17세였던 어린 임금께 바친 것이었던 것에 비해,《우주요괄첩》(역시 10첩으로 구성됨)은 반대로 18세의 소년이 쓴 공부계획서를 당시 35세의 성년이던 임금에게 바쳐 공부에 도움을 받으라고 했던 것이다. 아무리 이미 작고한 스승의 것이기는 하나, 18세의 소년이 썼던 글을 임금께 교육의 소재로 올린다는 것은 좀처럼 생각하기 어려운 일이다.

더욱 흥미로운 점은 실제로《성학십도》와《우주요괄첩》은 거의 같은 시기에 만들어졌다는 사실이다. 퇴계가 선조에게《성학십도》를 바친 것은 1568년 12월이지만 이것이 궁궐 밖에서 출간된 것은 1570년이었음을 밝힌 바 있다. 그런데 그 다음 해인 1571년에 당시 18세 되던 소년 장현광이 바로 이《우주요괄첩》을 작성했다. 좀 과장해서 말한다면 우리의 학문 전통 안에서《성학십도》가 간행된 1570년을 고전학문의 정점이라 칭한다면,《우주요괄첩》이 작성된 1571년을 근대학문의 기점이라고 할 수 있다.《우주요괄첩》 안에 근대학문의 맹아가 싹트고 있기 때문이다.

이 점을 살피기 위해《우주요괄첩》 안에 무엇이 담겨 있는가를 잠깐 살펴보자. 간단히 말해 이 책은 작성자인 여헌이 앞으로 온 생애를 바쳐 공부할 내용들의 줄거리를 열 개의 첩자 형태로 정리해놓은 비망록이다. 그 안에는 천지天地, 고금古今, 인물人物, 문헌文獻 등의 제목이 배열되어 있는데, 여기서 특히 관심을 끄는 것은 그 첫 장인 〈회진첩會眞帖〉이다. 이것은 진리(진眞)를 만난다(회會)는 뜻인데, 백지 위에 둥근 원 하나만 덩그러니 그려져 있다. 이것은《성학십도》의 제1도인 〈태극도〉 제일 윗부분에 해당하는 것이기도 한데(제10장, 〈그림 10-1〉 참조), 그가 이미 〈태극도〉를 보고 그린 것인지 아닌지는 확실치 않다.• 만일 〈태극도〉를 보고 그린 것이라면 그 전체 중에서도 근원에 해당하는 태극의 원리에 초점을 두겠다는 결의에 해당하는 것으로 볼 수 있다. 이유가 무엇이든 가장 단순하고 완전하면서도 그 안에 모든 것을 품을 수 있는 하나의 원을 진리의 상징으로 삼았다는 것은 우주 전체를 하나의 틀 안에 담아보겠다는 야심 찬 기획이라 볼 수 있다.

그리고 마지막 장인 〈반궁첩〉은 스스로를 되돌아보며 앞으로 지켜나갈 삶의 자세를 담는다는 의미인데, 그 한가운데에 굵은 글씨로

> 능주천하제일사업能做天下第一事業,
> 방위천하제일인물方爲天下第一人物

이라 적혀 있다. 이것은 "천하에서 제일가는 일을 해내어야 비로소 천하에서 제일가는 사람이 된다"는 말로 스스로의 학문을 '천하제일의

• 불가에서는 육조대사 문하의 남양南陽 혜충국사慧忠國師(?~775)가 최초로 일원상一圓相을 그렸다 전해지고 있다. 이러한 점으로 미루어 당시 조선 지성계에는 비교적 널리 알려진 상징물일 수 있다. 또 앞에 소개한 〈십우도〉의 여덟째 그림에도 이러한 원이 등장한다.

사업'으로 규정하고, 평생 이것에 전념할 것을 다짐하는 글귀다. 내가 앞에서《우주요괄첩》이 근대학문의 맹아가 된다고 한 것은 바로 이 문장 때문이다. 이것은 곧 '천하제일의 사업'이 과거의 성인들이 이루어 놓은 것이 아니라 미래에 성취해야 할 과제임을 말하며, 적어도 암묵적으로 내가 이것을 해낼 수 있으며 더 나아가 해내겠다는 자세를 표방한 것이기 때문이다. 이것이 바로 이미 이루어진 성학聖學을 익혀 이를 체득하는 것에 목표를 두는 고전학문에 대비해, 더 나은 학문이 가능하며 이것은 내가 성취할 과제라고 보는 근대학문 정신의 표출인 것이다. 이는 곧 고전학문의 시대는 가고 근대학문의 시대가 왔다는 선언에 해당한다. 이 점을 의식했는지, 위에 언급한 상소자는 특히 이 "〈반궁첩〉이 가장 체인하기에 마땅하다"고 진언을 하고 있다.

또 한 가지 우리가 주목할 점은 여헌이 이 열 개의 첩자로 된 책(첩책帖冊)을 여든셋의 고령에 이르기까지 그의 긴 생애를 통해 잠시도 잊지 않고 몸에 지니고 다니며 수시로 음미했다는 사실이다. 이것과 관련해 그는 다음과 같은 글을 남겼다.•

> 나는 어려서 배움의 기회를 잃고 늦어서야 비로소 학문에 눈을 떴다. 무엇보다도 삼재三才(천天, 지地, 인人 세 가지를 하나로 묶어 이르는 말)의 이理를 끝까지 추궁하고 싶었다. 그래서 한 작은 첩 책자를 만들고는 그 안에 천지天地, 고금古今, 인물人物, 사변事變 등의

• 장현광, 〈피대설〉, 《국역여헌집》 2, 27쪽.

제목을 배열해 적어두었는데, 책의 명칭을 '우주요괄宇宙要括'이라 했다. 이 한 몸 가는 곳에는 반드시 이 책을 휴대했고, 그 제목을 보아 차례로 생각하고 연구했다. 그런데 혹 노상에 있을 때에는 손에 두기가 불편하여 이것을 휴대하는 도구가 필요하게 되었다. 그래서 피대皮帒(가죽자루)를 하나 만들었다. …

외출을 하게 되면 반드시 이 피대를 가지고 다녔다. 그 후 1, 2년이 지나 임진왜란이 일어나니, 나는 상중喪中에 있으면서 급히 피난을 떠나야 했다. 그리하여 몸에 따르는 집물什物이라고는 유독 이 피대 하나를 동자의 등에 지워 가지고 간 것이 전부였다. 여기에 넣은 것이 바로 그 첩책帖册과《역경易經》두 권,《역회통易會通》당본唐本 한 권, 소첩梳帖(빗을 넣어두는 첩), 연갑硯匣(벼루를 넣어두는 갑)이었다.

그렇게 소중히 여기면서도 그는 만년에 이르도록 이 책에 기록된 내용을 거의 아무에게도 공개하지 않았다.• 이 책은 그 누구도 아닌 자기 자신만을 위한 것이었기 때문이다. '천하제일' 사업을 해서 '천하제일' 인물이 되겠다는 것이 어디 드러내놓고 할 수 있는 이야기였겠는가? 오직 그의 사후에야 여러 사람이 함께 읽어보았고, 여기에 간단한 서문을 부쳐 간결한 복사본을 만들어 제자들이 나누어 가졌다.

여헌의 생애

1554년에 태어나 젊은 나이에 학문에 뜻을 세우고 일생 학문에만 몰두하고 싶었던 여헌에게 주어진 여건은 가혹했다. 처음부터 과거에는 전혀 뜻을 두지 않고 홀로 공부에만 집중하던 그가 이제 막 중견 학자로 발돋음하던 시기(38세)에 임진란을 만났다. 이때 살던 집마저 소실되어 이후 사방으로 떠돌이 생활을 하게 되었으며, 그리하여 호마저 여헌旅軒이라 했다. 이른바 정유재란이 일어났던 정유년(1597)에 그가 쓴 〈여헌설〉을 보면 이런 말들이 있다.••

> 나는 옥산玉山(인동仁同의 별칭으로 오늘날 경북 구미시에 속한다) 사람인데 어려서 아버지를 여의고 사방에 돌아다니며 배우다 보니 집 안에 있지 못함은 어렸을 때부터다. 그러다가 지난 임진년

• 극히 예외적으로 이 책을 문인들에게 보인 일이 있는데, 문인 정극후鄭克後는 후에 쓴《우주요괄첩》 간행사에서 다음과 같이 말했다.
"항상 이것을 책상에 두고 보셨으며 언제나 길을 떠나면 반드시 가지고 가셨다. 그러나 사람들은 어떤 것이 적혀 있는지 알지 못했다. 극후는 가형인 사물四勿과 함께 언젠가 옥산의 남산정사에서 선생을 모시고 앉아 있었는데, 하루는 선생께서 이것을 상자에서 꺼내시어 보게 하셨다. 그리하여 선생께서 마음을 일찍 세우신 것과 규모의 큼을 우러러볼 수 있었으나 잠시 사이에 다시 상자에 보관하시니, 비록 바다를 바라보듯 배우기를 원하는 마음이 있었으나 그 자세한 내용을 전할 수가 없었다." (정극후,《국역여헌집》 4, 203쪽.)

•• 장현광, 〈여헌설〉,《국역여헌집》 2, 13쪽.

(1592) 여름, 옥산은 곧바로 왜적이 올라오는 길목이 되었고 내 집 또한 길에서 가까웠다. 그래 남들에 앞서 급히 피란을 하긴 했지만, 집은 병화에 불타고 빈터만 남았다. 그래서 나는 왜구가 돌아간 뒤에도 여전히 옛터로 돌아가지 못하고 있다. 친척에 의탁하거나 붕우에 의지하여 처자를 이끌고 이곳저곳으로 옮겨 다니기를 한 해에도 서너 번씩이나 하여 결국 동서남북으로 떠도는 사람이 되었으니, 나그네가 됨이 나보다 더한 사람이 있겠는가? 이러하니 여헌이라 호하는 것이 마땅하지 않겠는가?

그러면서 그는

비단 당우堂宇를 헌軒으로 삼을 뿐 아니라 시원한 그늘과 푸른 나무 아래도 나의 헌이고 흰 구름과 검은 절벽 위도 또한 나의 헌이며 꽃다운 풀, 물 흐르는 시냇가 또한 나의 헌이고 시원한 바람과 넓은 산 둔덕 또한 나의 헌이다.

라고 말하면서 크고 작고 누추하고 정갈한 것을 가리지 않고 그 어느 곳이나 내 집과 같이 여긴다는 도가적 자세를 보인다. 그러나 그의 이러한 자세 속에도 한 꺼풀만 벗겨보면 그 안에 집 없는 서러움이 적지 않게 묻어난다.

이런 병화兵火의 즈음에는 비록 몸을 부양할 좋은 수완을 가진 자들도 살 곳을 보존하지 못하는데, 하물며 나처럼 보잘것 없는 자에게 있어서랴. 의당 괴로워해야 할 텐데도 괴로워하지 않고, 즐거운 것이 아닌데도 홀로 즐겁게 여기는 것은, 좋고 싫은 마음이 상정常情과 달라서가 아니다. 내가 말하는 즐거움이란 것은 나그네 생활을 즐거움으로 삼는 것이 아니라, 다만 나그네로 있으면서도 그 즐거움을 잃지 않음을 말하는 것이다.

이러한 여헌에게 커다란 위안이 생겼다. 입암立巖(당시에는 영천군에 속했으나 현재는 포항시 죽장면 입암리에 해당함)에 사는 네 친구의 도움으로 입암촌 한 기슭에 마음 놓고 학문에 정진할 만한 집이 한 채 마련된 것이다.• 이것을 그는 입암정사立巖精舍라고도 하고 만활당萬活堂이라고도 불렀다. 입암은 그의 고향이 아니며 이곳에 와서 상주할 처지도 아니었지만, 그는 시간과 여건이 허락되기만 하면 이곳을 찾아와 학문에 전념했다. 그가 쓴 〈입암정사기立巖精舍記〉와 〈만활당부萬活堂賦〉

• 임진왜란 때에 이곳에 들어와 난을 피했던 영천永川(당시 영양永陽) 유학자 네 사람이 이곳에서 함께 학문을 닦기로 합의하고 선배이면서 스승 격인 여헌을 초청하여 이곳에 머물며 함께 학문해나가기를 간청했다. 이 네 사람이 바로 후에 여헌과 함께 입암서원에 배향되는 동봉東峯 권극립權克立(1558~1611), 우헌愚軒 정사상鄭四象(1563~1623), 윤암綸庵 손우남孫宇南(1564~1623), 수암守菴 정사진鄭四震(1567~1616)이다. 본래 인동과 선산 지역에서 주로 활동하다가 전란을 통해 집이 소실되는 등 학문의 근거지를 잃고 떠돌던 여헌은 이를 흔쾌히 수락하고 이곳을 종신토록 공부할 장소로 삼을 마음을 굳혔다.

에 이러한 사정이 잘 나와 있다.•

이를 마련해준 네 친구는 모두 여헌에 비해 작게는 4년 그리고 많게는 12년 연하였으나 그가 69세 되던 1623년을 기해 모두 작고했다. 외로웠던 그는 한편으로 그들의 아들 손자들을 가르치며 다른 한편으로 스스로의 학문을 정리하는 일에 만년을 바쳤다. 여헌의 입장에서는 이 자리가 그다지 특별한 곳은 아닐 수도 있었지만, 그는 드디어 이 집에서 일생 그리던 학문의 세계에 깊숙이 잠입해 들어간다. 그가 쓴 〈만활당부〉의 한 구절을 보자.••

> 어찌된 일인가 이치 하나가 운행을 거머쥐니
> 만 가지 변화가 번갈아 이는구나
> 산속 이미 그윽하고 당 집 저 홀로 조용한데
> 책상 마주해 앉으니 한 해가 저무는구나
> 관물觀物에 빠져든 요부堯夫나 된 듯
> 귀신의 능사能事를 넘보며 조화의 묘한 자취를 더듬는다.•••

• 여헌은 〈입암정사기〉에서 "이제 작은 서재를 마련했으니, 우리가 여기 거하면서 무엇을 닦아야 하고, 무슨 일을 해야겠는가小齋既成矣 第吾儕居于此 當何修而宜哉 何事則可乎"를 묻고 그의 공부 목표를 밝히고 있다.

•• 장현광, 〈만활당부〉, 《국역여헌집》 1, 10쪽.

••• 夫何一理之宰運 紛萬變之迭作 山中旣云幽邃 堂自爲之闃寂 塊對案而窮年 剩堯夫之觀物 探鬼神之能事 翫造化之奇迹

그는 이제 그 누구의 방해도 받지 않고 자연의 오묘한 이치를 탐색할 기회를 가졌다. 아마도 그가 원했던 것은 소요부邵堯夫•가 그러했던 것처럼 우주의 만사를 한눈에 파악할 수 있는 어떤 깊은 이해에 도달하고 싶었을 것이다. 그의 안내자라고는 오직 상위에 놓인 책과 마주하는 자연, 그리고 그 자신의 깊은 사색일 뿐이었다.

《우주설》과 〈답동문〉

18세 되던 신미년에 학문에 뜻을 두어 일생 《우주요괄첩》을 지어 몸에 지니고 다니던 그가 일생 동안 이것에 대해 생각하고 또 생각한 내용은 과연 무엇일까? 이것에 대해 우리가 알아볼 좋은 단서가 있다. 그는 《우주요괄첩》을 작성한 지 만 60년이 지나 새 신미년을 맞이하면서 바야흐로 그 내용을 정리해 후세에 남겨야겠다는 생각을 한 듯하다. 이 해에 그는 스스로 마음을 다짐하고 입암의 궁벽한 산속 만활당에 들어가 막바지 정리 작업에 착수한다.

그의 연보에 따르면 그가 78세 되던 1631년 여헌은 이른바 '나이든 사람이 지켜야 할 네 가지 조항'(모령인사사조耄齡人事四條)이라고 해서 다음과 같은 네 구절을 자기 방에 써 붙이고 본격적인 정진에 몰입했

• 성리학 창시자의 한 사람으로 본명은 소옹邵雍(1011~1077)이며 《황극경세서皇極經世書》 등의 저작이 있다.

다는 기록이 있다.•

> 말을 그치고,
> 일을 버리며,
> 태허太虛에 마음을 두고,
> 사시四時에 몸을 맡긴다.

이렇게 해서 그 해에 얻은 저작이 그의 《우주설宇宙說》과 〈답동문答童問〉이다.•• 여기서 특히 우리의 관심을 끄는 문헌이 바로 〈답동문〉이다. 이것은 본래 《우주설》의 부록으로 마련된 것이면서도 《우주설》의

• 여헌 연보. 만 77세였던 1631년 그는 벽에 모령인사사조耄齡人事四條를 써 붙였다. 말을 정지하고(지언어止言語), 일을 영위치 않으며(절영위絶營爲), 태허에 마음을 두고(심태허心太虛), 사시에 몸을 맡긴다(임사시任四時)는 것인데, 그는 이 각각에 대해 다음과 같은 설명까지 덧붙였다.

止言語: 所當止者 謂惹涉外間事也 若家間恒說 何可盡止乎
絶營爲: 所當絶者 謂俗間凡務也 若崇德廣業之功 何可已也
心太虛: 謂邪思雜念 不可作也 非謂主敬思議之業 俱在所停也
任四時: 須存不可放過之意 亦有隨遇而安之道

•• 《우주설》은 현재 그의 다른 대표적 저작들인 《경위설》, 《태극설》 등과 함께 총 8권 6책으로 이루어진 《여헌성리설》에 수록되어 있으며, 이것의 독립된 1책을 이룬 제8권이 바로 《우주설》이다. 《우주설》은 다시 대략 만오천 자에 해당하는 본문과 5,500자 정도의 〈부답동문附答童問〉으로 구성되어 총 이만 자가 넘는 분량이다. 〈답동문〉은 《우주설》 본문을 보완하기 위해 꾸며진 듯하지만 그 내용이 독자적 구성을 지니고 있으며, 그의 생존 당시에는 독자적 문헌으로 언급되어 왔다. 십여 항목에 해당하는 동자의 질문에 대답하는 형식을 취하고 있다. 이 책의 저술 연대에 관해서는 《여헌문집旅軒文集》 〈부일附一 연보年譜〉에 수록되어 있다.

내용을 넘어서 그의 깊은 학문론을 담고 있기 때문이다. 학문에서 우리가 물어야 할 것이 무엇이며, 이를 추구하는 방식은 무엇이고, 왜 그렇게 해야 하는지, 그리고 우리가 궁극적으로 도달해야 할 지점이 무엇인지를 조목조목 묻고 대답한다. 그리고 그의 이러한 물음과 대답은 당시 대부분의 성리학자들이 가졌던 주된 관심사와는 그 성격을 크게 달리한다. 오히려 근대 철학의 인식론과 궤를 같이하며 근대 서구 과학의 관심사와 상통하는 일면을 지니고 있다. 뿐만 아니라 이 책에서는 당시 대부분의 학자들이 자신의 목소리를 내지 않고 오직 경전의 주석이라는 형태를 빌려 자신의 생각을 일부 전한 것과는 달리 당당히 "내가 말하노니(여왈余曰)"의 형식을 취하고 있다.

이 글은 실질적으로 그의 학문 생애를 마감하는 마지막 글에 해당하는 것이며, 따라서 자신이 가장 소중하게 여겼던 학문적 관심사를 여과 없이 담고 있다. 서술의 형식 또한 학문 후세들에게 전해주는 메시지라고 보게 할 요소를 지녔으나, 그의 다른 주요 저술들과 함께 그는 이 글을 생전에 그 누구에게도 공개하지 않았다. 그의 사후 5년 만에 겨우 그의 다른 주요 저작들과 함께 《여헌성리설旅軒性理說》이라는 제호로 출간되었으나, 특히 〈답동문〉의 내용은 그 후 지금까지 거의 주목을 받지 못한 듯하다.•

• 최근 다소 활기를 띠고 있는 여헌 연구 동향 속에도 아직 〈답동문〉을 본격적으로 거론하고 있는 사람은 나타나지 않고 있다. 최근에야 《우주설》(〈답동문〉 포함) 번역본(이기복 역, 지식을만드는지식, 2018)이 출간되었다.

성역 없는 학문 세계

〈답동문〉에 들어 있는 구체적 내용들을 살펴보자. 이 책에서는 한 가상적 동자童子를 등장시켜 십여 가지의 질문을 제기하고, 이에 대해 저자 자신이 대답하는 형식을 취하고 있다.

우선 첫 번째 질문에서 동자는 구체적 물음에 앞서 다음과 같은 선언부터 한다.

> 이치를 캔다는 것은 모르는 데가 하나도 없게 된 후에야 비로소 캤다고 할 수 있습니다. 미처 이르지 못한 데가 있으면 캤다는 말을 할 수가 없습니다. 이 천지 안에 일어나는 일들은 모두 고금의 사람들이 함께 보고 함께 들을 수 있는 것이고, 저 역시 알 수 있을 것입니다.•

이 발언 속에 이미 매우 투철한 두 가지 근대학문의 정신이 나타나고 있다. 그 하나가 한 점 의혹이 남지 않을 때까지 철저히 지적 탐구를 수행해야 하겠다는 것이고, 다른 하나가 이러한 탐구 앞에 그 어떤 성역도 두지 않겠다는 것이다. 지식에 대해서는 무엇이나 물을 수 있고 그 내용은 누구나 알 수가 있어야 한다는 선언이다.

• 夫所謂窮理者 須無所不知然後 可以謂之窮矣 如有所未及知者 不可謂之窮也 惟此天地間事無非古今人之所共目見所共耳聞也 吾亦可得以知之矣

이것은 오늘날 우리에게 너무도 당연한 생각이다. 하지만 언제나 그랬던 것은 아니다. 오랫동안 인류 사회에서는 신이 직접 계시해준 지식, 성인聖人만이 알아낼 수 있었던 지식, 신령한 능력을 받은 자만이 알 수 있는 지식이 판을 치고 있었다. 심지어 오늘날에도 이러한 생각들이 완전히 사라지지 않고 있다. 최첨단의 과학기술로 무장하고 있는 현대 도시 한가운데서도 여전히 점집이 홍행을 하고 있지 않은가?

그러한 점에서 참이치 추구의 첫 출발로서 〈답동문〉의 내용을 살피는 것은 매우 타당한 일이다. 이것이 바로 학문 추구의 길에 나선 구도자의 기본자세이기 때문이다. 이것은 한마디로 "우주 안의 일이라면 무엇이나 묻자, 그리고 모르면 찾자, 그리고 이것은 너와 내가 모두 할 수 있는 일이다"라는 지극히 합당한 생각이다.

그러면서 동자는 바로 다음과 같이 묻는다.

> 천지의 밖이 있는지 없는지에 대해 사람이 알 수 있는지요? 모든 물체는 처음에 물체 아닌 데서 생겨나 물체로 되고 종래에는 다시 물체 아닌 데로 돌아갑니다. 우주 내에서 물체가 모이고 흩어지며 생기고 없어짐은 마치 푸른 하늘에서 뜬구름이 생겨났다 없어지는 것과 같습니다. 이치로 보자면 이 천지가 설혹 크기는 하나 그 역시 한 물체입니다. 이理는 무궁한 것이어서 끝이 있을 수 없으나, 천지는 형기形氣를 지닌 것이며 형기를 지닌 것은 끝이 있기 마련입니다. 그러므로 이는 천지에 의해 둘러싸일 수 없으나 천지는 이로 덮일 수 있습니다. 이는 이미 천지의 끝으로 끝나지

않습니다. 이는 그 자체가 끝이 없는 존재입니다. 그러니 천지는 당연히 바깥이 있으며 이는 바깥이 없습니다. 이에는 이렇게 바깥이 없는데 이를 추궁하는 학문이 어떻게 천지의 밖을 구명하지 못하겠습니까?•

여기서 우리는 동자가 바탕에 깔고 있는 사물 이해의 틀을 먼저 파악할 필요가 있다. 이것은 다음과 같은 대전제에서 출발한다. 첫째로 우주 내의 모든 것은 존재물存在物(원문에는 물物이라 표현한다)로 이루어져 있고, 이것은 시간적으로 또 공간적으로 한계를 지닌다. 천지 역시 하나의 존재물이다. 그러므로 끝이 있고 또 그것의 밖이 있다. 그런데 이 모든 것은 합리적 질서 속에 일어난다. 이 질서를 나타내는 개념이 이치 곧 이理다. 이 이는 존재물이 아니며 따라서 시간적, 공간적 제한을 가지지 않는다. 우리는 이러한 이를 추궁함으로써 존재물의 세계를 이해할 수 있으며 이것이 곧 학문이 추구하는 바다.

이것은 약간의 개념 차이를 제외하고 오늘 우리의 이해 방식과 크게 다르지 않다. 이러한 전제 아래 여기서 묻는 것은 이러한 이를 파악했

• 至於天地無外則已若有其外則人而不知可乎 凡有物者 其初皆從無物中出來 乃爲是物 其終又歸於無物 物之聚散有無於宇宙之間者 如浮雲興滅於太空之中也 就以理言之 天地雖大亦物也 理是無窮 固未嘗有限際也 而天地則爲有形氣焉 有形氣者 必須有限際矣 然則理非天地之所得以包盡 而天地則實見包於理中耳 理既不以天地之限際爲限際 而自是無限際 則天地當有外焉 而理則無外焉 理惟無外 則窮理之學其可不究乎天地之外哉

다면 이를 통해 천지의 밖에 대해서도 무슨 이야기를 할 수 있지 않겠느냐 하는 것이다. 여기에 대해 〈답동문〉의 저자는 어떻게 대답하고 있는지, 이제 그 첫 대답을 들어보자.

궁리窮理 곧 이치를 캔다고 하는 것은 마음과 뜻을 터무니없고 허무한 일들에 뛰놀게 두는 것이 아니다. 형形이 없는 형과 상象이 없는 상을 찾아내는 것이 바로 궁리다. 《대학大學》에서는 치지致知(참으로 아는 것)는 격물格物(사물을 뚫어 보는 것)에 있다고 말한다. 사물을 좇아 뚫어 보는 일 없이 어떻게 참된 앎에 이를 수 있을 것인가?

하늘을 올려다보아 그 창창蒼蒼함에 바탕을 두어 하늘의 이치를 추궁할 것이며 땅을 내려다보아 그 무무膴膴함을 바탕으로 땅의 이치를 추궁할 일이다. 이렇게 하여 해와 달, 별과 별자리, 물과 불, 흙과 돌, 추위와 더위, 낮과 밤, 바람, 구름, 우레, 비, 산과 산악, 내와 개울, 나는 동물과 뛰는 동물, 풀과 나무에 이르기까지 모두를 관찰하여 그 이치를 추궁해야 할 것이다. 우리의 눈이 미칠 수 있는 모든 것을 동원하여 그 이치를 철저히 추궁할 것이며 눈이 미치지 못하는 것에 대해서는 들어서 알 수 있는 귀가 있으니 들어서 알게 된 것을 근거로 사물을 추궁해야 할 것이다.

이렇게 얻어진 이치를 통해 지난 일들을 추구해보면 오늘의 일로써 지난 만고의 일들을 가히 알 수 있으며, 또 앞으로 올 일들을 추구해보면 다가올 만세의 일들 역시 오늘의 일을 통해 가히 알

아낼 수가 있다.•

이 대답 안에 우리가 주목해야 할 매우 중요한 몇 가지 사실들이 잘 드러나 있다. 우선 이치를 캔다고 하는 것이 임의로운 상상이나 헛된 믿음으로 이루어지는 것이 아님을 명백히 천명한다는 점이다. 이것은 확고한 근거 없이 참이치를 찾았다고 주장하는 기존 주장들에 대한 거부이며, 이른바 '성인'의 말씀이란 외피를 쓰고 전해오는 많은 가르침들에 대해서도 별도의 검토가 필요함을 암묵적으로 천명한다.

여기서 특히 우리의 관심을 끄는 것은 그 다음 문장이다. 형形이 없는 형과 상象이 없는 상을 찾아내라는 것이다. 여기서 형이라고 하면 오늘날 형태形態, 혹은 형식形式이라는 말에 쓰이는 개념이고, 상이라고 한다면 표상表象 혹은 상징象徵이라고 할 때 활용되는 개념이다. 그런데 그는 단순히 형과 상을 찾으라 하지 않고 굳이 '형이 없는 형'과 '상이 없는 상'을 찾으라 하고 있다. 이는 곧 그가 찾고 있는 참이치가 눈에 보이는 대로의 형태나 기왕에 일컬어지는 표상이 아닌, 좀 더 심층적인 새로운 모습을 지닐 것을 암시하고 있다. 결론적으로 말한다면

• 凡所謂窮理者 不是遊心馳意於曠蕩虛無之域 認取無形之形 無象之象 而謂之窮理也 大學曰致知在格物 若不從有物而格之 其何因而知可致乎 仰觀有天故據是蒼蒼者 而可窮其爲天之理 俯觀有地故據是膴膴者 而可窮其爲地之理 至於日月星辰水火土石寒暑晝夜風雲雷雨山嶽川瀆飛走草木 莫不因吾目力之所及而窮盡其理 其於目所未及者 則有耳無所不聞 故卽可因其所聞而事無不可窮者矣 以此而推諸旣往則前萬古可以今而知之 以此而推諸將來則後萬世亦以今而知之

그는 결국 이러한 형과 상을 현실적으로 찾아내는 데는 실패했지만, 그리하여 자기 자신이 직접 '참이치'를 발견하거나 잡아오지 못했지만, 이런 그 무엇이 존재할 것임을 예견했다는 점에서 커다란 의미를 가진다.

그러고는 이어서 그는 이를 수행해내는 방식에 대해 언급한다. 이 점에 대해 그는 신유학의 전통적 가르침인 '격물格物'의 개념을 재해석해 새로운 차원으로 확대시킨다. 이것은 물物에 대한 격格을 지워야 한다는 것으로, 먼저 대상 자체에 대한 깊은 통찰을 통해 이것을 보다 보편적인 원리와 연결 지을 그 어떤 소재를 찾아내어야 한다는 것이다. 이것은 기존 학문에서 의례적으로 내세우는 주장이지만, 그는 이 안에 새로운 강조점과 함께 구체성을 부여하고 있다. 그는 격물의 대상으로 하늘과 땅을 비롯해 일월성신日月星辰에서 비주초목飛走草木에 이르기까지 우리가 자연 세계에서 접할 수 있는 거의 모든 것을 조목조목 거론하고 있으며, 이들을 직접 눈으로 관찰하거나 귀로 들어서 그 실상을 직접 파악해야 함을 강조한다. 이러한 구체적 현상에 바탕을 두지 않은 앎은 그 자체로 무용하다는 것이다. 이것은 동양의 학문 세계에서 자연현상에 중점을 두기보다도 도덕적 관념론에 치중해온 것에 대한 통렬한 비판이다.

여기서 또 한 가지 관심을 기울여야 할 점은 이러한 사물들을 단순히 관찰하라는 것이 아니라 그를 통해 여기에 적용되고 있는 '이치를 철저히 추궁하라'(궁진기리窮盡其理)고 하는 대목이다. 오감을 통해 직접 뚫고 보는 것이 필요하기는 하지만 이것으로 충분하지 않고 결국 그 이치를 찾아내는 데까지 이르러야 한다는 것이다.

그런데 오늘 우리가 음미해보아야 할 핵심적 요지는 바로 그 다음 문장에 나타난다. 우리가 만일 이러한 이치를 찾아내기만 한다면, 우리는 이를 활용해 오늘의 상황만을 관찰함으로써 지난 만고의 상황과 다가올 만세의 상황을 알아낼 수 있으리라는 이야기다. 동서고금을 막론하고 이미 지나간 것들과 앞으로 다가올 것들에 대해 알고 싶어 하는 욕구는 넘쳐나게 있었다. 그리하여 대부분은 환상적인 신화를 만들어내고 전혀 신뢰할 수 없는 점술을 고안해내게 된다. 그런데 여기서 주장하는 것은 우리가 바른 이치를 찾음으로써만 이것을 가능하게 한다는 점이다. 이것이야말로 고대의 사고와 근대의 사고를 나누는 결정적인 시금석이다. 오늘 우리는 바른 이치를 알면 그리고 오직 이것만을 통해 현상에 대한 설명은 물론 예측까지도 할 수 있다고 보지만, 이것은 오직 근대 과학 이후에 비로소 정착되기 시작한 생각이다.

실제로 이러한 생각을 가장 극적으로 표현한 사람은 18세기의 물리학자이며 천문학자인 라플라스Pierre Simon Laplace(1749~1827)다. 그는 고전역학을 활용할 경우, 현재의 상태만을 관찰함으로써 과거와 미래의 모든 것들을 산출할 수 있다고 했는데(이 점에 대해 제2장에서 좀 더 자세히 살필 것이다), 이것이 바로 여헌의 이 표현과 너무도 유사하다.• 우리는 여기서 라플라스가 이를 공식적으로 언명한 19세기 초반에 비해 여헌의 이 주장이 거의 두 세기 앞선 1631년의 것임에 유의할

• Laplace, Pierre Simon. *Essai philosophique sur les probabilités*. 2nd ed. 1814.

필요가 있다.

〈답동문〉의 동자가 본래 제기한 질문 "천지의 밖이 있는지 없는지에 대해 사람이 알 수 있는지요?"에 대한 여헌의 대답을 더 들어보자.

> 물物을 떠나 이理를 구할 수 없는 것인데, 천지의 밖에 대해 어떤 근거로 추궁을 할 것이며 어떤 증험으로 앎에 이를 것인가? 천지의 안에 살아가는 존재는 모두 (하늘로) 덮이고 (땅에) 실리게 되는 제약을 받고 있으니, 그 보고 듣는 것 또한 덮이고 실리는 이 제약 아래 머무르게 된다. 우리 가운데 정신과 혼백이 없고 지각과 사려를 못하는 이가 있는가? 그러니 역시 그 눈과 귀를 사용해야 하며 그 보고 들은 것으로 증빙을 삼아야 한다. 소리와 색깔의 드러남과 기후의 변화에 참여하여 증험한 후, 이를 가지고 그 원인을 추구하고 추론을 통해 그 실상을 얻어내어야 한다. … 그러므로 천지의 밖은 우리들의 행위가 도달할 수 있는 곳이 아닌데 어찌 앎이 도달하겠는가? 설혹 앎이 도달한다 하더라도 아무 소용이 없는 것이다. 하물며 경험해 알 수 있는 길이 없는 데에 이르러서랴? 앎이 끝나고 행함이 끝난 영역에 대해서는 성인聖人도 알지 못한다.•

• 既不可離物而求理 則天地之外 其何據而窮之 其何驗而知之哉 凡生於天地之間者 都皆局於覆載之中 故耳目所及止於覆載之內而已 吾人孰不有精神魂魄能知覺思慮 然亦須用其耳目 憑其聞見 參驗於聲色之著 氣候之變 然後有以尋究其故 推得其實矣 … 然則天地之外 非吾人行得到者也 豈可以知得及哉 雖知得及焉 無所用彥 況無知驗之路乎 知之盡 行之盡者 莫知聖神之人也

즉 이理 자체가 아무리 시공을 뛰어넘는다 하더라도 이것은 또한 물질을 통해 드러나는 것이고 사람은 또한 감각기관과 의식작용을 통해 이를 알아낼 수 있는 존재이므로 이것을 넘어선 영역의 실상에 대해서는 설혹 성인이라 하더라도 알 수 없는 일이라는 것을 명백히 하고 있다. 이것 또한 현대적 관점에서 볼 때 매우 합당한 인식론적 관점이다.

특히 여기서 유교 문화권의 성역이라 할 수 있는 성인 문제를 명시적으로 끌어들임으로써 앎에 관한 한 어떠한 성역도 허용하지 않으리라는 자세를 엿보게 한다. 그러나 성인의 문제는 호락호락하게 넘어갈 일이 아니기에 이에 관련해 여헌과 동자 사이에 작은 실랑이가 발생한다. 이들의 대화를 좀 더 들어보자.

> 선생께서는 천지의 밖에 대해서는 성인도 역시 알지 못한다고 하셨으나, 저는 그것을 믿지 못하겠습니다. 성인이 성인된 것은 그가 중인衆人이 알지 못하는 것을 알고 중인이 의식하지 못하는 것을 의식하기 때문이 아닙니까? 대체로 그가 알고 의식하는 것은 눈과 귀로 보고 듣는 것을 넘어섭니다. 안을 보고 밖을 알며 가까운 것을 보고 먼 것을 알며 낮은 것을 보고 높은 것을 알며 얕은 것을 보고 깊은 것을 안다고 하는 것이 이理에 통달한 사람이 통상으로 하는 일인데, 성인이 어찌 모르는 것이 있겠습니까?•

• 子謂天地之外 聖神亦不知之 吾不信也 聖神之所以爲聖神 以其知衆人所不能知 衆人所不能識 盖其知識出 於耳目見聞之外也 況卽內知外 卽近知遠 卽卑知高 卽淺知

그렇지 않다. … 사물 가운데에는 우리가 알 수 있는 것이 있고 알 수 없는 것이 있다. 우리가 알 수 있는 것은 우리 안에 있는 정신혼백과 연결될 수 있는 통로가 있는 것이며, 우리가 알 수 없는 것은 우리 안에 있는 정신혼백과 연결될 통로가 없는 것이다. 성인 역시 사람인지라 사람의 정신혼백과 연결될 통로가 없는 것에 대해서는 설혹 성인이라 하더라도 알 수가 없다. 이것은 이가 없어서 통하지 않는다는 말이 아니라 사람의 정신혼백이 형기 가운데 국한되기 때문에 통하지 못하게 되는 것이다.••

여기서 정신혼백이라는 것은 현대적 용어로 하자면 중추신경계를 포함한 물리적 정보 채널에 해당하는 것으로 보아야 한다. 그리고 이것이 형기에 국한되어 있다는 것은 이를 위한 물질적 바탕이 존재해야 함을 말한다. 그러니까 이러한 것을 넘어서는 그 어떤 신비한 지식도 인정할 수 없다는 것이다. 이처럼 그 어떤 신의 계시나 점술을 통한 앎의 가능성을 원천적으로 부정하고 있다.

深 達理者之常也 聖神也而豈有不知之事乎

•• 不然也. … 事有必可知者焉 又有必不可知者焉 其必可知者 在我之精神魂魄 有可通之路也 其必不可知者 精神魂魄 無可通之路也 聖人亦人也 人之精神魂魄所不可通者 則雖聖人亦何得以知哉 此非以理所不在而不通者也 特以人之精神魂魄局於形氣之中 故乃有所不通也

내 안에 있는 이로 천지만물의 이를 비추다

그런데 여기에 이어지는 논의 하나가 우리의 특별한 관심을 끈다. 그는 '내 안에 있는 이理'와 '천지만물의 이理'를 구분하고 이들의 관계를 통해 이치추궁의 가능성을 설명하고 있다. 그의 이야기를 더 들어보자.

> 일반적으로 이치를 추궁한다는 것은 내 안에 있는 이로 천지만물의 이를 비추어 보아 이를 남김없이 꿰뚫어 인식하는 것을 말한다. 이렇게 꿰뚫어 비추어 볼 수 있는 이유는 여기에 있는 이와 거기에 있는 이가 그 근본에 있어서 하나이기 때문이다. 그래서 격물을 하면 밝혀지지 않을 물物이 없고 이렇게 치지를 하면 이르지 않을 지知가 없다. 그러나 이가 이렇게 하나의 큰 바탕이 되어 무궁하고 무한한 성격을 가지기는 하지만, 이것이 사물에 나뉘어 부여됨에 있어서는 여러 형기 가운데에 머무르게 되니, 부득이 형기의 각기 정해지는 바에 따르게 된다. 그리하여 지각의 활용에는 통하고 막힘이 있고 크고 작은 차이가 있다.•

• 凡窮理者 以在我之理 照彼天地萬物之理 卽可以認會得無餘蘊也 其所以隨照便會者 理之在此在彼爲一本原也 此所以格物而物無不格 致知而知無不致也 然而理之爲一原大本者 誰無窮盡無邊際也 而其分賦於物 而寓諸形氣之中者 則不得不隨形氣之各定 而知覺之用 有通塞大小之不同焉 土石則形質而已 草木有生氣 而全無知覺 禽獸血氣之類也 而知覺莫通於義理 人則最靈也 而衆人之知覺偏滯而莫遍 惟聖

인식을 함에 있어서 우리 내부가 갖춘 여건과 외부에 존재하는 질서 사이의 관계를 매우 잘 묘사하고 있다. 이 문제는 앞으로도 우리의 중요한 관심사가 되지 않을 수 없다. 여기서는 단지 '내 안에 있는 이'와 '천지만물의 이'라는 것을 우리가 어떻게 해석해야 할 것인지를 문제로 남기고 지나가기로 하자(제9장에서 다시 논의할 예정이다).

대지는 왜 떨어지지 않는가?

《우주설》과 〈답동문〉이 이치추궁에 대한 방법론과 인식론으로만 그치는 것은 아니다. 여기서는 자연계에 관련된 몇 가지 구체적인 물음들 또한 제기하고 이에 대한 최선의 해답을 찾아가는 노력을 보여준다. 그 한 가지 사례가 "대지大地는 왜 떨어지지 않는가?" 하는 문제다. 이 문제는 《우주설》에서 깊이 다뤄지고 있으나 여기서는 〈답동문〉에 나타난 동자의 질문을 통해 살펴보기로 한다.

> 땅이 비록 공중에서 질質을 이루고 있으나, 하늘의 기氣에 의해 둘러싸여 이 기로 인해 유지되고 있으며, 그 때문에 추락하지 않습

人爲能知得其盡行得其全 然而聖人亦不出乎天地萬物之理而已 天地之外非所通也 此豈一原大本之理 有窮盡有邊際而然乎 理果不免隨形氣而廣狹也 形氣之所隔 理亦莫得以行焉 … 故古之聖人未嘗有一言

니다. 이러한 기는 바로 크게 뒤섞여 움직이는 원기元氣로서 강하고 굳센 큰 하나가 되어 이 큰 땅덩이의 두터운 중량을 능히 들어 올려주는 것입니다.

그러나 기는 그 자체로 가볍고 속이 비는 속성을 가지는 것이니, 땅은 설혹 외변에 의지하여 떠 있을 수 있다 하더라도, 다시 이것을 유지시키고 실어 줄 것이 없다면 어떻게 장구한 기간 동안 이를 완벽하게 운송하는 일을 해낼 수 있겠습니까? 바로 그 가볍고 맑으며 정치하고 강건한 이것이 꽉 들어차고 두껍게 쌓여 (대지를) 둘러싸고 빈틈없이 그리고 끊임없이 선회하고 있을 것인데, 이것이 가능하기 위해서는 이를 담아 보호하는 방어벽이 없을 수 없습니다. 이것이 바로 이 기를 굳게 하기 위해 구각軀殼이 있어야 한다는 말의 의미이며, 이는 당연한 이치라 하겠습니다.

그런데 이 소위 구각이라는 것은 어떤 모양으로 만들어진 것이며 무엇과 닮은 것이기에 이 큰 땅을 품고 있는 하늘을 능히 포함할 수 있을까요? 이 큰 땅을 하늘의 대기가 버텨주고 있으며 다시 또 이 대기를 버텨줄 구각이 있게 되는데, 그러면 이 구각이라는 것은 또 어디에 붙어 있는 것입니까? 혹시 이를 떠받쳐줄 (또 다른) 기라도 있는지요? 혹은 이를 지탱할 (그 어떤) 땅이 있는지요? 대기의 두께는 얼마나 되기에 이를 그렇게 튼튼히 떠받쳐줄 수 있을까요? 구각의 두께는 또 얼마나 되기에 이를 그렇게 단단히 유지할 수 있는지요?•

이 문제는 오랫동안 동아시아 지식인들 사이에 중요한 관심사로 떠올랐던 문제이며 여헌은 다시 이를 본격적으로 거론하며 그 함의에 대해 논의한다. 이는 기본적으로 모든 무거운 것은 아래로 떨어진다고 하는 것을 하나의 보편적 이치라고 생각한 사람들에게는 당연한 의문점이 되는 것이다. 대지 역시 하나의 (아주 무거운) 물체인데 이것이 떨어지지 않는다는 것은 이상할 수밖에 없는 것이다. 그래서 고안해낸 생각이 대기大氣가 회전하면서 강한 힘으로 들어 올린다는 것이다. 그러나 대기 또한 이를 담아줄 그릇이 있어야 할 것 아닌가? 그래서 다시 구각이라는 엄청나게 큰 그릇이 이를 둘러싸고 있다는 생각에 이른다. 여기까지를 설혹 불가피한 일이라 받아들인다 하더라도, 그러면 이 구각 자체는 무엇이 어떻게 지탱해주는가? 거기까지의 거리는 얼마나 되며 구각 자체의 두께는 얼마나 되는가? 여헌은 동자의 입을 통해 이 어려운 질문을 제기하고 스스로 최대한의 합당한 대답을 모색한다. 그의 대답을 들어보자.

천지의 밖은 우리들의 행위가 도달할 수 있는 곳이 아닌데 어찌

- 地雖成質於中 而所見包者天之氣也 氣以持之故質得不墜 其爲氣也卽渾淪元氣也 强猛勁健自爲一大 故能勝擧得大地之厚重 然氣自以輕虛爲體者也 中雖有地可以外邊 何得無依著無盛載 而能常完常運久長其爲道哉 蓋其輕淸精健充塞積厚覆幬無欠旋繞不息者 其勢必有儲持蓄護之防焉 則其曰必須有軀殼以固其氣者理當然矣 所謂軀殼者 作何樣體質 爲何等模範而遂能包持得包地之天乎 地之大天之大氣有以擧之 又復有固其大氣之軀殼 則其爲軀殼也者 又寄著于何所歟 亦有氣以擧之歟 或有地可擧歟 大氣之積也何許而其爲健也如許歟 軀殼之厚也何許而其爲固也如許歟

앎이 도달하겠는가? … 기 밖에 구각이 있어야 한다는 말 역시 마음속으로 추정하고 다시 합리적으로 추측해서 그렇겠다고 말하는 것일 뿐, 사실 이를 경험적으로 고증할 아무것도 없다. 그러므로 대기의 한계라든가 구각의 규모에 대해서는 역시 막연한 추측에 의존할 뿐이다. 더구나 그밖에 대해서랴?•

그러나 동자는 이러한 막연한 대답에 만족하지 않는다.

천지의 밖에 대해서는 성인이 말한 바 없습니다. 그러나 대기를 굳게 하는 구각이 있어야 함은 앞선 유학자들이 이미 말한 바입니다. 그렇다면 그 구각의 체질에 대해서는 현 천지의 형질에 미루어 추정해 알 수 있지 않겠습니까?••

여기에 대해 여헌은 마지못해 다음과 같이 대답한다.

보지 않고 알지 못하면서 말하는 것은 망령된 일이다. 단지 이것이 일상의 사리(상도常道)를 따른다고 보아 말한다면, 혈기를 가진

• 天地之外 非吾人行得到者也 豈可以知得及哉 … (답 2) 所謂氣外必須有軀殼者 其亦臆度理推而知其必有也 實非有所考驗者 故其爲大氣之際限 軀殼之圍經 則亦無從而測度焉 況其外乎

•• 天地之外 固聖人之所不言 若其固大氣之軀殼 先儒已言其必有 則其爲軀殼之體質 其不可據此天地之形質而推知之耶

종류는 자신을 보호하기 위해 날개와 털, 비늘과 딱지들을 가졌고, 식물 과일 곡식 종류는 자신을 감싸기 위해 표피와 껍질을 가졌는데, 이 모두 자기 몸체의 물질로 구성되어 있다. 그러므로 대기大氣가 자신을 단단하게 하기 위한 구각을 가지더라도 이것 역시 그 외각을 대기의 거친 응집물로 구성할 것이다. 어찌 특별한 조물주가 있어서 다른 기를 사용해 이것을 만들겠는가?•

여기서 우리가 한 가지 눈여겨보아야 할 점은 이것이 잘못된 질문에 대한 잘못된 대답임에도 불구하고, 이 논의에는 철두철미 합리적인 논리가 적용되고 있다는 사실이다. 구각의 존재성에 이르는 사고도 합리적 이해의 추구 과정에서 나온 것이며, 또 이것의 구성 물질을 생각함에 있어서도 상도常道를 따른다는 전제 아래, 대기를 구성하는 물질의 일부가 견고하게 응결되어 이루진 것이라 생각하는 것이다. 이 가운데에는 그 어떤 신화적 혹은 주술적 요소도 개입되지 않고 있다.

• 不見不知而言妄矣 但以見在之常道言之 血氣之類有羽毛鱗介以護之 植物果穀之類有皮甲以裹之 莫不因其本物之質而成焉 然則大氣之所以有軀殼爲所固者 亦不過大氣之粗粕於外邊者仍爲其殼矣 豈別有他造物者用他氣造爲之哉

내용 정리

이렇게 우리는 역사 속에 나타난 한 인물이 어떻게 온전한 앎을 찾아 나섰으며, 그리하여 그가 얻은 결과가 무엇인가를 오늘날 우리의 관점에서 살펴보았다. 그러나 이후 오늘에 이르는 긴 지성사의 관점에서 볼 때 이것은 바로 〈심우십도〉의 첫 그림에 해당하는 사건에 해당한다. 이제 막 소를 찾아 나선 구도자로서 찾으려는 심정적 도구적 준비를 갖추고 주변을 탐색하는 과정에 있는 셈이다. 여기서 심정적 준비라고 하는 것은 온전한 앎을 찾아내겠다는 결의를 말하는 것이며, 도구적 준비라는 것은 이를 추구할 적정한 방법론과 이를 담아낼 개념적 구도의 마련을 의미한다.

먼저 그가 지녔던 방법론을 보면 대상으로서의 각종 존재물에 대한 직접적 관찰을 통해 그 안에 성립하는 이치를 찾아내고 이를 바탕으로 오로지 합리적 추론에 따라 현상에 대한 설명을 시도해야 한다는 것으로 현대 과학의 방법론에 매우 가까이 접근해 있다. 그러나 우리가 여기서 특히 주목하고 싶은 것은 '예측적 앎'을 담아내기 위해 그가 마련한 매우 포괄적인 개념 구도다. 다시 말해 그는 '소'를 제대로 옭아맬 올가미를 마련한 셈인데, 이를 이제 좀 더 명료한 언어를 통해 풀이해 보자.

앞에서 보았듯이 그가 먼저 각각의 존재물들에 대해 그에 적용되는 이치(이理)를 찾아내라고 하면서 "이렇게 얻어진 이치를 통해 지난 일들을 추구해보면 오늘의 일로써 지난 만고의 일들을 가히 알 수 있으며, 또 앞으로 올 일들을 추구해보면 다가올 만세의 일들 역시 오늘의 일을 통해 가히 알아낼 수가 있다"고 하는 것은 '예측적 앎'의 보편적 구도에 해당한다. 이를 현대적 용어를 사용해 다시 표현해보면 다음과 같은 두 가지 주장에 해당한다.

1. 우리는 우주 내의 존재물들을 관찰함으로써 그것에 적용되는 변화의 원리(이理)를 찾아낼 수 있다.
2. 이렇게 얻어진 변화의 원리를 활용하면 그 존재물의 현재 상태를 확인함으로써 그것의 과거 상태와 미래 상태를 산출해낼 수 있다.

첫째 것은 자연계에 적용되는 변화의 원리를 찾아내는 방식을 말하는데, 이것은 어떤 초자연적인 방식으로 얻어지는 것이 아니라 존재물들을 직접 관찰함으로써 가능하다는 말이다. 둘째 것은 이 변화의 원리 적용에 관한 것인데, 이를 활용하면 현재의 상태만을 확인해 과거와 미래의 상태를 알아낼 수 있다는 말이다. 이것이야말로 현대과학의 방법론을 가장 적절히 표현한 말이라 할 수 있다.

그러나 이것을 실현하기 위해서는 두 가지의 중요한 개념이 더 요구된다. 그 하나는 어떠한 존재물을 지정했을 때 이를 특징짓는 성격 즉 존재물의 '특성'을 나타낼 개념이고, 다른 하나는 이러한 특성을 지닌 존재물의 '상태'를 나타낼 개념이다. 즉 "무엇이 어떠하다" 할 때, '무엇'(특성)을 나타낼 개념과 '어떠하다'(상태)를 나타낼 개념을 구체화해야 한다는 것이다. 예를 들어 "돌이 날아간다"고 할 때 돌의 특성을 지칭할 개념과 돌의 운동을 지칭할 개념이 구체화되어야 의미 있는 서술 및 예측이 가능하다.

여헌은 이 점에 대한 명시적 논의를 하지 않고 있으나 이에 해당할 것으로 보이는 흥미로운 언급을 하고 있다. 즉 "형形이 없는 형과 상象이 없는 상을 찾으라"고 하는 것이다. 여기서 우리가 만일 '형이 없는 형'을 대상의 '특성'으로, 그리고 '상이 없는 상'을 대상의 '상태'로 해석한다면, 필요한 개념 체계를 모두 갖추는 셈이다. 굳이 '형이 없는 형과 상이 없는 상'을 언급한 것은 대상의 특성과 상태를 눈에 보이는 표피적 형상形象에서 찾을 것이 아니라 정량적 서술에 적합하도록 개념의 정교화가 필요함을 역설한 것이다. 뒤에서 살펴보겠지만(제2장) 돌이 날아간다는 현상의 경우, 대상의 특성을 보이는 그대로의 돌이 아니라 숨겨진 성격(예를 들어 돌의 질량과 이것이 받는 힘)에서 찾아야 하고 대상의 상태 또한 움직이는 겉모습에서가 아니라 서술에 적절한 물리량(예를 들어 돌의 위치와 운동량)으로 삼아야 한다. 여헌이 이미 이런 구체적 사례를 염두에 두고 이런 말을 했다는 것은 지나친 억측이겠으나,

적어도 의미 있는 이론의 마련을 위해서는 이런 정도의 개념적 정교화가 필요할 것임을 예상했을 가능성은 충분히 있다.

이렇게 해석할 경우 여헌이 제시한 '예측적 앎'의 바탕 구도는 다음과 같이 요약할 수 있다. 즉 어떤 특성을 지닌 존재물에 대해 이에 적절한 변화의 원리를 찾을 수 있으며, 이를 적용해 처음 상태에서 나중 상태를 도출해낼 수 있다. 이를 도식화하면 다음과 같다.

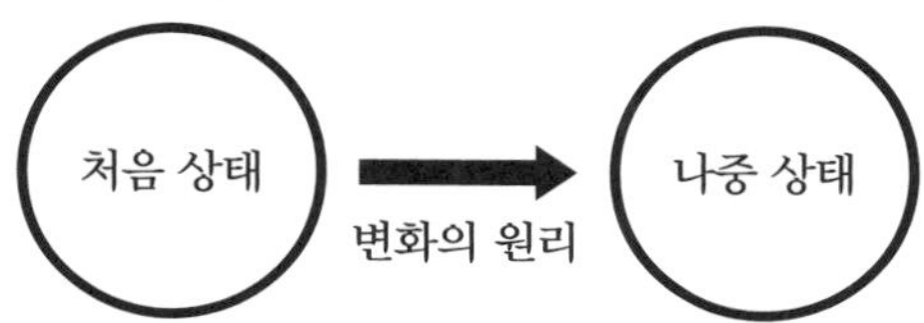

그러나 아쉽게도 여헌은 이처럼 바른 이치의 작동 구도를 마련하고서도 이를 직접 활용해 구체적인 이론을 제시하는 데는 성공하지 못했다. 그리하여 우리는 다음 세대들이 이를 채워 넣도록 이론이 들어설 자리를 공백으로 남기고 넘어갈 수밖에 없다. 그렇기는 하나 이러한 구도 자체를 남겼다는 것만으로 그의 공적은 크다고 보아야 한다.

또 한 가지 여기서 지적할 흥미로운 점은 여헌을 비롯해 그 이전의 많은 사람들이 "이 무거운 대지가 허공에 떠 있는데, 왜 떨어지지 않는가?"하는 물음을 진지하게 던졌다는 사실이다. 어느 면에서 이것은 지극히 자연스런 물음이다. 우리가 만일 이 시기에 태어나서 지구가 허공에 떠 있다는 말을 처음 들었다고 생각해보자. 그러면 그 첫 물음은 당연히 "이것이 왜 떨어지지 않아?" 하는 것일 것이다. 이는 무거운 것을 허공에 놓으면 떨어진다고 하는 경험적 사실을 무의식 속에 일반화해 이를 사물 이해의 기준으로 삼고 있기 때문이다.

그런데 이 사실을 조금 다른 각도에서 생각해볼 수 있다. 우리가 공간을 몇 차원으로 보느냐 하는 문제다. 만일 공간을 3차원으로 본다면 이런 물음은 나올 수 없다. 3차원으로 본다는 것은 앞뒤, 좌우, 상하 세 가지 방향 축을 각각 대등한 것으로 보는 입장인데, 이를 받아들인다면 앞뒤나 좌우 방향으로는 떨어지지 않는데 유독 상하 방향으로만 낙하 현상이 나타나는 것이 오히려 이상한 일이다. 그 경우 우리는 당연히 "상하 방향으로는 무엇이 작용하기에 물건이 떨어지게 되나?" 하는 물음을 던지게 된다. 하지만 굳이 공간을 3차원으로 보아 이런 까다로운 의문에 봉착하기보다는, 오히려 상하 방향은 그 본성에 있어서 앞뒤 방향이나 좌우 방향과 달라 물건들을 떨어뜨리게 하는 성질을 가졌다고 보는 것이 훨씬 이해하기에 편리한 방식이 된다. 이는 서로 대등한 앞뒤 방향과 좌우 방향이 2차원을 이루며, 상하 방향은 이들과 대등하지 않으므로 별도의 1차원을 이룬다고 보는 입장에 해당한다.

그러니까 지구상에서 일상적인 생활을 해나가는 경우, 공간을 앞뒤, 좌우 2차원과 상하 1차원으로 분리해서 보는 것이 이들을 굳이 3차원으로 보아 어려운 문제 하나를 더 첨가하는 것보다 훨씬 간단한 해결책이며, 우리의 지성은 되도록 단순한 해결책을 선호하기에 그러한 관념이 일상화되는 것이 매우 자연스런 일이다. 그러다가 이제 이 관념 체계로는 이해하기 어려운 중대한 문제가 하나 발생했던 것이다. 엄청나게 무거울 것으로 예상되는 대지가 떨어지지 않고 허공에 떠 있다는 사실이다!

이것이 바로 여헌과 그 이전의 사람들이 안고 있었던 문제였다. 이로 인해 옛사람들이 어리석었다고 단순히 평할 수는 없다. 물론 공간이 3차원이라고 보는 것이 좋은 해답이 되겠지만, 이 경우에는 다시 "사과는 왜 떨어지느냐?"하는 좀 더 심각한 새 문제를 풀어야 한다.

여헌이 당면했던 이러한 사고의 지평을 간결한 도식으로 정리해보면 〈심학 제1도〉와 같다.

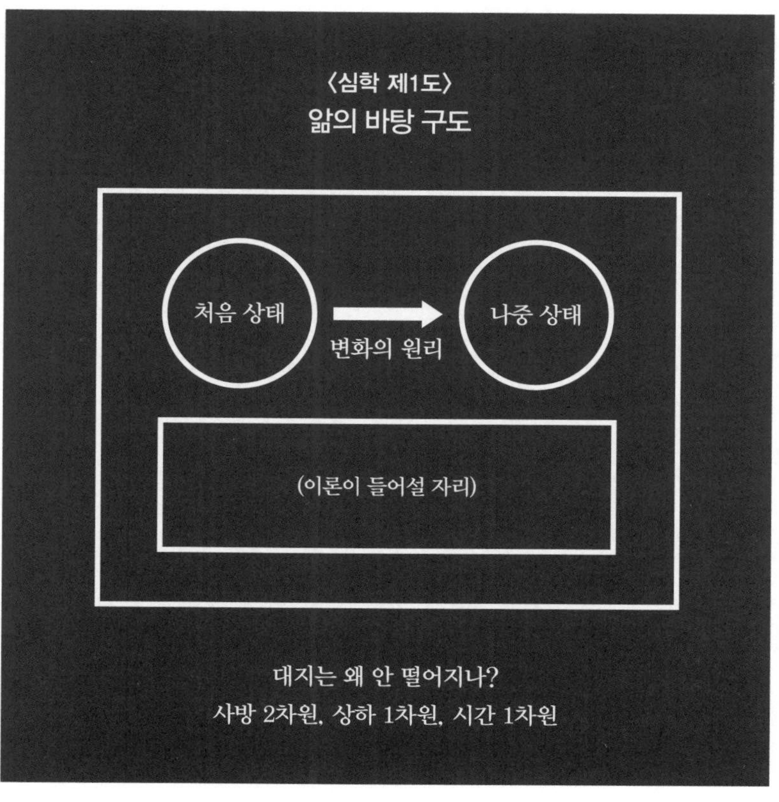

해설 및 성찰

앞에서 보았듯이 우리가 어떤 물음을 던진다는 것은 이미 우리가 어떤 관념 체계를 전제하고 있음을 말해준다. 그렇기에 중요한 것은 어떤 물음에 대한 합리적 대답을 추구하는 것이 아니라 그러한 물음을 불러 일으키는 관념의 틀이 과연 무엇이냐 하는 점이다. 그 대표적 사례가 '공간' 개념인데, 이것은 선천적으로 주어진 것도 아니고 자연에 접하면서 직접 읽어내는 것도 아니다. 그렇다고 하여 의식적인 검토를 거쳐 만들어나가는 것이라고 말하기도 어렵다. 적어도 근대 이전까지는 무의식 속에서 현상을 가장 합리적으로 그러면서도 간결하게 이해하기 위해 만들어낸 관념적 구성물이었다. '시간'이란 개념 또한 이러한 성격의 관념적 구성물에 해당하며, 조금 더 안목을 넓혀보면 '생명'이나 '영혼'의 개념도 이러한 방식으로 얻어진 것임을 알 수 있다. 이 점에 대해서는 제3장과 제7장, 제8장에서 좀 더 자세히 검토할 것이다.

이러한 성격의 개념에 대해서 나는 '자득적自得的 개념'이라 규정한 바 있는데, 이들이 가지는 중요한 특징은 의식적 학습 과정을 거치지 않고 자기 내면의 지적 활동 속에 형성되어 바탕 관념의 틀로서 기능하게 된다는 것이다. 그러므로 많은 경우 우리는 자신의 사고를 관장하고 있는 이 관념의 틀이 무엇인지도 모르면서 이에 구속되어 사고를 하게 된다. 우리가 위에서 본 여헌의 공간 개념이 그 대표적 사례다.

여헌의《우주설》에는 동양 고대의 지칭에 따라 공간을 우宇라 하고 시간을 주宙라 한다. 그리고 우宇를 다시 '상하사방上下四方'이라 해 상하上下와 사방四方을 구분한다. 그리고 그는 명시적 언급을 하고 있지 않으나 그의 무의식적 관념 속에는 다음과 같은 사고가 진행되고 있다. 즉 1차원인 상하는 수직 방향의 공간이며, 2차원인 사방은 수평 방향의 공간인데, 이들이 구분되는 것은 상하 방향은 물체를 아래로 떨어뜨리는 성격을 가졌지만 수평 방향은 그렇지 않다는 데서 온다. 이러한 관념의 틀은 경험 사실들을 통합하는 가운데 자연스럽게 얻어졌을 것이지만, 그는 아마도 이것을 전혀 의식하지 못했을 것이다. 이 (무의식적) 사고에 의하면 무거운 물체이면 무엇이든지 그것이 떨어져야 당연하고 허공에 놓여 안 떨어지면 이상하다. 그렇기에 우리의 상식적 공간 개념에 입각한 우주설의 경우 대지가 낙하하지 않는 이유를 설명해야 하는 것은 극히 당연한 일이며, 따라서 이를 위한 수많은 노력을 하나 결국은 만족스런 결과에 이르지 못하고 만다. 뒤에서 보겠지만 이러한 것은 결국 우리의 바탕 관념 즉 공간과 시간 등의 개념을 의식적으로 수정해나가는 가운데 해결되는 것이나, 여헌의《우주설》은 이 일차적인 관문을 넘어서지 못하고 있다.

이러한 논의 이외에도 《우주설》과 〈답동문〉에는 당시 산중에서 발견되는 나방각螺蚌殼(조개껍질 화석)의 생성 원인과 생성 연대를 비롯해 현 천지天地의 출발 그리고 그 이전 그리고 이후의 천지 등 다양한 주제에 대한 문답이 이어지고 있다. 그러나 거의 대부분 한 대답이 다른 물음을 야기하는 방식으로 끝없이 이어짐으로써 만족스런 결과에 이르지 못한다. 그래서 〈답동문〉에서는 마지막으로 동자의 입을 빌려 다음과 같은 개탄에 이른다.

> 지금 천지 우주의 무궁함에 대해 생각할 수 있는 데까지 생각해 보았습니다. 그랬더니 있는 것 밖에 또 있고, 큰 것 밖에 또 크며, 높은 것 위에 또 높고, 깊은 것 아래 또 깊습니다. 무궁하고 또 무궁하며 또 무궁합니다. 이것을 어떻게 추궁해내겠습니까? 그리고 왜 하필 징후도 없고 근거도 없는 영역에 대해 공허하게 망상하며 우리의 정신을 소모해야 하겠습니까? 오히려 이를 되돌려서 우리의 한 치 마음속에서 찾아보는 것이 좋지 않겠습니까? 대저 무궁한 것은 태극 속에 담기지 않을 수 없고, 태극이라는 것은 우리 마음속에서 만나 찾을 수가 있을 것입니다. 그러니 지극히 넓고 지극히 크며 지극히 높고 지극히 깊은 것을 담고 있는 것으로 우리 한 치 마음만 한 게 또 있습니까? 오직 이것을 가로막고 어둡게 하는 것이 바로 우리 인욕人慾인 줄 압니다. 그러니 만약 인욕을 깨끗이 씻어 없애고 천리天理가 다시 밝아지게 한다면, 그것이 바로 의구한 본연의 전체일 것입니다.

여기에 대해 여헌은 직접적인 대답이 없이 "동자는 적자지심赤子之心(허위가 없는 어린아이 마음)을 잃지 않고 있으니, 그것을 능히 얻어내리라"•라고 하는 오직 한마디만 남기고 서둘러 〈답동문〉을 마치고 있다. 이것이야말로 세상의 모든 것을 다 추구해 알아내야겠다는 초기의 기대에 크게 못 미치는 일이다. 액면대로 보자면 이것으로 자신의 사명은 끝났고, 이제 이 모든 것을 가능케 할 동자의 마음 하나를 믿고 후일을 기약하려는 자세로 풀이될 수 있다.

이러한 자세를 우리는 그의 문인들이 남긴 몇몇 기문록記聞錄을 통해 살필 수도 있다. 조임도趙任道의 〈취정록就正錄〉에 의하면 여헌의 임종 일 년 전인 1636년 겨울 제자들이 모여 직설적으로 물었다.••

> 선생께서 저술한 《우주설》, 〈답동문〉, 《경위설》, 《태극설》 등을 한결같이 깊이 감추시어 외인들이 엿볼 수 없으며, 문인 소자들도 실마리를 얻어들을 수 없사오니, 어찌하여 선생은 이리도 굳게 감추고 은폐하십니까?

이에 여헌은 다음과 같이 대답한다.

> 내가 깊이 감추어두는 것이 어찌 다른 뜻이 있겠는가. 노인이 된

• 童子其能不失赤子之心 則可以得之矣

•• 〈취정록: 문인 조임도〉, 《여헌속집》 제9권, 《국역여헌집》 4, 159쪽.

> 지금 오히려 자신할 수 없으므로, 오직 생각하기를 소견이 혹 자라나고 터득한 바가 혹 새로워지면 고치고 싶은 마음이 있어 가벼이 내놓지 않는 것이다.

이는 곧 그가 자기의 학문을 정리하는 글들을 썼음에도 그 안에서 근본적인 한계를 느끼고 있음을 말해준다. 그는 자연에 대한 깊이 있는 탐색을 통해 그 안에 우주를 담아내고 삶의 방향을 제시하는 근본 이치를 찾으려 했지만 결국 손에 잡히는 결과를 얻어내지는 못했다. 또 문인 이주李紬의 〈경원록景遠錄〉에 따르면, 여헌은

> 나는 젊었을 때, 자못 상수학象數學•에 뜻을 두어 헛되이 마음과 몸을 허비하였다. 근래에 생각해보니, 유익함이 없었고 미혹함만 거듭했다는 후회가 있다.

라고 말한 일도 있다.•• 그는 또 다른 제자인 김휴金烋에게 산수算數를 권장하며 다음과 같이 말한 일도 있다.•••

• 부호와 형상, 숫자를 사용해 우주 변화를 추측해내려는 학설. 북송 대의 소옹이 주역과 도교 사상을 융합해 체계화했다.

•• 〈경원록: 문인 이주〉,《여헌속집》 제10권,《국역여헌집》 4, 229쪽.
"吾少也 頗有意於象數之學 枉費心力矣 近思無益有迷復之悔"

••• 〈경모록: 문인 김휴〉,《여헌속집》 제9권,《국역여헌집》 4, 205쪽.

산수 한 가지를 생각해보자. 비록 이것이 말예末藝에 해당하는 것이나, 지혜를 쓰는 교巧와 물物을 헤아리는 묘妙는 성인이 아니고는 만들 수 없는 것이다. 지극히 적은 것으로 무궁하게 많은 것을 헤아리고 지극히 간략한 것으로 무한하게 넓은 것을 헤아리며 산천의 넓고 멂과 천지의 높고 큼, 사시와 일월의 운행을 추측함에 이르러도 모두 이것으로 헤아리고 미루어 다할 수 있으니, 그 쓰이는 바가 크고 신묘하다. 그대는 아직 젊고 힘이 있으니, 책 읽는 여가에 반드시 산수에 유념하여 힘써 그 방법을 다 알도록 하라.

결국 그는 근거를 종잡을 수 없는 상수학에서가 아니라 오히려 오늘날 수학에 해당하는 산수를 통해 돌파구가 열릴 가능성을 예감하고 있었다. 당시 여헌이 접했던 산수의 수준은 지금 우리가 정확히 헤아리기 어려우나 대단히 정확한 직관이다. 그러나 그는 이것을 끝내 개척하지 못하고 생을 마감해야 할 처지에 놓여 있었다. 더 아쉬운 것은 그의 이러한 훈계를 누구도 진지하게 받아들이지 못했고, 그의 〈답동문〉조차 그 후 몇백 년간 누구의 관심도 끌지 못했다는 사실이다.

여헌의 이러한 정황을 곽암의 시가 잘 묘사해주고 있다.

아득히 펼쳐진 수풀 헤치고 소 찾아 나서니
물 넓고 산 먼데 길은 더욱 깊구나.
힘 빠지고 정신 피로해 소 찾을 길 없는데
늦가을 매미소리만 내 귓전을 때리고 있네.

제2장

소의 자취를 보다

고전역학

水邊林下跡偏多 芳草離披見也麼 縱是深山更深處 遼天鼻孔怎藏他
수변임하적편다 방초리피견야마 종시심산갱심처 요천비공즘장타

두 번째 여정, 견적見跡

곽암 〈십우도〉의 둘째 그림에는 '견적'이라는 제호가 붙어 있다. 숲속을 헤매던 구도자가 나무 아래서 소의 발자취를 확인하는 모습이다. 이제 확실한 희망이 생겼다. 소는 아직 보이지 않지만 그 발자취만으로도 소의 존재는 물론 그의 행적을 어느 정도 추적할 수 있다.

이제 그 발자취는 무엇이며, 이를 찾아낸 정황은 어떠했는지 역사의 인물들과 그들이 성취한 내용들을 통해 살펴나가자.

역사 지평

심학십도의 다음 장면, 먼 지평 위로 두 거인의 모습이 떠오른다. 우리에게는 이미 친숙한 데카르트René Descartes(1596~1650)와 뉴턴Isaac Newton(1642~1727)이다. 이들의 무대는 유럽이고, 따라서 유라시아 대륙의 동쪽 끝 어느 모퉁이에서 활동했던 여헌과는 당연히 아무런 관련도 없다. 그러나 우리가 여기서 눈여겨보려는 것은 그 어떤 역사적 관련성이 아니라 이들이 지녔던 문제의식이 어떻게 서로 연관되느냐 하는 점이다. 우리는 앞에서 여헌의 학문 자세와 그가 제시한 앎의 '바탕 구도'를 확인했다. 이제 이러한 앎의 구도가 현실 속에서 어떻게 구현되는지를 살펴볼 차례다. 여헌이 이치 추구의 바른 방향을 지시하고 나섰다면, 데카르트와 뉴턴은 현실에 부각된 그 이치의 분명한 궤적을 찾아낸 것이다.

데카르트의 '놀라운 학문'

역사의 시간 축을 고정시킨 채 공간적 위치만 이동시켜 유라시아 대륙의 동쪽 끝에서 서쪽 끝으로 넘어가보자. 1631년, 노년(만77세)의 여헌이 대륙의 동쪽 한 궁벽한 산속에서 《우주설》과 〈답동문〉 저술에 매달리고 있을 무렵, 대륙의 반대 극단에 있는 암스테르담의 어느 침대방에서는 35세의 젊은 데카르트가 '세계Le Monde'라는 제호를 염두에 둔 또 하나의 저술에 몰두하고 있었다. 한 사람은 '우주'라 했고, 다른 한 사람은 '세계'라 했지만, 이들이 그리려던 대상은 실상 크게 다르지 않다.

실제로 데카르트는 장장 5년 만에 이 책(정식 명칭은 '세계 및 빛에 관한 논고')을 탈고했지만, 당시 이탈리아의 갈릴레이가 교황청 재판에서 유죄 판결을 받았다는 흉흉한 소식이 들려오자, 책의 출간을 보류했다. 결국 이 책은 그의 사후 14년 만인 1664년에야 유고 형태로 출간되었다.

그 후 몇 년이 더 지난 1637년에 데카르트는 이 책의 일부와 그간 자신이 찾아낸 학문의 '방법'을 내용으로 한 책을 만들어 익명으로 출간했다. 이 책의 정식 명칭은 '이성을 잘 인도하고, 학문에 있어 진리를 탐구하기 위한 방법서설, 그리고 이 방법에 관한 에세이들인 굴절광학, 기상학 및 기하학'인데, 이를 줄여서 그냥 '방법서설Discours de la méthode'이라 부른다. 그러니까 《방법서설》은 데카르트가 (익명으로나마) 정식으로 출간한 첫 번째 책이며 동시에 가장 널리 알려진 책이다.

데카르트의 책《세계》가 여헌의《우주설》에 비교된다면, 그의《방법서설》은《우주설》의 부록인 〈답동문〉에 해당하는 책이다. 여헌의《우주설》에서 본문보다는 그 방법론인 〈답동문〉이 더 중요한 의미를 지니듯이, 데카르트의 책에서도 다양한 내용들을 깊이 논의하고 있는《세계》보다 오히려 그 서론격인《방법서설》이 더 큰 역사적 의미를 가지게 되었다. 여헌의 〈답동문〉과 데카르트의《방법서설》 사이에 한 가지 큰 차이가 있다면, 여헌의 〈답동문〉은 최근에야 겨우 빛을 보고 있음에 반해, 데카르트의《방법서설》은 폭발적 파급 효과를 일으키며 근대 지성사 형성에 결정적 기여를 했다는 점이다.

여기서 굳이 데카르트가 어떠한 사람이었는지에 대해서는 깊이 논의할 필요는 없겠지만, 앎의 지평을 넓히는 데 그가 관여한 막중한 역할을 파악하기 위해 그의 몇몇 행적을 추적하지 않을 수 없다. 데카르트는 형식상《방법서설》을 익명으로 출간하면서도 그 안에 자서전이라 불러도 손색이 없을 만큼 자기 자신에 대한 설명도 곁들이고 있다. 우선 책의 서두에서 그는 다음과 같이 말한다.•

> 나 자신에 관해 말한다면, 나는 지금까지 내 정신이 보통 사람들의 정신보다 어느 점에서나 더 완전하다고 생각해본 적이 없다. 나는 오히려 어떤 사람들이 가진 재빠른 생각이나 선명하고 또렷한 상상력 혹은 풍부하고 생생한 기억력을 나도 가졌으면 하고

• 데카르트, 이현복 역,《방법서설》, 문예출판사, 1997, 146~148쪽.

> 바랐던 일이 종종 있다. 그리고 나는 이런 것들 외에 정신을 완전하게 해주는 다른 무엇이 더 있다고 생각하지도 않는다.
> … 하지만 내게는 운이 많이 따랐다. 청년 시절에 나는 어떤 길을 발견했는데, 이 길을 따라 몇 가지 고찰과 격률에 이를 수 있었고, 또 이로부터 하나의 방법을 만들어냈다. 이 방법을 통해 내 인식의 폭은 점차 증대되어, 마침내 평범한 내 정신과 얼마 남지 않은 내 생애가 허락하는 최고의 정점까지 조금씩 내 인식이 도달할 것으로 보였다. 나는 이미 이 방법을 통해 여러 열매를 거두었기 때문이다.

여기서 데카르트는 자기가 어떤 선천적 능력에 의해서가 아니라 단순히 자기가 찾아낸 한 '방법'에 의해 의미 있는 지적 성취를 했다는 점을 강조한다. 이는 곧 특출한 지적 재능을 가지지 않은 어떤 사람이라도 이 방법만 활용하면 얼마든지 큰 지적 성취에 이를 것임을 말하는 것인데, 이것이 바로 근대학문 특히 과학이 가지는 매우 중요한 특징이다. 그러나 이 '방법'을 처음으로 찾아내는 일은 결코 가벼운 일도 간단한 일도 아니다. 그는 그저 "운이 좋아서 그 길을 발견했다"고 하지만, 우리에게는 오히려 그가 거기에 이르게 된 좀 더 자세한 사연 특히 그가 말하는 '운'이라는 것이 무엇인지 궁금하지 않을 수 없다.

데카르트는 1596년 서부 프랑스의 한 명망 있는 집안에서 셋째 아이로 태어났으나, 생후 1년 만에 모친을 잃고 외할머니와 유모의 돌봄 속에 자라났다. 다행히 집안은 부유했고, 그는 특히 양측 조부모들로부터 많은 유산을 물려받았다. 이로써 그는 자신의 재산을 관리하기 위해 오히려 신경을 써야 할 정도로, 일생 동안 생계를 위한 직업을 별도로 가지지 않고 오로지 자기 관심사만을 추구하며 살아갈 수 있는 흔치 않은 행운을 누렸다.

그는 어린 시절부터 너무도 많은 것에 대해 그 이유를 캐물어서 집안에서는 아예 '꼬마 철학자'로 불렸다. 열 살이 되던 1606년에 제수이트Jesuit 교단이 운영하는 왕립학교 라 플레슈La Flèche에 입학해 1615년까지 9년간을 머물렀다. 규율이 엄격한 학교였지만 그는 건강이 허약하다는 이유로 아침 수업을 빼먹을 수 있는 특별 배려도 받았다. 이것이 결국 판에 박힌 수업에서 일부나마 벗어나 숨통을 열어주는 구실을 했을 것이다. 그는 여기서 당시 유럽 지성계의 공용어라 할 수 있는 라틴어를 배웠고, 또 검도를 익혀 후에 호신술로 유용하게 활용했다. 그러나 그가 정말 즐겨 공부한 과목들은 기하학을 비롯한 수학 과목들이었다. 1615년 이 학교를 졸업하고 곧바로 푸아티Poitiers 대학으로 옮겨가 다음해인 1616년 말 법학사 학위를 받는 것으로 그의 공식 교육은 끝난다. 그는《방법서설》에서 자신의 이러한 학습 경험에 대해 다음과 같이 털어놓는다.•

> 어릴 적부터 나는 여러 학문을 배웠다. 이런 학문을 통해 삶에 유용한 모든 것에 대해 명석하고 확실한 인식을 얻을 수 있다고 항

• 《방법서설》, 150쪽.

상 들어왔으므로 나는 그것을 열심히 배우려고 노력했다. 그러나 내가 그 모든 과정을 마치고 학자들 축에 끼어들자마자 내 생각은 완전히 바뀌고 말았다. 공부를 하면 할수록 내가 무지하다는 것만 점점 더 발견될 뿐 그 어떤 이익도 없는 것처럼 여겨졌고, 많은 의심과 오류에 빠져 곤혹스러웠기 때문이다. 하지만 나는 당대 최고 학식 있는 사람들이 운집해 있는 유럽 최고의 명문 학교에 다녔고, 여기서 남들이 배우는 모든 것을 배웠다. 학교에서 배우는 학문뿐만 아니라 아주 기이하고 진귀한 학문을 담고 있는 책들도 손에 집히는 대로 모조리 읽었다.

그러면서 그는 자기가 배운 학문 하나하나에 대해 자세히 언급한다. 그는 특히 수학에 마음이 끌렸는데, 이는 그 근거의 확실성과 명증성 때문이었다. 그러나 이것이 기계학에만 응용되고 있음을 보고 왜 지금까지 아무도 이 위에 더 탁월한 것을 세우지 않았는지가 의아했다고 말한다(서설 154). 여기서 우리는 여헌과 데카르트가 놓였던 학문적 여건의 차이를 확인할 수 있다. 데카르트는 이미 높은 수준에 이른 수학을 접할 수 있었지만 여헌은 그렇지 못했고, 이 점을 그가 크게 아쉬워했음은 우리가 앞에서 본 바와 같다. 수학에 대한 데카르트의 이 언명은 곧 전개될 뉴턴의 활동은 물론 이후 볼츠만, 아인슈타인, 슈뢰딩거에 이르는 전 과정에서 수학이 얼마나 중요한 역할을 하게 될지를 예리하게 포착하고 있다.

이에 반해 그는 철학에 대해서는 매우 신랄한 비판을 가하고 있다.•

> 오랜 세월에 걸쳐 뛰어난 정신의 소유자에 의해 철학이 연구되어 왔음에도 불구하고, 철학에는 논쟁의 여지가 없는 것이 하나도 없고, 따라서 의심의 여지가 없는 것이 하나도 없는 것을 알았다. 이를 보고 나는 내가 다른 사람들보다 철학을 더 잘하리라는 희망조차 가질 수 없었다. 한 가지 것에 대해서는 단 하나의 참된 의견만 있을 터인데, 아주 많은 의견들이 학자들에 의해 서로 주장되는 것을 보고, 나는 단지 그럴듯하게 보이는 것은 거의 모두 거짓된 것이라 간주하게 되었다.
>
> 나머지 다른 학문들에 관해 말하자면, 이 학문들의 원리는 철학에서 비롯되고 있기 때문에, 이처럼 어설픈 토대 위에는 그 어떤 것도 견고하게 세워질 수 없다고 생각했다.

그러고는 다음과 같이 말을 잇는다.••

> 그래서 나는 내 스승들로부터 해방되는 나이가 되자 학문 관련 공부를 완전히 집어던졌다. 그리고 내 자신 속에서 아니면 세상이라는 거대한 책 속에서 찾아질 수 있을 것 이외에 어떤 다른 앎도

• 《방법서설》, 155쪽.

•• 《방법서설》, 156~158쪽.

추구하지 않겠다고 다짐했다. 그래서 남은 젊은 시절을 온전히 여행하는 데에 바쳤다. … 학자가 서재에서 하는 추리보다는 자기에게 소중하고 잘못 판단하면 상응하는 벌이 돌아오는 일 안에서 더 많은 진리를 찾아낼 것이라 생각했기 때문이다. … 이렇게 해서 나는 우리 자연의 빛을 흐리게 하고 이성의 소리를 듣지 못하게 하는 숱한 오류로부터 차츰 벗어나게 되었다. 그러나 세상이라는 책 속에서 공부하고 얼마간의 경험을 쌓는 데 몇 년의 세월을 보낸 후, 나는 어느 날 나 자신 속에도 연구할 게 있다는 것과, 또 내 갈 길을 선택하는 데에 정신력을 기울여야겠다는 결심을 하게 되었다.

여기서 우리는 자기 자신 이외에 그 어떤 스승에게도 의존하지 않고 자신의 앎을 추구해나가야 한다는 그의 커다란 깨달음을 발견한다. 그리고 그는 더 이상 책 속에 적혀 전해지고 있던 이른바 학문이라는 것들조차 대부분 신뢰하지 않게 된 것이다. 이제 그에게 스승이 있다면 오직 '세상이라는 거대한 책'이 있을 뿐이었다. 그리하여 그가 처음 택한 '세상'이 바로 파리였다. 파리에서의 그의 생활은 나날이 축제에 가까웠다. 음주와 도박, 그리고 유흥이 끊이지 않고 계속되었다. 그는 바야흐로 파리 사교계에서 떠오르는 젊은 별로 떠받들어졌다.

거의 1년을 이렇게 보낸 그는 당시 파리에는 또 하나의 세계가 있다는 것을 알게 되었다. 유클리드 기하학의 원본(이미 13권이 발간되었고 다시 3권이 추가로 발간되고 있었다)을 공부하며, 물리학의 낙하 문제와 중력의 수수께끼를 거론하고 있던 파리 지성계였다. 순식간에 그는 여기에 매료되었다.

그러자 갑자기 사교계는 그의 짐이 되고 말았다. 집중해 책을 읽는데 방해가 된 것이다. 그는 곧 아무에게도 알리지 않고 몰래 주소를 옮겼다. 친구들 사이에서는 소동이 났다. 혜성 같이 나타났던 스타가 갑자기 사라졌기 때문이다. 드디어 한 친구가 데카르트의 낯익은 사동使童을 거리에서 발견하고 몰래 뒤를 밟아 거처를 알아냈다. 문틈으로 들여다보니 그는 침대에 누웠다 앉았다 하며 골똘히 읽고 쓰고 있었다. 수학과 과학의 연구에 빠져버린 것이다. 친구는 방해하지 않고 조용히 되돌아갔다.

그러나 그는 멈추어 있을 수 없는 성격을 타고났다. 움직여야 했다. 변화를 즐겼고 행동을 즐겼다. 말 타기, 칼 쓰기가 또 그의 취미이자 장기였다. 파리에 머문 지 2년이 되었을 때, 이웃 네덜란드에서 새 왕자가 된 모리스 드 나소Maurice de Nassau가 군대를 모집한다는 소식이 들렸다. 그는 곧 지원했다. 무술을 익히는 것 또한 그의 꿈 가운데 하나였다. 신사협정이 이루어졌다. 급료를 받지 않는 대신 자유를 최대한 보장받는 조건이었다. 수학과 과학에 계속 몰두할 수가 있으며, '운이 좋으면' 전쟁 경험도 쌓을 수 있었다. 그에게 군무軍務는 모험과 여행의 수단이었고, '세계로 나서는 여권'이었던 셈이다.

1618년 11월 10일, 네덜란드의 브레다 근처에 머물고 있던 데카르트는 어느 담벼락에 나붙은 수학 문제를 하나 보았다. 방금 공부를 마치고 정규 직장을 얻으려는 한 젊은 수학자가 내놓은 현상문제였다.

그날 밤 답을 찾아낸 데카르트는 곧 베크만Beeckman이라는 출제자를 찾아갔다. 이들은 곧 가까운 친구가 되었고, 이 일은 데카르트가 자신의 재능을 발견하는 계기가 되었다.

여기서 우리는 앞에서 논의했던 여헌과 데카르트 사이에 몇 가지 유사점을 발견한다. 우선 이 두 사람 모두 일생을 거의 떠돌며 나그네 생활을 했다는 점이다. 여헌이 어려서부터 집을 떠나 나그네 생활을 해서 그의 호마저 여헌이라 했다지만, 데카르트 또한 어린 나이에 기숙학교를 들어간 이후 집에서 지낸 일이 거의 없이 유럽 각지로 유랑했다. 본래 프랑스 사람이지만 그는 프랑스보다 오히려 네덜란드를 비롯해 이웃 나라에서 더 많이 지냈고, 54년이란 길지 않은 생애에서 알려진 이주 기록만 38회, 살았던 주요 거주 지역만도 10여 곳을 헤아린다.

관련된 이야기이지만 이들은 일생 동안 지정된 직장이나 직위를 가지지 않았다. 혼자 공부를 즐겨 하며, 원하는 사람이 있으면 언제고 아낌없이 가르침을 베푸는 말하자면 떠돌이 교사 비슷한 신분이었다. 그러나 무엇보다도 중요한 공통점은 두 사람 다 생애의 어느 시점에 학문에 전념하겠다는 각오를 깊이 다졌다는 점이다. 여헌이 17세(우리 나이 18세) 되던 해에 결의를 다지고 《우주요괄첩》을 만들어 일생 동안 품고 다녔듯이, 데카르트 또한 23세가 되던 해에 운명과도 같은 경험을 계기로 결의 하나를 다지게 된다.

데카르트의 사후에 발견된 '올림피카Olympica'라는 제호의 노트•에 따르면 당시 군인 신분으로 독일의 남부 지역에 머물고 있던 데카르트는 울름 근교의 한 '난로 피운 방'에서 매우 색다른 경험을 한다. 그는

1619년 11월 10일 낮에 다음과 같이 기록했다.

> 1619년 11월 10일, 나는 열광에 사로잡혔다. '놀라운 학문mirabilis scientiae'의 기반을 발견했던 것이다.

그가 여기에 '놀라운 학문'이라고 쓰면서 실제로 마음에 무엇을 생각했는지는 아무도 모른다. 그러나 그것이 정확히 무엇이었든, 그는 결과적으로 대단히 놀라운 학문의 기반을 세웠다. 이 놀라운 학문이 바로 우리가 이제 살펴나갈 근대학문 곧 근대과학과 근대철학이다.

나는 생각한다, 그러므로 나는 존재한다 Cogito ergo sum

이제 다시 《방법서설》 안에 기재된 내용들을 좀 더 자세히 살펴보자. 그는 독일 남부의 도시들을 바라보다가 도시계획 문제를 생각하게 된다. 그는 아무리 마음에 들지 않는다고 하더라도 한 도시를 모두 헐고 새 도시를 만든다는 것은 무모하다고 보았다. 하지만 그 안에 있는

• 이 노트는 그의 사후, 유물을 정리하는 과정에서 발견되었고, 그의 초기(1691) 전기 작가였던 바이레Baillet의 기록이 이것을 전한다. 이 문서의 원본은 사라졌고, 라이프니츠가 만든 사본은 남아 있는데, 그 내용은 바이레의 기록과 거의 일치한다. Aczel, Amir. *Descartes' Secret Notebook*. Random House, 2005.

자기 집 하나를 완전히 헐고 새로 짓는 것은 얼마든지 가능하며 많이 행해지는 일이다. 그래서 그는 이를 자기 자신의 앎에 적용해 지금까지 안다고 생각했던 불확실한 앎을 모두 쓸어버리고 확실한 것부터 깨끗이 새로 정리하고 싶었다. 그는 다음과 같이 말한다.•

> 지금까지 내가 믿고 받아들인 모든 의견에 관해서는, 그것을 한번 깨끗이 제거하고, 그런 다음 더 좋은 의견을 받아들이거나, 아니면 전과 같은 의견이라 하더라도 이성의 자로 재어 반듯하게 만든 다음 다시 받아들이는 것이 최상의 시도라고 생각했다. 이렇게 했을 때가, 내가 단지 낡은 토대 위에 세웠을 때보다, 내가 젊은 시절에 참인지 아닌지조차 검토함이 없이 받아들였던 원리들에만 의존했을 때보다, 내 삶을 더욱 잘 영위할 수 있으리라 확신했다.

이렇게 말하면서도 그는 이 시도가 너무 대담한 것이 아닌지 스스로 염려하고 있다. 그리고 자기도 아마 오직 한 분의 스승에게만 배웠거나 학자들 사이에 의견의 차이가 항상 있어왔음을 몰랐더라면 이미 밝혀놓은 길을 그저 따라만 가는 부류에 속했을 것이라고 말한다. 그가 관찰한 바에 의하면 우리를 설득하는 것은 어떤 확실한 앎에서가 아니라 관습이나 선례라는 사실이었다. 그리고 만일 진리에 이른다면 이는 어떤 한 사람에 의해서지, 여러 사람의 의견에서가 아니라고 생각

• 《방법서설》, 163쪽.

했다. 그러나 진정 옳다고 여길 견해를 제시한 사람을 찾아볼 수 없었기에 부득이 자신의 이성이 안내하는 바에 따를 수밖에 없게 되었다고 말한다.

데카르트가 선택한 바로 이 지점이 서구 지성사에서 고전학문과 근대학문을 나눌 분기점이 된다. 여헌의 경우에서도 보았듯이, 감히 한 개인이 기존의 모든 학문 전통을 일단 제쳐놓고 자신만의 판단에 따라 진정한 앎의 길에 나서겠다는 자세를 가지느냐 아니냐 하는 것이 이 경계를 가르는 기준에 해당한다. 여기에는 당연히 엄청난 위험이 따른다. '하늘 아래 새로운 것이 없다'는 말이 있듯이 본인에게는 새길이라 여겨지는 것도 대개는 이미 선인들이 밟아보고 폐기된 길일 수 있다. 그렇기에 모험이며, 헛된 노력으로 끝날 개연성이 매우 크다.

이러한 것을 모르지 않았을 데카르트는 이 모험 속에서 잘못된 길로 빠지지 않기 위해 세심한 주의를 기울였다. 그의 말을 들어보자.•

> 나는 어둠 속을 홀로 걸어가는 사람처럼 천천히 나아가고 모든 것에 세심한 주의를 기울이자고 다짐했다. 이렇게 하면 아주 조금씩 나아가겠지만, 적어도 넘어지지는 않을 것이다. 나는 내 마음 속에 이성의 안내 없이 이미 스며든 모든 의견들을 한꺼번에 내치려 하지는 않았다. 이에 앞서 시간을 충분히 들여 내가 하려는 일의 틀을 세우고 내 정신의 역량 내에서 모든 사물의 인식에 이

• 《방법서설》, 167쪽.

를 수 있을 참된 방법을 찾아내려고 노력했다.

그렇다면 그가 발견한 방법은 과연 무엇일까? 그는 일단 논리학을 신뢰했고 수학에서의 기하학과 대수학을 신뢰했다. 그러나 이들 모두 너무 번쇄하고 잡다한 기예에 빠져 있어서 창의적 앎에 이르기에는 별 도움이 안 된다는 결론에 이르렀고. 그래서 그는 논리학의 그 많은 규칙들 대신에 다음 네 가지만 취했다.

첫째, 조금도 의심의 여지가 없을 정도로 명석 판명하게 내 정신에 나타나는 것 외에 어떤 판단도 내리지 말 것.
둘째, 검토할 어려움들을 각각 잘 해결할 수 있도록 가능한 한 작은 부분으로 나눌 것.
셋째, 내 생각들을 순서에 따라 이끌어나갈 것, 즉 가장 단순하고 가장 알기 쉬운 대상에서 출발해 단계적으로 가장 복잡한 것의 인식에까지 이를 것.
넷째, 아무것도 빠트리지 않았다는 확신이 들 만큼 완벽한 점검과 총체적 검토를 전 과정에 걸쳐 수행할 것.

그는 기하학자들이 흔히 사용하는 '아주 단순하고 긴 근거들의 연쇄'를 통해 결과에 도달하는 방식을 일반화해 "인간이 인식할 수 있는 모든 것"도 이와 같은 방식으로 연결되어 있으리라 보았다. 따라서 위에 제시한 방법들만 잘 지키면 "아무리 멀리 떨어져 있는 것도 결국 도달할 수 있고 아무리 숨겨져 있는 것도 결국 발견할 수 있다"고 말한다.

그는 이런 학문의 원리가 모두 철학에서 비롯되고 있지만, 철학에서 아무런 토대를 발견하지 못했기에 우선 철학에서 확실한 원리를 설정할 필요가 있다고 생각했다. 이를 위해서는 조금이라도 의심할 수 있는 것은 모두 전적으로 거짓된 것으로 간주해 던져버리고, 이렇게 한 후에도 전혀 의심할 수 없는 것이 내 신념 속에 남아 있는지를 살폈다. 이 점에 관해 그는 (9년 후《방법서설》제4부에서) 다음과 같은 유명한 말을 남겼다.•

> 우선 우리 감각은 종종 우리를 기만하므로, 그 무엇도 감각이 우리 마음속에 그려주는 그대로가 아니라고 가정했다. 그리고 아주 단순한 기하학적 문제에 있어서조차 추리를 잘못해 오류를 범하는 사람이 있으므로, 나 역시 다른 사람들과 마찬가지로 잘못을 저지를 수 있다고 판단하고, 전에 증명으로 인정되었던 모든 근거를 거짓된 것으로 던져버렸다. 끝으로 우리가 깨어 있을 때에 갖는 모든 생각은 잠들어 있을 때에도 나타나는데, 이 경우 이것이 참이라고 하는 보장은 어디에도 없기에, 지금까지 내 마음속에 들어온 모든 것들은 내 꿈속의 환영幻影보다 더 참될 것이 없다고 보기로 했다. 그러나 이런 식으로 모든 것이 거짓이라고 하는 동안에도 이렇게 생각하는 나는 반드시 그 무엇일 수밖에 없음을 알

• 《방법서설》, 184~185쪽.

았다. 그러고는 '나는 생각한다, 그러므로 나는 존재한다'는 이 진리는 너무도 확고하고 확실한 것이어서 회의론자의 어떤 가당치 않은 억측으로도 흔들 수 없는 것이라 여겼기에, 이것을 내가 찾고 있던 철학의 제일 원리로 거리낌 없이 받아들이기로 했다.

이것이 바로 "나는 생각한다, 그러므로 나는 존재한다"라고 하는 데카르트의 명제다. 그는 이것을 바탕으로 형이상학적 구도를 형성한다. 즉 인간의 사유에서 시작해 인간의 영혼 그리고 신의 개념에 이르기까지를 하나의 합리적인 틀로 엮어내고 있다.《방법서설》에서는 이 점에 대해 극히 간략하게 소개하고 있으나 1641년에 그 초판이 발간된《제일철학에 관한 성찰》(줄여서《성찰》)에서는 이 점에 대해 좀 더 체계적으로 논의하고 있다. 이에 관한 논의는 물질과 정신의 관계로 이어지고 있는데 이 점에 대해서는 제8장에서 다시 살펴보기로 한다.

데카르트가 토대를 세운 물리학

우리는 흔히 뉴턴을 물리학자라고 하면서 데카르트는 철학자라고 한다. 하지만 데카르트는 오늘날 물리학이라 불릴 만한 내용에 관심이 많았고 나름의 중요한 기여를 했다. 특히 그는 우주생성론을 구상하면서 여기에 적용될 세 가지 규칙을 제시했는데, 이것은 후에 뉴턴이 마련한 역학 법칙 세 가지와 매우 흡사하다. 데카르트가 마련한 이 자연의 세

규칙은《세계》제7장에 서술되어 있는데, 이를 요약하면 다음과 같다.•

> 첫째, 물질의 각 개별 부분들은 다른 것들과의 충돌이 이것의 상태를 강제하지 않는 한, 항상 동일한 상태를 유지한다.
>
> 둘째, 한 물체가 다른 것을 밀 때, 이것이 같은 양의 자신의 운동을 동시에 잃지 않는 한, 다른 것에 운동을 전해줄 수 없다.
>
> 셋째, 한 물체가 움직일 때, 이것의 각 부분은 개별적으로 항상 직선을 따라 움직인다.

여기서 우리가 곧 확인할 수 있겠지만, 첫째와 셋째 규칙을 합한 것이 방향까지 고려한 뉴턴의 제1법칙이며, 둘째 규칙은 이른바 운동량 보존법칙으로 뉴턴의 제2법칙과 제3법칙의 합성을 통해 얻어지는 내용이다. 그러니까 여기서는 단지 '힘'(또는 상호작용) 개념을 명시적으로 제시하지 않았을 뿐 뉴턴의 세 가지 법칙과 사실상 동일한 내용을 제시했다고 볼 수 있다.

그러나 힘을 명시적으로 제시하지 않아 개별 입자의 운동을 독자적으로 서술할 수 없었다는 점, 특히 뉴턴의 중력 법칙이 결여됨으로써 중력장 내에서의 운동을 설명하지 못한 것이 가장 큰 약점으로 남는다.

사실상 데카르트가 가장 크게 힘을 기울인 것은 물리학의 출현을 예

• Cottingham, John. *The Philosophical Writings of Descartes*. Vol 1. Cambridge University Press, 1985, pp.93-6.

감하고 이를 위한 단단한 토대를 세우는 일이었다. 그의 역저라고 할 《제일철학에 관한 성찰》에서 실제로 겨냥한 것은 그가 《세계》 안에서 윤곽을 잡은 자신의 물리학을 위한 간접적 발판을 마련하려는 것이었다. 하지만 그가 구체적으로 제시한 물리학은 크게 빛을 보지 못했다. 물론 여러 모로 불완전했던 것도 사실이지만 이것이 빛을 잃은 이유는 이보다 훨씬 완전한 뉴턴의 고전역학이 곧 탄생했기 때문이다.

그러나 그의 철학, 그리고 물리학이 실패한 것은 아니었다. 단지 뉴턴의 역학이 너무도 크게 떠올랐기에 그가 기여한 부분, 즉 그 바탕 자체가 가려진 것뿐이다. 마치도 올챙이의 단계가 없었으면 개구리가 존재할 수 없듯이 데카르트의 정지 작업이 없었더라면 고전역학이라는 건물은 세워질 수 없었지만 이를 기억하는 사람은 많지 않다.

데카르트는 53세 되던 1649년, 스웨덴의 여왕 크리스티나의 집요한 초청에 따라 스톡홀름으로 가서 국왕의 개인 교습을 맡았다. 하필 국왕인 크리스티나는 새벽 이른 시간에 학습하기를 희망했고, 데카르트는 천성적으로 늦잠을 즐기는 습관이 있었다. 또 스웨덴의 찬 기후도 그의 체질에 맞지 않았다. 결국 다음 해인 1650년 2월 초 폐렴으로 누운 그는 2월 11일, 54세를 약간 못 채운 나이로 세상을 떠나고 말았다. 그의 유해는 16년이 지나 그에 대한 악의가 많이 완화된 뒤에야 모국인 프랑스 파리로 옮겨졌지만, 파리에서도 여기저기 떠돌다가 1819년에 비로소 현재의 자리인 생제르맹데프레Saint-Germain-des-Prés 수도원에 안장되었다. 데카르트가 손수 준비한 비문에는 다음과 같은 짧은 글이

적혀 있다.•

"잘 숨었고, 잘 살았던 사람"

거인의 어깨 위에 올라선 거인

데카르트의 짧은 생애를 보상이라도 해주려는 걸까? 그가 세상을 떠난 지 11년이 지난 1661년 6월 초순 어느 날, 초라한 행색의 열아홉 살 젊은이가 케임브리지 대학 트리니티 칼리지의 문에 들어선다. 아이작 뉴턴이라고 하는 그의 이름에 관심을 기울이는 사람은 물론 아무도 없었다. 그는 곧 구내매점으로 가 책상 열쇠, 잉크 한 병, 양초 1파운드, 침실용 항아리 하나, 그리고 빈 노트 한 권을 샀다. 지극히 평범한 이 물건들 가운데 우리의 관심을 끄는 부분이 바로 이 노트다. 앞으로 이 빈 노트에 어떠한 내용이 채워지느냐에 따라 인류 지성사의 향방이 달라질 것이기 때문이다.

그는 이 노트에 그가 배우거나 읽어서 얻은 항목들을 적어나갔다. 처음 한동안 아리스토텔레스 교재의 내용들이 기록되다가, 갑자기 확 끊기면서 데카르트의 형이상학에 관한 기록이 두 페이지에 걸쳐 끼어

• Damasio, A. *Looking for Spinoza*. Random House, 2003, p.21. [이 말의 출처: Ovid's Tristra: Bene qui latuit, bene vixit.]

든다. 그러고는 몇 장 여백으로 남긴 후 '철학에 관한 의문들Questiones quaedam Philosophcae'이란 제목을 쓰고 여러 항목을 약간씩의 여백을 두고 듬성듬성 나열했다. 앞으로 학습이 진행되는 대로 기록해 넣을 참이었다. 그리고 조금 뒤에 흥미로운 표어 하나를 적었다.

> 이후의 페이지에 기록될 진리에 관한 어떤 내용도 플라톤이나 아리스토텔레스로부터 오는 것은 전혀 없도록 함.

이 노트는 여러 모로 앞에서 말한 여헌의 《우주요괄첩》이나 데카르트의 〈올림피카〉에 비견된다. 이 모두 젊을 때 자신의 학문 방향과 결의를 제시한 자료들이기 때문이다. 그러나 앞의 두 사람이 모두 자신이 모색할 새 방향을 암시하고 있음에 비해 뉴턴은 데카르트라는 강력한 선구자의 영향을 듬뿍 받고 있음을 알 수 있다.

후에 뉴턴이 "내가 남들보다 더 멀리 볼 수 있었다면, 이는 거인들의 어깨 위에 올라섰기 때문"이었다고 술회했듯이•, 그는 데카르트라는 거인의 유산 위에서 학문을 여는 행운을 얻었다. 이것은 뉴턴뿐 아니라 데카르트에게도 행운이었다. 뉴턴과 같은 걸출한 후계자가 뒤따르지 않았던들 데카르트의 업적이 그런 소중한 결과로 이어지지 못했을 것이기 때문이다. 데카르트가 거인이라면 뉴턴은 거인의 어깨 위에 올

• Letter to Robert Hooke, 5 February 1676. (*The Oxford Dictionary of Quotations*. Joseph Spence Anecdote, J. Osborn ed. 1966. p.543.)

라선 거인이었다.

뉴턴이 데카르트에 몰두했다는 증거는 이거 말고도 더 있다. 이미 노트에서 암시하고 있는 바이지만, 당시 아리스토텔레스의 저작들을 위주로 하는 케임브리지 대학의 교육 과정은 뉴턴에게 거의 아무런 도움을 주지 못했다. 한 가지 다행스러웠던 점은 그나마 대학이 이것들을 열심히 가르치려 하지 않았다는 사실이다. 그 틈에 뉴턴은 거의 이단시되어 대학 교육자들이 거들떠보지도 않으려 했던 데카르트의 저작들을 읽고 자신만의 학습을 깊숙이 진행시켜나갈 수 있었다. 당시 어설프게 열성적인 교수가 있어서 뉴턴에게 아리스토텔레스의 고전들을 철저히 주입하려 했더라면, 그리고 충실한 뉴턴이 이에 매몰되어 교수가 인정하는 모범생으로 성장했더라면, 훌륭한 한 고전학자가 출현했을 수는 있겠으나 오늘 우리가 아는 뉴턴은 태어나지 못했을 것이다.

뉴턴에게 더욱 다행스러웠던 점은, 그럼에도 불구하고 그가 특대생으로 선발될 수 있었고, 곧이어 오늘날 교수직에 해당하는 평의원으로 선출되어 그 후 몇십 년간 자신의 학문을 마음껏 펴나갈 수 있었다는 점이다. 이에 관해 뉴턴의 전기에 나오는 다음과 같은 서술을 보자.•

> 실로 뉴턴에게 1664년은 위기의 해였다. 트리니티는 3~4년에 한 번만 특대생을 선발했다. 그에겐 1664년의 선발이 학부생 시절의 유일한 기회였다. 만일 그때 뉴턴이 선발되지 못했다면 케임브

• 리처드 웨스트폴, 김한영·김희봉 역, 《아이작 뉴턴 1》, 알마, 2016, 186~188쪽.

리지에 영구적으로 거주할 수 있는 희망은 영원히 사라졌을 것이다. 그때 그는 스스로의 선택에 따라, 널리 인정받는 연구 분야들을 내팽개치고 칼리지의 가치관에서 완전히 벗어난 과정을 추구하고 있었다.

… 그가 칼리지의 특대생에 지원했을 때, 그의 지도교수는 당시에 수학 교수였던 배로Isaac Barrow 박사에게 보내 시험을 치르게 했다. 박사는 뉴턴이 경시해 아는 바가 거의 없었던 유클리드에 관해 그를 시험했고, 뉴턴이 훤히 꿰뚫고 있는 데카르트 기하학에 대해서는 한마디도 묻지 않았다. 뉴턴은 너무 소심하여 그 말을 꺼내지 못했고, 배로는 어느 누가 유클리드를 정복하지 않은 상태에서 데카르트 기하학을 읽을 수 있으리라고는 상상하지 못했다. 그래서 배로 박사는 그를 대수롭지 않은 학생으로 여겼지만 어찌된 일인지 그는 칼리지의 특대생이 되었다.

여기서 우리가 찾아낼 재미있는 점은 사람에게는 종종 행운이라는 것이 따른다는 점이다. 이러한 행운이 없었더라면 후에 그가 그 커다란 일을 해내지 못했을 수도 있기 때문이다. 한데 어쩌면 이것이 단순히 운이 좋아서가 아닐 수도 있다. 설혹 시험 결과로는 아무것도 판정할 수 없었지만, 사람에게는 사람을 알아보는 또 다른 눈이 있을 수 있고, 배로 박사는 바로 이 눈을 통해 판정했을지 모른다. 위대한 한 인물이 배출되기 위해서는 보이는 또는 보이지 않는 많은 일들이 결국 좋은 쪽으로 서로 연결되어야만 결실을 맺을 수 있는 듯하다.

기적의 해 1666년

1664년의 위기를 성공적으로 헤쳐나간 뉴턴에게 그 후 몇 년의 학문적 여정은 물 흐르듯 순탄했고, 1666년 마침내 그 절정에 이르렀다. 실제로 과학사학자들은 1666년을 '기적의 해annus mirabilis'라 부르는데, 이는 당시 24세의 뉴턴이 인류지성사에서 가장 큰 업적 가운데 하나로 꼽히는 고전역학의 기틀을 잡았음을 두고 하는 말이다.

그는 특대생으로 선발된 다음해인 1665년에 일련의 과정을 거쳐 학사 학위를 받았고, 그 후에는 누구의 간섭도 받지 않고 혼자 공부를 해나갈 수 있었다. 하지만 1665년은 대학뿐 아니라 영국 그리고 전 유럽이 겪은 엄청난 재앙의 해였다. 원인도 알 수 없는 역병이 전 유럽을 휩쓸고 있었던 것이다. 케임브리지 대학 또한 예외가 아니어서 이해 여름부터 트리니티 칼리지를 비롯해 대부분의 칼리지 학생들은 짐을 싸서 뿔뿔이 흩어졌다.

많은 학생들은 공부를 계속하기 위해 지도교수와 함께 인근 마을로 이주했지만, 주로 홀로 공부를 했고 최근에 학사학위를 받아 독립적인 지위를 확보한 뉴턴은 울즈소프에 있는 고향 집으로 돌아갔다. 역병이 끝나 학교가 정상화되던 1667년 4월이 되어서야 학교로 돌아왔으니, 대략 2년의 기간을 시골 고향 집에 머물렀던 셈이다. 이 시기에 대해 그는 후에 다음과 같이 기록하고 있다.•

• 《아이작 뉴턴 1》, 248쪽.

(1665년 초부터 1666년 5월에 이른 자신의 수학에 대한 연구를 언급한 후) 같은 해 나는 지상에 적용되는 중력을 달의 궤도까지 확대시켜 생각하기 시작했고, … 케플러의 법칙으로부터, 행성들이 자신의 궤도를 유지하는 힘은 공전 중심과의 거리에 반비례한다고 추론했으며, 그럼으로써 달이 그 궤도를 유지하는 데 필요한 힘과 지표면에서의 중력을 비교하고, 그 힘들이 거의 산뜻하게 일치함을 발견했다. 이 모든 것은 역병이 돌던 1665년~1666년, 두 해에 있었던 일이다. 그 시기에 나는 그 이후의 어느 때보다 한창 발명에 몰두해 있었고, 수학과 철학에 주의를 기울였기 때문이다.

그의 생애를 집중적으로 연구한 웨스트폴의 말에 따르면 그는 이미 1665년 봄에 미적분을 향한 중요한 발걸음을 내디뎠고, 1666년 5월 중에 수학에 관련한 두 편의 논문을 썼다. 그리고 그가 '몇 가지 철학적 문제들'(당시에는 물리학이 철학이라 불렸다)이라 지칭했던 과제에 대해서도 큰 진전을 가져왔는데, 이것이 오늘 우리가 말하는 고전역학에 해당한다.

이것을 우리가 기적이라 부르는 까닭은 한 젊은이가 인류 지성사에 유례가 없는 연구 작업을 혼자 기획하고 그렇게도 짧은 기간 안에 오로지 혼자만의 힘으로 성취해냈다는 사실 때문이다. 그렇기에 이 일 자체가 수수께끼이며, 이 수수께끼를 풀어내기 위해서는 뉴턴이라는 인물의 어린 시절에 대해 좀 더 깊은 관심을 기울일 필요가 있다.

아이작 뉴턴은 데카르트가 작고하기 8년 전인 1642년 성탄절 이른

새벽에 태어났다. 출생지는 영국 링컨셔 주에 있는 울즈소프라는 장원이며, 그의 가문은 별로 지체가 높지 않은 자작농이었다. 뉴턴의 아버지는 요행히 장원을 물려받아 영주의 신분이 되었지만, 공식 교육을 받은 일이 없으며, 자기 손으로 자기 이름을 서명할 줄도 몰랐다. 반면 뉴턴의 어머니는 신사 계층의 사람으로 공식 교육을 받았고, 뉴턴의 외삼촌은 케임브리지 출신으로 영국 국교회의 성직자 신분이었다.

그러나 뉴턴의 생애는 출발부터 험난했다. 그의 아버지는 그가 태어나기 3개월 전에 이미 작고했고, 갓 태어난 뉴턴은 너무 작고 가냘팠던 나머지 아무도 그가 생존하리라 기대하지 않았다. 일주일 버틴 것을 확인한 후에야 가족들은 그에게 세례를 베풀고 이름을 지어줬다. 하지만 세 번째 생일을 지난 직후 또 다른 불행이 기다리고 있었다. 어머니가 이웃 교구 목사의 집으로 개가해 떠나버린 것이다.

홀로 할머니 손에 떨어진 그는 열 살이 될 때까지 외롭게 성장했다. 그 후 그의 계부가 작고하고, 어머니는 거기서 낳은 어린 두 딸과 함께 집으로 돌아왔지만, 다시 2년이 채 되지 않은 1655년, 뉴턴은 인근 도시 그랜섬에 있는 문법학교로 보내져 주변의 어느 약제사 집에 하숙하며 학창생활을 시작했다. 그는 주위 사람들과 잘 어울리지 않았고, 항상 침착하고 말이 없이 사색에 잠기는 소년이었으나, 손기술이 좋아 여러 가지 기계 모형 만들기에 몰두했다고 한다.

이 학창생활도 그리 오래가지 못했다. 1659년 열여섯 살의 뉴턴은 어머니의 명에 따라 학업을 중단하고 집으로 돌아와 농사를 비롯한 집안일들을 해야 했기 때문이다. 하지만 이 일은 처음부터 뉴턴의 취향과는 맞지 않았다. 이 시기에 있었던 일화들에 대해 웨스트폴은《아이작 뉴턴》에서 다음과 같이 기록하고 있다.•

> (그가 양떼를 제대로 지키지 않고 다른 작업에 몰두하는 동안) 양떼는 길을 잃고 헤매다 이웃의 밭으로 들어갔고, 그의 어머니는 피해를 보상해줘야 했다. … 장날에 그와 그 하인이 농장에서 난 작물을 팔고 생필품을 구입하기 위해 읍내로 나갈 때면 뉴턴은 하인에게 돈을 쥐어주고서 첫 번째 모퉁이를 지나 마차에서 내린 뒤 기계 장치를 만들거나 책을 읽으며 하루를 보냈고, 해가 기울면 하인이 몰고 오는 마차에 올라타고 집으로 돌아왔다. 간혹 읍내에라도 나가면 뉴턴은 책들이 기다리고 있는 예전의 하숙방으로 즉시 달려갔고 하인은 또 다시 혼자 일을 처리해야 했다. 그랜섬에서 울즈소프로 가려면 읍내의 바로 남쪽에 있는 스피틀게이트 언덕을 올라야 했다. 이때에는 보통 마차에서 내려 말을 끌고 가파른 언덕길을 올라갔다. 한번은 생각에 골몰한 나머지 뉴턴은 마차에 다시 오르기를 잊고서 집까지 말을 끌고 걸어갔다.

결국 뉴턴이 다니던 학교 교장과 성직자로 있던 뉴턴 외삼촌의 강력한 권유로 3년 후인 1662년 뉴턴은 대학에 들어갔고, 다시 4년이 지난 1666년 우리는 기적의 해를 맞이하게 된다.

• 《아이작 뉴턴 1》, 128쪽.

이러한 사실들을 놓고 볼 때, 뉴턴은 결코 평탄한 학업의 길을 밟아온 사람이 아님을 알 수 있다. 적어도 타의에 의해 3년간의 학업 공백이 있었고, 대학에서도 적어도 자기의 업적에 관한 한 그 누구의 도움도 받은 일이 없다. 그런데도 불구하고 이런 큰일을 해낼 수 있었던 이유는 무엇일까? 아마도 어떤 사람은 뉴턴이 워낙 뛰어난 재능을 지녔기에 이런 난관들이 있었음에도 이를 극복하고 커다란 업적들을 이루어냈다고 생각할 것이다.

그러나 뉴턴과 같은 위대한 인물을 낳기 위해서는 어떤 타고난 능력이나 또는 행운보다는 오히려 이러한 난관이 필요했으리라고 보는 것이 더 적합할 것 같다. 어린 시기에 외적 사유로 학업 중단을 강요당하는 경우, 많은 사람들에게 이것은 학업상의 재앙으로 다가오겠지만 스스로 극복해낼 저력과 의지가 있다면 이것이 오히려 더 없이 소중한 능력 배양의 기회가 된다. 이를 통해 누구의 가르침도 없이 스스로 학습해나갈 능력을 얻게 될 것이고, 이는 다시 스스로 창의적인 학문을 수행해갈 지적 토대가 될 것이기 때문이다. 또 이러한 학업 중단이 타의에 의해 강제된다면 당사자는 다시 학업에 복귀하겠다는 의지를 불태우게 되고, 일단 복귀한 후에는 이 기회를 다시는 놓치지 않겠다는 강한 집념을 가지게 될 것이다.

사과는 왜 떨어지나?

위대한 학문적 성취가 이루어지기 위해서는 이처럼 남다른 경험과 함께 진지한 학구적 노력이 요청되지만, 이것만으로 구체적 성과가 보장되는 것은 아니다. 여기에는 운도 함께 따라 주어야 한다. 이는 곧 결정적인 시기에 결정적 단서를 얻어내야 하는 것을 말하는데, 아주 사소한 차이로 누구는 이것을 얻고 누구는 이것을 놓친다.

전해지는 말에 의하면 뉴턴이 울즈소프의 고향집 정원에 앉아 한참 명상에 잠겨 있을 때, 사과나무에서 사과 한 알이 떨어졌다고 한다. 너무도 평범한 사건이었지만, 그는 "사과는 왜 떨어지나?" 하는 물음을 던졌고, 이를 끝까지 추궁한 나머지 중력의 법칙을 찾아냈다고 한다. 뉴턴 자신은 이 이야기를 기록으로 남긴 일이 없지만, 학자들이 추적한 바로는 그가 이 말을 적어도 네 사람에게 했던 것으로 알려지고 있다.• 하지만 이 일이 실제로 있었느냐 하는 점은 그다지 중요하지 않다. 중요한 점은 뉴턴의 발견이 바로 이러한 문제의식에서 출발했다는 것이며, 그가 마침 이러한 문제를 의식할 여건에 놓여 있었다는 점이다.

이 점을 좀 더 깊이 이해하기 위해 우리는 앞 장에서 논의한 여헌의 물음 곧 "대지는 왜 안 떨어지나?" 하는 물음을 상기할 필요가 있다. 여기서 우리가 주목할 점은 왜 한 사람은 '떨어지는 이유'를 묻고, 또 한 사람은 '안 떨어지는 이유'를 묻느냐 하는 점이다. 앞 장에서 이미 간단

• Gleick, J. *Isaac Newton*. Vintage, 2003, p.55.

히 언급했듯이 이것은 우리가 공간에 대해 어떤 관념을 가지고 보느냐에 따라 물음 자체가 달라지기 때문이다. 우리가 상식적 공간 개념, 즉 2차원의 평면 개념과 독립된 1차원의 수직 개념을 가지고 보면 떨어지는 것이 너무도 당연해 떨어지는 이유를 찾을 필요는 전혀 없고, 오직 안 떨어지는 무거운 물체가 나타나면 그것이 왜 안 떨어지느냐를 물어야 한다. 뉴턴 당시의 대부분 사람들도 그랬고, 지금도 대부분 사람들은 그런 관념에서 크게 벗어나 있지 않다. 그러나 일단 공간이 3차원이어서 수직 방향이 수평 방향들과 원천적으로 대등하다고 보면, 수직 방향으로만 발생하는 '이상한' 현상을 설명해야 하는데, 이것이 바로 "사과가 왜 떨어지느냐"는 물음으로 이어지는 것이다.

그러니까 운이 좋아 이런 물음을 던질 수 있었던 것이 아니라 이미 공간에 대한 새로운 관념을 지녔기에 이런 물음이 나온 것이고, 여기에 대한 진지한 해결을 추구했기에 새로운 발견에 도달한 것이다. 단지 뉴턴에게 운이 좋았던 면이 있었다면, 이미 데카르트의 공간 기하학을 통해 3차원 개념을 익혔고, 이렇게 할 때에 발생하는 새 문제 곧 물체가 낙하하는 이유를 중력이라고 하는 새 개념을 통해 설명할 수 있으리라는 직관을 그 어떤 계기로 포착할 수 있었다는 데서 찾아야 한다.

내용 정리

"사과는 왜 떨어지나?" 하는 물음에서 시작해보자. 여기에 대한 우리의 상식적인 해답은 사과가 충분히 익으면서 사과를 매달고 있던 사과 꼭지가 끊어지면서 허공에 놓이게 되고 이후 중력이라는 힘을 받아 아래쪽으로의 운동이 발생한다는 말일 것이다. 여기서 사과 꼭지가 끊어진다는 것도 설명되어야 할 중요한 문제이겠으나, 문제를 단순화시켜 이것이 끊어져 허공에 놓인 이후의 현상만을 생각해보자.

이것이 이른바 낙하 문제인데, 비단 사과만의 문제가 아니라 허공에 놓인 돌멩이나 바윗돌의 경우에도 마찬가지다. 외견상으로만 보자면 이들은 엄청나게 서로 다른 존재물들이다. 사과와 돌멩이는 크기가 비슷하지만 그 구성 물질이 크게 다르고 돌멩이와 바윗돌은 구성 물질이 비슷하지만 크기가 서로 다르다. 그렇기에 우리는 먼저 이러한 차이를 최소화하면서 그 공통점을 잘 드러내는 몇 가지 핵심 개념을 설정하고 이를 통해 이들의 행위를 보편적 방식으로 서술할 필요가 있다. 그 한 가지 핵심 개념이 이 모두가 가지게 되는 '질량' 개념이다. 이것은 누구나 알고 있는 '무게'에 해당하는 개념인데, 엄밀히 말하면 한 물체의 무게는 그 물체를 지구가 당기는 힘을 말하며, 그 힘이 이 물체의 질량에 비례하기에 질량과 무게는 단위만 다를 뿐 같은 것이라 할 수 있다. 그러니까 사과와 돌멩이는 구성 물질은 다르지만 질량은 같을 수 있으며, 질량에만 관계되는 성질을 논할 때는 같은 존재물이라 할 수 있다. 한편 돌멩이와 바윗돌의 차이도 그 질량의 차이만으로 환원시켜 논의할 수 있다. 따라서 한 대상의 역학적 특성을 말할 때, 우리는 일단 그 대상이 질량 m을 가진다고 하며 그 m의 값을 제시할 수 있다.

그리고 이러한 대상의 운동을 논의함에 요구되는 또 한 가지 특성은 이것이 받고 있는 '힘'이 얼마냐 하는 것이다. 특히 지구 표면 주변의 허공에 물체를 놓을 경우, 질량 m의 물체가 받는 힘 F는 뒤에 논의할 뉴턴의 중력 법칙에 의해 mg로 나타낼 수 있다(여기서 g는 중력가속도로 대략 $9.8\mathrm{m/s^2}$의 값을 가진다: $\mathrm{m/s^2}$에서의 m은 질량이 아니라 거리의 단위인 미터를 나타내며, S는 시간의 단위인 초를 나타낸다).

이렇게 해서 낙하 문제에 관한 한, 우리는 대상 물체가 지닌 다른 모든 성질들을 모두 걸러내고 오직 질량 m과 받는 힘 F(이 경우에는 mg) 만으로 '특성'을 규정한다.

그리고 이러한 대상의 운동을 논의하기 위해서는 그 운동을 서술할 개념들을 정교하게 다듬을 필요가 있다. 이는 곧 이 물체가 어디에 있느냐 하는 것과 어떤 정도의 운동을 하느냐 하는 것을 말하는데, 이를 위해 우리는 대상의 '위치' 개념과 '운동량' 개념을 도입한다. 여기서 위치라는 것에 대해서는 별도의 설명이 필요 없겠지만, 다만 이것을 수치로 나타내기 위해서는 기준이 될 좌표계를 설정하고 그 좌표상의 값, 예컨대 x로 표시한다. 그리고 운동량이라 함은 '운동의 크기'를 말하는 것인데, 같은 질량의 물체라면 그것의 속도가 크면 이에 비례해 운동량이 크다고 보며, 질량이 다른 두 물체가 같은 속도로 움직인다면 질량이 큰 물체의 운동량이 그만큼 더 크다고 봄이 합당하다. 따라서 질량 m의 물체가 속도 v로 움직인다면, 이것의 운동량 p는 이들의 곱 즉 mv로 정의한다.

이러한 개념들이 설정되고 나면 우리는 이 대상의 '상태' 개념을 정의할 수 있다. 대상이 서로 다른 위치에서 서로 다른 운동량으로 운동하고 있다면, 우리는 이를 서로 다른 (운동) 상태에 있다고 볼 수 있을 것이므로, 대상이 어느 시점에 놓일 동역학적 '상태'를 이것이 그 시점에 놓인 위치(x)와 운동량(p)의 값들로 정의하기로 한다.

이처럼 대상의 '특성'과 '상태'를 규정하고 나면, 어떤 존재자의 운동을 서술한다는 것은 다음과 같은 물음에 대한 해답을 추구한다는 말과 같게 된다. 즉 이 존재자의 '특성' 곧 질량 m과 이것이 받는 힘 F를 일단 알아냈고, 또 이것의 현재 '상태' 곧 현 시점에서의 위치 x_0와 운동량 p_0의 값을 (관측을 통해) 알아냈다 할 때, 미래의 시각 t에서의 상태 $x(t)$, $p(t)$의 값은 얼마인가? 하는 물음이다. 이제 이를 위해 요구되는 것은 이 존재자의 특성 m, F와 처음 상태 x_0, p_0를 통해 나중 상태 $x(t)$, $p(t)$를 찾아낼 일반적 방식이다.

뉴턴 고전역학의 핵심은 바로 이 일반적 방식을 찾아냈다는 것이다.

이것이 곧 '변화의 원리'인데, 수학적으로는

$$\frac{d}{dt}p = F \tag{2-1}$$

로 표시된다(권말 부록 A.9 참조). 즉 "단위 시간에 변하는 운동량의 크기(운동량의 시간적 변화율)는 이 물체가 받는 힘과 같다"는 것이다.

이것이 어떻게 답이 되는지를 앞에 제시한 낙하 문제를 사례로 생각해보자. 지금 사과가 높이 h가 되는 위치에서 자유낙하를 시작했다면, 처음 상태는

$$x_0 = h, \quad p_0 = 0 \tag{2-2}$$

가 될 것이다. 그리고 이것이 받는 힘 F는 크기가 mg이고 방향이 아래쪽이므로 $-mg$가 된다. 이 사실을 변화의 원리 (2-1)식에 넣어 시간 t초 후의 운동량 값을 계산해보면

$$p(t) = p_0 + \int_0^t F dt = \int_0^t (-mg)\, dt = -mgt \tag{2-3}$$

라는 값을 얻는다.(위에서 $p_0 = 0$ 으로 놓았음) 다시 이 사과의 속도는 운동량의 정의 $p \equiv mv$에 의해

$$v(t) = \frac{p(t)}{m} = -gt \tag{2-4}$$

가 되며, $x(t)$는 속도의 정의 $v(t) \equiv \frac{dx(t)}{dt}$에 의해

$$x(t) = h + \int_0^t v(t)dt = h - \int_0^t gtdt = h - \frac{1}{2}gt^2 \tag{2-5}$$

의 결과를 얻는다. 즉 처음 상태 $[(x_0, p_0) = (h, 0)]$에 변화의 원리 $[\frac{d}{dt}p = F]$를 적용시킴으로써 나중 상태 곧 시간 t초 후의 상태 $[(x, p) = (h - gt^2/2, -mgt)]$를 얻은 셈이다. 여기서 보다시피 운동량은 물체의 질량에 의존하지만, 물체의 위치와 속도는 처음 위치와 속도에 의존할 뿐 물체의 질량에는 의존하지 않는다. 이는 물체가 받는 또 하나의 힘인 공기의 저항을 고려하지 않은 탓인데, 이것까지 고려하면 부피가 작고 무거운 것이 먼저 떨어지고 부피가 크고 가벼운 것이 더 천천히 떨어진다.

이와 함께 고전역학으로 서술할 수 있는 또 하나의 사례로서 용수철에 달린 물체의 운동을 생각해볼 수 있다. 〈그림 2-1〉에 표시된 것처럼 지금 질량이 m인 물체가 용수철에 매달려 평형 위치에 벗어난 거리 x에 반대 방향으로 거리에 비례하는 힘

$$F = -Kx \tag{2-6}$$

을 받고 있다. 만일 처음에 이 물체를 위치 A에 가만히 놓는다면, 이것

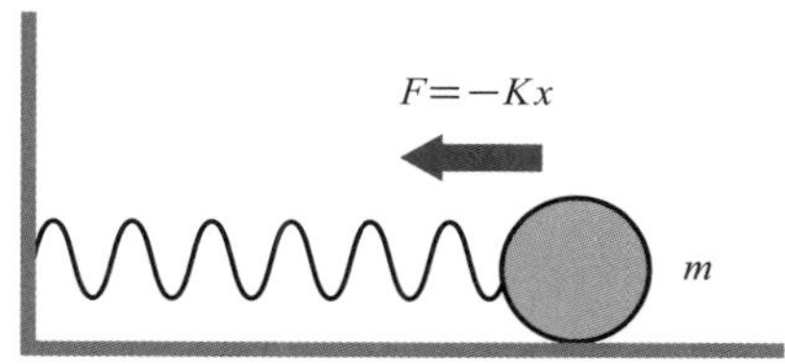

m: 물체의 질량
K: 용수철이 당기는 힘의 상수
x: 용수철의 평형점에서 벗어난 거리

그림 2-1. 용수철에 달린 물체

의 처음 상태는

$$x_0 = A, \quad p_0 = 0 \tag{2-7}$$

이다. 이제 우리의 문제는 이후 임의의 시간 t에 이 물체의 상태는 어떻게 되겠는가 하는 점이다. 이 경우에도 우리는 (2-1)식에 표현된 상태 변화의 원리를 적용하면, 좌변은 $\frac{d}{dt}p = m\frac{d}{dt}v = m\frac{d^2}{dt^2}x(t)$가 되고, 우변은 (2−6) 곧 $F = -Kx$가 되므로, 함수 $x(t)$는 다음과 같은 관계식을 만족해야 한다.

$$\frac{d^2}{dt^2}x(t) = -\omega^2 x(t) \tag{2-8}$$

여기서 ω는 $\omega^2 \equiv K/m$로 정의된 상수다. 이는 곧 어떤 함수 $x(t)$가 있어서 이것을 시간으로 두 번 미분한 결과가 도로 본래의 함수 $x(t)$

가 되면서 오직 그 앞에 상수 $-\omega^2$ 만 곱해진다는 의미다. 이러한 함수 $x(t)$의 일반적 형태(임의로 조정할 수 있는 두 상수를 포함한 형태)를 찾고, 그것이 (2-7)식으로 표시된 초기 조건을 만족하도록 그 안에 들어 있는 상수들을 결정해내기만 하면 우리의 문제는 풀린 것이 된다.

매우 다행하게도 우리가 아는 cos 함수가 이러한 성질을 만족한다(권말 부록 A.9, A.11 참조). 즉 $x(t)$를

$$x(t) = B\cos(\omega t + \delta) \tag{2-9}$$

의 형태로 놓으면(여기에서 B와 δ 는 아직 정해지지 않은 임의의 계수다.)

$$\frac{d}{dt}x = -\omega B\sin(\omega t + \delta) \tag{2-10}$$

$$\frac{d^2}{dt^2}x = -\omega^2 B\cos(\omega t + \delta) \tag{2-11}$$

가 성립한다. 이제 t=0에서 $p = m\frac{dx}{dt} = 0$의 조건을 만족하려면, (2-10)식에서 $\delta = 0$이 되어야 함을 알 수 있고, 다시 t=0에서 x=A의 조건을 만족하려면 (2-9)식에서 이미 $\delta = 0$이므로 B=A가 되어야 함을 알 수 있다. 따라서

$$x(t) = A\cos\omega t \tag{2-12}$$

라는 최종 결과를 얻게 되며 이를 일러 단진동單振動 혹은 조화진동調和振動이라 한다. 이와 함께, 운동량의 값은 (2-10)식에 결정된 상수들을 대입해

$$p(t) = m\frac{d}{dt}x = -m\omega A\sin\omega t \qquad (2\text{-}13)$$

를 얻게 되고, 이로써 미래에 이 대상이 지닐 상태가 완전히 결정된다.

여기서 만일 이 진동의 주기를 T라 하면, 이 함수들이 시간 T 이후에 동일한 파형을 지녀야 하므로 $\omega(t+T) = \omega t + 2\pi$ 의 관계를 만족해야 하며, 따라서

$$T = \frac{2\pi}{\omega} = 2\pi\sqrt{\frac{m}{K}} \qquad (2\text{-}14)$$

의 관계를 얻는다(권말 부록 A.6 참조). 여기서 보다시피 같은 용수철에 대해 질량 m이 클수록 주기가 길어지고 힘의 상수 K가 클수록 주기가 짧아진다. 그러나 주기는 이 두 가지 특성 상수에만 의존할 뿐 진동의 진폭 A에는 무관하게 결정된다.

지금까지는 운동이 한 직선상에서만 일어나는 1차원 문제만 보았는데, 2차원 이상의 문제에도 같은 방식을 적용할 수 있다. 예를 들어 물체를 공중에서 수평 방향으로 초기 속도 v_0로 던진 경우를 생각하자. 수평 방향으로는 아무 힘도 작용하지 않으므로 운동량에는 아무 변화

가 없고 따라서 속도도 v_0로 변하지 않는다. 단지 위치만 $v_0 t$로 균일하게 이동한다. 수직 방향의 운동은 앞에서 본 자유낙하의 경우와 같다. 이제 수평 방향과 수직 방향의 위치와 운동량을 각각 $(x_1, p_1),(x_2, p_2)$로 표시한다면, 이들의 처음 상태는 각각

$$(x_1, p_1)_0 = (0, mv_0), \quad (x_2, p_2)_0 = (h, 0) \tag{2-15}$$

가 되며, 이들의 나중 상태 곧 임의의 시간 t에서의 상태는 각각

$$(x_1, p_1) = (v_0 t, mv_0), \quad (x_2, p_2) = (h - \frac{gt^2}{2}, -mgt) \tag{2-16}$$

가 된다.

이제 수평 방향의 위치와 수직 방향의 위치에서 시간 t를 소거해 그 운동 궤적을 보면, 다음과 같은 포물선 궤적이 됨을 알 수 있다.

$$x_2 = h - \frac{g}{2{v_0}^2} x_1^2 \tag{2-17}$$

이것이 바로 '포물선' 곧 '던져진 물체가 그리는 궤적'이라는 의미를 물리적으로 재확인해주는 결과다.

이제 물체가 받게 되는 힘의 성격에 주목해보자. 우리가 물체 하나만을 대상으로 삼아 논의할 때에는 이것이 받는 힘을 물체의 특성 가운데 하나로 보지만, 실제로 힘은 물체와 물체 사이의 상호작용이 보

여주는 한 양상이다. 예를 들어 물체가 지구 표면에서 받는 중력은 지구와 물체 사이의 상호작용에서 오는 것이며, 용수철에 매달린 물체가 받는 힘은 용수철을 매개로 한 벽과 물체 사이의 상호작용에서 온다. 따라서 반대쪽 대상 곧 지구나 벽에도 같은 크기의 힘이 반대 방향으로 작동하지만, 이들은 상대적으로 너무 큰 질량을 가졌기에 움직이지 않을 뿐이다. 이렇게 상호작용의 반대쪽 대상에 미치는 힘을 뉴턴은 '반작용'이라 불렀다. 그러니까 지구 중력의 반작용은 물체가 지구에 미치는 힘이며, 용수철에 달린 물체가 받는 힘의 반작용은 이 물체에 의해 벽 전체가 받는 힘이다.

자연계에는 기본적 상호작용이 네 가지 있는데, 그 가운데 두 가지('강한 상호작용'과 '약한 상호작용')는 대단히 짧은 거리에서만 미쳐 오직 원자 이하의 물질들을 구성하는 데만 활용되어 거시적인 세계에는 거의 나타나지 않으며, 실제로 우리가 경험하게 되는 것은 '전자기적 상호작용'과 '중력 상호작용'이다. 전자기적 상호작용은 전하를 가진 입자들 사이에 작용함으로써 원자 규모의 물질과 이들로 이루어진 물질들을 구성하고 변화시키는 역할을 한다. 실제로 용수철의 탄성력을 비롯해 물질을 매개로 하는 거의 모든 힘이 이 상호작용을 바탕으로 나타난다. 그리고 마지막으로 중력 상호작용이 있는데, 이것은 그 세기 자체는 매우 미약하나 관여하는 물체들의 질량에 비례해 커지는 성격을 가진 것이어서, 천체 규모의 물체들 사이에는 가장 큰 역할을 하고 있다.

이러한 상호작용들 가운데 뉴턴이 주목했던 힘이 바로 이 중력 상호작용이다. 앞에서도 언급한 바와 같이 우리가 3차원 공간을 전제로 사물을 이해하려 하면, 떨어지는 현상을 설명해야 하는데, 이를 위해 그는 지구 표면에서의 운동뿐 아니라 지구와 달, 지구와 태양, 그리고 태양과 주변의 행성들 사이의 운동들을 만족스럽게 설명해줄 중력 상호작용을 고안해냈다. 흔히 '보편중력 법칙'이라 불리는 이 상호작용은 거리 r 만큼 떨어진 질량 M과 m을 지닌 두 물체는 다음과 같은 크기의 힘으로 서로 당긴다는 말로 표현된다.

$$F = G\frac{Mm}{r^2} \tag{2-18}$$

여기서 G는 보편중력상수라 불리며, $6.672 \times 10^{-11} \mathrm{m}^3 \mathrm{kg}^{-1} \mathrm{sec}^{-2}$의 값을 가진다. 이 힘을 변화의 원리 즉 (2-1)식에 대입하면 양변에서의 질량 m이 상쇄되어

$$\frac{d}{dt}v = \frac{GM}{r^2} \tag{2-19}$$

와 같은 결과를 얻는다. 이는 곧 중력을 받는 물체의 운동 궤적은 그 질량에 무관하게 그것의 초기 속도와 위치에 의해서만 결정됨을 말해준다.

이제 이 관계식을 지구 표면 근처의 물체들에 적용하면, (2-18)식에서 중력 가속도 g는 $g = \frac{GM_E}{{R_E}^2}$ (여기서 M_E, R_E는 지구 질량, 지구 반경이다) 이 됨을 알 수 있다. 이미 본 바와 같이 이들의 초기 위치 및 속도의 크기와 방향에 따라 낙하 운동, 포물체 운동이 되고, 그리고 또 초기 속도

가 일정한 값보다 커지면 쌍곡선 형태의 궤적을 따라 지구에서 영구히 벗어나는 운동이 될 수도 있다.

한편 (2-19)식을 달이나 인공위성에 적용하면 역시 이들의 초기 위치와 속도에 따라 원 또는 타원 운동이 가능하게 됨을 보일 수 있고, 이것을 태양과 주변 행성들 그리고 간혹 날아오는 혜성들에 적용하면 이들이 현재 관측되는 위치와 운동량의 값만으로 미래 모든 시점에 가지게 될 운동 궤도를 완벽하게 예측해낼 수 있다.

앞에서 언급했듯이 고전역학에서는 물체들이 놓이는 공간은 서로 대등한 세 개의 방향을 지닌 3차원 구조를 지니는 것으로 본다. 이는 곧 이 각각의 방향에 대해 동일한 자연의 법칙이 적용됨을 의미한다. 이러한 경우 우리는 한 대상의 위치와 운동량을 나타내기 위해 각각 세 개의 축을 지닌 위치 공간과 운동량 공간을 설정해 대상이 되는 존재물의 '상태' 곧 이것의 위치와 운동량의 값들을 이들 공간 좌표상의 점으로 나타냄이 편리하다.

이제 이 대상의 위치와 운동량을 각각 $x_i(i=1,2,3)$, $p_i(i=1,2,3)$로 표기한다면, 이것의 '상태'는 이들을 묶어 (x_i, p_i) $(i=1,2,3)$로 나타낼 수 있다. 한편 이들에 적용되는 변화의 원리 또한 각 방향에 대등하게 적용되므로 $\frac{d}{dt}p_i = F_i(i=1,2,3)$으로 표시된다. 여기서 F_i는 i 방향으로 작용하는 힘을 말한다.

일반적으로 공간의 차원 수만큼의 성분들을 함께 서술해야 하는 물리량들을 벡터라 하며, 공간 차원에 무관하게 단일 수치만으로 서술되는 물리량을 스칼라라 한다. 그러니까 위치와 운동량 그리고 힘은 이 경우 모두 3차원 벡터들이며, 원점으로부터 특정 위치까지의 거리라든가 운동량의 크기만을 말할 때에는 스칼라 양에 해당한다(고전역학에서는 시간 또한 스칼라로 간주되지만, 다음 장에서 보다시피 상대성이론에서는 시간 또한 4차원 벡터의 한 성분으로 본다).

정리하자면 고전역학에서 상태를 나타낼 때 필요로 하는 공간은 위치 공간 3차원, 운동량 공간 3차원이며, 이와 별도로 시간을 독자적인 1차원 물리량으로 본다는 의미에서 시각時刻 공간 1차원을 첨부할 수 있다.

이제 이러한 고전역학의 핵심 구도를 제1장에서 도입한 앎의 바탕 구도인

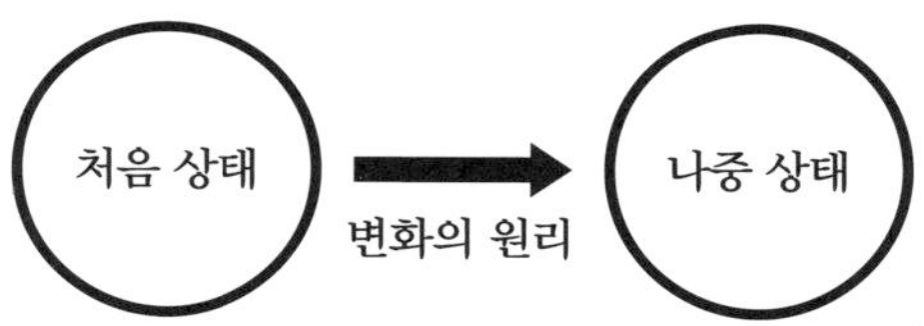

도식에 맞추어 정리해보면

$$(x_i, p_i)_0 \quad \Rightarrow \quad (x_i, p_i)$$

$$\frac{d}{dt} p_i = F_i \quad (i = 1, 2, 3)$$

형식으로 나타낼 수 있다. 그리고 여기서 묻고 있는 주요 관심사인 “사과는 왜 떨어지나?”와 함께, 이를 답하는 중력 상호작용, 그리고 이 전

체를 담고 있는 공간 구도를 핵심 열쇠말로 삼아 간결한 도식으로 표현해 보면 〈심학 제2도〉와 같다.

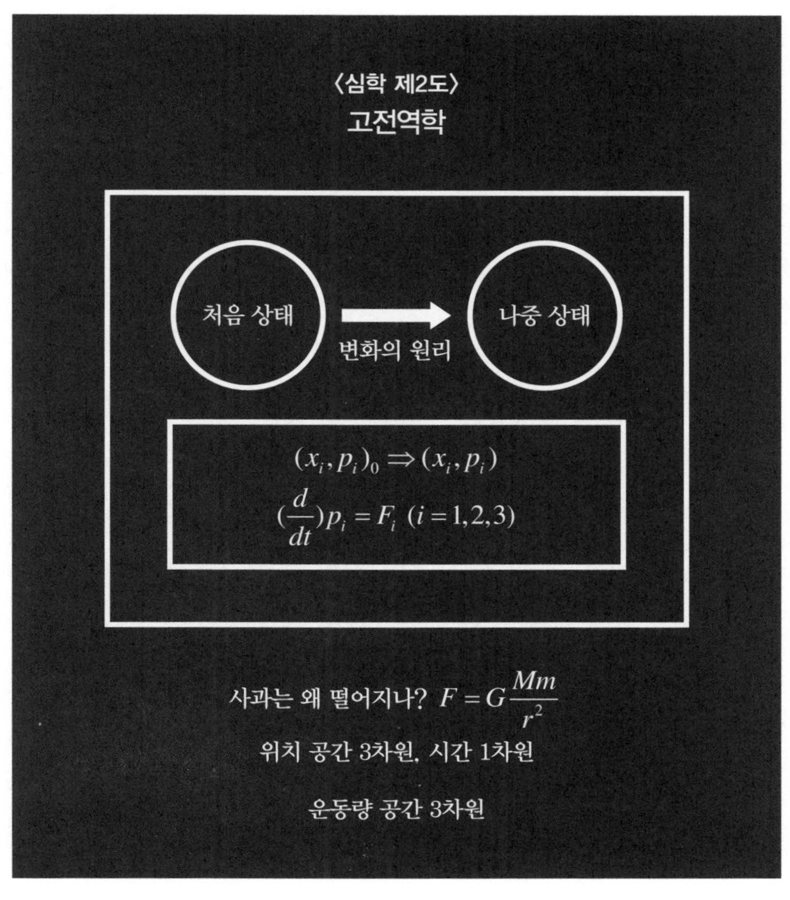

해설 및 성찰

비교적 간단해 보이는 이 고전역학의 구도를 제대로 익히기까지는 상당한 지적 수련이 요구된다. 특히 초심자들에게 혼동과 오해를 일으키는 사례들이 있기에 여기서는 그 중 몇 가지만 살펴보기로 한다.

가장 기초적인 것으로 우리가 정지한 상태 곧 운동량이 0인 상태에서 첫걸음을 떼어 앞으로 나갈 때 운동량을 얻게 해주는 힘이 무엇인가를 생각해보자. 흔히 "내 '힘'으로 걸어간다"고 말하지만, 이때의 '힘'은 내 안에 저장된 자유에너지(제5장, 제7장 참조)를 말하는 것이 보통이다. 그러나 고전역학의 입장에서 보자면, 내 몸 밖의 외력이 내게 작용해야 내 몸의 운동량을 변화시킬 수 있다. 그러기 위해 내가 하는 것은 내 발바닥으로 땅을 뒤로 밀어 그 반작용에 해당하는 힘이 내 몸을 앞 방향으로 나가게 하는 것이다. 사실 이것은 어린 아이도 10개월만 되면 저 혼자 하게 되는 것인데, 그것을 이론적으로 이해하는 것은 고전역학을 제대로 학습해야 겨우 가능해진다.

다음에는 이른바 '말과 마차 역설'이라는 것을 생각해보자. 이것은 "말은 마차를 당기고 마차는 그 반작용으로 말을 당기게 되는데, 어째서 말과 마차는 앞으로 가는가?" 하는 역설이다. 사실 이 힘만으로는 갈 수가 없다. 여기서 간과된 것은 말이 땅을 뒤로 밀고, 그 반작용으로 땅이 말을 앞으로 밀어주는 힘이다. 처음 움직이려는 순간, 이 힘이 마차가 말을 뒤로 당기는 힘보다 조금 더 크기에 말이 앞으로 나가게 되는 것이다. 여기서 중요한 사실은 대상에 작용하는 모든 힘들을 고려했을 때, 그 합력이 운동량을 변화시킨다는 점이다.

또 한 가지 재미있는 사례는 '원숭이 바나나 문제'다. 긴 도르래 줄이 높은 도르래에 걸려 있고, 그 양 끝에 질량이 같은 원숭이와 바나나 뭉치가 매달려 있다. 그러나 현재 원숭이가 손을 뻗어 바나나를 잡지 못할 만큼 바나나가 조금 높이 달려 있다. 이때 "만일 원숭이가 밧줄을 타고 더 올라간다면 바나나를 잡을 수 있는가?" 하는 것이 물음이다. 답은 "잡을 수 없다" 인데, 그 이유를 찾아보는 것이 매우 유익하다.

그리고 혹시 여력이 있으면 뉴턴의 보편중력 법칙을 활용해 행성의 운동에 관한 케플러Johannes Kepler(1571~1630)의 세 가지 법칙을 도출해보는 것도 매우 유익한 지적 경험이 된다. 그는 브라헤Tycho Brahe(1546~1601)의 행성 관측 자료들을 활용해 이들이 태양을 초점으로 삼아 타원궤도를 그린다는 것 등 세 가지 법칙을 1609년(제1법칙, 제2법칙)과 1619년(제3법칙) 두 차례에 걸쳐 발표한 일이 있다. 이것은 관측 자료들에서 일반화해 이끌어낸 경험법칙들이지만, 뉴턴은 자신의 법칙을 통해 이를 정확히 이론적으로 도출해냈다.

실제로 고전역학을 활용해 해명할 수 있는 현상들이 매우 많지만, 그 하나하나가 그리 쉽지만은 않다. 뉴턴 또한 1666년에 이미 고전역학의 기본 이론을 거의 완성해놓고도 1687년에 이르기까지 본격적인 저술을 통해 이것을 발표하지 않았다. 이것을 활용해 설명할 수 있는 방대한 내용들을 명료한 수학적 형태로 서술해내는 작업이 그리 간단하지 않았기 때문이다. 그러다가 결국 당시 왕립학회의 서기였던 젊은 천문학자 핼리Edmond Halley(1656~1742)의 헌신적인 도움과 재촉에 힘입어 1687년 7월 초에 1, 2, 3부로 구성된 본격적인 저서 《자연철학의 수학적 원리Philosophiae naturalis principia mathematica》를 세상에 내놓게 되었다.•

핼리가 재촉 삼아 "당신은 이로 인해 그 이전의 모든 세대가 눈먼 채로 더듬기만 했던 일들을 과학적으로 완결시켰다는 영예를 얻을 겁니다"라며 뉴턴을 구슬렸듯이 뉴턴은 유사 이래 처음으로 지상과 천상의 모든 물체들에 두루 적용되는 '예측적 앎'의 한 정교한 체계를 완성해냈다.

당연한 일이지만 이 책을 읽어낸다는 것은 지금도 쉽지 않지만 당시의 사람들에게는 거의 불가능한 것으로 보였을 것이다. 전하는 바에 의하면, 그의 책은 너무도 이해하기 어려워 당시 케임브리지 대학 캠퍼스에 뉴턴이 지나가면, 학생들끼리 이렇게 수군거렸다고 한다. "저기, 자기가 써놓은 책을 자기 자신도 이해하지 못한다는 사람이 간다."

하지만 그의 업적은 당대에 이미 지성계에서 높이 칭송을 받았으며,

• 이 책은 흔히 줄여서 《프린키피아》라 부른다.

그가 사망할 무렵에는 시인 알렉산더 포프Alexander Pope(1688~1744)가 성경의 첫 구절에 빗대어 다음과 같은 헌시를 남기기도 했다.•

> 자연, 그리고 자연의 법칙들은 깊은 어둠에 빠져 있었다.
> 하느님이 말씀하시되, 뉴턴이 있으라 하니, 모든 것이 밝아졌다.••

한편 뉴턴의 《프린키피아》 출간에 심혈을 기울였던 천문학자 핼리는 이 책이 출간되기 전인 1682년에 당시 출현했던 한 혜성을 관찰하고 여기에 뉴턴의 이론을 적용해본 결과, 이것이 1531년과 1607년에 나타났던 혜성과 같은 혜성임을 발견하고 1758년에 이것이 다시 나타날 것임을 예언했다. 뉴턴은 1727년에, 핼리는 1742년에 각각 작고했으므로 그들이 직접 이 예언을 확인할 수는 없었으나, 1758년까지 이를 기억했던 많은 사람들은 이 예언의 성취 여부에 막중한 관심을 기울였다. 바야흐로 그해 12월 이것이 정말로 나타나자 사람들은 크게 환호했다. 뉴턴과 그리고 과학적 이성의 승리를 극적으로 알린 역사적 사건이었다. 이 혜성은 그 후에도 계속 예측대로 출현해, 1835년, 1910년, 그리고 가장 최근에는 1986년에 지나갔다. 그때마다 인류는 뉴턴과 핼리를 기리는 작은 축제로 이를 기념하고 있다.

• Pope, Alexander. Epitaph, Intended for Sir Isaac Newton, 1739; *The Oxford Dictionary of Quotations*. p.584.

•• Nature, and Nature's Laws lay in night. God said, Let Newton be! and all was light.

이처럼 뉴턴의 영향력은 널리 퍼져 나갔고, 19세기 초에 이르러서는 《천체역학》이라는 방대한 저술을 남긴 프랑스의 수학자 겸 물리학자 라플라스가 뉴턴의 이론을 언급하면서 다음과 같이 선언했다.•

> 우주의 현재 상태는 이전의 상태로부터 도출된 결과이며 앞으로 닥쳐올 상태에 대한 원인이라 보아야 한다. 우리가 어떤 초인적 지능을 가상해 어떤 주어진 순간에 자연계를 지배하는 모든 힘과 자연계를 구성하는 모든 존재물들의 위치(와 운동량)를 알 수 있고 또 이 모든 정보들을 분석할 능력이 있다고 하면, 우주 안의 가장 큰 물체들부터 가장 가벼운 원자에 이르기까지 모든 것들의 운동을 한 개의 수학적 공식에 의해 기술할 수 있다. 여기에는 불확실한 아무것도 있을 수 없으며, 과거는 물론 미래도 직접적으로 이 존재의 관측 아래 놓인다(괄호 속은 저자가 삽입).

이미 제1장에서 언급한 바와 같이 이는 여헌의 주장 즉 "이렇게 얻어진 이치를 통해 지난 일들을 추구해보면 오늘의 일로써 지난 만고의 일들을 가히 알 수 있으며, 또 앞으로 올 일들을 추구해보면 다가올 만세의 일들 역시 오늘의 일을 통해 가히 알아낼 수가 있다"는 말과 그 맥을 같이 한다. 단지 여헌은 아직 이루어지지 않은 이론에 대해 그것이 지녀야 할 일반적 구도를 말하고 있었음에 비해, 라플라스는 이미

• *Essai philosophique sur les probabilités*. p.4.

성취된 이론을 보고 이것이 지닌 구조적 특성을 좀 더 구체적으로 해석해낸 것이다.

그러나 한 가지 역설적인 사실은, 여헌이 말했던 예측적 앎의 이러한 일반 구도는 뉴턴의 체계가 부적절했음이 드러난 이후에도 상대론적 역학, 양자역학, 심지어 통계역학을 통해 여전히 유효함에 반해, 뉴턴의 체계 그 자체를 보고 해석한 라플라스의 구도는 뉴턴의 체계가 흔들리는 것과 함께 무너져야 할 운명에 놓였다. 예측적 앎의 일반 구도는 그 내용을 어떻게 채워 넣느냐에 무관하게 유효한 것이지만, 이것의 한 구체적 구현 사례를 일반화할 경우 그 구현 방식의 불완전성이 드러나면서 그 일반화마저 손상을 입게 된다.

실제로 매우 완벽해 보였던 뉴턴의 체계는 20세기에 들어서면서 거의 모든 측면에서 흔들리고 있다. 우선 그가 생각했던 시간과 공간의 개념을 살펴보자. 그는 시간과 공간에 대해 《프린키피아》에서 이렇게 말하고 있다.•

> 절대적이며 진정한, 그리고 수학적인 시간은 그 자체 안에 그리고 그 자체로서, 그리고 그 자신의 성격에 의해, 그 밖에 있는 어떤 것에도 무관하게, 균일한 방식으로 흘러간다. … 절대적 공간은 그것 자신의 진정한 성격에 따라 밖에 있는 어떤 것의 간섭도 없이 항상 균등하며 움직임이 없다. … [Principia 408]

• *Isaac Newton*. p.125.

우리가 다음 장에서 곧 보겠지만, 20세기에 들어오면서 시간과 공간은 각자 독자적인 차원을 지닌 것이 아니라 합쳐서 4차원의 일부임이 밝혀졌으며, 그 안에 놓인 물질에 의해 그 거리 간격이 뒤틀려 휘어질 수도 있음이 알려지고 있다. 그리고 심지어 그가 도입한 중력이라는 힘이 실제로는 독자적인 힘이 아니라 공간의 휘어짐이 주는 외견상의 효과라는 사실이 일반상대성이론에서 드러나고 있다.

그뿐 아니라 양자역학에 의하면 '위치와 운동량의 값들'로 상태 개념을 설정하는 것 또한 부적절하며, 이 값들은 오히려 '진정한 상태'가 외부와의 접촉에 의해 그 성격의 일부를 드러내주는 흔적에 해당하는 것임이 밝혀지고 있다.

이러한 모든 점에 비추어볼 때, 적어도 한 보편이론으로서의 뉴턴역학은 그것을 담는 틀에서나 그 안에 담긴 내용 모두에 있어서 부적절한 일반화였다고 하지 않을 수 없다. 일정한 근사가 성립하는 우리의 일상 경험 영역에서는 많은 만족스런 결과들을 산출해냈으나 여기서 벗어나는 우주 그리고 원자 규모의 영역에서는 크게 어긋나는 결과를 보여주고 있기 때문이다.

이러한 가능성에 대해 어떤 예감이라도 있었는지, 뉴턴 자신은 다음과 같은 무척 겸허한 언급을 하고 세상을 떠났다.•

> 세상 사람들 눈에는 내가 어떻게 보일지 몰라도, 나 자신으로서는 아직 발견되지 않은 많은 것을 그 안에 감추고 있는 진리의 거대한 해양 한 모퉁이에서, 때때로 더 반들반들한 조약돌이나 더 귀

여운 조개껍질을 찾으며 노는 한 소년과 같다고 생각한다.

이제 우리가 추구하는 바른 이치, 그 가운데서도 가장 바탕이 되는 이치를 일러 '바탕 이치'라 부른다면, 그리고 이것을 〈십우도〉의 구도자가 찾아 나선 '소'에 비유한다면, 뉴턴이 얻어낸 성과는 아직 이 소를 밧줄로 매어 포획한 것이 아니라 이 소가 활동하면서 남기고 간 발자취를 더듬어간 작업에 비유할 수 있다. 분명히 자연의 기본원리와 관련을 갖는 것이면서도 아직 그것의 한 근사 이론에 머무르고 있기 때문이다. 하지만 이것은 결코 불길의 징후가 아니라 희망의 징표로 볼 수 있다. 이제야말로 소가 있는 것이 확실하며, 이를 찾아내고 포획하는 것은 오직 시간문제이기 때문이다.

이러한 상황을 특유의 시적 감수성으로 포착한 곽암선사는 다음과 같은 격려의 노래를 들려주고 있다.

물가 나무 아래 발자국이 많구나.
꽃다운 풀 헤치고서 그대도 보았는가.
깊은 산 깊은 곳에 숨어 있은들
하늘 향한 그 콧구멍까지야 못 숨기겠지.

• *The Oxford Dictionary of Quotations*. Joseph Spence Anecdote, J. Osborn ed. 1966, p.543.

제3장

소를 보다

상대성이론

黃鶯枝上一聲聲 日暖風和岸柳淸 只此更無回避處 森森頭角畵難成

황앵지상일성성 일난풍화안류청 지차갱무회피처 삼삼두각화난성

세 번째 여정. 견우見牛

앞 장에서 소개한 〈십우도〉의 둘째 그림에서는 아직 소의 모습을 보지는 못했지만 소중한 소의 발자취들을 발견하고 이를 추적했다. 그런데 셋째 그림에서 드디어 소의 모습을 목격하는 장면이 나온다.

여기서 '소'를 본다는 것은 그간 투명하지 못한 공간으로 인해 선명하지 않았던 '바탕 이치'의 모습이 좀 더 또렷해졌음을 말한다. 부적절한 시공간 개념으로 인해 근사적인 모습으로 밖에 보이지 않던 과학 이론들이 새로 마련한 시공간 개념을 통해 좀 더 선명해졌다는 이야기다. 우리는 이제 4차원 세계에 접어들고 있다.

역사지평

우리 〈심학십도〉의 첫 장면과 둘째 장면이 모두 17세기에 이루어진 활동이었다면 셋째 장면과 넷째 장면은 그로부터 200여 년이 더 경과한 20세기의 활동들을 보여준다. 이들은 각각 상대성이론과 양자역학에 관한 것인데, 활동 시간으로나 활동 주체 사이에 상당한 중첩이 있지만, 양자역학은 상대성이론을 바탕으로 정리하는 것이 좀 더 적절하므로 이들을 상대성이론과 양자역학 순으로 살펴보기로 한다.

20세기 지성의 무대에 화려하게 등장하는 역사적 인물은 뉴턴 사후 152년이 지난 시기에 출생한 아인슈타인Albert Einstein(1879~1955)이다. 그는 뉴턴이 이룩한 업적이 진정한 '소'의 실체가 아니라 오직 '소'의 발자국들에 해당한다는 사실을 최초로 보여줌으로써 세상을 놀라게 했다.

두 번째 기적의 해

기적의 해로 불리던 1666년에 무슨 일이 있었는지 앞에서 살펴보았다. 그런데 사람들은 또 하나의 기적의 해를 말한다. 바로 1905년이다. 이번에는 또 무슨 일이 일어났기에 기적의 해라 부르는 것일까? 이것을 말하기 위해 그 이전 몇 해 사이의 일을 떠올려볼 필요가 있다.

1902년 2월 5일 스위스 베른의 지방판 신문에 다음과 같은 광고가 났다.•

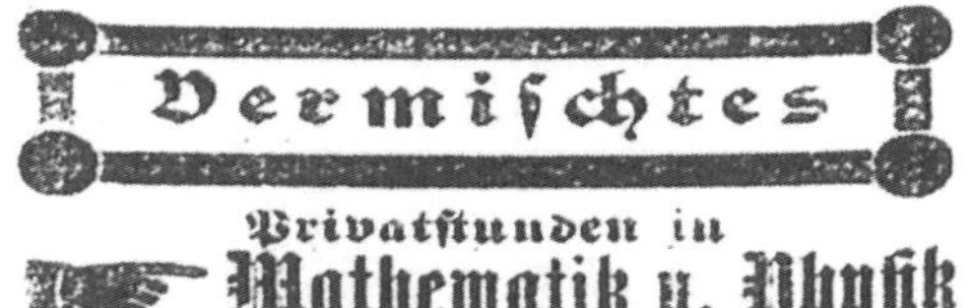

Vermischtes

Privatstunden in
Mathematik u. Physik
für Studierende und Schüler erteilt
gründlichst
Albert Einstein, Inhaber des eidgen.
polyt. Fachlehrerdiploms,
Gerechtigkeitsgasse 32, 1. Stock.
Probestunden gratis. 4977°

일반학생과 대학생을 위한
수학 및 물리 개인 교습

연방공대 교사자격증 소지자
알베르트 아인슈타인에 의한 철저 지도

게레히티히카이츠 가 32번지, 1층
시범 교습 무료

• Einstein, A. *The Collected Papers of Albert Einstein*. Vol. 1. Princeton University Press, 1987. p.334.

당시 '알베르트 아인슈타인'이라는 이름은 그 앞에 아무리 '연방공과대학에서 교사자격을 취득한 사람'이란 수식어를 붙여놓아도 전혀 관심을 끌지 못하는 낯선 이름이었다. 이것은 '알베르트 아인슈타인'이라는 이름이 최초로 활자화된 기사이자 당시 아인슈타인이 재정적으로 얼마나 궁핍했는지를 알려주는 광고이기도 하다.

이 광고를 보고 정말로 '미래의 아인슈타인'에게서 개인 교습을 받게 될 행운아는 누구였을까? 오직 한 사람이 찾아왔다. 그것도 어느 돈 많은 집 소년이나 소녀가 아니라 자신만큼이나 어려운 처지에 있는 떠돌이 학생이었다. 베른 대학에 적을 두고 철학에 심취해 여기저기 강의를 기웃거리던 모리스 솔로빈Maurice Solovine이었는데, 그는 루마니아 출신 유대계 청년으로 나이는 오히려 아인슈타인보다 네 살이나 많았다.

이들은 곧 철학에 대한 이야기를 나눴고, 아인슈타인은 자신 또한 한때 철학에 이끌렸으나 너무 모호하고 임의로운 성격이 있어서 돌아섰다는 이야기를 했다. 알려진 바로는 이들이 얼마나 토론에 심취했는지 두 시간이나 이야기를 나누고 나서도 다시 30분간 거리 산책을 하면서 이야기의 끈을 놓지 못했다고 한다.• 솔로빈의 회고에 따르면, 아인슈타인은 이 토론을 너무도 즐겨서 수업료 따위는 아예 잊어버리라고 하면서 함께 토론하는 것이 더 소중하니 앞으로 학문적 동반자가

• Feuer, Lewis. *Einstein and the Generations of Science*. Basic Books, 1973, p.48.

되자고 했고, 그들은 곧 이에 합의했다.•

그리고 얼마 후, 이전부터 아인슈타인을 알고 있던 또 한 친구 콘라트 하비히트Conrad Habicht가 합류해 자칭 '올림피아 아카데미Akademie Olympia'를 결성하기에 이른다. 콘라트 하비히트 역시 아인슈타인보다 세 살이 많은 총명한 인상을 주는 스위스 사람으로, 베른 대학에서 박사학위 논문을 준비하는 중이었다. 이들은 대개 아인슈타인의 집에 모여 아주 진지하게 독서를 했고, 밤 늦게까지 열성적으로 토론을 벌였다. 단순히 공부하는 데 그치지 않고 "슐락 소시지, 스위스산 치즈, 과일, 약간의 꿀과 한두 잔의 차 또는 모카커피, 삶은 달걀 등을 곁에 놓고 실컷 웃고 떠들어댔다"••. 다행히 아인슈타인은 그해 6월 19일, 베른의 특허국 3급 기사 직에 채용됨으로써 극심한 재정난을 넘겼고, 다음 해 초(1903년 1월 6일)에는 예정했던 대로 약혼자 밀레바 마리치와 결혼식을 올렸다.

당시 이들이 읽었던 책으로는 에른스트 마흐, 데이비드 흄, 앙리 푸앵카레의 저작들이 중심이 되었고, 그 외에도 스피노자의 《에티카》, 소포클레스의 《안티고네》, 세르반테스의 《돈키호테》, 플라톤의 《대화》, 밀의 《논리학》 등이 있었다. 특히 이들은 푸앵카레의 사상에 관심을 가졌는데, 그는 "절대적인 공간은 없다. 그리고 우리는 상대적인 움

• Einstein, A. *Lettres à Maurice Solovine*. p.vi; *Einstein and the Generations of Science*. p.48.

•• 위르겐 네페, 염정용·염영록 역, 《안녕, 아인슈타인》, 사회평론, 2005, 195쪽.

직임만 파악할 뿐이다"라고 했고, 또 "절대적인 시간은 없다. 만약 우리가 두 개의 시간이 같다고 말한다면, 이는 증명되어야 할 명제다"라고도 했다.• 결과적으로 보자면, 아인슈타인이 이 생각들을 그대로 채용한 셈이지만, 이러한 생각을 제시한다는 것과 이를 받아들여 물리학 이론의 한 부분으로 만든다는 것 사이에는 여전히 하늘과 땅만큼의 차이가 있다.

올림피아 아카데미는 2년 후인 1904년 여름 하비히트가 박사학위를 받고 베른을 떠나면서 사실상 와해된 셈이 되었지만, 그 이후로도 오래 전부터 아인슈타인의 친구였던 미켈레 베소Michele Besso가 베른의 특허국에 합류하게 됨으로써 아인슈타인의 소중한 대화 상대는 이어졌다. 한편 올림피아 아카데미 회원들과의 우호적 관계가 아인슈타인의 생애 거의 만년에 이르기까지 유지되었음으로 보아, 아인슈타인이 이들을 얼마나 소중히 여겼는지를 알 수 있다. 아인슈타인이 작고하기 2년 전인 1953년, 그는 솔로빈에게 다음과 같은 편지를 보냈다.

> (우리가 함께한) 그 짧고 활동적이었던 기간, 당신은 정말 명료하고 지성적인 모든 것에 어린아이와 같은 기쁨을 나타냈었지. …
> 우리들 셋은 여전히 잘 버텨내고 있음이 입증되고 있어. 약간씩 무너져 내리기는 해도 여전히 당신의 총명하고 생동감을 주는 빛은 우리 삶의 외로운 여정 위에 밝게 빛나고 있네. 당신은 상추가 다

• 《안녕, 아인슈타인》, 197쪽.

올림피아 아카데미 멤버들.
왼쪽부터 콘라트 하비히트,
모리스 솔로빈, 아인슈타인.

자라 막대처럼 굳어지듯 그런 식으로 늙어가는 사람이 아니니까.

실제로 이 올림피아 아카데미가 아인슈타인의 창조적 활동에 구체적으로 어떤 기여를 했는지는 지금 가늠하기 어렵다. 그러나 적어도 두 가지는 확실하다. 첫째는 이미 '과학적 방법'에 의해 확고히 입증된 것으로 여겨지던 기존 과학의 틀에 과감히 도전해보는 반항적 기질을 키우는 데 기여했다는 점이다. 당시 지성계의 혁명적 풍토를 예리하게 분석한 사회학자 포이어Lewis Feuer는 "올림피아 아카데미는 과학의 역사상 가장 결실을 크게 거둔 반체제공동체counter-community의 하나였다. 이것은 프로이트의 정신분석 서클이나, 17세기 영국의 '보이지 않는 대학Invisible College'에 비견된다"고 말한다.•

그리고 다른 하나는 이것이 팽팽한 지적 긴장을 유지하면서도 격의 없이 의견들을 내놓고 끝없는 토론을 이어갈 수 있는 지성 공동체를 형성했다는 점이다. 이들 구성원들은 놀라울 정도로 사심 없이 서로 신뢰하고 진정으로 서로 존중하는 자세들을 견지했다. 아인슈타인의 전기 작가 젤리히Carl Seelig에 따르면, "아인슈타인의 이 가장 오래되고 가장 신뢰받는 친구들은 누가 봐도, 아인슈타인처럼, 비이기적 동료의식과, 그리고 진실함과 단순함의 화신들이었다."••

• *Einstein and the Generations of Science.* p.47.

•• Seelig, C. *Einstein: A Documentary Biography.* Staples Press, 1952, p.42; *Einstein and the Generations of Science.* p.47.

그러니까 아인슈타인과 같이 창조적 아이디어들이 내부로부터 끓어오르던 시기, 이를 여과 없이 쏟아내고 그 반응을 마음껏 들어볼 수 있는 이런 신뢰할 만한 집단이 있었다는 것은 너무도 다행스런 일이었다. 물론 이들 모두가 그 후 창조적인 학문 활동을 지속했던 것은 아니다. 하비히트는 박사학위 과정을 마치고 바로 베른을 떠나 수학과 물리학 교사로 조용히 살아갔고, 만년 학생이었던 솔로빈은 오랫동안 여기저기서 강사 노릇만 하며 정착하지 못했던 것으로 전해진다. 하지만 그렇기에 오히려 이들은 자신들의 독자적인 학문 야심에 구애됨이 없이 아인슈타인의 생각들을 무제약적으로 받아들이고 이를 성실히 검토하는 아주 훌륭한 상대역을 해낸 것으로 여겨진다. 앞서 말했듯이 아인슈타인은 하비히트가 떠나고 올림피아 아카데미가 기능을 잃어갈 무렵, 다행스럽게도 또 하나의 친구 베소를 불러들여 상대성이론 구성의 막바지 단계에서 소중한 도움을 받을 수 있었다.

1905년 5월의 어느 날(당시 아인슈타인의 나이는 26세였다) 아인슈타인에게는 물론이고 인류 지성사에 한 획을 그을 사건이 만들어졌다.• 그날 저녁 아인슈타인은 베소와 함께 앉아 평소와 다름없이 물리학 문제들을 토론하고 있었다. 그러다가 갑자기 아인슈타인은 머리를 옆으로 흔들며 "나는 포기했어"라며 항복 선언을 했다. 바로 그때 베소가

• 이날 일에 대한 아래의 서술은《안녕, 아인슈타인》(205~206쪽)의 내용을 요약한 것이다.

무슨 말을 했는지, 그리고 아인슈타인에게 다시 어떤 생각이 떠올랐는지는 아무도 모른다.

아인슈타인의 회고에 따르면, 베소와 헤어지고 돌아간 그날 밤 "갑자기 나는 이 문제를 해결할 실마리를 잡았다"고 한다. (이것은 그로부터 17년이 지난 1922년, 일본 교토에서 강연할 때 청중의 질문을 받고 밝힌 일이다.) 이번에는 베소의 증언을 들어보자. 바로 다음 날 아침, 아인슈타인은 베소를 만나자마자 "고마워, 나는 그 문제를 완전히 해결했어"라고 외치더라는 것이다.

그로부터 며칠 후 아인슈타인은 하비히트에게 다음과 같은 편지를 보냈다.

> 자네는 왜 아직도 내게 박사학위논문을 보내지 않는가? … 내가 그 답례로 네 편의 논문을 보낼 것을 약속하네. … 네 번째 논문은 아직 구상만 되어 있고, 시간과 공간에 관한 학설들을 수정하는 방식을 적용한, 움직이는 물체들에 관한 전기역학이야. 이 논문의 순수한 운동학 부분은 자네에게도 분명 흥미로울 거야.•

여기서 말한 네 번째 논문이 바로 며칠 전 해결했다던 그것인데, 바로 훗날 상대성이론이라 불리면서 인류지성사의 물줄기를 획기적으로 바꾼 이론이다.

• 콘라트 하비히트에게 (1905년 5월) CP5 p.31; 《안녕, 아인슈타인》, 204쪽.

그러나 이야기는 여기서 끝나지 않는다. 다시 얼마 후 하비히트는 아인슈타인에게서 또 한 장의 편지를 받았다.• 1905년에 나타난 다섯 번째 기적(1905년 9월에 발표된 세 쪽짜리 논문)에 관한 것이었다. "전기역학 논문의 결론이 겨우 떠올랐어. 맥스웰의 기본 방식과 관련해 상대성원리가 적용되려면 질량이 곧 어떤 물체 속에 들어 있는 에너지에 대한 양이 되어야 하네. 빛이 질량을 실어 나르지." 그는 다시 "라듐에서 질량이 현저하게 감소될 것이 틀림없어"라고 하면서 다음과 같이 덧붙였다. "이런 생각은 즐겁고 매력적이야. 그러나 신이 그것을 비웃지는 않았는지, 그리고 나를 속이지나 않았는지, 그것은 내가 알 수 없는 일이야."

이것이 바로 $E = mc^2$으로 표현되는 질량–에너지 등가성의 발견이다. "라듐에서 질량이 현저하게 감소될 것"이라고 했던 아인슈타인의 예측은 그 후 34년이 지난 1939에 이르러 오토 한Otto Hahn(1879~1968)과 리제 마이트너Lise Meitner(1878~1968)의 핵분열 실험에서 확인되었고, 그 위력은 다시 6년 후 히로시마와 나가사키에서 가장 비극적인 방식으로 세상을 진동시켰다.

• 콘라트 하비히트에게 (1905년 6월 30일~9월 22일) CP5 p.33; 《안녕, 아인슈타인》, 242~244쪽.

아인슈타인의 지성은 어디서 왔나?

이제 우리는 이 둘째 기적의 해를 이해하기 위해 아인슈타인의 지적 성장이 어떤 방식으로 이루어졌는지에 대해 좀 더 자세히 살펴보자. 많은 사람들은 "어떻게 해서 그가 상대성이론을 만들게 되었는가?"에 대해 궁금해 했고, 어떤 당돌한 사람은 이 물음을 아인슈타인에게 직접 던졌다. 여기에 대해 아인슈타인은 이렇게 대답했다.•

> 어떻게 해서 내가 상대성이론을 만든 사람이 되었느냐고요? 그 이유는, 내가 좀 생각해보니, 이런 것 같습니다. 보통 어른이 되면 공간과 시간 문제에 대해 별로 생각하지 않습니다. 그런 것들은 어린아이일 때나 생각해보는 것이거든요. 그런데 내 지적 성장은 훨씬 느려서 성년이 되고 나서야 공간과 시간에 대해 이상하게 여기기 시작했어요. 그래서 나는 자연스럽게 정상적인 능력을 가진 아이들보다 그 문제를 더 깊이 파고들 수 있었던 겁니다.

한편 아인슈타인의 학생 시절, 대학에서 직접 그를 가르쳤던 수학 교수로 훗날 아인슈타인의 이론을 4차원으로 해석해낸 민코프스키 Hermann Minkowski(1864~1909)는 아인슈타인의 논문을 보고 이렇게

• *Einstein: A Documentary Biography.* p.73; Gardner, Howard. *Creating Minds: An Anatomy of Creativity.* Basic Books, 2011, p.89;《안녕, 아인슈타인》46쪽.

말했다.•

> 난 이걸 보고 정말 크게 놀랐어. 학생 때 아인슈타인은 '게으름뱅이 개lazy dog'였거든. 수학에 대해서는 뭘 해보려는 태도가 전혀 아니었어.

그리고 아인슈타인을 직접 가르치지는 않았지만, 당대 최고의 수학자라 일컬어졌던 괴팅엔 대학의 힐베르트David Hilbert(1862~1943) 교수는 언젠가 사람들 앞에서 이런 말을 했다.••

> 우리 수학의 도시 괴팅엔의 거리를 지나가는 아무나 붙들고 물어봐도 4차원 기하학에 대해 아인슈타인보다 잘 압니다. 그런데도 아인슈타인이 이 작업을 해냈지 수학자들이 해낸 게 아니에요. 어째서 아인슈타인이 공간과 시간에 대해 우리 시대 누구보다 독창적이고 심오한 것들을 말하게 됐는지 아십니까? 그건 시간과 공간에 대한 모든 철학과 수학에 대해 그가 전혀 배운 바가 없기 때문이에요.

• *Einstein: A Documentary Biography.* p.28; *Einstein and the Generations of Science.* p.51.

•• Frank, Philipp. *Einstein: His Life and Times.* New York: Alfred Knop, 1947, p.206; 제러미 번스틴, 장회익 역,《아인슈타인》I, 전파과학사, 1976, 157~158쪽.

우리는 여기서 한 가지 중요한 공통점을 찾아볼 수 있다. 그것은 아인슈타인이 정규적인 교육에 별로 큰 관심이 없었을 뿐 아니라, 그런 교육을 충실히 받았더라면 오히려 그가 해낸 작업을 할 수 없었으리라는 점이다. 이것은 우리가 앞에서 보았듯이 뉴턴의 경우에도 거의 그대로 성립한다. 흔히 교육을 충실히 받는다는 것은 스승에 의해 스승이 중요하다고 생각하는 것을 일방적으로 수용해나가는 것을 말하며, 이렇게 할 경우 학습자가 자신의 방식과 취향에 맞추어 탐구해나가기가 쉽지 않다. 반면 학습자가 철저히 자신의 지적 관심사에 초점을 맞추어 학습을 수행해나가려 한다면, 적어도 외견상 교육에 충실히 따르지 않은 것으로 비칠 수 있다. 뉴턴과 마찬가지로 아인슈타인 또한 자기 이해의 바탕과 연결되지 않거나 이것에 압박을 가하는 어떠한 학습도 배격하며 자신에게 도움이 되거나 도움이 되리라고 생각되는 것들만 자력으로 찾아 학습해나갔는데, 이것이 밖으로는 '게으름뱅이 개'의 형상으로 보이기도 하고, 시간과 공간에 대해 '알려진' 모든 철학과 수학에 대해 철저히 무식한 것으로 비쳤을 수도 있다.

그렇다면 아인슈타인은 어린 시절 자신만의 탐색 기간에 어떠한 것들을 익히고 또 이것을 어떠한 방식으로 넓혀나갔을까? 이 점에 대해 아인슈타인은 자신의 경험을 바탕으로 흥미로운 이야기를 들려준다.•

• A. Einstein, *Albert Einstein: Philosopher-Scientist.* Schilpp, P. A. ed. Harper&Row, 1959, p.9.

내게는 우리 사고가 대부분 기호(말)를 사용함 없이 진행된다는 점, 여기에 더해 상당한 정도 무의식적으로 진행된다는 점에 대해 그 어떤 의심의 여지가 없다. 그렇지 않다면 우리가 때로 어떤 경험에 대해 아주 자연발생적으로 '놀라움'을 겪는 것이 어떻게 가능하겠는가? 이런 '놀라움'은 한 경험이 우리 속에 이미 설정되어 있는 개념들의 세계와 갈등을 일으킬 때 발생한다. 이런 갈등이 심하고 강렬하게 느껴질 때마다 이것이 우리의 사고 세계에 결정적인 방식으로 충격을 준다. 사고 세계의 발전이라 함은 어느 의미에서 '놀라움'으로부터의 지속적인 도주라 할 수 있다.

그러면서 그는 자기가 일찍이 경험한 두 개의 놀라움에 대해 설명해 준다.•

이런 성격의 놀라움을 나는 네댓 살 때에 경험했다. 아버지가 내게 나침판을 보여주셨던 것이다. 이 자침이 그처럼 일정한 방식으로 움직인다는 사실은 무의식적 개념들의 세계에 자리 잡고 있는 (직접적 '접촉'에 의해 효과가 발생한다는) 일상적 사물의 성격에 전혀 들어맞지 않는 것이었다. 내가 아직 기억하는 바로는—적어도 내가 기억한다고 믿고 있는 바로는—이 경험은 내게 깊고 지워지지 않는 감명을 주었다. 깊이 감추어진 어떤 것이 사물 뒤에 숨어

• *Albert Einstein: Philosopher-Scientist.* p.9.

> 있다고 여겨진 것이다. …
>
> 12살 때에 나는 또 하나의 놀라운 경험을 하게 되었는데, 이것은 완전히 다른 성격의 것이었다. 유클리드의 평면기하를 다룬 한 조그만 책이 어느 학기 초에 내 손에 들어왔다. 이 책 속에는 예를 들어 삼각형의 세 높이들이 한 점에서 만난다는 것 같은 주장들이 들어 있었는데, 이것들은—설혹 자명하지는 않았지만—한 가닥 의심도 들지 않도록 명백히 증명될 수 있는 것이었다. 이와 같은 명료성과 확실성이 내게는 형언할 수 없는 감명을 주었다.

누구나 흔히 보게 되는 이러한 소재들이 아인슈타인에게는 그를 깊은 학문의 세계로 인도하는 '놀라운' 경험이 되었다는 사실을 우리는 어떻게 이해해야 할까? 이는 당사자의 남다른 감수성과 더불어 적절한 시점에 여기에 맞는 학습적 배려가 함께 조화되어 나타난 결과라고 해석할 수 있다. 특히 여기서 중요한 점은 이후 수행된 학습이 거의 전적으로 자신에 의한 그리고 자신을 위한 학습으로 진행되었다는 사실이다. 아인슈타인은 〈자전적 기록〉에서 자신이 공부한 수학과 물리학에 대해 이렇게 언급하고 있다.•

> 12~16살이 되었을 때 나는 미분, 적분의 원리들과 함께 수학의 기초를 익혔다. 이때 나는 운 좋게도 논리적 엄격성이 지나치지

• "Autobiographical Notes." in *Albert Einstein: Philosopher-Scientist.* p.15.

않으면서 주된 개념들이 명백하고 간결하게 부각되도록 서술한 책들을 만났다. 여기에 몰두하게 된 것은 전적으로 진정한 매혹 그것이었다. 이것은 해석기하학의 기본 개념, 무한급수, 미분과 적분의 개념에서 하나의 절정을 이루었다. 그것에 대한 감명은 진정으로 초보 기하학에서 받았던 감명과 겨눌 만한 것이었다. 나는 또한 자연과학 전 분야에 관한 본질적 결과와 방법들에 관해 알게 되는 행운을 지녔는데, 이것은 자연과학에 관한 아주 훌륭한 대중 서적을 통해서였다. 이것은 거의 전체가 정성적 서술의 범위를 넘어서지 않았지만, 나는 이것을 숨 막힐 정도로 깊이 탐독했다. 그리고 내가 17살이 되어 취리히 연방공과대학에 수학 및 물리학 전공학생으로 입학할 무렵에는 이미 이론물리학에 대한 얼마간의 학습을 거친 상태였다.

여기서 아인슈타인은 명시적으로 말하고 있지 않으나, 우리는 그가 중등교육 과정에서 겪은 다소 예외적인 일에 주목해볼 필요가 있다. 아인슈타인은 중등교육 과정에서 당시로서는 명문이라고 할 뮌헨의 루이트폴트Luitpold 김나지움에 다녔다. 그러나 거기서의 교육 방식은 아인슈타인에게 대체로 못마땅했다. 이 점에 대해 그의 누이동생 마야의 말을 들어보자.•

• *Collected Papers on Albert Einstein.* Vol. 1. p.xxi.

대부분의 과목들은 그에게 무척 거슬리는 방식으로 진행되었고, 그의 담임교사 또한 그와는 잘 맞지 않았다. 더구나 되도록 어린 시절에 학생들로 하여금 군사 훈련을 숙달시켜 권위를 숭상하도록 만들려는 이 학교의 군사교육 시책이 이 소년에게는 도무지 맘에 들지 않았다. … 기회를 찾고 있던 그는 담임선생이 어떤 일로 자신을 꾸짖자, 가정의를 통해 건강 소견을 받은 후, 교장에게 제출하고는 학교를 떠나 밀라노에 있던 부모 집으로 돌아가버렸다. 이 과감한 행동에 대해 모두들 놀랐지만, 그는 태연하게 뮌헨으로 돌아가지 않을 것이고 독학으로 공부해 가을에 있을 취리히 연방공과대학 입학시험에 대비하겠노라고 선언했다. 이것은 16세의 소년이 취한 것으로는 너무도 대담한 결정이었지만, 그는 이것을 결행했다.

여기서 우리는 뉴턴과 아인슈타인 사이에 우연의 일치라기에는 너무도 기묘한 공통점 하나를 본다. 이유는 좀 다르지만 두 사람 다 16세에 제도권 교육에서 벗어난다는 점이다. 뉴턴의 경우 어머니의 부름에 따라, 그리고 아인슈타인의 경우에는 스스로의 결단에 의해 학교를 벗어나 일정 기간을 혼자 학습하는 경험을 가졌다. 일반화하기에는 무리가 있겠지만, 이 소중한 지적 성장기에 혼자의 힘으로 학문에 도전해 본다는 것은 새로운 분야를 개척하려는 사람들에게 어쩌면 필수적 경험이 아니었을까 하는 느낌을 준다. 아인슈타인은 이 기간 동안 들길을 산책하면서 수학과 물리학을 익혔다고 하며, 뉴턴 또한 들에 나가

농사일을 잊어가며 자신의 관심사에 몰두했음을 우리는 보았다. 그리고 이들은 다시 대학에 들어가 제도권 교육에 복귀하지만, 그 이후의 학습은 끝까지 내내 자기 주도적 방식에서 벗어남이 없었다.

요즘 학제로 보면 고등학교 1학년 중퇴자였던 아인슈타인은 대학 입학에 한 번 실패했고, 당시 페스탈로치의 교육 정신에 따라 매우 진취적인 자유주의 교육을 시행하던 스위스의 한 고등학교를 약 9개월 더 다닌 후 대학에 입학했다. 이렇게 대학에 입학했지만 대학 교육 또한 그에게 모든 점에서 만족스러운 것은 아니었다. 특히 자신의 학문적 진전에 걸림돌이 되었던 것으로 그는 시험제도를 들고 있다. 그가 만년에 쓴 〈자전적 기록〉에는 다음과 같은 이야기가 나온다.•

> 이러한 일에 걸림돌이 된 것은, 말할 것도 없이, 우리가 이것을 좋아하건 안 하건 간에 시험을 위해 이 모든 것을 머릿속에 박아 넣어야 한다는 사실이었다. 내게 이런 억압은 아주 역효과를 일으켜 내가 최종 시험에 합격한 후 완전히 1년 동안 어떤 과학문제도 생각해보기 싫어졌다. 공정히 말한다면, 스위스에서는 그래도 진정한 과학적 충동을 억제하는 이런 억압이 다른 지역들에 비해 훨씬 가벼웠다. 거기서는 다 합해 시험이 두 번밖에 없었다. 이것 외에는 그저 자기가 하고 싶은 것을 하면 되었다. 이것은 특히, 내 경우에 그랬던 것처럼, 강의에 정규적으로 출석하고 강의 내용을 착

• "Autobiographical Notes." in *Albert Einstein: Philosopher-Scientist.* p.17.

실히 공부하는 한 친구가 있을 경우 더욱 편리한 것이었다. 이런 경우에는 시험 몇 달 전까지 자기가 하고 싶은 것만 골라 추구할 자유가 주어지는 셈인데, 나는 이 자유를 최대한 활용했다. 이렇게 하는 데에서 오는 양심의 거리낌은 억압 자체에 비하면 훨씬 가벼운 죄악이라고 내심 즐겨 홍정했다.

뉴턴의 경우도 그랬지만 아인슈타인에게서 또 한 가지 눈여겨볼 점은 그에게는 특별한 스승 곧 멘토mentor가 없었다는 점이다. 아마도 어떤 강력한 영향력을 지닌 멘토가 있었더라면 거의 틀림없이 그의 사고 진로를 방해했을 것이다. 정신이 제대로 든 어떤 멘토가 시간과 공간의 개념을 바꾸겠다고 나서는 그의 '미친 생각'을 승인했겠는가?

4차원 세계의 선포

1905년 아인슈타인이 발표한 5편의 논문 가운데, 그 후 '특수상대성이론'이라 불리게 된 〈움직이는 물체의 전기역학에 관하여〉란 논문이 학계에 출현했다는 사실은 그 자체로 희랍 신화에 나오는 '트로이의 목마'에 견줄 만한 흥미로운 사건이다.

지성사의 전개를 굳이 전쟁에 비유하자면 20세기에 들어와 특수상대성이론이 확립되었다는 것은 철통같이 지키고 있는 적국의 본토에 상륙해 가장 중요한 첫 전략적 요충지 하나를 점령한 것이나 다름없다. 상대성이론 이전까지의 지적 전개가 대체로 주인 없는 황무지를 개척해온 일이었다면, 상대성이론부터는 견고하게 확립된 기존 이론들을 쓰러뜨리고 그 자리에 새 이론을 세우는 형세가 되는 것이다. 여기에 성을 지키고 서 있는 맹장들이 바로 뉴턴의 고전역학과 칸트의 선험철학이며, 이를 뒷받침하는 군사들이 바로 우리의 상식적인 시간과 공간 개념들이다. 이러한 무서운 수비대를 앞에 놓고 아인슈타인이라는 돈키호테가 홀몸으로 특수상대성이론이라는 엄청나게 중요한 고지를 점령했다는 것은 도저히 상식으로는 받아들여지기 어려운 일이다.

이를 이해할 수 있는 길은 의도했던 의도하지 않았던 일종의 '트로이의 목마'와 같은 작전이 관여되었다는 관점이다. 여기에 활용된 20세기 물리학의 '목마'가 바로 '빛의 성질'이다. 아인슈타인은 이 이론을 만들어 논문으로 발표하기까지 이 '빛의 성질'이라는 것을 이용했다. 사실상 19세기 말에서 20세기 초에 이르기까지 '빛의 성질'이야말로 수수께끼 같은 존재였으며, 당연히 많은 사람들의 결정적인 관심사로 떠오르고 있었다. 이러한 상황에서 아인슈타인은 이 '빛'에다가 또 하나의 이상스런 옷을 입혔다. 즉 빛은 "언제나 일정한 상수 c에 해당하는 속도로 움직인다"는 것이다.

결론부터 이야기하자면 특수상대성이론은 원칙적으로 '빛'과 직접 관련이 없는 이론이다. 특수상대성이론은 순수하게 시간-공간에 관한 이론이며, 단지 시간과 공간 변수들이 하나의 보편 상수 c를 통해 4차원으로 연결되는 구조를 가졌다는 것일 뿐이다. 빛이 하필이면 이 보편상수 c에 해당하는 속도로 움직이게 되는 것은 시간－공간이 지닌 이러한 성격 때문이라고 말해야 옳다. 그러나 만일 특별한 실험적 이론적 근거도 없이 시간－공간의 이러한 성격을 직접 명시적으로 언급하는 이론이 만들어졌더라면, 이는 금시 '터무니없는 이론' 혹은 '위험한 이론'으로 낙인 찍혀 접근을 저지당했을 가능성이 매우 크다.

그러나 아인슈타인의 이론에서는 이러한 암시가 없이 "광속 일정"이라는 '빛의 성질'로서 하나의 '목마'를 만들고, 시간과 공간의 개념을 각각 '조작적 정의'라고 하는 특수한 방식으로 분쇄해 이 목마 속에 감추고는 입성을 시도한다. 그리고 입성에 성공한 후에는 '로렌츠 변환'이라는 방식으로 이것을 다시 짜 맞추어 시간－공간 개념의 혁명이라는 놀라운 선언문을 배포한다. 이러한 교묘한 위장술에 속은 것은 〈물리학연보Annalen der Physik〉라는 권위 있는 잡지의 편집인만이 아니었다. 아인슈타인 자신 또한 '빛의 성질'에 대한 이런 확신이 없었더라면 아마도 이 무서운 고지에 감히 돌진해 들어갈 생각을 하지 못했을 것이다.

이는 물론 실제로 그 어떤 '속임수'가 있었다는 것을 함축하는 이야기가 아니다. 어떠한 사실을 그 사실이 실제 의미하는 것보다 훨씬 중요하게 믿고 따라가다가 보니까 놀라운 발견에 이르게 되었다는 이야기다. 그런 점에서 전혀 잘못된 것은 없다. 오히려 이것이 바로 천재가 하는 작업 방식인지도 모른다. 그러나 그러한 방식으로의 입성이 곧 성공을 의미하는 것은 아니다. 학술지의 편집인 그리고 아인슈타인 자신 이외의 다른 사람들까지 '트로이의 목마'에 속으리라고 기대할 수는 없는 일이기 때문이다.

몇 년 동안이나 이 논문에 대한 반응은 냉랭했다. 아마도 막스 플랑크를 비롯한 뛰어난 몇몇 물리학자들이 우연히 여기에 관심을 가져주지 않았더라면, 이 논문은 영영 잊히고 말았을지도 모른다. 그런데 이때에 정말로 강력한 후원 장수가 뒤따라 들어왔다. 바로 그의 옛 스승 헤르만 민코프스키Hermann Minkowski였다. 그는 '4차원'이라고 하는 놀라운 무기를 들고 들어와 새로 점령한 성의 정문을 활짝 열어젖혔던 것이다.

민코프스키는 아인슈타인보다 15살 연장자로서 그 당시 이미 일급 수학자로 꼽히고 있던 사람이다. 아인슈타인의 논문이 발표된 지 2년 후인 1907년 민코프스키는 이를 시간-공간의 4차원적 성격으로 해석한 논문을 썼고, 다음해인 1908년 9월, 쾰른에서 열린 제80차 독일 자연과학자 및 의사학회에서 '공간과 시간'이라는 유명한 강연을 함으로써, 특수상대성이론을 세계에 알리는 데 결정적인 공헌을 했다. 그는 공간은 이제 더 이상 3차원이 아니라 시간과 더불어 4차원을 이룬다고 하는 폭탄선언을 해 세계 지성계의 비상한 관심을 끌었다.

이로써 사람들은 상대성이론의 시간-공간 개념에 대한 실질적인 이해에 접근했고, 아인슈타인의 논문이 새로운 각광을 받기에 이르렀다. 적진에 들어가 외롭게 고전하던 아인슈타인의 이론에 강력한 구원병이 나타난 것이었다. 아인슈타인이 성벽의 약한 틈새를 거쳐 어렵사리 요새에 잠입한 경우라면, 뒤따라 들어온 민코프스키는 요새의 정문을 넓게 열어젖힘으로써 이제는 뛰어난 학자가 아니더라도 특수상대성이론이라는 어려운 고지에 어렵지 않게 오를 수 있도록 해준 것이라 할 수 있다.

사실 아인슈타인이 안내하는 상대성이론 이해의 길은 안전하게 따라 오르기가 매우 어렵다. 아인슈타인은 빛의 속도는 상대적으로 운동하는 두 좌표계에서 모두 같은 값을 가진다는 것을 '가정'으로 내세웠다. 얼핏 별 문제가 없어 보이는 이 가정은 예를 들어 광속의 99퍼센트에 해당하는 속도로 광을 따라가면서 그 광의 속도를 재어도 여전히 정지한 사람이 이를 재는 것과 같은 속도로 보인다는 것인데, 이것은 예를 들어 시속 100킬로미터로 달리는 자동차를 시속 99킬로미터로 가는 차에서 관측하더라도 여전히 이것이 시속 100킬로미터로 가는 것으로 관측된다는 말에 해당한다.

그러나 우리는 앞의 차가 100킬로미터 달리는 사이에 내 차는 99킬로미터를 이미 와 있고, 따라서 앞 차는 그동안 내 차로부터 1킬로미터 밖에 더 나지 않았음이 분명하다. 즉 나를 기준으로 할 때 앞 차는 시속 1킬로미터로 달렸지 시속 100킬로미터로 달린 것이 아니다. 이러한 사실은 실제 차를 타고 가며 눈으로도 확인할 수 있지만, '사리事理'로 따지더라도 너무나 당연한 것임을 알 수 있다(대부분의 사람들은 이 '사리'가 기존의 3차원 공간, 그리고 이와 독립된 1차원 시간에 바탕을 둔 것임을 의식하지 못한다). 그러므로 아인슈타인의 이론을 애써 믿고 따라 올라가다가도, 무의식 속에 이 '사리'가 등장해 위협을 가하면 대부분의 사람들은 혼비백산해서 쫓겨오고 만다.

우리가 앞에서도 논의했듯이 시간과 공간의 개념은 우리 사고가 이루어지는 '바탕 관념'의 일부를 형성하고 있으며, 이 관념에 부합하는 것을 우리는 '사리'라고 의식한다. 그러므로 이 '사리'를 더 적절한 '사리'로 대체시켜주지 않는 한, 우리는 이것의 영향에서 벗어날 수가 없다. 이러한 사고의 '바탕 관념'은 우리가 경험을 일반화하는 과정에서 자기도 모르게 형성되어 칸트가 말하는 이른바 '직관의 형식'이란 모습으로 우리의 사고를 지배하게 된다.

그런데 아인슈타인이 말하는 '광속 불변'의 가정은 바로 이 직관에 크게 위배된다. 물론 아인슈타인의 이 가정을 받아들이면 이에 입각한 추리만을 해야 하며, 따라서 적어도 논리적으로는 자체 모순을 일으키지 않는다. 그러나 여전히 더 큰 '사리'에는 어긋나고 있어서 이를 별도로 해결해주지 않는 한 의구심은 지속적으로 남게 된다. 그런데 민코프스키의 4차원 해석은 기왕에 '3차원 공간과 이와 독립된 1차원 시간'이라는 직관이 우리 사고의 '바탕'에 깔려 있었는데 이를 '4차원 시공간'이라는 개념으로 대치하는 것이 더욱 적절하다는 사실을 '의식적으로' 확인토록 해줌으로써 더 이상 정체 모를 '사리'에 의한 시달림에서 풀려나게 해준다.

또 한 번의 도약

아인슈타인의 혁명은 여기에 그치지 않는다. 4차원적 형식에 맞추어 전기-자기이론을 말끔하게 다듬은 아인슈타인은 이어서 뉴턴의 중력이론 또한 여기에 맞추어 정리하려는 작업에 나섰다. 그러나 뉴턴의 중력이론은 4차원적 구조에 자연스럽게 들어맞지 않았고, 이에 고심하던 아인슈타인은 새로운 고지에 올라설 또 하나의 단서를 움켜쥐었다. 이번에는 중력의 효과 자체를 시공간의 구조 속에 삽입할 이론을 모색했던 것이다. 수학적 기교 문제로 진행해 나가는 데 많은 어려움을 겪어내어야 하기는 했으나, 아인슈타인의 직관은 이번에도 적중했다.

드디어 그는 질량 분포(더 정확히는 에너지-운동량의 분포)가 주변 시공간에 굴곡을 주면서 휘어진 시공간이 형성되며 이 휘어진 시공간 안에서 가장 자연스럽게 일어나는 운동이 바로 중력장 안에서의 물체의 운동이라는 이론을 완성해냈다. 이것은 그가 특수상대성이론을 완성한 지 10년 만인 1915년의 일로서 이렇게 만들어진 이론을 우리는 일반상대성이론이라 한다.• 일반상대성이론을 정립하는 과정에서 아인슈타인은 학창 시절 교류했던 친구 수학자 그로스만의 도움을 받기는 했으나 기본적으로는 역시 자기 혼자의 힘으로 이 어려운 고지에 올라설 수 있었다.

여기서 우리는 아인슈타인의 개척자적인 면모를 확인할 수 있다. 아무리 도움을 요하는 상황에서라도 그가 취한 것은 어디까지나 '학습'

• 1915년 일반상대성이론이 만들어진 이후, 1905년에 발표된 상대성이론을 특수상대성이론이라 부른다. 1905년 이론은 서로 등속도로 움직이는 관측 계들 사이의 대등함을 말하지만 일반상대성이론은 임의의 상대속도로 움직이는 관측 계들 사이의 대등함을 말하는 것으로 일반화되었기 때문이다.

이었지 '분업'이 아니었다. 어떠한 어려운 과업이라도 결국은 자신의 힘으로 이루어내고 자신의 눈으로 확인할 수 있을 때에야 그는 완성된 것으로 보았다. 이번에도 그는 자연의 조화라고 하는 하나의 확고한 신조에 의존해 수많은 기술적 어려움을 뚫고 결국은 자연의 질서를 구체적인 수학 언어로 적어내는 데 성공했다. 이렇게 얻어낸 결과는 이번에도 마찬가지로 자신도 기대하지 못했을 어마어마한 지적 성취였다.

내용 정리

특수상대성이론의 핵심은 시간과 공간이 합쳐서 4차원을 형성한다는 데 있다. 그런데 여기에는 큰 장벽이 있다. 2차원(수평)과 독립적인 1차원(수직) 공간을 하나의 3차원 공간으로 엮어내는 데에는 사실 육안이라는 이점이 있다. 실제 3차원 공간은 눈에 보이고 몸으로 더듬을 수 있는 사물들을 담고 있다. 그러나 또 하나의 차원인 시간은 전혀 다른 종류의 경험과 관계되며, 특히 이 공간에 수직하게 또 하나의 축을 세워 서술할 그 어떤 단서도 잡을 수 없다. 그렇기에 뉴턴은 "절대적이며 진정한, 그리고 수학적인 시간은 그 자체 안에 그리고 그 자체로서, 그리고 그 자신의 성격에 의해, 그 밖에 있는 어떤 것에도 무관하게, 균일한 방식으로 흘러간다"고 했으며, 설혹 이를 실제로 입증하기는 어렵다 하더라도 누구나 쉽게 공감할 수 있는 것임이 분명하다고 봤다.

그런데 대단히 흥미로운 사실은 이미 18세기말에서 19세기 전반에 걸친 가우스Carl Friedrich Gauss(1777~1855) 시대부터 허수虛數 단위 i ($i^2 = -1$)가 알려졌고, 이것이 실수축에 대해 수직 방향으로 또 하나의 축인 허수축을 구축하면서 가우스 평면이라는 2차원 복소수 공간이 이루어짐을 알게 되었다.• 그러나 이렇게 설정된 허수 i나 이렇게 만들어진 복소수 공간은 어떤 물리적 실재와도 연관 지을 수 없었고, 따라서 이 새로운 축을 '가상적인 축imaginary axis' 곧 허수축이라 불렀다. 이처럼 우리의 수학적 관념 안에는 이미 실수축에 수직인 또 하나의 차원이 들어설 자리가 마련되어 있었던 것이다. 이러한 허수 공간은 설혹 '허수'라 지칭되기는 하지만 실수 체계와 무관하게 동떨어진 것이 아니라 좀 더 큰 수학적 정합체인 '복소수' 공간을 이루고 있는 것이었다(권말 부록 A.1 참조).

그런데 놀랍게도 자연의 조화는 오직 수학적 기능만을 지녔다고 보이던 이 빈 공간을 상상의 세계로만 남겨두려 하지 않았다. 다시 말해 이런 좋은 공간을 비워두고 별도의 시간 축을 만들어 "그 자체로서, 그리고 그 자신의 성격에 의해, 그 밖에 있는 어떤 것에도 무관하게, 균일한 방식으로 흘러"가도록 내버려두지 않았다. 우리가 공간의 한 차원을 1차원 실수 공간에 대응시킨다면, 시간은 이것의 허수 공간에 대응됨으로써 공간-시간 2차원 구조가 되도록 해놓은 것이다. 실제로 공간은 서로 수직인 세 개의 실수축을 지닌 3차원 공간에 해당되므로 시

• 실제로 음수의 제곱근의 중요성을 깨닫고 이를 처음으로 '허수'라 규정한 사람은 16세기 이탈리아 수학자 라파엘 봄벨리Raffaele Bombelli라고 알려졌으며, 이를 i로 표기한 사람은 가우스와 거의 동시대 인물인 오일러Leonhard Euler(1707~1783)다.

간은 이들 모두에 수직인 허수 공간을 차지함으로써 결과적으로 4차원 시공간을 이루게 된다.

이제 이러한 사실들이 어떠한 함축을 가지는가를 이해하기 위해 우리가 머릿속에 쉽게 그려볼 수 있는 3차원 공간이 무엇을 의미하는지 구체적인 사례를 들어 살펴보기로 하자. 그 하나의 사례가 3차원 공간에 놓인 두 사다리 사이의 '상대적 기울기'다.

두 사다리의 상대적 기울기

〈그림 3-1〉과 같이 원점 O에서 거리 〈*OP*〉만큼 떨어진 곳 P에 단단한 벽이 있고 이 벽에 사다리 A와 사다리 B가 원점 O를 기점으로 해 각각 높이 〈*AP*〉와 높이 〈*BP*〉가 되는 위치 A와 위치 B에 걸쳐 있다고 하자. 이때 사다리 A와 사다리 B의 기울기 D_A와 D_B는 각각

$$D_A = \frac{<AP>}{<OP>} = \tan\alpha, \quad D_B = \frac{<BP>}{<OP>} = \tan\beta \qquad (3\text{-}1)$$

로 표시된다. 이제 이들이 놓인 공간을 3차원으로 본다는 것은 사다리 B를 기준으로 본 사다리 A의 기울기도 생각할 수 있다는 의미다. 즉 사다리 B가 놓인 경사진 평면과 현재 암묵적으로 기준으로 삼고 있는 지표면이 기준 평면으로서 서로 대등한 자격을 가진다는 것이다. 실제로는 중력의 효과 때문에 지표면이 기준 평면으로서 더 '유리한' 입장에

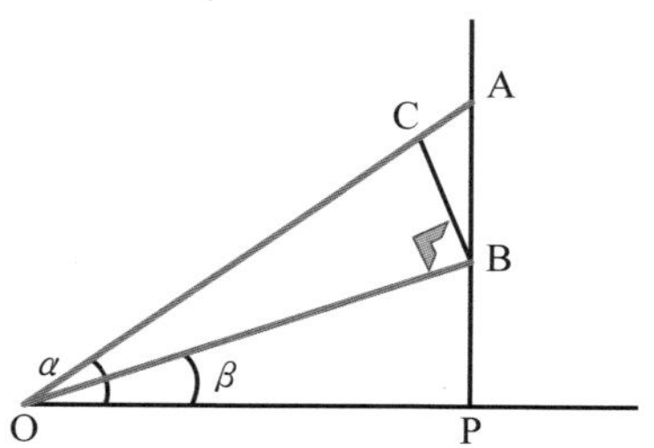

그림 3-1. 두 사다리의 상대적 기울기

있지만 만일 무중력 상태라면 이 둘 사이에 아무런 차이가 없다. 그러므로 기울기라는 것도 기준 평면을 무엇으로 삼느냐에 따라 달라지는 것이고, 따라서 항상 무엇을 기준으로 한 기울기냐 하는 것을 명시할 필요가 있다.

이제 우리가 구하고자 하는 것은 두 사다리 A, B의 지면에 대한 기울기가 (3-1)식으로 주어져 있다고 할 때, 사다리 B가 놓인 평면을 기준으로 한 사다리 A의 기울기 D_A'는 얼마냐 하는 것이다. 이는 곧 〈그림 3-1〉에서 보는 바와 같이 다음과 같이 표시된다.•

$$D_A' = \frac{<CB>}{<OB>} = \tan(\alpha - \beta) = \frac{\tan\alpha - \tan\beta}{1 + \tan\alpha \tan\beta} = \frac{D_A - D_B}{1 + D_A D_B} \tag{3-2}$$

이는 곧 지평면에 대한 사다리 A와 사다리 B의 기울기 D_A와 D_B를 알면, 사다리 B를 기준으로 본 사다리 A의 상대적 기울기 D_A'는 이들의

• 여기서는 삼각함수의 탄젠트 뺄셈정리를 활용했다(권말 부록 A.4 참조).

값으로 쉽게 표현된다는 것을 말해준다.

상대속도로 본 4차원 시공간의 의미

제1장과 제2장에서 이미 보았지만, 시간과 공간이 몇 차원이냐 하는 것은 우리가 자연계 안에서 지적 활동을 하면서 현상들을 보편적 질서 아래 파악하기 위해 만들어낸 우리 관념의 소산이다. 대부분 무의식적 직관에 의해 이를 파악하게 되지만, 주의를 조금만 기울이면 최소한 3차원까지는 어렵지 않게 상정할 수 있다. 하지만 다시 시간과 공간이 합쳐 4차원이 된다는 것은 그 어떤 상상력으로도 실제 직관에 의해 파악될 성격이 아니다. 그렇기에 우리는 인위적으로 이러한 4차원의 공간을 설정해보고, 그럴 경우 이것이 우리의 현상 이해에 어떤 차이를 가져올 것인지를 면밀히 추론해볼 필요가 있다.

이제 어느 시점 t에 공간상의 한 위치 (x, y, z)에서 발생한 한 사건을 생각하자. 뉴턴의 관점에서는 독자적인 시간 축이 있고, 거기에 시간 원점이 있어서 이 원점과 이 시점 사이의 간격을 t라 한 것이며, 공간상의 위치는 이와는 완전히 독립된 세 개의 공간 축과 공간 원점이 따로 있어서 이 세 축을 기준으로 위치를 표현한 것이 x, y, z이다. 그런데 4차원의 관점에서는 시간 t에 적정한 상수 k를 곱해 $\tau(=kt)$라는 새 변수를 도입할 경우, 이 네 개의 변수 x, y, z, τ가 서로 완전히 대등해진다는 것이다. 즉 이렇게 규정된 시간 변수 τ는 마치 x, y, z가 그러하듯, 4차원 시공간의 한 성분 구실을 한다는 것이다.

이것이 함축하는 의미를 생각하기 위해, 다음과 같은 상대속도의 문제를 생각해보자. 자동차 A와 자동차 B가 각각 속도 v_A와 속도 v_B로 움직인다고 할 때, 자동차 B를 기준으로 본 자동차 A의 속도 v_A'는 얼마인가 하는 문제다. 실제로 자동차들의 속도를 시간변수 τ를 기준으로 표현하고 시간 축을 수평 방향으로 잡으면, 이 문제는 앞에서 본 사다리의 기울기 문제와 완전히 동일해진다. 자동차의 속도(예컨대 $\frac{dx}{d\tau}$)가 사다리의 기울기(예컨대 $\frac{dy}{dx}$)에 해당하는 것이다. 이처럼 시간변수 τ를 기준으로 한 속도 $\frac{dx}{d\tau}$를 V라고 하면, (3-2)식에서

$$V_A' = \frac{V_A - V_B}{1 + V_A V_B} \quad (3\text{-}3)$$

의 관계가 성립하며, 이렇게 정의된 V와 시간변수 t를 기준으로 표현한 속도 v와의 사이에 $V=v/k$의 관계가 성립하므로•, 우리는 다음과 같은 관계식을 얻는다.

$$v_A' = \frac{v_A - v_B}{1 + \frac{v_A v_B}{k^2}} \quad (3\text{-}4)$$

아직까지 우리는 상수 k에 대해 아무 제약을 가하지 않았다. 공간과 시

• 자동차들이 x 방향으로 움직인다고 하면 그 속도는 $V = x/\tau = x/kt = v/k$로 표현된다.

간이 k라는 비율로 합해 4차원임을 가정했지만, 아직 그 k가 어떤 값인지는 특정하지 않았다. 이것은 오직 우리가 실제 경험하는 세계가 어떤 k값에 해당하는 방식으로 시간과 공간을 결합시키느냐를 찾아내어 결정할 문제다. 이는 조금 달리 이야기하자면, 어떤 가능한 k값을 넣었을 때, 그렇게 얻어진 시간-공간이 경험 세계의 모든 것을 서술하는 데 놀랍도록 잘 기여한다면 바로 그것이 우리가 찾아야 할 k값이라 할 수 있다.

이미 말했듯이 시간이 만일 복소수의 허수축에 해당한다면 k는 i에 비례할 것이고, 그 비례상수는 기왕에 설정된 공간단위와 시간단위에 따라 결정될 것이다. 따라서 우리는 k값을 다음과 같이 놓자. 즉

$$k = ic \quad (i^2 = -1) \tag{3-5}$$

여기서 c는 시간 공간을 연결하는 보편 상수다. 후에 다시 확인하겠지만 시간 공간이 이러한 관계로 연결될 경우 빛을 비롯해 정지질량을 가지지 않는 입자는 이 상수 c에 해당하는 속도로만 움직이게 됨을 알 수 있다. 따라서 우리는 이 c 값을 관례에 따라 광속이라 부르기로 한다. k를 이렇게 놓으면 우리는 (3-4)식에서 다음과 같은 놀라운 관계식을 얻는다.

$$v_A' = \frac{v_A - v_B}{1 - \frac{v_A v_B}{c^2}} \tag{3-6}$$

이 식에서 만일 v_A가 c이면 v_A'은 v_B의 값에 무관하게 항상 c가 된다. 예를 들어 관측자 B가 광속의 99.99%로 달리면서 앞서 광속으로 달리는 대상 A를 보더라도 이 대상 A는 여전히 광속으로 달리는 것으로 관측된다는 것이다. 그리고 만일 $v_A=0.9c$, $v_B=-0.9c$라면, $V_A' = (1.8/1.81)c \approx 0.9945c$가 되는데, 이는 곧 대상 A가 한 방향으로 광속의 90%로 달리고 관측자 B는 그 반대 방향으로 광속의 90%로 달리면서 대상 A의 속도를 관측해보면, A는 여전히 광속보다 작은 광속의 99.45%로 달리는 것으로 관측된다는 것이다. 이번에는 v_A와 v_B가 일상적인 물체들의 속도 즉 광속 c에 비해 매우 작다고 생각해보자. 그러면 (3-6)식의 분모는 1에 매우 가깝게 될 것이므로 (3-6)식은 $v_A'=v_A-v_B$가 되어, 우리가 알고 있는 상식과 일치하게 된다[이 표현에 대해서는 뒤에 다시 논의한다. (3-7)식 참조].

정리하자면, 시간변수를 τ ($\tau = ict$, $i^2 = -1$, c는 광속도)로 놓으면 이것이 여타의 공간변수들 x, y, z와 대등한 자격으로 4차원 시공간 (x, y, z, τ)을 이룬다는 단순한 하나의 가정으로부터 우리는 상상을 뛰어넘는 이러한 예측들을 얻어냈다. 뒤에 다시 보이겠지만 이를 바탕으로 자연법칙들을 서술해보면, 대상 물체의 속도가 광속도 c에 비해 훨씬 낮은 경우에는 기존의 시공개념을 통해 서술했던 자연법칙들과 거의 차이가 없지만 물체의 속도가 광속에 가까워질수록 이들 사이에는 현격한 차이가 나타난다. 이럴 경우 지금까지의 모든 실험 및 관측 결과는 하나의 예외도 없이 4차원의 결과들과 정확히 일치한다.

이러한 사실들을 통해 우리의 우주가 시간변수 t가 $k=ic$라는 상수를 매개로 공간변수들과 연결되는 하나의 4차원 시간-공간을 이룬다고 하는 매우 놀랍고 흥미로운 결론에 이르게 된다. 여기서 c 라는 상수는 빛이라고 하는 어떤 특정 실체의 속도를 나타내는 값이라기보다 시간과 공간을 별개의 물리량으로 보고 각각 독립적으로 단위를 정했기에 나타나는 불가피한 조정 치에 해당한다. 만일 시간과 공간이 4차원 물리량의 서로 다른 성분들임을 미리 알았더라면 이들 단위를 통일했을 것이고, 따라서 상수 c는 당연히 1이라는 값을 가지게 된다. 4차원을 바탕으로 한 새 이론에 따르면 빛이 이런 속도를 가지는 것은 시간 공간의 이런 속성 때문이지, 빛이 이런 속도를 가졌기에 시간과 공간이 이렇게 맺어지는 것은 아니다.•

아인슈타인의 두 기본 명제들

여기서 흥미로운 점은 아인슈타인은 사실상 그 반대의 과정을 밟았다는 점이다. 이미 말했듯이 아인슈타인은 명시적으로 4차원 개념을 파악하고 이론을 전개했던 것이 아니다. 오히려 그는 1905년 논문에서 다음과 같은 두 가지 기본 명제들postulates을 제시하고, 이것을 통

• 많은 물리학 문헌에서는 4차원 시간좌표를 ict로 택하는 대신, ct로 택하기도 한다. 그럴 경우 허수 단위 i를 기피하는 이점이 있으나 시간의 부호가 공간과 반대로 주어지는 민코프스키 공간이 되어서 우리에게 익숙한 유클리드 공간의 기하학적 관계들을 직관적으로 파악하기에 어려움을 준다.

해 시간과 공간의 성질을 역추적하는 과정을 밟았다.

그가 제시한 첫째 명제는 이른바 '상대성 원리'라는 것으로 "모든 자연법칙은 관측자의 속도에 무관하게 일정하다"는 것이고, 둘째 명제가 바로 '광속일정의 원리'로서 "빛의 속도는 관측자의 속도에 무관하게 항상 일정하다"는 것이다. 이 단계에서는 시간과 공간의 차원에 대한 어떤 명시적 언급도 없다. 단지 기존의 관념에서 벗어나게 하기 위해 시간과 공간 개념의 조작적 정의 즉 시간과 공간이란 시계와 자를 통해 측정되는 그 무엇 이상도 이하도 아니라고 하는 점만을 강조하고 있다. 즉 그는 기존의 '바탕 관념'을 대안적 '바탕 관념'으로 바꾼 것이 아니라 오히려 '바탕 관념' 자체를 폐기하고 이를 관측 가능한 물리량들로 대체하려 했던 것이다.

그런데 이러한 그의 접근법에는 몇 가지 약점이 있다. 현실적으로 우리의 사고는 '바탕 관념'을 토대로 이루어지는 것임에도 불구하고, 이를 도외시하고 순수한 논리적 공리체계에 바탕을 둔 가설–연역적 사고에만 의존해 진행함으로써 우리 직관과의 연결 채널을 차단하게 되고, 이에 따라 전혀 감성에 와닿지 않는 논리의 틀에만 갇히게 한다는 점이다. 그리고 더욱 중요한 점으로는 실제로 우리 안에 작동하는 기존 '바탕 관념'을 명시적으로 해체하지 않았기에, 이것이 무의식적으로 떠올라 "사리에 맞지 않다"고 계속 내적인 경고음을 울리게 된다는 사실이다.

예를 들어 우리가 앞에서 생각한 두 자동차의 상대속도를 생각하는 경우, 만일 시간을 공간의 한 축으로 보지 않고 관측 기준 선택에 무관한 것으로 본다면, 시간 t 동안 자동차 A는 거리 x_A를 진행했고 자동차 B는 거리 x_B를 진행했다고 할 때, 자동차 A는 자동차 B로부터 거리 $x_A - x_B$만큼 멀어졌으므로 이에 따라 이것이 멀어지는 속도 $v_A{}'$는 아주 자연스럽게

$$v_A{}' = \frac{x_A - x_B}{t} = v_A - v_B \tag{3-7}$$

가 된다. 우리가 이 결과를 얻는 데 사용한 유일한 조건은 "시간을 공간의 한 축으로 보지 않고 관측 기준 선택에 무관한 것으로 본" 것인데, 시간-공간의 4차원 구조를 명시적으로 의식하지 않는 사람에게 이는 너무도 당연한 것이므로, (3-7)식의 결과는 특정 전제 아래 나오는 것이 아니라 하나의 보편적 '사리'라 여겨질 수밖에 없다. 분명히 '광속일정의 원리'는 (3-7)식에 어긋나는 것이고, 아무리 이것이 기본 공리라 주장하더라도 수용하는 사람의 입장에서 보면 사리에 어긋나는 공리라 느끼지 않을 수 없다.

이에 반해 우리가 앞에서 제시했듯이 '4차원 시공간'을 바탕 관념으로 명백히 설정하고 나면, 이 안에 이미 아인슈타인이 제시한 두 가지 기본명제가 함축되어 있음을 쉽게 볼 수 있다. 우리는 이미 '광속일정의 원리'가 여기서 도출됨을 위에서 확인했으므로, '상대성 원리'가 시공간의 4차원 구조와 어떻게 관련되는지에 대해서만 간단히 생각해보자. 앞서 말한 바와 같이 4차원을 이룬다는 말 속에는 시간과 공간으로 이루어지는 평면 곧 $x-\tau$ 평면상의 모든 방향이 대등하다는 뜻이 담

겨 있다. 여기서 대등하다는 것은 이 평면상의 어느 방향을 기준 축으로 설정해 관측을 하더라도 자연법칙이 동일하다는 것을 말한다. 그리고 $x-\tau$ 평면상에서 서로 다른 기준 축을 택한다는 것은 서로 다른 속도를 지닌 관측 계를 택한다는 것과 같은 말이다. 따라서 4차원 시공간을 이룬다는 말 속에는 이미 "모든 자연법칙은 관측자의 속도에 무관하게 일정하다"는 내용이 담겨 있다.

그렇기에 우리에게는 아인슈타인의 두 가지 기본명제 대신 '4차원 시공간'이라는 한 가지 기본명제만으로 충분하며, 이것이 훨씬 더 단순하면서도 직관적이어서 우주의 더욱 심층 구조에 맞닿아 있음을 실감케 해준다.

시간 간격의 상대성과 고유시간

이제 남은 문제는 시간 공간의 이러한 4차원적 성격을 활용해 모든 자연법칙들을 4차원적 성격에 맞는 형태로 재설정하는 일이다. 이는 곧 4차원의 모든 방향에서 대등한 형태를 취하도록 만드는 작업을 말하며, 아인슈타인의 표현을 따르자면 '상대성원리'를 따르게 하는 작업에 해당한다. 이를 위해 중요한 하나의 선결과제는 이미 4차원의 한 성분이 된 시간변수를 어떻게 다룰 것이냐 하는 점이다.

이를 위해 먼저 4차원 좌표변환에 따라 시간의 간격이 어떻게 달라지는가를 살펴보자. 〈그림 3-2〉와 같이 두 개의 사건 O와 P가 발생했

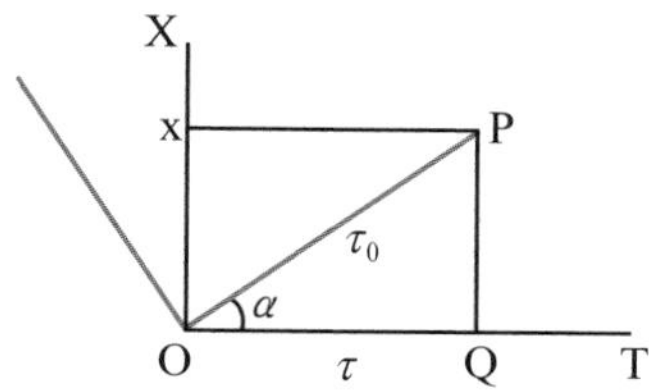

그림 3-2. 두 사건 사이의 시간 간격

다고 하자. 이제 이 두 사건을 시간 축 T, 공간 축 X를 가진 하나의 지정된 좌표계를 기준으로 보면 사건 O가 원점에서 발생했고 사건 P는 시간 τ가 지난 후 위치 x에서 발생한 것이다. 그러나 이를 또 하나의 좌표계 즉 O와 P를 연결하는 축을 시간 축으로 삼는 좌표계에서 보면, 사건 O는 원점에서 발생했고 사건 P는 제 자리에서 시간만 τ_0 만큼 지난 후 발생한 것으로 관측된다. 이는 예컨대 속도 $\tan\alpha$로 움직이는 자동차의 운전자가 출발 시점에 신호 O를 보내고, 다시 자기 시계로 τ_0만큼 시간이 흐른 후 신호 P를 보낸 상황에 해당한다. 이를 지상에 있는 관측자가 볼 때는 원점에서 신호 O를 보내고, 다시 지상의 시계로 τ만큼 시간이 흐른 후 위치 x에서 다시 신호 P를 보낸 것으로 관측된다(위치 x에서 관측자에게까지 신호가 전달되는 데 시간이 걸린다는 점은 별도로 감안해야 한다).

여기서 우리의 관심사는 위치의 변화 없이 제자리에서 발생한 두 사건 사이의 시간간격 τ_0와 이를 상대적으로 움직이는 관측 계에서 본 시간 간격 τ 사이의 관계다. 이를 산출하기 위해 〈그림 3-2〉 안의 직각삼각형 OPQ에 피타고라스의 정리를 적용하면

$$\tau_0^2 = \tau^2 + \tau^2 \tan^2\alpha = \tau^2(1+\tan^2\alpha)$$

의 관계가 성립한다. 한편 $\tan^2\alpha = (x/\tau)^2 = (x/ict)^2 = -v^2/c^2$이므로

$$\tau_0 = \tau\sqrt{1-\frac{v^2}{c^2}} = \frac{\tau}{\gamma} \tag{3-8}$$

가 된다. 여기서 γ는 자주 사용되는 표현으로

$$\gamma \equiv \frac{1}{\sqrt{1-\frac{v^2}{c^2}}} \tag{3-9}$$

로 정의된 값이다. 그리고 $\tau_0 = ict_0$, $\tau = ict$이므로 (3-8)식은

$$t_0 = \frac{t}{\gamma} \tag{3-10}$$

로 바꿔 쓸 수 있다. 여기서 t_0는 속도 v로 움직이는 대상 자체가 경험하는 시간 곧 자기가 차고 있는 시계가 나타내는 시간으로, 이를 이 대상의 고유시간이라 한다. 이 시간은 우리가 지정한 좌표계(대상이 속도 v로 움직인다고 하는 것도 이 좌표계를 기준으로 하는 이야기다)에 놓인 시계로 관측한 시간 t보다 항상 짧다(속도 v가 0이 아닌 한 γ의 값은 늘 1보다 크다). 즉 관측자에 대해 움직이는 대상 위에서 발생하는 사건들 사이의 시간간격 t는 그에 해당하는 고유시간 t_0보다 항상 더 긴 것으로 관측된다. 이는 어느 관측자가 보느냐에 따라 현상들이 더 천천히 혹

은 더 빨리 발생하는 것으로 관측된다는 이야기인데, 관측이 지닌 불가피한 한계 때문이 아니라 시간과 공간의 4차원적 성격 때문이라는 점을 분명히 이해하는 것이 중요하다. 시간 자체가 4차원의 한 축에 투영된 값이므로 그 축의 방향이 어디로 향하느냐에 따라 그 투영된 값이 달라지는 이치다. 예를 들어, 막대를 공간에 세우고 이것의 위치를 나타낼 좌표축의 방향을 바꿀 때 막대 길이의 x 성분 값이 달라지는 이치와 같다.

4차원 속도와 4차원 운동량

시간–공간이 4차원이라고 하는 것은 이 안에 놓인 모든 존재물들의 상태와 상태 변화의 법칙들이 4차원 물리량 곧 4차원 벡터 형태로 표현되어야 함을 의미한다. 그리고 이러한 4차원 물리량들은 기본적으로 4차원 (시간–공간) 위치 벡터

$$(x_\mu) = (x, y, z, \tau) = (x, y, z, ict) \equiv (\vec{r}, ict) \tag{3-11}$$

를 바탕으로 정의된다. 여기서 $\vec{r}$ 은 3차원 위치 벡터 (x, y, z) 를 의미한다.

이제 우리는 이 위치 벡터의 시간적 변화율에 해당하는 4차원 속도 벡터를 정의할 필요가 있다. 그런데 여기에 약간의 주의가 필요하다.

(3-11)식에 제시한 4차원 위치 벡터는 그 자체가 이미 벡터 형태를 지니고 있어서 이것의 시간적 변화율인 속도 또한 4차원 벡터가 되기 위해서는 (벡터의 한 성분인 시간 t로 미분할 것이 아니라) 한 스칼라 양으로서의 시간으로 미분해야 한다. 그런데 위에서 살펴보았듯이 우리는 시간 변수를 좌표계 설정에 의존하는 시간 t와 좌표계에 무관하게 대상 자체가 스스로를 기준으로 관측하는 시간 곧 고유시간 t_0로 구분할 수 있으며, 이 고유시간이 바로 스칼라로서의 시간 구실을 한다. 그리고 이들 사이에는 (3-10)식으로 주어진 관계가 있으므로 미분 기호 $\frac{d}{dt_0}$는 바로 $\gamma \frac{d}{dt}$와 같은 의미를 지닌다[여기서 γ는 (3-9)식으로 주어진 양 곧 $\frac{1}{\sqrt{1-\frac{v^2}{c^2}}}$이다].

이 점을 고려해 우리는 4차원 속도 벡터 (v_μ)와 4차원 운동량 벡터 (p_μ)를 각각 다음과 같이 정의한다.

$$(v_\mu) = \frac{d}{dt_0}(x_\mu) = \gamma \frac{d}{dt}(x, y, z, ict) \equiv \gamma(\vec{v}, ic) \tag{3-12}$$

$$(p_\mu) = m_0(v_\mu) = \gamma m_0 \frac{d}{dt}(x, y, z, ict) \equiv (m\vec{v}, imc) \tag{3-13}$$

여기서 m_0는 대상 물체가 정지했을 때 지닌 질량 곧 '정지질량'이며, m은

$$m \equiv \gamma m_0 = \frac{m_0}{\sqrt{1 - v^2 / c^2}} \tag{3-14}$$

로 정의된 질량으로 '상대론적 질량'이라 한다. 그리고 $\vec{v}$는

$$\vec{v}=\frac{d}{dt}\vec{r}=\frac{d}{dt}(x,y,z) \tag{3-15}$$

로 정의된 3차원 속도 벡터다.

이제 우리가 (3-13)식으로 정의된 4차원 운동량을

$$(p_{\mu})=(\vec{p},\ i\frac{E}{c}) \tag{3-16}$$

의 형태로 표시해보면 $\vec{p}$와 E는 각각 다음과 같이 표시된다.

$$\vec{p}=\gamma m_0\vec{v}=m\vec{v} \tag{3-17}$$

$$E=mc^2 \tag{3-18}$$

여기서 $\vec{p}$는 3차원 운동량인데, 고전역학의 경우와 견주면 질량만 정지질량 대신 상대론적 질량으로 바꾼 것뿐이다. 한편 (3-16)식과 (3-18)식은 에너지 E의 정의식이라 할 수 있다. 실제 고전역학에서도 에너지 개념을 도입하나 정확한 정의를 할 수 없었으며 단지 "외력에 의해 받은 일의 양" 또는 "외부에 일을 해줄 능력" 정도로만 규정되었다. 이제 에너지를 이렇게 정의할 경우, 뒤에 곧 보겠지만[(3-25)식 참조] 이것이 실제 외력에 의해 받는 일에 해당함을 알 수 있다. (3-16)식에

서 특히 주목할 점은 마치 시간이 4차원 위치 벡터의 넷째 성분이 되듯이, 에너지가 4차원 운동량 벡터의 넷째 성분이 된다는 것을 말해준다는 사실이다.

일반적으로 벡터의 제곱은 각 성분 제곱의 합으로 정의되는데, (3-13)식으로 표시된 4차원 운동량의 제곱을 취하면 $-m_0^2c^2$이 되고• 이를 다시 (3-16)식으로 표시된 4차원 운동량의 제곱과 등치시키면

$$\sum_{\mu} p_{\mu}^{2} = p^2 - E^2/c^2 = -m_0^2c^2 \tag{3-19}$$

과 같은 흥미로운 결과를 얻는다. 이는 곧 3차원 운동량의 크기 p와 에너지 E는 서로 독립적인 것이 아니고 불가피하게 서로 관련된다는 것이다. 이를 에너지 E에 대해 풀어보면

$$E = m_0c^2\sqrt{1+\frac{p^2}{m_0^2c^2}} \approx m_0c^2 + \frac{p^2}{2m_0} \tag{3-20}$$

과 같다. 여기서 첫째 항은 정지질량 m_0에 포함된 에너지이며 둘째 항은 대상 입자의 운동에너지다. 일반적으로 $p^2 \equiv \gamma^2 m_0^2 v^2 \ll m_0^2c^2$이므로, (3-20)식의 우변은 좋은 근사식이 된다(이 근사식에 대해서는 권말 부록 A.12 참조).

• (3-13)식에 표시된 (p_μ)에 제곱을 취하면 $\sum_{\mu} p_{\mu}^{2} = \gamma^2 m_0^2(v^2 - c^2) = \gamma^2 m_0^2 c^2(\frac{v^2}{c^2} - 1)$이 되는데, 여기서 $\gamma^2 = \frac{1}{1-\frac{v^2}{c^2}}$임을 고려하면 $\sum_{\mu} p_{\mu}^{2} = -m_0^2c^2$을 얻는다.

4차원 상태와 상태 변화의 원리

이와 같이 필요한 물리량들을 4차원 형태로 바꾸어 쓸 때, 대상의 상태는 여전히 대상의 위치와 운동량이 되는데, 이번에는 이들이 모두 4차원 형태로 되어 위치 안에 시간이 포함되고, 운동량 안에 에너지가 포함된다. 그리고 이러한 상태가 시간에 따라 변해나가는 양상 곧 변화의 원리는 4차원 운동량의 고유시간에 대한 변화율이 4차원 힘과 같다고 하는 형태로 일반화된다. 즉

$$\frac{d}{dt_0} p_\mu = F_\mu \quad (\mu = 1,2,3,4) \tag{3-21}$$

의 형태로 쓸 수 있으며, 여기서 F_μ $(\mu = 1,2,3,4)$는 4차원 벡터로 표시되는 힘을 나타낸다.

그런데 매우 흥미로운 점은 기왕에 3차원 형태로 알고 있던 힘들을 다시 이러한 4차원 형태로 적어나가는 과정에서 과거에는 알지 못했던 새로운 관계들을 찾아내고, 그리하여 힘 자체의 성격을 좀 더 깊이 이해하는 데 크게 기여할 수 있다는 사실이다. 실제로 지구상의 물질들 사이에 작용하는 대부분의 힘들은 기본적으로 전기력과 자기력에 기인하는 것인데, 이들을 각각 3차원의 힘으로 인정할 경우, 상대적으로 서로 움직이는 좌표계를 기준으로 볼 때, 서로 모순되는 결과가 발생한다. 이 점이 바로 아인슈타인이 말하는 '상대성원리'에 어긋나는 것이며, 이를 시정하기 위해 아인슈타인이 새 이론에 착수했던 것이

다. 그리하여 아인슈타인은 시간 공간뿐 아니라 적어도 전기와 자기에 관한 한 모든 물리량들을 4차원 형태로 전환시킴으로써 결국 '상대성 원리'에 부합되는 이론을 얻기에 성공한 것이다.(이 점에 대한 구체적 표현은 뒤에 나오는 〈해설 및 성찰〉에서 좀 더 자세히 제시한다.)

이제 (3-21)식으로 표현된 상태 변화의 원리를 기왕의 3차원 물리량으로 나타내면 어떤 결과가 나오는지를 살펴보자. 먼저 이 식의 우변에 들어갈 4차원 힘 벡터 (F_μ)의 앞 쪽 세 성분은 기왕에 알려진 3차원 힘 벡터 $\vec{F}$에 γ를 곱한 것과 같다는 사실을 전자기력의 경우 직접 확인할 수 있다[〈부록〉 제3장 보충 설명 (3A-5)식 참조]. 실제로 지구상에서 경험하는 대부분의 힘은 전자기적 상호작용에 기인하므로 힘의 이러한 성질을 받아들여 (3-21)식의 앞쪽 세 성분만 취해보면

$$\frac{d}{dt_0}\vec{p} = \gamma \frac{d}{dt}\vec{p} = \gamma \vec{F}$$

와 같은 결과가 나오며, 이는 곧

$$\frac{d}{dt}\vec{p} = \vec{F} \qquad (3\text{-}22)$$

로 쓸 수 있다. 이는 (2-1)식으로 표시된 고전역학에서의 변화의 원리와 동일한 형태이나, 오직 한 가지 운동량 $\vec{p}$의 표현[(3-17)식 참조] 속의 질량 m이 정지질량이 아닌 상대론적 질량[(3-14)식 참조]이라는 점만 다르다. 실제로 일상적인 속도로 움직이는 물체에 대해서는 이 둘

이 거의 같으나, 대상 물체의 속도가 광속도 c에 접근하는 경우에는 이 두 값이 크게 다르다. 예를 들어 대형 가속장치 속의 전자는 그 속도가 광속도의 99.9999% 정도에도 이르게 되는데, 이때의 m값은 m_0의 수만 배가 넘는다. 따라서 대상의 속도가 광속에 접근할 경우에는 고전역학에서의 예측과 상대성이론에서의 예측이 크게 달라질 수 있다.

(3-21)식으로 주어진 상대론적 변화의 원리가 지닌 또 한 가지 흥미로운 점은 이것이 고전역학에서는 없던 네 번째 성분을 가진다는 점이다. 이제 이것이 무엇을 의미하는지 살펴보자. (3-16)식으로 주어진 4차원 운동량의 넷째 성분은 $i\frac{E}{c}$ 이므로 (3-21)식의 네 번째 성분 식은

$$\frac{d}{dt_0}p_4 = \gamma\frac{d}{dt}\frac{iE}{c} = F_4 \tag{3-23}$$

가 된다. 한편 (3-21)식 양변에다가 p_μ를 곱하고 모든 성분 μ에 대해 합하면

$$\sum_\mu p_\mu F_\mu = \sum_\mu p_\mu \frac{d}{dt_0}p_\mu = \frac{1}{2}\frac{d}{dt_0}\sum_\mu p_\mu{}^2 = 0 \tag{3-24}$$

이 된다. 위의 마지막 등식은 $\sum_\mu p_\mu{}^2$의 값이 상수[(3-19)식 참조]여서 그 미분 값이 0이 됨을 말한다. 위의 식에서 좌변은 $\sum_\mu p_\mu F_\mu = \gamma m(\vec{v}\cdot\vec{F}) + p_4 F_4$ 이며(여기서 $\vec{v}\cdot\vec{F}$는 두 3차원 벡터 $\vec{v}$와 $\vec{F}$ 사이의 스칼라 곱을 말함), 우변의 값이 0이므로

$$F_4 = -\gamma m \frac{\vec{v} \cdot \vec{F}}{p_4}$$

라는 표현을 얻는다. 이 식에 $p_4 = imc$ [(3-13)식 참조]를 대입하고 (3-23)식과 등치시키면

$$\frac{d}{dt} E = \vec{v} \cdot \vec{F} \tag{3-25}$$

의 관계식을 얻는다. 이 식의 우변은 힘 $\vec{F}$ 가 단위 시간에 해주는 일의 양을 말하며•, 따라서 이 식은 시간당 물리량 E의 증가율이 시간당 이것이 받는 일과 같음을 말해준다. 이로써 우리가 (3-16)식과 (3-18)식을 통해 형식상 도입한 물리량 $E = mc^2$이 고전역학에서 "일을 해줄 능력"으로 정의된 '에너지' 개념과 동일한 것임을 입증해준 셈이다.

이처럼 4차원 공간 개념에 바탕을 둔 이른바 '특수상대성이론'이라는 초기의 상대성이론은 기왕에 알려진 물리학 이론을 일정한 범위 ($v \ll c$) 내에서 재확인해줄 뿐 아니라 그 범위를 넘어서는 영역($v \approx c$)에서는 거기에 맞도록 정확히 수정해줌으로써 고전역학을 계승 발전시키는 데 크게 기여했다. 그러다가 아인슈타인은 전혀 예상치 않았던 곳에서 오히려 무서운 복병을 만났다. 가장 기본적인 힘이라고도 할 수 있는 뉴턴의 중력을 4차원 형태로 표현해낼 방법이 없었던 것이다.

• $\vec{v} \cdot \vec{F} = \frac{d\vec{r}}{dt} \cdot \vec{F}$ 는 힘 $\vec{F}$를 받아 거리 $d\vec{r}$ 를 움직이며 얻은 일을 소요된 시간 dt로 나눈 것이다.

이것이 4차원 형태를 지니기 위해서는 그 넷째 성분 또한 존재해야 하는데, 이것이 좀처럼 발견되지 않았다.

아인슈타인의 진면목은 바로 여기서 나타난다. 그는 이 어려움을 정말 기상천외한 방법으로 해결하고 말았다. 중력이라는 힘은 존재하지 않는다는 것이다! 물체들이 질량이 큰 다른 물체(예를 들어 지구나 태양) 쪽으로 끌리기는 하지만 끌어당기는 힘 때문이 아니라는 것이다. 그렇다면 왜 끌리게 되는가? 이것은 물체의 질량이 주변의 시공간을 일정한 방식으로 휘게 만들고 주변 물체들은 그 휘어진 시공간 안에서 가장 짧은 거리로 움직이게 되는데, 이것이 마치 큰 물체가 주변 물체들을 당기는 것처럼 보였던 것뿐이라는 것이다.

그래서 이번에는 시공간이 4차원일 뿐만 아니라, 이것은 주변의 질량 분포(이는 곧 에너지-운동량 분포에 해당함)에 따라 휘어지기도 하는 존재가 되었다. 19세기 말에 이미 휘어진 수학적 공간에 대한 논의가 있었지만, 이는 수학적인 서술과 상상에 그쳤을 뿐 실제 물리적 공간이 그러하리라는 생각에는 미치지 못했다. 그러나 아인슈타인은 4차원 시공간 내의 질량 분포가 주어질 때 이것이 시공간의 휘어짐 정도에 어떻게 기여하는가를 구체적인 수식으로 표현하는 데 성공했으며, 이를 활용해 시공간 안에서의 물체들이 어떻게 운동하는가를 매우 만족스럽게 설명해냈다. 이를 일러 일반상대성이론이라 부르는데, 사람들은 이것이 인류가 만들어낸 가장 아름다운 이론이라 평하기도 한다.

일반상대성이론

일반상대성이론에서 말하는 시공간의 휘어짐을 이해하기 위해 먼저 휘어짐이 없는 4차원 시공간이란 무엇인가부터 생각해볼 필요가 있다. 이제 4차원 시공간 안에 놓인 한 점 P와 여기서부터 좌표 값 $(dx, dy, dz, d\tau)$만큼 떨어진 또 한 점 P′ 사이의 거리 ds를 생각해보자. 여기에 피타고라스의 정리를 적용하면 이들 사이에는 다음과 같은 관계가 성립한다.

$$ds^2 = dx^2 + dy^2 + dz^2 + d\tau^2 \tag{3-26}$$

이처럼 공간에 피타고라스의 정리를 적용할 수 있다는 것은 이 공간이 휘지 않았다는 것, 곧 유클리드의 공리가 적용되는 공간임을 말해준다 (특히 이것이 4차원일 경우, 이를 민코프스키 공간이라고도 부른다).

앞으로의 논의에서 표현상의 편의를 위해, 4차원의 좌표 값들을 다음과 같은 좀 더 일반화된 방식으로 표기하기로 한다.•

$$(x_\mu) = (x, y, z, \tau) \Rightarrow (x^1, x^2, x^3, x^4)$$

• 4차원 벡터와 텐서들은 이중 기저dual basis를 바탕으로 그 성분들을 공변량(아래 첨자로 표시)과 역공변량(위 첨자로 표시)으로 구분하는데, 여기서는 특별한 설명 없이 이러한 관례를 따르기로 한다. 이 규정에 대한 좀 더 자세한 설명은 예컨대 *Relativity and Cosmology General*(Böhmer, C. G. World Science, 2016)을 참고할 것.

이렇게 할 경우, 위에 소개한 인접한 두 점 사이의 거리 ds는 일반적으로

$$ds^2 = g_{\mu\nu} dx^\mu dx^\nu \quad \text{(3-27)}$$

와 같이 표기할 수 있는데, 여기서 $g_{\mu\nu} dx^\mu dx^\nu$ 는 실제로 $\sum_{\mu,\nu} g_{\mu\nu} dx^\mu dx^\nu$ 를 의미한다.• 그리고 $g_{\mu\nu}$ 는 $\mu(\mu = 1,2,3,4)$ 와 $\nu(\nu = 1,2,3,4)$ 값 각각에 따라 전부 16개의 성분 값을 지니는 물리량인데, 일반적으로 이러한 물리량을 텐서tensor라 부른다. 특히 (3-27)식을 통해 도입된 계수 텐서 $g_{\mu\nu}$ 를 메트릭 텐서metric tensor라 한다. 이렇게 도입된 메트릭 텐서 $g_{\mu\nu}$ 는 시공간이 휘어진 정도 즉 유클리드 공간에서 벗어난 정도를 표현하는 데 매우 유용하다. 예를 들어 $g_{\mu\nu} = \delta_{\mu\nu}$ (여기서 $\delta_{\mu\nu}$ 는 이른바 크로네커 델타라 부르는 기호로 $\mu = \nu$ 일 때 1, $\mu \neq \nu$ 일 때 0의 값을 가짐) 일 경우에는 (3-27)식이 바로 (3-26)식으로 환원되어 휘어짐이 없는 공간임을 말해준다. 따라서 $g_{\mu\nu}$ 가 $\delta_{\mu\nu}$ 에서 벗어나는 정도가 바로 시공간이 휘어진 정도라고 말할 수 있다.

그러므로 주변의 질량 분포에 따라 시공간이 휘어진다는 것은 주변의 질량 분포에 따라 메트릭 텐서 $g_{\mu\nu}$ 가 어떻게 결정되느냐 하는 문제와 관련된다. 여기서 우리는 아인슈타인이 이를 나타낼 관계식을 어떻

• 이것은 이른바 아인슈타인 규약을 따른 것으로, 하나의 항 안에 동일한 첨자가 연거푸 두 번 나타나는 경우에는 이 첨자가 지시하는 지표에 대해 합산을 수행하라는 의미를 담고 있다. 앞으로의 모든 표현에서 이 규약을 따르기로 한다.

게 찾아냈느냐 하는 데까지 논의할 수는 없으며, 단지 (아인슈타인의 방정식이라 불리는) 그가 얻어낸 기본 관계식이 무엇인가 하는 점만 소개하기로 한다.

이제 4차원 시공간 내에서 질량 분포를 나타내는 이른바 운동량-에너지 텐서를 $T_{\mu\nu}$ 라 하고, 이것이 시공간에 미치는 영향을 대표하는 이른바 아인슈타인 텐서를 $G_{\mu\nu}$로 나타낼 때, 이 둘을 연결하는 아인슈타인의 방정식은 다음과 같다.

$$G_{\mu\nu} = \frac{8\pi G}{c^4} T_{\mu\nu} \quad (\mu=1, 2, 3, 4,\ \nu=1, 2, 3, 4) \tag{3-28}$$

여기서 G는 (2-18)식에서 도입된 뉴턴의 중력상수이고 c는 광속도다. 결국 이 방정식을 바탕에 놓고 이를 통해 시간 공간 및 그 안의 모든 현상을 설명하려는 이론을 우리는 지금 일반상대성이론이라 부른다. 이 식과 여기서 도출되는 결과들이 바로 뉴턴의 중력 법칙을 대치하는 것인데, 이 식에 이르는 발견적 논의는 있을 수 있지만 이를 논리적으로 증명하거나 절대 진리로 입증할 방법은 없다. 오직 이를 전제했을 때 이로부터 도출되는 모든 결과가 자연 현상에 잘 부합하면 (적어도 그 반증의 사례가 나오기까지는) 이것을 옳은 이론이라고 받아들이게 된다.

실제로 이를 통해 얻어지는 1차적 근사식이 바로 뉴턴의 중력이론에 해당하며, 따라서 뉴턴의 중력이론은 일반상대성이론의 한 근사치였음이 밝혀진 셈이다. 한편 뉴턴의 중력이론만으로는 설명할 수 없었던 수성의 세차운동(해마다 타원 궤도의 근일점이 조금씩 이동하는 현상)

을 일반상대성이론이 완벽하게 설명해줌으로써 이것이 보다 신빙성이 있는 보편적 이론임을 확인해준 셈이다.

이제 아인슈타인의 방정식[(3-28)식]이 의미하는 바가 무엇인지를 이해하기 위해서는 불가피하게 이에 포함된 아인슈타인 텐서 $G_{\mu\nu}$가 메트릭 텐서 $g_{\mu\nu}$와 어떻게 관련되는지를 알아야 한다.• 여기서 먼저 인정해야 할 점은 $g_{\mu\nu}$가 일반적으로 위치 dx^{μ} 등에 따라 달라지는 함수 형태를 지닌다는 것이며, 이것이 인정되면 이를 통해 크리스토펠 심벌Christoffel symbol이라는 다음과 같은 특별한 물리량 Γ^{n}_{ab}를 정의할 수 있다.

$$\Gamma^{n}_{ab} = \frac{1}{2} g^{nm} \left(\frac{\partial g_{bm}}{\partial x^{a}} + \frac{\partial g_{ma}}{\partial x^{b}} - \frac{\partial g_{ab}}{\partial x^{m}} \right) \tag{3-29}$$

여기서 g^{nm}은 역-메트릭 텐서inverse metric tensor라 불리는 것으로 메트릭 텐서 g_{bn}과 $g_{bn}g^{nm} = \delta^{m}_{b}$의 관계를 통해 정의된 양이다(여기서 우변은 $b=m$일 때 1이며, $b \neq m$일 때 0인 크로니커-δ 부호다). 크리스토펠 심벌이 이렇게 정의되고 나면, 이를 통해 다시 일련의 리치 텐서Ricci tensor를 다음과 같이 정의할 수 있다.

• 이들을 연결하는 수학적 정의는 표면적으로 무척 난삽해 보이지만 내용적으로는 단순한 편미분 연산의 연속일 뿐이므로 생소하다고 하여 크게 두려워할 필요는 없다.

$$R^b_{adf} = \Gamma^b_{dc}\Gamma^c_{af} - \Gamma^b_{ac}\Gamma^c_{df} + \frac{\partial\Gamma^b_{af}}{\partial x^d} - \frac{\partial\Gamma^b_{df}}{\partial x^a}$$

$$R_{af} = R^b_{abf} \tag{3-30}$$

$$R = R^i_i$$

$$R^i_j = g^{ik}R_{kj}$$

이러한 수학적 표현들이 모두 설정되면 우리가 앞에 도입한 아인슈타인 텐서 $G_{\mu\nu}$는 이들 리치 텐서와 메트릭 텐서에 의해 다음과 같이 정의된다.

$$G_{\mu\nu} = R_{\mu\nu} - \frac{1}{2}Rg_{\mu\nu} \tag{3-31}$$

이렇게 할 경우 아인슈타인 방정식은 직접 다음과 같은 형태로 쓸 수 있다.

$$R_{\mu\nu} - \frac{1}{2}Rg_{\mu\nu} = \frac{8\pi G}{c^4}T_{\mu\nu} \tag{3-32}$$

결국 시공간 안의 운동량-에너지 분포(이는 질량 분포와 대등한 표현임) $T_{\mu\nu}$를 알면 이 식을 통해 메트릭 텐서, 크리스토펠 심벌, 리치 텐서들을 산출할 수 있으며, 이들이 공간의 휘어짐을 나타내줌으로써 공간 안에 놓인 존재물들의 운동을 서술할 수 있게 된다. 하나의 중요한 사례로서 이런 휘어진 시공간 안에서 다른 어떤 힘도 받지 않는 이른바 '자유입자'의 운동은 다음과 같은 측지선 궤도geodesic curve를 그리게 된다.

$$\frac{d^2x^n}{d\lambda^2}+\Gamma^n_{ab}\frac{dx^a}{d\lambda}\frac{dx^b}{d\lambda}=0 \quad (3\text{-}33)$$

여기서 λ는 아핀affine 곡선이라는 수학적 성격을 가지는 것이지만, 물리적으로는 대상을 서술하는 고유시간으로 해석하면 된다. 실제로 이 방정식을 따라 움직이는 물체의 움직임은 뉴턴이 중력에 의해 서술해왔던 운동에 해당되지만 이미 말했듯이 뉴턴 이론으로는 설명할 수 없었던 부분까지 설명함으로써 일반상대성이론의 우월성을 잘 과시해주고 있다.

그렇기에 우리는 이제 사과가 왜 떨어지느냐고 묻는다면 뉴턴의 중력을 제시할 것이 아니라 일반상대성이론의 아인슈타인 방정식을 제시해야 할 것이다.

사실 상대성이론은 그 사유의 바탕 자체는 매우 심오하면서도 단순한 것이지만, 우리의 일상적 사고와는 대단히 멀고 때로는 매우 정교한 수학적 서술을 요구하고 있어서 우리가 접근하기에 간단하지 않다. 그렇기에 이 전체를 되도록 단순하게 정리하고 그 핵심 개념만이라도 파악하려고 애쓰는 것이 중요하다. 이러한 의미에서 우리는 상대성이론을 다음 도식과 같이 간단히 정리해본다(〈심학 제3도〉).

〈심학 제3도〉

상대성이론

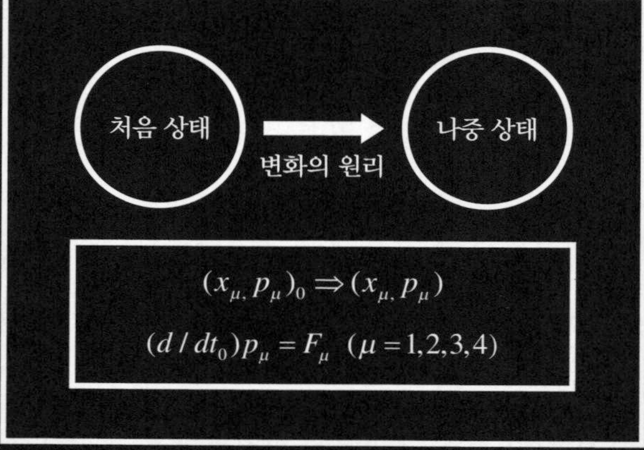

사과는 왜 떨어지나? $G_{\mu\nu} = \frac{8\pi G}{c^4} T_{\mu\nu}$

공간－시간 4차원 (x_{μ}) $(x_4 = ict)$

운동량－에너지 4차원 (p_{μ}) $(p_4 = iE/c)$

해설 및 성찰

이미 말한 것처럼 아인슈타인의 이 이론은 뉴턴의 중력이론을 그 1차적 근사로 포함하고 있으며 뉴턴의 이론이 설명하지 못하고 있는 훨씬 더 상세한 내용들까지 만족스럽게 설명해준다. 그 대표적 사례가 수성의 근일점 이동 설명이며, 다른 하나가 질량이 큰 천체 주변을 통과하는 빛의 경로가 휘어지는 현상이다. 이는 특히 별빛이 태양 주위를 스쳐오는 경우에 두드러지는데, 평시에는 태양 빛에 가려 이 별빛을 분간해내지 못한다. 그러나 개기일식이 생겨 햇빛이 완전히 차단되는 경우에는 이 별빛을 관측할 수 있으며, 실제로 1919년에 영국의 천문학자 에딩턴Sir Arthur Eddington(1882~1944)에 의해 이러한 휘어짐의 예측이 실측을 통해 확인됐다.

이것이야말로 중력이 허상이며, 기왕에 중력에 의해 설명되던 현상뿐 아니라 다른 많은 현상들이 질량에 의한 시공간의 휘어짐을 통해 설명된다는 것을 알린 지성사의 한 이정표를 찍은 사건이다.

그러나 시간과 공간에 대한 이런 두 번의 혁명을 이루었음에도 불구하고 현재의 상태로부터 미래의 상태를 예측하려는 인간의 야심찬 지적 기획이 아직 완성된 것은 아니다. 이것이 4차원 시간 공간의 틀 안에서 발생한다는 이론의 울타리는 설정되었으나 그 안에 작동하는 존재물들의 상태와 이를 변화시키는 변화의 원리에 대해서는 상대성이론만으로 충분한 것이 아니었다.

특히 이 점은 우리가 다음 장에서 논의할 양자역학과 관련된 것인데, 적어도 당시까지 이해되었던 양자역학에 대해 아인슈타인은 강한 불신을 지니고 있었다. 과연 아인슈타인의 이 신념이 얼마나 옳은지에 대해 우리는 다음 장에서 살펴보겠지만, 우선 여기서는 아인슈타인이 학문에 대해 언급했던 특징적인 말 한두 마디만 더 인용하기로 한다.

> "자연의 모든 진정한 탐색에는 종교적인 경건이 따르게 되는데, 이는 그의 지각을 연결하는 극도로 정교한 통로를 처음 생각한 것이 그 자신이라고는 도저히 상상할 수 없기 때문이야."•
> "내가 긴 생애를 통해 한 가지 배운 게 있다면, 우리의 모든 과학은 실재에 비교해보자면 초보적이고 어린아이 장난 같다는 거야. 하지만 이것은 그래도 우리가 가진 것 가운데 가장 소중한 것이야."••

• Quoted in Moszkowski, *Conversations with Einstein.* 1920, p.46; *Quotable Einstein.* p.145.

•• Quoted in Hoffman, *Albert Einstein: Creator and Revel.* p.v; *Quotable Einstein.* p.183.

아마도 자신이 이룩한 학문적 성과가 그가 누릴 행복의 척도가 된다면 지금까지 살아온 사람들 가운데 아인슈타인만큼 행복한 사람도 없을 것이다. 두 차례에 걸친 상대성이론이 보여준 세계는 햇빛 따사롭고 바람 온화한 언덕과 같이 아름답기 그지없다. 그러나 그는 행복하기만 했던 것 같지는 않았다. 양자역학이라는 괴물이 계속 그를 괴롭혔기 때문이다. 그가 이제 시간과 공간이라는 확고한 울타리를 마련했으니, 그 어떤 진리도 이것을 뚫고 도망치지는 못하겠지만, 양자 역설이라 불렸던 신묘한 현상들은 아인슈타인의 빼어난 지성으로도 선명히 그려내기가 어려웠던가? 그는 이것을 두고 평생 씨름했지만 끝내 자신이 만족할 만한 그림을 얻어내지는 못했다.

곽암의 다음과 같은 시 구절은 어쩌면 아인슈타인의 이러한 심정을 여과 없이 그려낸 것이 아닐까?

> 노란 꾀꼬리 가지 위에 지저귀고
> 햇볕 따사롭고 바람 온화한 언덕 위에 버드나무 푸르구나.
> 다른 어디로 도망칠 리 없건마는
> 위풍당당한 그 소의 뿔은 그리기가 어려워라.

제4장

소를 얻다

양자역학

渴盡精神獲得渠 心强力壯卒難際 有時纔到高原上 又入煙雲深處居
갈진정신획득거 심강력장졸난제 유시재도고원상 우입연운심처거

네 번째 여정, 득우得牛

〈십우도〉에서는 둘째 그림에서 소의 발자취를 보고 셋째 그림에서 소의 소재를 확인한 뒤, 넷째 그림에서 드디어 소를 포획하는 작업이 전개된다. 과연 '바탕 이치'라 불리는 이 '소'의 참모습은 어떤 것인지, 이를 포획한다는 것이 왜 그리 어려운 일인지, 인류의 지성은 좀처럼 보기 어려웠던 혼란스럽고 긴박한 한 고비를 넘기고 있다.

역사 지평

우리 지성사에서 고전역학이 '바탕 이치'의 거친 모형을 만들고 상대성이론이 이를 정교한 시공간의 틀 안에 담아냈다면 양자역학은 그 안에 담겨 있는 '바탕 이치'의 참모습을 밝혀내는 작업이라 할 수 있다. 이 '바탕 이치'란 짐승은 보면 볼수록 그 성격이 오묘해 기존 관념이라는 밧줄로는 도저히 묶어 맬 수 없는 작업에 해당한다. 이러한 상황을 예견이라도 했던 것일까? 여헌은 그의 《우주설》에서 "이理라고 불리는 것은 '있지 않음의 있음'으로 있고, '없지 않음의 없음'으로 없다"고 말한다.• 이 작업이야말로 지금까지 그 어느 작업보다 복잡하고 난해했고 어느 면에서는 아직도 진행되고 있는 작업이다.

그렇기에 여기에 결정적으로 기여한 인물 또한 열 손가락으로도 다 꼽을 수 없을 정도이며, 그들 사이에 우열을 가리기도 쉽지 않다. 그래

• 所以謂之理者 有而爲不有之有 無而爲不無之無

서 여기서는 슈뢰딩거Erwin Schrödinger(1887~1961)라는 한 인물을 초점에 두고 이야기를 진행하되, 이야기의 흐름에 따라 꼭 필요한 경우에만 여타 인물들에 대해 언급하기로 한다.

취리히 대학의 한 세미나실

내가 오래 전부터 꿈꿔오던 일 하나는 1666년과 1905년을 각각 '기적의 해'로 만들어냈던 인류 지성의 산실들인 영국 울즈소프의 뉴턴 옛집과 스위스 베른의 아인슈타인 작업실을 순방하고, 혹시 남아 있을지도 모를 그들의 체취를 느껴보는 것이었다. 뉴턴의 옛집 탐방은 아직도 이루지 못한 꿈으로 남아 있지만, 아인슈타인의 작업실 탐방은 기어코 이루어내고 말았다.

2017년 6월 29일에서 7월 5일까지 약 일주일에 걸쳐 나는 몇몇 뜻 맞는 젊은 친구들과 함께 뮌헨을 중심으로 한 독일 남부 지역과 스위스 동부의 취리히, 베른 지역을 둘러보는 짧은 여행을 했다. 함께한 사람들에겐 조금씩 다른 목적도 있었지만, 내 일차적 목표는 아인슈타인의 발자취를 살펴보는 것이었다.

우선 뮌헨에는 아인슈타인이 다녔던 루이트폴트 김나지움이 있고, 거기서 기차로 약 2시간 떨어진 곳에는 그가 출생한 울름이라는 고풍스런 작은 도시가 있다. 데카르트의 생애를 연구하는 학자들은 그가 1619년 남부 독일의 어느 시골마을 '난로 피운 방'에서 '놀라운 학문

mirabilis scientiae'의 기반을 발견했다고 주장하던 곳이 바로 이 울름 인근일 것이라 추정하고 있다. 그렇다면 정확히 260년 후, 같은 마을에서 인류 지성사를 또 한번 뒤흔들었던 아인슈타인이 태어난 셈이니, 지성의 성지라고 불릴 만도 하다. 그러나 아쉽게도 아인슈타인의 생가는 남아 있지 않았고, 그 터에 철제 기념 조형물만 하나 덩그러니 서 있을 뿐이었다. 데카르트의 흔적은 눈을 씻고 찾아보아도 없었다.

그러다가 독일 경계를 넘어 스위스 취리히에 들어서자 여기저기서 인류 지성사의 흔적들이 보이기 시작했다. 그곳에는 아인슈타인이 학생으로 공부하고 졸업까지 했으나 아무도 조교로 채용해주지 않아 부득이 떠날 수밖에 없었던 취리히 연방공과대학이 있고, 후에 아인슈타인이 잠깐 교수로 머물었던 취리히 대학교가 바로 그 옆에 나란히 붙어 있었다. 이들은 높은 언덕 위에서 취리히 호수와 시내 전경을 내려다보고 있었지만, 기대했던 아인슈타인의 동상이나 다른 어떤 기념물은 보이지 않았다. 단지 취리히 공과대학 전면 광장 아래쪽에 제법 큰 카페가 하나 있었는데, 그 이름이 재미있게도 '츠바이슈타인Zweistein 카페'였다. '하나의 돌stone'이라는 뜻의 '아인–슈타인(Ein–stein)'이란 명칭을 살짝 비틀어 '두 개의 돌' 즉 '츠바이–슈타인Zwei–stein'을 만들어버린 그 발상이 귀여웠다.

대학교 아래쪽에는 클라우지우스 거리Clausius St.라는 제법 큰 통로가 있었는데, 클라우지우스Rudolf Clausius(1822~1888)는 우리가 다음 장(제5장)에서 논의하게 될 '엔트로피entropy'라는 매우 중요한 개념을 최초로 도입한 인물이다. 그러한 그가 취리히 대학교의 첫 이론물리학

교수였고, 바로 여기서 그러한 작업이 이루어졌음을 알게 된 것은 또 하나의 즐거움이었다.

대학 주변에서 구한 안내 책자에는 아인슈타인과 관련된 유적지 몇몇 곳이 나와 있었는데, 우리는 그 가운데서 아인슈타인이 강의를 했다는 건물 하나를 찾아갔다. 그 건물 입구에 올라서자 대형 세미나실이 있었는데, 그 안내판에는 아인슈타인을 비롯해 과거 거기서 강의한 너덧 명의 저명한 인사들의 명단이 그 재직 연대와 함께 적혀 있었다. 그런데 뜻하지 않게도 나는 여기서 슈뢰딩거라는 이름을 찾아냈다.

사실 나는 슈뢰딩거가 이곳 취리히 대학교 교수로 있으면서 그 유명한 슈뢰딩거 방정식을 만들어냈다는 역사적 사실을 잘 알고 있었고, 양자역학을 강의할 때마다 이 역사적 사실을 학생들에게 소개해왔었다. 하지만 막상 이번 여행에서는 아인슈타인의 발자취 찾기에 열중하다 보니 여기가 바로 그 불꽃 튀기는 양자역학의 역사 현장이었음을 미처 떠올리지 못했던 것이다. 무척 의외였고 또 반가웠던 나머지 나는 영문을 잘 모르는 함께 간 친구들에게 이 일이 이루어지던 1925년 당시의 역사적 사실을 내가 방금 눈앞에 보고 있기라도 하듯 세세히 설명해주었다.

도대체 그 역사적 사실이 무엇이기에 내가 그토록 감격했던 것일까? 당시 슈뢰딩거가 놓였던 역사적 정황과 불과 몇 달 안에 어떻게 그 놀라운 일들이 이루어졌는지에 대해 잠시 되돌아보자.

“그는 거대한 장막의 한쪽 귀퉁이를 들어 올렸습니다”

이른바 양자역학의 발단은 20세기에 막 들어서던 1900년 가을, 독일의 물리학자 막스 플랑크Max Planck(1858~1947)가 흑체black body라 불리는 뜨거운 물체에서 방출되는 빛의 세기가 파장별로 어떻게 분포되고 있는가를 설명하려던 데서 나왔다. 이 문제는 당시의 전자기학 이론과 통계역학을 통해 마땅히 설명이 되어야 할 것이었지만, 웬일인지 이론적 예측치가 관측된 분포 곡선에서 크게 벗어나 있었다. 플랑크는 이를 설명하기 위해 여러 가지로 고심하다가, 결국 전혀 이유를 알 수 없는 한 가지 특별한 가정을 하나 삽입했더니, 이론적으로 산출된 분포 곡선이 관측된 분포 곡선과 정확히 일치함을 알게 되었다. 즉 빛이 방출될 때에는 그 빛의 진동수 f 에 어떤 보편상수 h를 곱한 값 hf 의 정수正數 배에 해당하는 에너지만을 가지고 방출한다는 가정이었다.• 플랑크는 이 결과를 발표하기는 했으나, 그 가정 자체가 너무도 터무니없었기에 스스로 이 이론에 만족할 수가 없었다(그리하여 그는 이후 10년에 걸쳐, 자기 이론이 분명히 잘못되었을 텐데 어디가 어떻게 잘못되었는지를 찾는 일에 몰두했으나, 결국 얻은 것은 없었다).

플랑크의 발표 이후 5년이 지난 1905년, 바로 그 기적의 해에 아인

• 진동수는 단위시간에 진행되는 파波의 수를 말하며, 이는 광속도를 그 파장으로 나눈 값과 같다. 그리고 여기서 말하는 상수 h는 후에 플랑크 상수라 불리게 된 값이다.

슈타인은 빛이 물질에 부딪쳐 흡수되는 과정도 바로 이러한 에너지를 단위로 해서만 일어난다는 사실을 밝혔다. 이것은 이른바 광전효과光電效果라는 현상을 설명하는 과정에서 나왔는데, 빛이 금속 표면에서 흡수될 때 금속 내부에 있던 전자들이 그 에너지를 받아 표면 밖으로 방출되는 현상이다. 그런데 이 현상에서 특이한 것은 빛의 세기를 아무리 늘려도 그 빛의 진동수 f 가 일정치 이상이 되지 않을 경우 전자가 전혀 방출되지 않는다는 점이다. 금속 내부에 있던 전자가 금속 표면 밖으로 방출되기 위해서는 일정량 E_0 이상의 에너지가 요구되는데, 진동수 f 의 빛이 전달할 수 있는 에너지가 hf 라면 최소한 $hf \geq E_0$의 관계를 만족해야 되기 때문이다. 이는 곧 빛이 물질에서 방출될 때뿐 아니라 물질에 흡수될 때에도 이처럼 특정한 에너지 덩어리 hf 만을 주고받는 것으로 해석되며, 이러한 행위는 파동이 아닌 입자의 행위로 보여, 이때부터 입자로서의 빛 곧 광자光子, photon라는 말이 나왔다.

흥미로운 것은 아인슈타인의 이 이론에 대한 플랑크의 반응이다. 누가 보더라도 이것은 플랑크의 가설에 신빙성을 더해주는 중요한 진전이기에 이를 보고 누구보다도 기뻐해야 할 사람이 플랑크 자신이겠지만, 그리고 그는 아인슈타인의 상대성이론을 누구보다도 일찍 인정한 사람이지만, 오히려 아인슈타인의 이 이론이 잘못된 방향으로 나간 것이라고 비판했다. 플랑크가 보기에 자기 가설은 좀 더 완전한 이론에 의해 해소되어야 하는데 아인슈타인이 오히려 이것을 강화시키는 방향으로 나갔다는 것이다. 이러한 사실은 양자 가설의 대두가 초기 학자들에게 어떠한 오해와 혼란을 불러 일으켰는지를 알게 해준다.

이러한 오해와 혼란은 제일 먼저 빛의 정체가 과연 무엇이냐 하는 논란에서 시작되었다. 빛은 이미 일정한 파장을 지니는 파동임이 오래 전부터 알려져 있었는데, 다시 특정한 에너지만을 주고받는 입자라고 볼 소지도 생겼으므로, 그렇다면 빛은 과연 무엇이라고 보아야 옳을까 하는 문제가 나오게 되었다.

본래 이 문제는 오랜 역사적인 기원을 가진다. 17세기에 이미 뉴턴은 빛을 입자로 보면서 당시 파동설을 지지했던 하위헌스Christiaan Huygens(1629~1695) 등의 이론을 압도했는데, 19세기 초 다시 토마스 영Thomas Young(1773~1829)이 빛의 간섭효과를 명백히 제시함으로써 파동설이 힘을 얻게 되었다, 그리고 19세기 후반에는 맥스웰James C. Maxwell(1831~1879)의 전자기파 이론에 의해 이것이 전자기파의 일종임이 명확해짐으로써, 빛의 파동설은 움직일 수 없는 사실로 자리 잡았다.

그런데 뜻하지 않게 아인슈타인 등에 의해 빛의 입자성이 되살아나게 된 것이다. 이러한 상황이 대두되자 빛은 입자만도 아니고 파동만도 아닌 이 두 가지 성격을 동시에 가진다고 하는 이른바 '빛의 이중성duality' 이야기가 널리 퍼지면서, 빛이라고 하는 것은 단순히 규정할 수 없는 무척 신비로운 특별한 존재로 여겨지게 되었다.

한편 플랑크 상수의 출현은 또 다른 영역으로까지 뻗어나갔다. 1913년 닐스 보어Niels Bohr(1885~1962)는 수소원자의 모형 이론을 만들면서, 플랑크–아인슈타인의 광자 에너지 가정과 함께 전자의 각운동량角運動量 또한 $h/2\pi$로 정의된 디락–플랑크 상수 $\hbar$의 정수 배만 가진다는 가정을 함으로써, 수소원자에서 방출되고 흡수되는 빛의 스펙트럼(파장 분포)을 성공적으로 설명해냈다. 여기서 한 가지 주목할 점은 이 플랑크 상수가 빛의 성질에만 관련되는 것이 아니라 전자의 성질에도 어떤 관련을 맺고 있으리라는 암시다.

그러다가 얼마 가지 않아 정말 놀라운 주장이 제기되었다. 입자성과 파동성을 동시에 지닌다고 하는 이러한 '이중성'은 빛에만 적용되는 것이 아니라 그동안 당연히 입자라고 여겨지던 전자나 양성자 등에도 적용된다는 주장이다. 그러니까 이번에는 이러한 입자들이 파동적 성질을 가진다는 것이었다. 이것을 처음 말한 사람이 1924년경 파리 대학교에서 박사학위 논문을 쓰고 있던 루이 드브로이Louis de Broglie(1892~1987)인데, 그의 주장에 따르면, 입자에 어떤 파동이 부여되는데, 이것의 운동량 p가 바로 플랑크 상수 h를 그 파동의 파장 λ로 나눈 값 곧 h/λ에 해당한다는 것이다. 이 엄청난 주장을 그냥 받아들이기에 부담을 느꼈던 파리 대학 교수들은 묘안을 하나 짜냈다. 드브로이의 이 논문을 아인슈타인에게 보내 그의 의견을 묻자는 것이었다. 이를 받아본 아인슈타인은 역시 대가답게 "그는 거대한 장막의 한 쪽 귀퉁이를 들어 올렸습니다"라는 무척 고무적인 평가를 해주었다.

이런 이야기가 퍼져나가자 유럽의 주요 대학들 사이에서는 이 문제에 대한 관심이 높아질 수밖에 없었다. 취리히에 있던 연방공과대학과 취리히 대학은 연합해서 물리학 공동세미나를 개최해온 관례가 있었는데, 여기서도 누군가가 이 내용을 설명해주기를 희망했다. 그래서 적임자로 지목된 인물이 당시 연방공과대학에서 명망이 높던 드바이

Peter Debye(1884~1966) 교수였다. 하지만 그가 막상 드브로이의 논문을 읽어보니 납득되지 않는 부분이 많았고, 그런 일에 쓸데없이 매달리고 싶은 생각도 없던 터라, 자기보다 나이도 몇 살 아래이고 아직 신임 교수 신분이었던 슈뢰딩거에게 그 귀찮은 과제를 넘겨버렸다.

얼떨결에 떠맡은 슈뢰딩거에게도 제대로 이해가 되지 않은 것은 마찬가지였지만, 다행히 그는 조금 다른 맥락에서 그와 비슷한 생각을 하다가 내려둔 처지여서 드브로이 논문의 개요를 대략 파악할 수 있었다. 그는 나름대로 내용을 재구성해 세미나 발표에 임했는데, 학자들은 이날이 1925년 12월 7일이었을 것으로 보고 있다. 세미나가 끝나자 드바이 교수는 지나가는 말로 "나는 이런 식으로 논하는 것을 마땅치 않게 보네. 파동을 이야기하려면 먼저 파동에 대해 만족할 방정식이 있어야 할 텐데, 그게 없잖아"라고 했다.•

그러고 나서 2~3주가 지난 크리스마스 직후에, 슈뢰딩거는 다시 그 세미나 모임에서 후속 발표를 했다. 이 발표의 서두에 그는 "우리 동료 드바이 교수는 지난번에 파동방정식이 있어야 한다고 제안했습니다. 그런데 오늘 제가 여기 가지고 나왔습니다"라고 수줍게 운을 떼었다. 하지만 아직 그 세미나에 참석했던 사람들은 물론이고, 어쩌면 슈뢰딩거 자신도 이것이 뉴턴의 운동방정식을 교체할 그 유명한 슈뢰딩거 방정식이 될 줄은 미처 깨닫지 못했을 것이다. 인류 지성사에 굵은 한 획

• 펠릭스 블로흐Felix Bloch(1905~1983, 후에 고체물리학 이론에 크게 기여한 인물)의 회고.

을 그을 양자역학이라는 새 동역학이 유령 같은 모습을 띠고 이제 막 세상에 머리를 내미는 순간이었다.• 지금 뒤늦게 생각해보면, 그날의 그 장면이 바로 〈심우십도〉가 보여주는 가장 결정적 장면, 이제 막 '소'에 고삐를 매어 끌어당기는 순간에 해당하는 것이 아닌가 하는 느낌을 준다.

파동함수가 의미하는 것은?

모든 새로운 것이 그렇겠지만, 특히 양자역학의 경우에는 이것을 얼떨결에 만들어내기는 했으나 이것의 정체가 무엇인지를 도무지 알기가 어려웠다. 우선 슈뢰딩거가 제시하고 있는 새 방정식은 드브로이가 제안한 파동을 서술하는 것이기에 '파동방정식'이라도 부르지만, 그렇다고 해서 드브로이가 말한 이른바 '물질파'가 무엇인지를 해명한 것은 아니었다.

이 방정식을 만들어낸 동기는 그동안 입자라고 여겨졌던 존재물(예컨대, 전자)도 '파동성'을 가진다는 것을 설명하기 위한 것이었고, 또 이 방정식을 만족하는 이른바 '파동함수'의 수학적 형태도 찾아냈지만,

• 엄격히 말하면 슈뢰딩거와 거의 같은 시기 어쩌면 조금 더 이른 시점에 하이젠베르크 또한 전혀 다른 접근 방식에 의해 양자역학에 이르렀다. '매트릭스 역학'이라고도 불렸던 이 이론은 후에 슈뢰딩거의 '파동역학'과 내용적으로 동일한 것임이 밝혀졌고, 이후 이들을 모두 '양자역학'이라는 이름으로 부르게 되었다.

정작 이 파동의 정체가 무엇인지에 대해서는 오리무중이었다. 우선 한 가지, 이것이 수면 위의 파동이나 음파와 같이 실제로 시공간을 점유하는 물질의 파동이 아님은 곧 확실해졌다. 이것에 연루되는 대상은 파동적으로 행동하지만 그 위치를 측정해보면 빛의 경우에 그랬던 것처럼 여전히 한 점에 충돌하는 입자처럼 보이기 때문이다.

곧 이어 이것이 대상 입자가 시공간 안에서 관측될 확률과 관련되는 것으로 해석되기는 했으나, 이것은 실제 물체가 어느 시공간 안에 있으리라 추정하는 통상적 확률과도 그 성격을 달리한다. 실제로 이 파동의 값은 실수가 아니라 복소수로 표시되기에, 이 값의 절대치 제곱이 대상이 그 지점에서 발견될 확률에 해당하는 것으로 해석된다. 이 점에 대해서는 다들 쉽게 동의했지만, 여전히 그러한 확률을 제공하는 파동 그 자체가 무엇인지에 대한 합의는 쉽게 얻어지지 못했다.

그러다가 점차 이것은 물질의 분포나 그 확률을 직접 나타내는 것이 아니라, 우리가 서술하려는 대상의 '상태'를 나타내는 것임이 밝혀지기에 이르렀고, 따라서 이것을 대상의 '상태함수'라 부르게 되었다. 그러면서 구체적인 여러 대상에 대해 슈뢰딩거 방정식을 풀어 이 상태함수를 찾아내고, 이렇게 얻어진 상태함수를 통해 그 대상에 관련된 모든 물리량들을 산출해내는 일반적인 방식이 마련되었다. 이렇게 함으로써 슈뢰딩거 방정식에 바탕을 둔 새로운 동역학인 양자역학은 과거에는 잘 설명할 수 없었던 많은 현상을 설명해내고 또 기왕에 경험하지 못한 새로운 현상들을 예측해내는 데 탁월한 기능을 발휘하게 되었다.

특히 원자 또는 그 이하의 규모를 지닌 대상들에 대해서는 고전역학이 거의 아무런 설명을 해주지 못하는 데 비해 양자역학은 이들을 매우 성공적으로 설명해줌으로써 물리학의 설명력을 크게 넓히는 데 기여하고 있다. 이와 동시에 기왕의 고전역학적 서술이 양자역학적 서술의 한 근사치에 해당한다는 것이 알려짐으로써•, 양자역학은 고전역학을 한 특수한 경우로 그 안에 함축하고 있는 더 보편적 포괄적 이론임이 밝혀지고 있다.

그러면서도 여전히 양자역학은 고전역학과는 엄청나게 다른 구조적 면모를 지니고 있어서, 우리의 일상 경험과 고전역학을 통해 다듬어진 사고 체계만으로는 담아낼 수 없는 많은 관념상의 문제를 제기해왔으며, 이 점에 있어서는 아직도 활발한 논의의 대상이 되고 있다.

생존하는 가장 뛰어난 물리학자 가운데 한 사람인 겔만Murray Gell-Mann(1929~)은 이러한 양자역학을 두고 "우리 가운데 누구도 제대로 이해하지 못하지만 우리가 사용할 줄은 아는 무척 신비스럽고 당혹스러운 학문"이라고 언급한 바가 있다.•• 겔만의 이 말은 양자역학이 체계적으로 정리된 1920년대 이후 약 90년에 걸쳐 우리 지성계가 놓인 정황을 잘 말해준다. 양자역학은 구체적 대상들에 활용하는 데 큰 문제가 없을 뿐 아니라 실제로 놀라운 설명력과 예측력을 가지고 있어

• 이를 에렌페스트Ehrenfest의 정리라고 한다.

•• Murray Gell-Mann, "Questions for the Future" in *The Nature of Matter*. Mulvey, J.H. ed. Oxford: Oxford U. Press, 1981, p.169. [*Quantum mechanics* (is) that mysterious, confusing discipline, which none of us really understands but which we know how to use it. (emphasis in original)]

서, 20세기 이후 이루어진 중요한 과학의 성취 가운데 양자역학에 힘입지 않은 것이 거의 없다고 해도 지나치지 않지만, 또 한편으로 양자역학을 진정 이해했다고 느끼는 사람들도 많지 않다. 이들은 모두 양자역학을 익히기는 했으나, 이를 '알아들을 수 있게' 설명하라고 하면 난감해한다. 실제로 교육 현장의 상황은 다음과 같은 자조적 한마디로 요약된다. "입 닥치고 계산이나 해 Shut up, and calculate!"

나는 이러한 교육 철학을 미국에 가서야 뒤늦게 깨달았다. 그 전까지는 양자역학을 이해해야 된다고 생각했고, 이해가 되지 않으니 학습에 진척이 없었다. 나는 양자역학의 형성 세대가 아니라 이미 형성되어 활용해온 세대에 해당한다. 그러므로 초기의 혼란을 직접 겪는 대신 이미 어느 정도 정평 있는 양자역학 교과서들이 출현해 이를 익히면 되는 상황이었다. 그러나 초기의 혼란이 완전히 해소된 것이 아니라 양자역학의 이른바 주류 해석을 중심으로 잠정적으로 수면 아래 가라앉은 상황이었다. 이러한 경우 학습자의 입장에서는 이것을 일단 완성된 학문으로 보고 수용해야 할 처지에 놓인다. 수용이 용이하지 않을 경우, 한편으로는 난해한 학문이라는 딱지를 붙이게 되고, 다른 한편으로는 학습자의 (수학적 기초 등에 대한) 준비 부족 혹은 열성 부족 (수십 번이고 되씹어 생각해야 할 것)을 탓하거나 아니면 자신의 지적 자질을 의심하게 된다.

이러한 경우 별로 큰 능력도 없으면서 철저한 이해를 원하는 성향의 학생이 일차적인 좌절을 겪게 된다. 달을 보지 않고 달을 가리킨다는 손가락만 보고 따라가는 사람에게는 별 문제가 없지만 굳이 달을 보겠다고 고집하는 사람에게는 절망이다. 내 경우가 바로 이에 해당한다. 그러나 한 가지 다른 것이 있다면, 나는 만년에 이르면서도 여전히 달을 보겠다는 자세를 유지하고 있다는 점이다. 그래서 양자역학의 이해가 내 생애의 중요한 한 부분이 되었고, 그로 인해 얻은 것도 적지 않다. 여기서는 그간 나 나름으로 파악한 내용들을 정리함으로써 남들의 이러한 어려움을 조금이나마 덜어보려 한다.

내용 정리

양자역학이 밝혀낸 가장 새롭고 중요한 사실은 존재물의 상태가 위치와 운동량의 값으로 규정되는 것이 아니라 '상태함수'로 규정된다는 사실이다. 상태함수의 전형적 형태는 '위치와 시간을 기본 변수로 하는 복소함수' $\Psi(x,t)$이다. 다시 말해 모든 존재물은 그 자체가 "위치와 운동량을 지니는" 어떤 존재가 아니라 이러한 상태함수로 표현되는 '상태'에 있을 뿐이며, 이것에 대해 관측되는 모든 성질, 예컨대 위치와 운동량은 이 상태함수를 통해 일정한 방식으로 도출되는 구조를 가진다.

좀 더 구체적으로 한 존재물이 '상태' $\Psi(x,t)$에 있다는 것은 이 존재물에 대해 위치 x를 관측하면 그 값의 기대치가

$$< x >= \int \Psi^*(x,t) x \Psi(x,t) dxdt \tag{4-1}$$

로 되며 또 그 시간의 기대치가

$$< t >= \int \Psi^*(x,t) t \Psi(x,t) dxdt \tag{4-2}$$

로 된다는 것을 의미한다.• 여기서 $\Psi(x,t)$는

$$\int \Psi^*(x,t)\Psi(x,t)dxdt = \int |\Psi(x,t)|^2 \, dxdt = 1 \tag{4-3}$$

이 되도록 그 상대적 크기가 조정되었음을 가정하는데, 이를 규격화 조건이라 한다. 이는 곧

$$\Psi^*(x,t)\Psi(x,t) \equiv |\Psi(x,t)|^2$$

의 값이 x와 t를 중심에 둔 단위 시공간에서 이 존재물이 관측될 확률을 나타내게 됨을 의미한다.

그러나 여기서 한 가지 지적해야 할 점은 상대론적 관점에서는 시간 변수 t가 원칙적으로 공간 변수 x와 대등한 자격을 가지지만, 대부분의 동역학적 서술에서는 시간을 기준 파라미터로 삼아 시간에 따른

• 여기서의 적분 기호 $\int$는 영역 $-\infty$에서 ∞에 이르는 정적분이나, 편의상 영역 표시는 생략한다. 또 이것은 변수 x와 t에 대한 이중 적분이지만 오직 하나의 적분 기호만으로 표기한다.

상태 변화에 관심을 가지게 된다. 처음 상태를 바탕으로 나중 상태를 예측하려는 것이 그 대표적 사례다. 따라서 이런 관점에서는 상태함수 $\Psi(x,t)$ 내의 변수 t와 x가 의미하는 바는 대상이 "어느 시점, 어느 위치에 존재할 확률이 얼마냐" 하는 시공간적 분포를 말하기보다는, 어느 시점에 "대상이 어느 위치에 존재할 확률이 얼마냐" 하는 것을 나타낸다고 할 수 있다. 즉 대상은 어느 시점에서나 확률 1로 존재함을 전제로 하고, 단지 그 공간적 변화만을 보려는 입장이다. 예를 들어 전자電子와 같이 그 수명이 실질적으로 무한한 대상에 대해서는 이것이 적절한 그리고 편리한 관점이다. 이러한 경우 (4-1)식으로 표시된 기대치 $\langle x \rangle$ 대신, 시간의 함수로 나타낸 공간 기대치

$$\langle x \rangle(t) = \int \Psi^*(x,t) x \Psi(x,t) dx$$

를 서술하는 것이 적절하며, 이에 따른 규격화 조건 또한 (4-3)식 대신

$$\int \Psi^*(x,t)\Psi(x,t)dx = \int |\Psi(x,t)|^2 dx = 1$$

로 설정할 수 있다. 이것이 실제로 통상적 양자역학에서 활용되고 있는 방식이다.

그러나 수명이 짧은 여타의 입자들을 서술할 경우 언제 얼마 동안 존재했느냐가 중요하므로 $\Psi(x,t)$의 시간적 변화 그리고 시간에 대한 대상의 기대치 $\langle t \rangle$가 특별한 의미를 가진다. 대체로 대상의 수명이 무

한해 시간을 기준 파라미터로 보는 경우 이를 흔히 비상대론적 서술이라 부르며, 유한한 수명을 지닌 대상들을 다루는 경우 상대론적 서술이라 칭하기도 한다. 이 책에서는 수명이 긴 통상적 대상만 다룰 것이므로 굳이 대상의 기대치 $\langle t \rangle$ 등은 생각할 필요가 없지만, 양자역학은 기본적으로 4차원 시공간 개념에 바탕을 둔 것이므로 앞 장에서 논의한 특수상대성이론의 결과들을 활용하게 된다.

'상태'의 함수적 성격과 맞-공간

이제 이 상태에 있는 대상에 대해 운동량이나 에너지를 관측할 경우를 예상해 다음과 같은 수학적 조작을 생각해보자. 시공간 변수 (x, t) 위에 정의된 임의의 한 함수 $\Psi(x,t)$를 우리는 다음과 같이 정의된 그 맞-함수 $\Phi(k,\omega)$로 항상 전환할 수 있다.•

$$\Psi(x,t) = \frac{1}{2\pi}\int \Phi(k,\omega) e^{i(kx-\omega t)} dk d\omega \tag{4-4}$$

• 푸리에 변환: Korn&Korn, *Math Handbook*. 4.11-8.
(4-2)식에서 (4-3)식이 나옴을 보이기 위해서는 (4-3)식에 (4-2)식을 대입하고 항등식 $\int exp[i(kx-\omega t)]dxdt = (2\pi)^2\delta(k)\delta(\omega)$을 적용하면 된다. 〈부록〉 '제4장 보충 설명: δ-함수와 푸리에 변환' 참조.

$$\Phi(k,\omega) = \frac{1}{2\pi}\int \Psi(x,t)e^{-i(kx-\omega t)}dxdt \tag{4-5}$$

이를 푸리에Fourier 변환이라 일컫는데, 함수 $\Phi(k,\omega)$와 함수 $\Psi(x,t)$는 하나를 알면 다른 하나가 정해진다는 의미에서 동일한 정보를 지닌 서로 다른 표현에 해당한다. 이렇게 정의된 함수 $\Phi(k,\omega)$를 함수 $\Psi(x,t)$의 맞-함수reciprocal function라 하며, 이를 구성하는 변수군 (k,ω)를 공간 (x,t)의 맞-공간reciprocal space이라 한다. 이 맞-공간의 변수 k와 ω는 각각 평면파 $e^{i(kx-\omega t)}$의 각파동수角波動數, angular wave number 및 각진동수角振動數, angular frequency다. 이 평면파의 파장을 λ라 하고 주기를 T라 하면 k와 ω는 각각

$$k = \frac{2\pi}{\lambda}, \quad \omega = \frac{2\pi}{T}$$

됨을 의미한다(권말 부록 A.6, A.8 참조).

이처럼 맞-공간과 맞-함수를 설정하고 나면 맞-공간 변수들의 기대치는 동일한 방식 곧

$$\langle k \rangle = \int \Phi^*(k,\omega)k\Phi(k,\omega)dkd\omega \tag{4-6}$$

$$\langle \omega \rangle = \int \Phi^*(k,\omega)\omega\Phi(k,\omega)dkd\omega \tag{4-7}$$

로 표시된다. 위 두 식의 $\Phi(k,\omega)$에 (4-5)식의 표현을 넣어 정리하면

$$\langle k \rangle = \int \Psi^*(x,t)(-i\frac{\partial}{\partial x})\Psi(x,t)dxdt \quad \text{(4-8)}$$

$$\langle \omega \rangle = \int \Psi^*(x,t)(i\frac{\partial}{\partial t})\Psi(x,t)dxdt \quad \text{(4-9)}$$

의 관계가 성립함을 알 수 있다.•

여기서 특히 흥미로운 한 가지 사실은 다음 식으로 정의된 x와 k의 불확정성

$$(\Delta x)^2 = \int \Psi^*(x,t)[x - \langle x \rangle]^2 \Psi(x,t)dx$$
$$(\Delta k)^2 = \int \Psi^*(x,t)[(-i\frac{\partial}{\partial x}) - \langle k \rangle]^2 \Psi(x,t)dx$$

Δx와 Δk 사이에는 다음과 같은 부등식이 성립한다는 점이다(〈부록〉 제4장 보충 설명 참조).

$$\Delta x \Delta k \geq \frac{1}{2} \quad \text{(4-10)}$$

마찬가지로 Δt와 $\Delta\omega$ 사이에도 이와 비슷한 관계가 성립한다.

$$\Delta t \; \Delta\omega \geq \frac{1}{2} \quad \text{(4-11)}$$

• 예컨대 $\langle k \rangle$값에 대해 이를 증명하기 위해서는 (4-2)식으로 주어진 $\Psi(x,t)$의 표현을 (4-6)식에 넣고 미분 연산을 한 후, 등식 $\frac{1}{(2\pi)^2}\int e^{i(kx-\omega t)}dkd\omega = \delta(x)\delta(t)$를 활용하면 (4-4)식을 얻는다(〈부록〉 제4장 보충 설명 참조).

양자역학의 기본 공리

여기까지는 주어진 상태함수 $\Psi(x,t)$를 이러한 k와 ω를 지닌 수학적 파동함수들의 결합으로 어떻게 나타낼 수 있는가 하는 것을 명시적으로 보여준 것일 뿐, 이렇게 얻어진 맞-함수나 맞-공간의 물리적 의미를 전혀 고려하지 않았다. 실제로 지금까지 모든 사람들이 맞-함수 $\Phi(k,\omega)$는 상태함수 $\Psi(x,t)$와 표현 형태만 다를 뿐 동일한 내용을 지닌 것이어서 이는 양자역학의 수학적 서술을 가능케 하는 또 하나의 다른 서술양식일 뿐 특별한 의미가 없다고 생각해왔다.

그런데 정말 놀라운 사실은 자연은 이 여분의 함수와 여분의 공간 안에 매우 중요한 물리적 의미를 담아놓았다는 점이다. 즉 지금까지는 4차원 위치-시간 공간 (x,t)와는 별도로 4차원 운동량-에너지 공간 (p, E)를 설정하고, 이들의 값을 통해 존재물의 '상태'를 지정해왔는데, 알고 보니 이 운동량-에너지 공간이 별도의 독립된 공간이 아니라, 바로 위에 언급한 맞-공간 즉 (k,ω) 공간이란 점이다. 단지 우리는 그 정체를 몰랐기에 그 변수들을 k와 ω로 표기하지 않고 p와 E로 표기해왔던 것이다. 실제로 k와 ω에 디락-플랑크 상수 $\hbar(\hbar \equiv h/2\pi, h = 6.626 \times 10^{-34} J \cdot s)$를 곱하면 이것이 바로 운동량 p와 에너지 E가 된다. 이는 마치 상대성이론 이전에 시간과 공간을 서로 별개의 것으로 보아 그 단위를 달리했던 것인데, 시간 t에 새로운 상수 ic를 곱하고 나니 4차원 공간의 한 성분으로 확인될 수 있었던 사정과 흡사하다. 시간과 공간이 보편 상수 c를 통해 4차원 시공간으로 통합된 것과 같이, 여기서는 또 다른 보편 상수 $\hbar$를 매개로 위치-시간 공간과 운동량-에너지 공간이 하나의 공간이 가진 상호 맞-공간의 관계로 통합된 것이다. 마치 이러한 4차원 구조를 이해해야 상대성이론이 이해되듯이 이러한 맞-공간 관계를 이해해야 양자역학이 비로소 이해되기 시작하는 것이다.

이렇게 될 경우, 존재물의 상태함수 $\Psi(x,t)$만 알면 이것의 맞-함수 $\Phi(k,\omega)$를 산출하거나 혹은 (4-6)식과 (4-7)식에서와 같이 k와 ω에 대응하는 연산자

$$\hat{k} = -i\frac{\partial}{\partial x}, \quad \hat{\omega} = i\frac{\partial}{\partial t} \tag{4-12}$$

로 치환함으로써 상태함수 $\Psi(x,t)$를 그냥 두고도 운동량과 에너지의 기대치 $\langle \hbar k \rangle$, $\langle \hbar\omega \rangle$ 등을 곧 산출해낼 수 있다. 그리고 (4-11)식으로 표시된 관계식이 바로 하이젠베르크의 유명한 불확정성원리

$$\Delta x \Delta p \geq \frac{\hbar}{2}, \quad \Delta t \Delta E \geq \frac{\hbar}{2} \tag{4-13}$$

임도 쉽게 알아볼 수 있다.

이로써 우리는 우선 양자역학의 기본이 되는 세 가지 공리를 다음과 같이 요약해볼 수 있다.

공리 1: 공간변수를 편의상 1차원으로 한정할 때, 존재물의 상태는 시

공간의 함수 $\Psi(x,t)$로 표현되며,

$$\langle x \rangle = \int \Psi^*(x,t) x \Psi(x,t) dxdt$$

는 이 존재물의 위치 x의 기대치다.

공리 2: 함수 $\Psi(x,t)$의 푸리에 변환

$$\Phi(k,\omega) = \frac{1}{2\pi} \int \Psi(x,t) e^{-i(kx-\omega t)} dxdt$$

로 정의되는 맞-공간 (k,ω)는 이 존재물의 운동량-에너지 공간이며,

$$\langle k \rangle = \int \Phi^*(k,\omega) k \Phi(k,\omega) dkd\omega$$
$$\langle \omega \rangle = \int \Phi^*(k,\omega) \omega \Phi(k,\omega) dkd\omega$$

는 이 존재물의 운동량 k와 에너지 ω의 기대치다.

(여기서 k, ω는 통상적인 운동량 p와 에너지 E를 $\hbar$로 나눈 값에 해당한다.)

공리 3: 고전역학적 물리량들 사이의 관계식들은 위에 제시한 기대치들 사이의 관계식들에 해당한다.

아마도 많은 물리학자들은 이 세 공리가 다 친숙한 내용들이고 따라

서 전혀 새로울 것이 없다고 생각할 것이다. 그러나 무엇을 가장 바탕에 놓아야 할 관념인가에 차이가 있다. 그간 학계에서 논의된 다양한 그리고 매우 복잡한 공리체계들을 바탕으로 이를 도출해야 한다고 보는지, 아니면 이 새 공리들을 바탕으로 나머지 주된 내용들이 도출되어야 한다고 보는지에 대한 차이이다. 뒤에서 보겠지만, 이 세 개의 공리로 구성된 관념 틀을 받아들이면 양자역학의 대부분 난해한 내용들이 별 무리 없이 이해된다.

사실 막스 프랑크가 빛의 방출 단위로 가정하고 아인슈타인이 이를 받아 빛의 흡수 단위에 적용했던 에너지 값이 $\hbar\omega$ 였고, 드브로이가 물질의 파동설을 제기하면서 입자의 운동량이 $\hbar k$ 와 같은 값을 가진다고 보았지만, 이들을 포함해 그 누구도 이것이야말로 진정한 운동량과 에너지 그 자체였음을 읽어내지 못했다. 그러고는 오랫동안 빛과 물질이 입자냐 파동이냐 하는 부적절한 관념에 매여 불필요한 공방만 주고받아왔다. 이는 마치 20세기 초 영국의 문필가 체스터턴Gilbert K. Chesterton(1874~1936)이 쓴 추리소설《브라운 신부의 순결》(1911)에 나오는 '보이지 않는 사람' 이야기와 같다.• 어느 집에 살인이 예고되었고 따라서 4명의 경비원이 집을 둘러싸고 집중적인 경비를 섰다. 그런데도 살인은 일어났고, 이 경비원들은 출입하는 '사람'을 보지 못했다. 단지 우편배달원 한 명이 다녀갔을 뿐이다. 이들 눈에 그는 우편배달원이지 '사람'이 아니었다. 바로 양자이론은 플랑크와 아인슈타인,

• Chesterton, G. K. *The Innocence of Father Brown.* New York: Dodd, 1911.

드브로이 그리고 많은 사람들에게 '우편배달원' 복장($\hbar\omega$와 $\hbar k$)으로 나타났고, 그들은 이것이 이론의 핵심이었음을 알아보지 못했다.

이 세 개의 기본 공리를 사용하면 이것 이외에도 기존의 양자역학 논의에서 이해하기 어려웠던 많은 내용들이 손쉽게 도출되거나 새로운 각도에서 조명될 수 있다. 우선 위의 (4-13)식에서 보았듯이 하이젠베르크의 불확정성원리는 (4-10)식에 k 대신 $\hbar k$로 이해된 운동량 p를 넣음으로써 간편하게 얻어낼 수 있다.

상태 변화의 원리, 슈뢰딩거 방정식

우리는 이제 이러한 상태함수가 시간에 따라 어떻게 변해가는지를 말해줄 '변화의 원리', 곧 슈뢰딩거 방정식이 어떻게 도출되는지를 살펴보자. 이를 위해 제3장 상대성이론에서 논의한 운동량과 에너지 관계식[(3-19)식 참조]

$$p^2 - E^2/c^2 = -m_0^2 c^2 \tag{4-14}$$

에서 출발해보자. 이 식은 정지질량 m_0가 0인 경우와 0이 아닌 경우로 나누어 생각할 수 있다.

먼저 m_0=0인 경우를 보면, $E^2 = c^2 p^2$ 곧

$$E = cp \tag{4-15}$$

의 관계가 성립한다. 이러한 고전역학적 물리량 사이의 관계식은 기대치들 사이의 관계식에 해당하므로 [공리 3], 이를

$$\langle E \rangle = c\langle p \rangle \tag{4-16}$$

형태로 적을 수 있다. 이 경우 $\langle E \rangle = \langle \hbar\omega \rangle$, $\langle p \rangle = \langle \hbar k \rangle$로 놓고 여기에 (4-8)식과 (4-9)식의 표현을 대입하면 다음과 같은 관계식을 얻는다.

$$\int \Psi^*(x,t)\left(i\hbar\frac{\partial}{\partial t}\right)\Psi(x,t)dxdt = \int \Psi^*(x,t)\left(-ic\hbar\frac{\partial}{\partial x}\right)\Psi(x,t)dxdt \tag{4-17}$$

이 관계식이 만족하기 위해서는 피적분 함수들이 같아야 하므로 우리는 상태함수 $\Psi(x,t)$가 만족해야 할 다음과 같은 방정식을 얻는다.

$$\frac{\partial}{\partial t}\Psi(x,t) = -c\frac{\partial}{\partial x}\Psi(x,t) \tag{4-18}$$

이것은 정지질량이 없는 존재물에 해당하는 슈뢰딩거 방정식이다. 이 식을 만족하는 일반적인 해는 다음과 같이 쓸 수 있다.

$$\Psi(x,t) = \sum_n \chi_n e^{i(k_n x - \omega_n t)} \tag{4-19}$$

여기서 계수 χ_n은 임의의 값을 취할 수 있으며, 각파동수 k_n 또한 임의의 값을 취해도 되지만 ω_n은

$$\omega_n = ck_n \tag{4-20}$$

의 관계를 만족해야 한다. 그리고 이 각각의 파동이 진행하는 속도 v는 $\omega_n = ck_n$의 관계로 인해

$$v = \frac{\lambda_n}{T_n} = \frac{\omega_n}{k_n} = c \tag{4-21}$$

즉 오직 광속 c로만 진행됨을 알 수 있다. 이는 곧 정지질량이 없는 존재물은 그것이 빛이든 아니든 속도 c로만 진행해야 됨을 말해준다. 이 성격에 해당하는 현실적 존재물은 빛이며, 따라서 빛은 정지질량을 가지지 않는 것으로 본다.

이번에는 정지질량이 있는 존재물 즉 $m_0 \neq 0$인 경우에 대해서 생각하자. 이 경우 (3-19)식은

$$E^2 = m_0^2 c^4 \left(1 + \frac{p^2}{m_0^2 c^2}\right) \tag{4-22}$$

로 표현되며, $p^2 \ll m_0^2 c^2$의 가정 아래 다음과 같은 근사식을 얻는다.

$$E \approx m_0 c^2 + \frac{p^2}{2m} \tag{4-23}$$

여기서 정지질량 m_0는 속도에 무관한 양이지만 일반적으로 공간변수 x의 함수일 수 있다.• 이는 곧 위치에만 의존하는 외부의 영향이 대상물의 정지질량으로 나타남을 의미하며, 이러할 경우 이를 다시

$$m_0(x)c^2 = m_0 c^2 + V(x) \tag{4-24}$$

의 형태로 적을 수 있고, 따라서 위의 에너지 표현은

$$E \approx m_0(x)c^2 + \frac{p^2}{2m} = m_0 c^2 + \frac{p^2}{2m} + V(x) \tag{4-25}$$

로 된다. 여기서 $m_0 c^2$는 불변의 상수이므로 에너지 값의 기준을 바꾸면 이를 0으로 놓을 수 있다. 따라서 우리가 현실적으로 활용할 에너지 표현은

$$E = \frac{p^2}{2m} + V(x) \tag{4-26}$$

이 되며, 이를 기대치 형태로 표현하면 다음과 같다.

• 예를 들어 핵자(양성자, 중성자)들이 뭉쳐 원자핵을 만들 경우 이들의 정지질량은 줄어들고 이들이 흩어져 멀리 떨어지면 정지질량은 다시 늘어난다. 즉 정지질량은 서로 간의 위치의 함수다.

$$\langle E \rangle = \frac{\langle p^2 \rangle}{2m} + \langle V(x) \rangle \tag{4-27}$$

이번에도 앞서 정지질량이 없는 경우에 했던 대로, 이 식에 (4-8)식, (4-9)식 그리고 (4-1)식을 대입하고 피적분 함수가 같아야 할 조건을 적용하면, 상태함수가 만족해야 할 다음과 같은 방정식을 얻는다.

$$i\hbar \frac{\partial}{\partial t}\Psi(x,t) = -\frac{\hbar^2}{2m}\frac{\partial^2}{\partial x^2}\Psi(x,t) + V(x)\Psi(x,t) \tag{4-28}$$

이것이 바로 유명한 슈뢰딩거의 방정식이다.

먼저 자유입자 곧 $m_0(x)$가 위치에 무관한 경우를 생각해보자. 이 경우는 $V(x) = 0$이므로 슈뢰딩거 방정식은 다음과 같이 된다.

$$i\hbar \frac{\partial}{\partial t}\Psi(x,t) = -\frac{\hbar^2}{2m}\frac{\partial^2}{\partial x^2}\Psi(x,t) \tag{4-29}$$

이를 만족하는 가장 일반적인 해는 역시 다음과 같은 평면파들의 일차적 결합이다.

$$\Psi(x,t) = \sum_n \chi_n e^{i(k_n x - \omega_n t)} \tag{4-30}$$

여기서 다만

$$\hbar\omega_n = \frac{\hbar^2 {k_n}^2}{2m} \tag{4-31}$$

의 조건을 만족해야 하며, 공간변수 x영역에 특별한 제약이 없는 경우, 가능한 운동량의 값 k_n에는 아무런 제약이 없다. 그러나 공간변수 영역에 제약이 있는 경우에는 사정이 달라진다.

하나의 예로서 〈그림 4-1〉와 같은 1차원 고리모형을 생각해보자. 이것은 둘레의 길이가 L인 고리 모양의 궤적을 따라 움직이는 자유입자의 사례다. 이때 이 입자가 점유할 수 있는 영역은 $x=0$에서 $x=L$까지이며 따라서 상태함수 $\Psi(x,t)$는 경계조건 $\Psi(x,t)=\Psi(x+L,t)$라는 제약을 받는다. 이는 곧 k의 값이

$$k\cdot(x+L) = k\cdot x + 2\pi n \ (n=0,\ \pm 1,\ \pm 2,\cdots) \tag{4-32}$$

을 만족해야 함을 의미하며, 따라서 허용되는 k의 값들, 그리고 운동량과 에너지 값들은 모두 다음과 같이 된다.

$$\begin{aligned} k_n &= \frac{2\pi}{L}n \\ p_n &= \hbar k_n = \frac{2\pi\hbar}{L}n = \frac{h}{L}n \\ E_n &= \hbar\omega_n = \frac{\hbar^2 k_n^2}{2m} = \frac{h^2}{2mL^2}n^2 \\ &(n=0,\ \pm 1,\ \pm 2,\cdots) \end{aligned} \tag{4-33}$$

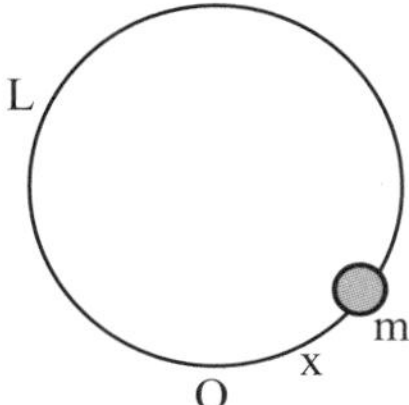

그림 4-1. 둘레 길이 L인 일차원 고리 모양의 공간 안에 놓인 입자

여기서 보다시피 길이 L이 무한대가 되면 k는 사실상 연속치를 가지게 되나, L이 작아질수록 허용되는 k값들 사이의 간격 h/L이 커져서 운동량 그리고 에너지 값들은 띄엄띄엄 떨어진 값들만을 가지게 된다. 이러한 이유 때문에 '양자역학量子力學, quantum mechanics'이란 명칭이 붙게 되었으나, 이것은 사실상 공간과 그 맞-공간의 관계가 가지는 일반적 성질이며, 따라서 양자역학의 가장 본질적 특성이 바로 공간 맞-공간의 이러한 관계에 연유하고 있음을 잘 말해준다.

그런데 우리는 이 문제를 조금 다른 시각에서 살펴볼 수 있다. 즉 물체의 위치 x를 고리 중심을 기준으로 한 각 θ로 나타낼 수 있으며, 이 경우 이들 사이에는 $x = \frac{L}{2\pi}\theta$의 관계가 성립한다. 여기서 $\frac{L}{2\pi}$은 고리의 반경 R에 해당한다. 이렇게 할 경우 (4-32)식으로 나타낸 조건은

$$k \cdot (x + L) = k \cdot (R\theta + 2\pi R) = Rk \cdot (\theta + 2\pi) = Rk \cdot \theta + 2\pi n$$

$$(n = 0,\ \pm 1,\ \pm 2, \cdots)$$

이 되며, 이는 곧 허용되는 Rk는 $Rk_n = n$ 즉 단순한 정수들임을 말해

준다. 한편 운동량 $\hbar k$ 에 반경 R을 곱한 것은 각운동량 l에 해당하므로

$$l_n = \hbar R k_n = \hbar n \ (n = 0, \ \pm 1, \ \pm 2, \cdots)$$

즉 허용되는 각운동량은 오직 상수 $\hbar$의 정수 배가 된다는 것을 말해준다. 이는 곧 공간이 고리형 대칭성을 가짐으로써 공간 변수를 그 중심에 대한 각도로 취할 경우, 그 맞-공간은 각운동량 공간이 되며, 그것이 취할 값들은 (상수 $\hbar$를 고려하지 않을 경우) 단순히 정수 값들만임을 말해준다.

다음에는 $V(x)$의 값이 0이 되지 않는 일반적 경우를 생각해보자. 이것은 곧 힘 F가 $F = -\frac{d}{dx}V(x)$의 형태로 정의되는 경우에 해당하며, 예를 들면 우리가 제2장에서 보았던 중력장 내의 물체라든가 복원력 $F = -Kx$를 받는 물체, 그리고 원자핵의 전하에 의해 정전기력을 받는 전자 등이 여기에 속한다. 이 경우 이들 힘을 퍼텐셜 에너지 $V(x)$의 형태로 표현해 슈뢰딩거 방정식에 넣은 후 그 허용되는 해를 구하면 이것이 곧 대상의 상태함수 $\Psi(x,t)$가 된다.

그 계산 과정은 일반적으로 다소 복잡하지만 우리가 제2장에서 보았던 조화진자(용수철에 매달린 물체)나, 수소원자 안의 전자 등 몇몇 중요한 사례들에서는 그 해들이 잘 알려진 수학적 함수 형태로 얻어진다. 여기서는 이렇게 얻어진 에너지 값들만 소개한다.•

조화진자: $V(x)=\dfrac{Kx^2}{2}$

$$E_n=(n+\frac{1}{2})\hbar\omega \quad (\omega^2=\frac{K}{m}) \qquad (4\text{-}34)$$

$(n=0,1,2,\cdots)$

수소원자: $V(r)=-\dfrac{e^2}{r}$

$$E_n=-\frac{me^4}{2\hbar^2}\frac{1}{n^2}=-13.6\text{eV}\left(\frac{1}{n^2}\right) \qquad (4\text{-}35)$$

$(n=1,2,3,\cdots)$

(여기서 e와 m은 전자의 전하량과 질량이며, eV는 에너지 단위로서, 전자 하나를 1볼트의 전위차에 거슬러 옮길 때 필요한 일의 양에 해당한다.)

사건의 유발 및 측정의 문제

지금까지는 존재물의 상태는 무엇이며 그것을 어떻게 구하는가에 대해 살펴보았다. 그러나 이것은 어디까지나 그 대상이 가질 수 있는 가능한 상태들일 뿐, 실제 그 가운데 어느 것에 있으며 외부 대상에 어떤 영향을 주고받는지에 대해서는 논의하지 않았다. 우선 물리량들의

• 그 자세한 풀이에 대해서는 예컨대 《양자역학》(송희성, 교학연구사, 2014)를 참조할 것.

'기대치'를 말할 때에는 이 값들이 외부로 노출될 가능성을 전제로 한 것이며, 이를 위해서는 외부 관측 체계에 어떤 물리적 증거(흔적)를 남길 수 있어야 한다.

이 논의를 위해 슈뢰딩거 방정식[(4-28)식]의 근거가 된 에너지 방정식[(4-26)식]

$$E = \frac{p^2}{2m} + V(x)$$

으로 되돌아가자. 사실 우리는 고전역학의 운동방정식 곧 상태 변화의 원리를 이 에너지 방정식을 통해 도출해낼 수 있다. 이 방정식의 양변을 시간으로 미분하면

$$\frac{d}{dt}E = \frac{p}{m}\frac{d}{dt}p + \frac{\partial V(x)}{\partial x}\frac{dx}{dt} \tag{4-36}$$

를 얻는다. 먼저 에너지 E에 변화가 없는 경우 즉 좌변이 0인 경우를 생각하자. 여기서 $\frac{p}{m}$과 $\frac{dx}{dt}$는 둘 다 속도의 표현이어서 서로 같으므로

$$\frac{d}{dt}p = -\frac{\partial V(x)}{\partial x} \tag{4-37}$$

의 관계를 얻게 된다. 여기서 $-\frac{\partial V(x)}{\partial x}$는 에너지 E에 변화를 주지 않는 이른바 보존력conservative force이며, 이 식은 보존력을 받고 있는 고전역학의 운동방정식이다. 다음에는 $\frac{d}{dt}E$가 0이 아닌 경우를 생각하

자. 실제로 $\frac{d}{dt}E$는 외력 F_e가 단위시간에 해주는 일 곧 $v \cdot F_e$에 해당하므로[(3-25)식 참조] (4-36)식의 양변을 속도 v로 나누면 다음과 같이 된다.

$$\frac{d}{dt}p = -\frac{\partial V(x)}{\partial x} + F_e \tag{4-38}$$

여기서 외력 F_e는 외부 물체와의 상호작용을 나타내는 것으로 외부 물체는 이 힘의 반작용으로 $-v \cdot F_e$에 해당하는 에너지 변화를 겪게 된다. 이 과정에서 대상 물체와 외부 물체는 잠정적으로 접촉을 유지하면서(v 공유) 서로 반대 방향의 힘을 받으므로 오직 에너지의 교환이 있을 뿐 그 총량은 유지되는데, 이를 에너지 보존의 법칙이라 한다. 만일 이러한 외력이 작용하지 않고 보존력만 작용한다면, 여기서 대상으로 설정된 존재물은 외부와의 어떤 에너지 출입도 불가능하며, 이는 곧 외부로 자신에 관한 아무 정보도 노출시킬 수 없음을 의미한다. 따라서 오직 F_e를 통해, 즉 외부 존재물과 대상 존재물과의 상호작용을 통해 에너지 출입이 이루어지는 경우에만, 대상의 어떤 물리량에 대한 '측정'이 가능해진다.

이 상황을 양자역학의 경우와 비교해보자. 앞에서 도출한 슈뢰딩거 방정식[(4-28)식]은 바로 보존력만이 작용하는 경우로서 고전역학으로 보자면 (4-37)식에 해당하는 운동방정식이다. 여기에는 외력 F_e가 관여할 여지가 없으므로 원천적으로 자신에 관한 아무 정보도 외부로 노출시킬 수 없는 상황이다. 따라서 이를 만족하는 상태함수 $\Psi(x,t)$

는 외부와의 에너지 출입이 불가능하며 그 자체로서는 외부에 정보를 노출시킬 방법이 없다. 그런데도 우리가 이미 보았다시피 이것의 의미는 예컨대 공간상의 어느 한 지점에서 이것의 위치가 노출될 확률과 관련되어 있다.

그렇다면 이 상황을 우리가 어떻게 이해해야 할까? 여기서 명시적으로 밝히고 있지는 않지만 어떤 외부 존재자와의 상호작용이 있을 것을 가상해 그때 어떤 물리량(예컨대 위치 x값)이 노출될 확률을 말하고 있는 것이다. 다시 말하면 고전역학에서 말하는 외력 F_e가 작용할 것으로 보아 이것의 반작용이 외부 물체 곧 관측 장치에 찍혀 나올 것을 가상하고 있는 것이다. 예를 들면 a라는 위치에 관측 장치를 놓고 이것이 그 지점에서 대상과 접촉했음을 확인해 대상의 위치가 과연 a인지를 알아보려는 실험을 시도할 경우를 가상해보자. 이때 대상이 실제로 상태 $\Psi(x,t)$에 있다고 한다면 이것이 말해주는 의미는 그 지점 곧 $x=a$에서 대상이 장치와 접촉할 확률이 $|\Psi(x,t)|^2$에 해당한다는 것이다.

이것은 고전역학에서는 없던 매우 새로운 상황이다. 고전역학의 관점에서 보자면 대상의 위치가 a이거나 a가 아니거나 둘 중의 하나다. 따라서 굳이 확률로 이야기한다면 확률이 1이거나 0이지, 그 외에 다른 가능성은 없다. 반면 양자역학의 관점에서 보면 그것은 우리가 너무 단순화시켜 본 관점이고, 실제 대상의 상태는 상태함수로 규정되며, 대상이 특정 위치 a에서 관측 장치와 접촉할 것이냐 아니냐 하는 것을 확률적으로 말할 수 있을 뿐, 그 외에 대상 입자가 어떤 위치를 점유한다고 보는 일상적 관념조차 적절하지 않다는 것이다.

이러한 상황은 우리의 기존 관념 속에는 없었던 것이기에 우리는 이를 부가적인 하나의 공리로 설정할 필요가 있다. 이를 위해 우리가 지금까지 언급한 상태함수 $\Psi(x,t)$를 다음과 같은 좀 더 편리한 형태로 바꾸어 쓰기로 한다.

$$\Psi = \sum_i c_i \phi_i \ \ (i = 1,2,3,\cdots) \tag{4-39}$$

여기서 상태함수 ϕ_i는 대상이 확률 1로서 i라는 위치에 있게 되는 특별한 상태를 나타내는 함수이고 $i(i = 1,2,3,\cdots)$라는 숫자는 공간 내의 서로 다른 위치를 지칭하는 번호를 나타낸다(이러한 성격의 함수 $\phi_i(i = 1,2,3,\cdots)$를 위치의 고유함수라 한다). 따라서 우리는 공간 변수 x를 편의상 불연속적인 점들로 대치한 셈이다.• 그리고 계수 c_i는 ϕ_i가 Ψ에 기여하는 비율을 나타내는데, 이는 곧 이것의 절대치 제곱 $|c_i|^2$이 바로 대상이 i라는 지점에서 노출될 확률에 해당함을 의미한다. 그리고 모든 지점이 기여하는 확률의 합은 1이므로 다음과 같은 관계가 성립한다.

$$\sum_i |c_i|^2 = 1 \tag{4-40}$$

• 여기서는 편의상 위치 측정에 국한해 논의했지만 (4-39)식에 정의된 함수 $\phi(i=1, 2, 3\cdots)$가 다른 물리량(예컨대 운동량)의 고유함수인 경우에도 같은 논의를 펼 수 있다.

이처럼 알려진 상태 Ψ에 대한 관측과 관련해 이것이 의미하는 바를 정리해보았지만, 이것만으로는 관측이 어떻게 가능하고 관측 이후 상태가 어떻게 될 것인지에 대해 아무런 말도 할 수 없다. 따라서 우리는 관측, 그리고 더 일반적으로는 대상과 외부 존재물 사이에 발생할 '사건'에 관련해 부가적인 공리를 마련할 필요가 있다. 이에 우리는 앞에 제시한 세 가지 공리에 덧붙여 또 하나의 공리를 다음과 같이 설정한다.

공리 4: 어떤 대상 존재물이 상태

$$\Psi = \sum_i c_i \phi_i \ \ (i = 1, 2, 3, \cdots) \ \ (\sum_i |c_i|^2 = 1)$$

에 놓여 있다고 할 때, 지점 j에 해당하는 위치에 '사건유발 능력을 지닌' 외부 물체를 설치해 대상과 접촉시킬 경우, 이 대상은

(1) 확률 $|c_j|^2$으로 물체 위에 사건의 흔적을 남기면서, 자신은 ϕ_j만을 가진 상태, 곧 $\Psi = \phi_j$로 전환하거나,

(2) 혹은 확률 $1 - |c_j|^2$으로 아무 흔적도 남기지 않고 성분 ϕ_j만 결여된 새 상태, 곧 $\Psi = \sum_{i \neq j} c'_i \phi_i \ \ (\sum_{i \neq j} |c'_i|^2 = 1)$로 전환한다.

여기서 우리는 '사건event'이라고 하는 중요한 하나의 새 개념을 도입할 필요가 있다. 위에서 이미 말했듯이 대상 존재물의 '상태'에 관해 아무리 정교한 서술을 했다 하더라도 외부 존재물의 입장에서는 그것

만으로 대상과 어떤 관련도 맺을 수 없다. 오직 [공리 4]에서 규정하는 어떤 작동이 발생할 때 실질적인 영향을 주고받게 되는데, 이를 일러 '사건'이라 부르기로 한다. 특히 [공리 4]의 과정 (1)은 외부 존재물에 실질적 흔적이 남기에 정상적 의미의 '사건'이라 한다면 과정 (2)의 경우는 직접적 흔적은 없지만 적어도 흔적이 없었다는 것을 확인시킨다는 점에서 넓은 의미의 사건이 되며 굳이 구분하자면 이를 일러 '빈-사건null event'이라 부름이 적절할 것이다. 이러한 빈-사건이 의미를 가지는 것은 이를 통해 상태 자체는 전환되며, 이를 '흔적이 없었다는 사실'을 통해 확인할 수 있기 때문이다. 이를 굳이 비유로 말한다면 어느 지점에 나타나리라 예상했던 사람이 나타나지 않은 것도 하나의 사건일 수 있는 것과 같다.

그리고 사건과 관련해 매우 중요한 사실은 상태함수를 통한 대상 존재자의 서술은 결코 '사건' 자체를 서술하는 것이 아니고, 오직 그 대상이 지닌 '사건야기 성향event-generating propensity'만을 말해준다는 점이다. 결국 이러한 '사건야기 성향'을 지닌 대상이 '사건유발 능력'을 가진 외부 존재자와 조우하게 될 때 두 가지 형태의 '사건'이 실제 발생하며 그 각각에 대한 확률 및 그 결과로 대상 및 외부 존재자에 나타날 변화를 [공리 4]가 명시해주고 있는 것이다.

한편 이 공리에서 '사건 유발 능력'을 지닌 외부 물체를 언급했는데, 그 의미를 좀 더 상세히 규정할 필요가 있다. 이는 곧 "이것이 특정 위치 j에 놓일 경우, 만일 대상의 상태가 특정 위치 j에 해당하는 고유상태 ϕ_j 자체라면 반드시 사건을 유발해 이 사건의 흔적을 자신 안에 남기게 되는” 외부물체를 말한다. 상태 관측을 위해 이러한 물체를 인위적으로 설치했을 때, 이를 ‘변별체discerner’라 부르며, 이것이 바로 관측 장치의 촉각에 해당하는 부위가 된다. 그러나 자연계에는 관측 의도와는 무관하게 이러한 성격을 지닌 물체들이 많이 있으며, 그런 경우 관측 여부에 관계없이 [공리 4]의 내용은 유효하다. 관측이란 행위는 다만 이러한 성격의 물체를 발견 혹은 고안해 활용하는 작업일 뿐이다. 다시 말해 대상 존재물의 입장에서 볼 때 ‘사건 유발 능력’을 지닌 외부 물체가 측정을 위해 의도된 것인지, 우연히 그 자리에 놓여 있었던 것인지는 전혀 구분되지 않는다.

이렇게 함으로써 우리는 두 가지 형태의 상태 변화가 가능함을 알 수 있다. 첫째는 외부와의 상호작용 없이 오직 슈뢰딩거 방정식에 따른 ‘상태 진행’이고, 둘째는 외부와의 사건 교환 과정에서 오는 ‘상태 전환’이다. 그리고 사건의 발생은 순간적이어서 ‘상태 전환’ 이후에는 다시 ‘상태 진행’이 계속된다.

[공리 4]에 담긴 ‘상태 전환’이 보여주는 한 가지 특이한 점은 순간적으로 상태의 전 영역이 한꺼번에 바뀐다는 점이다. 예를 들어 과정 (1)의 경우, 계수 c_j가 순간적으로 1로 바뀌면서 나머지 모든 지점에 있는 계수들 $c_j\,(i \neq j)$는 순간적으로 모두 0으로 전환된다는 것이다. 마찬가지로 과정 (2)의 경우에도 계수 c_j가 0으로 바뀌면서 나머지 모든 지점에 있는 계수들 $c_j\,(i \neq j)$는 $\sum_{i \neq j} |c_i'|^2 = 1$의 관계를 만족하도록 순간적으로 모두 재조정된다는 것이다. 이는 곧 이러한 상태함수들이 물리적 ‘실재’의 한 양상임은 맞지만 그렇다고 물질적 ‘실체’를 가진 것은 아님

을 말해준다. 이 점의 구체적 의미는 〈해설 및 성찰〉에서 보여줄 흥미로운 몇몇 실험의 검토를 통해 좀 더 명료해질 것이다.

이제 양자역학의 이러한 핵심적 내용을 제1장에 소개한 앎의 기본 구도를 바탕으로 정리해보자. 양자역학에서도 처음 상태를 확인한 후 여기에 변화의 원리를 적용해 나중 상태를 파악하는 구도는 동일하다. 그러나 여기서 말하는 '상태'는 고전역학이나 상대성이론에서와는 달리 상태함수로 서술되며, 상태 변화의 법칙 또한 내재적 요인에 의한 진행인 슈뢰딩거 방정식에 해당하는 부분과 외부와 관련된 사건에 해당하는 부분 즉 상태전환($\sum_i c_i\phi_i \Rightarrow \sum_i c_i'\phi_i$) 방식이 있다.

또 대상의 상태가 상태함수로 나타난다는 것은 실제 시공간 (x, t)와 그 맞-공간 (k, ω)를 맺어줄 계기를 제공하며, 이렇게 얻어진 맞-공간이 바로 운동량-에너지 공간이 된다는 자연의 심오한 조화를 확인한다. 그럼으로써 자연 서술에 요구되는 공간은 오직 4차원 복합 공간 하나로 축약된다.

이러한 모든 사실을 〈심학 제4도〉에 간략히 요약, 정리했다.

〈심학 제4도〉
양자역학

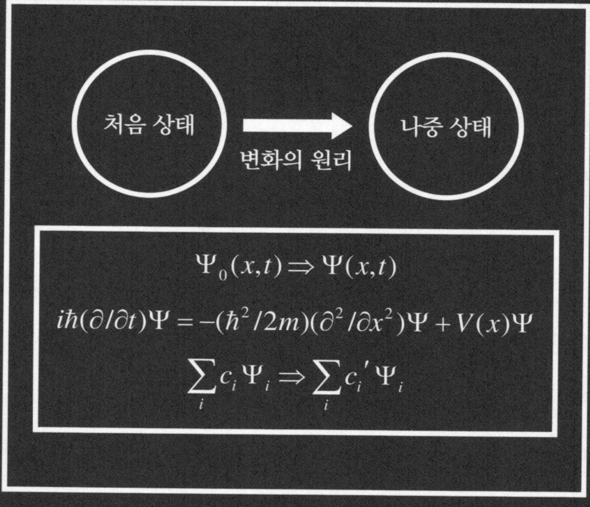

처음 상태
변화의 원리
나중 상태
$\Psi_0(x,t) \Rightarrow \Psi(x,t)$
$i\hbar(\partial/\partial t)\Psi = -(\hbar^2/2m)(\partial^2/\partial x^2)\Psi + V(x)\Psi$
$\sum_i c_i \Psi_i \Rightarrow \sum_i c_i{}' \Psi_i$

4차원 복합공간 $(x,t) \Leftrightarrow (k,\omega)$

운동량-에너지 공간은 $\hbar(k,\omega)$ 으로 환원됨

해설 및 성찰

이중 슬릿 실험

양자역학의 특성을 잘 드러내는 아주 흥미로운 실험이 이른바 이중 슬릿double slit 실험이다. 이것은 본래 빛의 파동성을 보여주기 위해 1801년 토마스 영Thomas Young(1773~1829)이 고안한 실험인데, 그 장치는 비교적 단순하다. 〈그림 4-2〉를 보면 세 개의 스크린이 공간에 설치되어 있는데, 첫 스크린에 좁다란 틈 곧 슬릿 a가 있어서 이를 통해 특정한 파장 λ를 지닌 빛이 입사되고, 둘째 스크린에는 이와 거의 같은 높이에 두 개의 슬릿 b와 c가 아주 가까이(대략 파장 λ 규모의 거리에서 크게 벗어나지 않는 거리) 서로 떨어져 있어서 입사된 빛의 파동이 대략 반-반으로 나뉘어 이들을 통과한다.

이러한 빛이 세 번째 스크린에 있는 어느 지점 d에 도달해 흡수될 수 있는데, 이때 슬릿 b와 c로부터의 거리 차이에 따라 보강 간섭을 일으

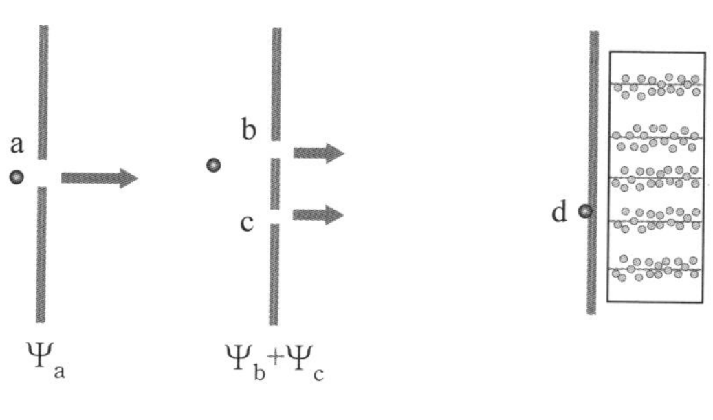

두 슬릿이 다 열릴 경우

그림 4-2. 이중 슬릿 실험 A

킬 수도 있고 소멸 간섭을 일으킬 수도 있다. 즉 거리의 차이 bd−cd가 0이거나 혹은 빛의 파장 λ의 정수 배가 되면 보강 간섭이 되어 그 지점에 도달할 빛의 세기가 최대로 될 것이고, 이것이 $\lambda/2$의 홀수배가 되면 소멸 간섭이 되어 그 지점에 도달할 빛의 세기가 0이 될 것이다(권말 부록 A.6 참조).

그리고 셋째 스크린에서 흡수될 확률이 여기 도달할 빛의 세기에 비례할 것이므로 빛의 흡수 패턴은 스크린 오른쪽 형광판에 나타난 것처럼 스크린 상의 위치에 따라 여러 개의 띠무늬로 나타날 것이다.

실제로 1801년 토마스 영이 수행한 실험에서 이것이 확인됨으로써 "빛의 정체가 입자가 아닌 파동이라"고 하는 이른바 빛의 파동설이 확고한 지지를 받은 계기가 되었다. 그리고 최근에는 물질 입자들 예컨대 (탄소원자 60개가 뭉친) C_{60}라 불리는 비교적 무겁고 단단한 입자에 대해서도 이 실험을 해 동일한 결과를 얻어냈다. 그러므로 많은 사람들은 이를 물질의 파동성이라 하며, 빛과 마찬가지로 물질도 입자성과 더불어 파동성을 지닌다고 하는 이른바 '이중성' 논지를 펴고 있다.

그러나 우리가 양자역학을 엄격히 적용해보면 이것은 빛이나 물질의 정체가 무엇이냐 하는 문제가 아니고, 이들의 '상태함수'가 나타내는 성질 그 이상도 이하도 아니다. 이 점을 이해하기 위해 이 실험의 결과를 우리가 앞에서 제시한 양자역학을 통해 해석해보자.

우리는 위에서[(4-19)식, (4-30)식] 빛과 자유입자의 상태함수들이 모두 파동을 나타내는 함수들의 결합 즉 $\Psi(x,t)=\sum_{n}\chi_{n}e^{i(k_{n}x-\omega_{n}t)}$ 으로 나타낼 수 있음을 보았다. 따라서 슬릿 a를 통해 특정 파장 λ_n 을 지닌 빛이 입사한다는 것은 특정 $k_n = 2\pi/\lambda_n$ 을 지닌 '상태'로 빛 그리고 자유입자가 들어온다는 의미가 된다. 우리는 편의상 x 방향 곧 수평 방향의 상태함수만을 생각했지만 대상 존재물은 수직 방향의 성분도 약간 가지게 되며, 이로 인해 파 $e^{i(k_{n}x-\omega_{n}t)}$ 는 수직 방향으로도 여러 가닥 나뉘면서 진행한다.

그러다가 둘째 스크린을 만나면 스크린 벽의 물질이 '사건 유발 능력'을 가진 외부 존재자 역할을 하면서 여러 위치에서 '사건' 또는 '빈-사건'을 일으키게 된다. 대개의 경우는 '사건'을 일으켜 어느 위치에서 흡수되지만, 두 슬릿 이외의 모든 벽면에서 '빈-사건'을 일으키는 경우도 생길 수 있고, 이렇게 될 경우 상태함수는 거의 같은 세기를 지닌 두 가닥이 되어 두 슬릿을 통과하게 된다. 이들은 다시 마지막 스크린을 향해 진행하면서 역시 수직 방향으로도 각각 여러 가닥으로 나누어진다. 그리고 마지막 스크린에 닿을 무렵 서로 다른 슬릿을 통해 온 성분들끼리 중첩이 되면서 보강 또는 소멸 간섭을 일으키고 그렇게 형성된 세기에 비례해 그 지점에서의 '사건 발생' 확률이 결정된다.

이런 실험을 여러 번 반복하면 형광 스크린 판에 흡수 확률에 비례하는 패턴이 나타날 것이고, 이것이 바로 실험 결과 나타난 패턴이다. 그러므로 우리가 스크린의 형광판에서 보는 패턴은 빛 혹은 자유입자의 '파동성'에 기인하는 것이 아니라 이것이 가진 '상태함수'의 성격에 기인하는 것뿐이다.

다음에는 이 대상들의 이른바 '입자성' 관련 부분을 보자. 〈그림 4-3〉에 보인 것과 같이 이중 슬릿 가운데 하나 예컨대 슬릿 c 바로 뒤쪽에 변별체 e를 부착했다고 생각하자. 변별체 e의 기능은 슬릿 c를 통과하는 '상태' 성분에 대해 '사건' 혹은 '빈-사건'을 일으키는 것인데, '사건'일 경우 이를 흡수해버리느냐 혹은 거의 해치지 않고 통과시키느냐에 따라 두 가지 종류의 변별체가 있다. '사건'일 경우 이를 흡수해버리는 종류의 변별체를 e_A라 하고 이를 거의 해치지 않고 통과시키는 종류의 변별체를 e_B라 부르기로 하자.

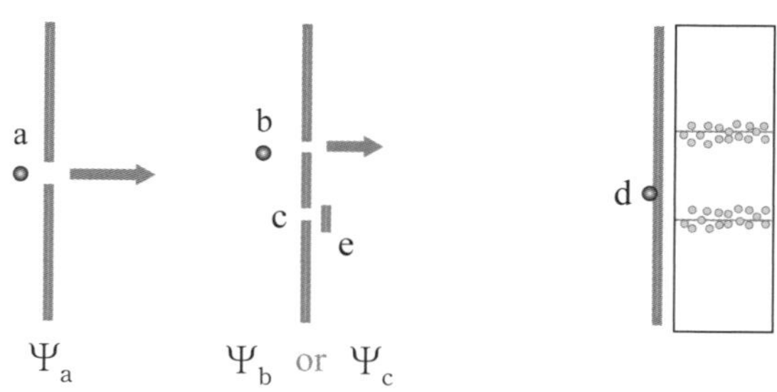

그림 4-3. 이중 슬릿 실험 B

먼저 변별체 e_A를 설치한 경우는 단순히 슬릿 c를 막아버린 것과 다를 것이 없다. 이 경우에는 스크린을 통과해 나간 존재자의 '상태함수'는 오직 한 가닥뿐이어서 자신이 수직 방향으로 퍼져간 범위에서만 마지막 스크린에 흔적을 남길 것이다. 이렇게 여러 번 같은 실험을 반복하면 그 결과 스크린 상의 패턴으로 나타날 것인데, 이 경우 어느 슬릿을 막느냐에 따라 스크린 상의 두 줄 가운데 어느 하나가 보일 것이다. 이러한 결과 또한 대상의 입자성이나 파동성에 무관하게 상태함수의 성격이 보여준 정직한 결과일 뿐이다.

그런데 정말 흥미로운 상황은 변별체 e_B를 부착했을 경우에 나타난다. 이 경우 e_B는 확실히 '사건' 또는 '빈-사건'을 일으켰으면서도 대상에 더 이상 개입하지 않는다. 단지 '사건'일 경우 대상의 전체 상태를 슬릿 c를 통과한 성분만으로 전이시키고, '빈-사건'일 경우에는 전체 상태를 슬릿 b를 통과한 성분만으로 전이시킨다. 이런 실험을 반복할 경우 스크린상의 패턴은 아래 위 두 줄이 나타나는 모습이 될 것이다. 이것 또한 상태함수에 [공리 4]의 성격을 정직하게 적용시킨 것 이외에 다른 무엇이 아니며 심지어 어느 누가 관측을 했느냐 안 했느냐와도 상관이 없는 일이다. 그런데 [공리 4]를 제대로 이해하지 않은 사람의 눈에는 마치 누군가가 보고 있으면 대상은 입자처럼 행동(어느 한 슬릿만을 통과하므로)하고 누군가가 보지 않으면 대상은 파동처럼 행동(두 슬릿을 동시에 통과하므로)하는 것으로 보일 수도 있다.

그렇다면 대상 존재물의 '정체성'에 대한 양자역학의 정확한 입장은 무엇인가? 이는 양자역학뿐 아니라 고전역학을 포함한 모든 동역학에서 대상 존재물은 그것의 '특성' 곧 이것이 가진 정지질량 $m_0(x)$[이것이 내재적으로 함축하고 있는 퍼텐셜 에너지 $V(x)$ 포함]만으로 그 정체성이 규정되며•, 이것이 주변 여건에 맞춰 가지게 될 '상태'와 그 해석을 위에 소개한 '양자역학의 네 가지 공리'가 제공해줄 뿐이다. 양자역학의 이러한 공리와 그 해석이 우리의 기존 관념과는 크게 다른 것이 사실이지만, 우리는 되도록 양자역학의 이러한 공리를 수용하는 쪽으로 우리의 관념을 넓혀야 할 것이지, 기존의 관념에 맞추어 이를 도출 혹은 해석하려 할 경우 엄청난 오해와 왜곡이 불가피하다.

'상호작용-결여' 측정

양자역학의 이러한 특성이 잘 나타나는 또 하나의 사례로서 이른바 '상호작용-결여 측정interaction-free measurements'이라는 것을 생각해보자. 이것 또한 그 장치는 비교적 단순하다.••

〈그림 4-4〉처럼 레이저 광원 L에서 나온 빛이 반투막半透膜(은으로

• 사태를 단순화하기 위해 이 책의 논의에서는 제외했지만, 물질을 구성하는 기본입자들은 이것 외에도 스핀spin 등 몇몇 고유 특성들을 지니며 이에 따라 그 정체성과 상태개념을 확대해야 한다. 그러나 이것은 입자냐 파동이냐 하는 고전적 정체성 논의와는 무관하다.

•• Elitzur, A.C., and Vaidman, L. "Quantum mechanical interaction-free measurements." *Foundations of Physics* 23 (1993): 987-97.

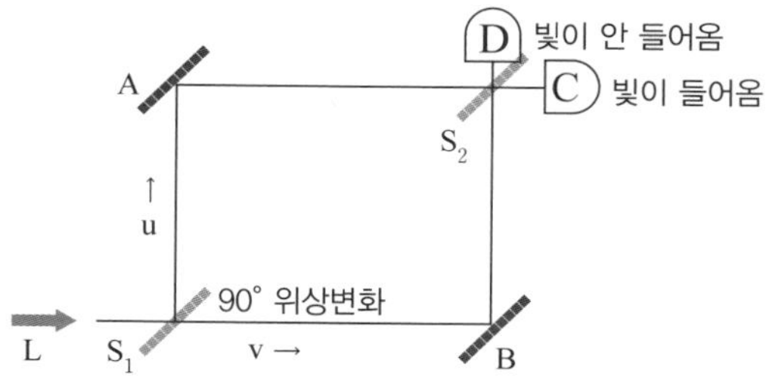

그림 4-4. 상호작용-결여 측정 A

도금한 얇은 막으로 여기에 빛이 닿으면 절반은 반사하고 절반은 통과시킨다) S_1을 만나 절반은 반사해 거울 A쪽을 향하고 절반은 투과해 거울 B쪽을 향한다. 이는 곧 빛의 상태함수가 이 지점에서 u와 v 두 성분으로 갈라짐을 의미하며 이때 투과한 성분은 투과과정에서 90°에 해당하는 위상의 변화를 겪는다. 이들 성분은 거울 A와 B에서 각각 반사해 또 하나의 반투막 S_2를 만난다. 여기서 다시 이들은 각각 절반씩 나누어져 일부는 검출기 C로 들어가고 일부는 검출기 D로 들어간다. 검출기 D로 들어간 성분들을 보면, 이 가운데 거울 A를 거쳐간 성분은 매번 반사만 했으므로 위상의 변화가 없었고, 거울 B를 거쳐간 성분은 반투막을 두 번 투과했으므로 도합 180°의 위상 변화를 겪었다. 따라서 이 둘은 다시 만나면서 소멸 간섭을 일으켜 검출기 D에는 아무런 빛도 검출되지 않는다. 반면, 검출기 C로 들어간 성분들은 각각 한 번씩 반투막을 통과했으며 서로 간의 위상 차이는 없으며, 따라서 보강 간섭을 일으켜 출발점에서의 상태를 회복하게 되어 이 빛이 온전히 검출된다.

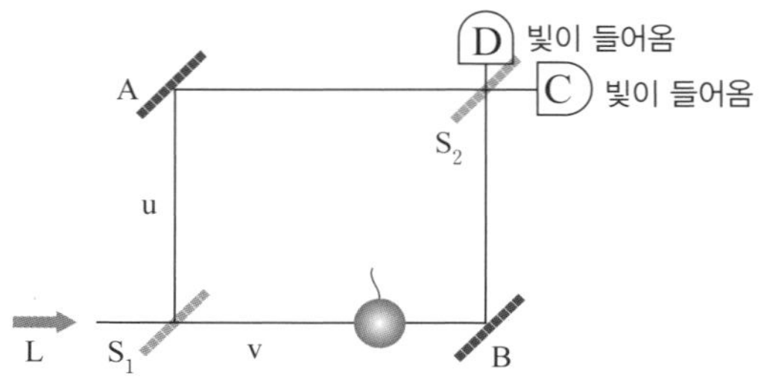

그림 4-5. 상호작용-결여 측정 B

여기까지는 아무것도 이상할 게 없다. 그런데 〈그림 4-5〉에 보인 것처럼 거울 B쪽 경로 위에 폭탄 하나를 놓을 때 흥미로운 일이 발생한다. 이 폭탄은 여기에 빛이 닿기만 하면 반드시 폭발하는 성격을 가졌다. 이렇게 폭탄을 설치하고 다시 레이저 빛을 입사시키면 어떻게 될까? 성분 u와 v가 각각 같은 세기로 갈라졌다면 이들이 지닌 계수의 제곱 $|c_u|^2$과 $|c_v|^2$은 각각 1/2일 것이므로 성분 v의 경로 상에 있는 폭탄은 빛 입자가 하나 입사될 때마다 확률 1/2로 폭발하게 된다(여기서 폭탄은 약한 폭죽 정도로 치명적 손상을 주지 않는다고 가정하자). 그런데 정말 재미있는 현상은 이 폭탄이 폭발하지 않는 경우에 일어난다. 폭탄이 폭발하지 않았다는 것은 빛이 폭탄을 건드리지 않았다는 것이고 이는 다시 폭탄이 빛에 아무 영향도 주지 않았다고 보아야 옳을 듯한데, 사실은 그렇지 않다는 것이다. 즉 우리의 일상적 관점으로 보면 빛이 폭탄에 영향을 주지 않은 것으로 보아 폭탄 또한 빛의 경로에 영향을 주지 않았어야 하고 따라서 이 경우 검출기 D에 빛이 검출되지 말아야 하나, 실험 결과는 검출기 D에 빛이 검출된다는 사실이다. 결국 빛

과 폭탄은 상호작용을 하지 않았는데 빛의 경로는 변했다는 것이다. 그래서 이 논문의 저자들은 이를 '상호작용-결여' 측정이라 부르고 있다.

그러나 우리가 앞에 제시한 [공리 4]를 여기에 적용해보면 전혀 놀라울 것이 없다. 즉 $|c_v|^2$이 1/2라는 것은 확률 1/2로 '사건'(이 경우에는 폭발)을 발생시키며 동시에 $|c_v|^2$을 1로 , 그리고 $|c_u|^2$을 0으로 전환시킨다는 것이다. 따라서 빛은 폭탄에서 흡수되고 더 이상 아무 검출기에도 검출되지 않는다. 그러나 이 폭탄은 동시에 확률 $1-|c_v|^2 = 1/2$로 '빈-사건'을 일으키면서 $|c_v|^2$을 0으로, 그리고 $|c_u|^2$을 1로 전환시킨다. 따라서 B경로의 성분 v는 사라지고 A경로의 성분 u가 $|c_u|^2 = 1$이 되어 홀로 반투막 S_2에 도달하고 거기서 반-반으로 갈라져 양쪽 검출기에 도달한다. 사실은 폭탄 대신 그 자리에 어떠한 장애물을 갖다 놓아도 결과는 마찬가지다. 이러한 현상은 오직 [공리 4]를 이해하지 못한 사람들에게만 이상하게 보일 뿐이다.

우리는 앞에서 최소한의 수학적 언어를 사용해 양자역학의 공리 구조를 포함한 핵심적 내용을 담아보려 시도했다. 사실상 양자역학의 공리 체계는 힐베르트 공간을 바탕으로 하는 선형대수학의 틀 안에서 제시하는 것이 관례이나 이것은 자칫 너무 번거로워 오히려 양자역학의 핵심관념을 파악하는 데 방해가 될 수 있으며 또 그 수학체계가 너무 방대해 초보자들에게 문턱을 너무 높이는 폐단이 있다.

그리고 우리는 양자역학에서 다루어야 할 중요한 몇 가지 개념 특히 스핀과 동일입자 체계에 대한 논의를 제외했다. 이는 양자역학 고유의 핵심 개념을 파악하는 단계에서는 꼭 필요한 것이 아니라고 보았기 때문이지만, 양자역학을 원자세계에 활용하기 위해 결정적으로 중요한 부분이기에 여기서는 간단히 그 개요만 언급하기로 한다. 양자역학의 대상이 되는 입자들은 그 이전에는 알지 못했던 몇 가지 내적 특성을 가지는데, 그중 하나가 이른바 스핀spin이라는 물리량이다. 이것은 형식상 각운동량에 해당하는 것이기에 앞의 1차원 고리모형에서도 보았듯이 각도로 표현될 어떤 공간이 대상 자체에 내재되어 있어서 그것의 맞-공간에 해당하는 것이라 여길 수 있다.

그런데 고리형 대칭을 가지는 실제 공간에서는 각운동량이 모두 상수 $\hbar$의 정수배가 되지만 스핀의 경우 이것의 (1/2)에 해당하는 $\hbar/2$를 가지는 부류와 $\hbar$의 정수배를 가지는 부류, 이렇게 두 가지로 구분되며, 앞의 것을 페르미온fermion, 그리고 뒤의 것을 보존boson이라 부른다. 이 두 가지 입자들은 '여러 입자 계many-partide system'를 구성할 경우 두드러지게 다른 성격을 보인다. 페르미온의 경우에는 두 입자를 교환하는 경우 그 전 체계의 상태가 반대부호를 가지는 반대칭성antisymmetry을 가지나, 보존의 경우에는 부호가 바뀌지 않는 대칭성을 가진다. 이 성질로 인해 페르미온의 경우, 이른바 '배타원리exclusion principle'가 적용되며 이 성질은 특히 원자 안의 전자분포를 결정하는 데 중요한 역할을 한다.

이러한 양자역학을 적용할 경우, 여러 전자를 가진 원자들의 성질은 물론, 이들로 구성된 분자들의 성질, 그리고 이들이 많이 모여 이루어진 결정체들의 성질 등 많은 물질 현상들을 이해하는 데 결정적 기여를 한다. 예를 들어 결정체의 경우 이들이 어떤 때에는 금속과 같은 도체를 이루며, 어떤 때는 다이아몬드 같은 부도체를 이루고, 또 어떤 때는 실리콘과 같은 반도체를 이루는지는 이해할 수 있고, 또 극저온에서는 이른바 초전도체라는 놀라운 현상도 일으키는지를 설명할 수 있다.

이러한 것들은 대체로 슈뢰딩거 방정식이 성립하는 비상대론적 양자역학의 범위 안에 드는 것이지만, 입자들 간에 수시로 상호변환이 일어나는 기본입자들의 세계에서는 기본 존재물을 입자들로 보는 대신 이를 가능케 하는 바탕 실재 곧 양자장을 기본 존재물로 보고 입자들 자체를 이들의 '상태'로 취급하는 새로운 방식의 동역학을 활용하게 되는데, 이를 일러 양자장이론이라 부른다. 이것은 기본입자 현상에 적용되는 매우 중요한 이론이지만 전문적인 물리학자들 이외에는 이해하기도 힘들고 또 일상의 현상들과는 직접적인 관련이 적은 것이기에 여기서는 더 깊은 논의를 생략한다.

이제 마지막으로 1936년 아인슈타인이 〈물리학과 실재〉라는 논문에서 양자역학에 대해 평가한 글 한 문단만 더 인용하기로 한다.•

> 양자역학이 진리의 많은 부분들을 담고 있다는 점에 대해서는 의심의 여지가 없다. 그리고 이것은 미래 이론의 바탕을 구축할 하나의 시금석이 될 것인데, 이 바탕이 마련된다면, 마치 정전기

• Einstein, A. *Ideas and Opinions.* New York: Crown, 1954, p.319.

학이 전자기장에 관한 맥스웰의 방정식에서 도출된다거나 혹은 열역학이 고전역학에서 도출되는 것 같이 양자역학 또한 이 바탕 이론으로부터 한 극한의 사례로 도출되어야 하리라고 본다. 그러나 마치 열역학에서 고전역학의 바탕을 발견할 수 없듯이, 나는 양자역학이 이러한 바탕을 찾는 출발점이 될 수는 없다고 믿는다.

이 인용문을 통해 아인슈타인이 말하고자 했던 것은 양자역학이 홀로서기에 충분할 만큼 자연스런 공리체계를 마련하지 못했다는 점이라고 생각된다. 그 점은 충분히 이해할 수 있으며 나 자신도 앞에 제시한 공리들 특히 [공리 2]와 [공리 4]를 구상해내지 못했던 단계에서는 역시 비슷한 느낌을 가지고 있었다. 그러나 자연의 조화가 맞-공간 속에 운동량-에너지를 숨기고 있었음을 찾아낸 이후, 시공간의 4차원 구조를 찾은 것과 같은 감명을 받았고 내 눈을 가렸던 커다란 장애 하나가 사라지는 느낌을 얻었다. 물론 이 새 공리체계가 아인슈타인에게도 공감을 줄 내용인지는 나 자신도 판단할 수 없지만, 앞으로 양자역학을 학습하는 이들에게 문턱을 크게 낮춰주리라는 점만은 틀림없을 것이다.

그동안 아인슈타인을 포함해 양자역학을 개척한 많은 사람들, 그리고 나 자신을 포함해 양자역학을 학습해온 많은 사람들이 양자역학과 관련해 모두 마음 깊숙이 공감할 만한 시 한 수를 곽암선사는 다음과 같이 읊어주고 있다.

온 정신 다 바쳐 붙잡기는 했으나
고집 세고 힘이 장사라 어찌하질 못하겠구나.
어느 때는 고원 위로 뛰어 올랐다가
어느 때는 안개 속 깊은 곳으로 빠져들고 있으니.

제5장

소를 길들이다

통계역학

鞭索時時不離身 恐伊縱步入埃塵 相將牧得純和也 羈鎖無拘自逐人

편삭시시불리신 공이종보입애진 상장목득순화야 기쇄무구자축인

다섯 번째 여정. 목우牧牛

소를 붙잡았으니 이제 길들일 차례다. 사실 양자역학을 통해 찾아낸 '바탕 이치'는 정말로 심오한 성질을 지녔지만 만일 통계역학이 없었더라면 이를 활용하기에 극심한 어려움을 겪었을 것이다. 막스 플랑크가 찾아낸 첫 실마리조차 통계역학에 근거한 것이며 이후 이 '바탕 이치'를 현실에 적용하는 거의 모든 사례가 통계역학과 관련되고 있다.

사실 몇몇 특수한 사례를 제외하고는 이 '바탕 이치'가 제시하는 개별적 상태들은 표면 아래로 숨고 대신 이들의 개괄적 양상('거시상태')들이 우리의 경험 세계로 떠오른다. 마치 거친 야생의 소가 온순한 일꾼 소로 탈바꿈하듯이.

역사 지평

여러 해 전, 동료 교수들과 함께 유럽의 주요 도시들을 순방할 기회가 있었다. 우리는 몇몇 나라를 거쳐 오스트리아의 비엔나에 도착해 여러 이름난 명소들을 둘러보았다. 수백 년간 유럽을 지배했던 합스부르크 왕가가 자리 잡았던 비엔나는 과연 관광 소재가 많았다. 그런데 안내를 맡은 이가 갑자기 공동묘지를 둘러보자고 했다. 처음에는 이게 무슨 생뚱맞은 이야기인가 했다. 그런데 그게 아니었다. 비엔나 중앙묘지는 그야말로 웬만한 조각공원 못지않은 풍광을 지니고 있을 뿐 아니라 정말 음악의 도시답게 유명한 천재 음악가 묘지들이 즐비하게 늘어서 있었다.

베토벤, 슈베르트, 모차르트, 요한 슈트라우스(1세, 2세), 브람스 등 말로만 듣던 악성들이 간단한 얼굴 조각상들과 함께 여기저기 배치되어 있었다. 이를 둘러보던 중 내게 문뜩 떠오르는 생각이 있었다.

"여기 어디에 물리학자 볼츠만의 묘도 있다고 들었는데요?"

이 말을 듣자 의외라는 듯 안내자가 잠간 멈칫하더니 "아, 아, 그렇지요. 이쪽으로 오시지요" 하면서 음악가 구역에서 좀 떨어진 다른 묘역으로 안내했다.

과연 거기에 별다른 장식 없이 근엄한 표정의 얼굴 조각과 그 아래 "LUDWIG BOLTZMANN 1844~1906"이란 명패가 새겨진 헌칠한 비석이 세워져 있었다. 그런데 그 제일 위쪽에 엉뚱하게도 수식 하나가 적혀 있었다.

$$S = k \log W$$

내게는 무척 친근한 기록이었지만, 함께 간 동료들(물리학 교수들이 아니었다)은 저게 뭐야 하는 표정으로 올려다보았다. 인류 지성사에 길이 남을 만한 이 중요한 공식이 자기를 낳아준 주인의 묘를 쓸쓸하게 지키고 있었던 것이다.

17세기 고전역학에서 20세기 상대성이론, 양자역학으로 넘어오는 중간 과정에서도 인류 지성의 지평을 넓혀간 많은 기여가 있었고, 그 가운데서도 빼놓을 수 없는 중요한 부분이 바로 19세기의 전자기학과 통계역학의 출현이다. 고전역학이 데카르트, 뉴턴의 손에 의해서, 그리고 상대성이론과 양자역학이 아인슈타인과 그리고 슈뢰딩거로 대표되는 몇몇 선구적 학자들에 의해 마련된 것이라면 전자기학과 통계역학을 마련하는 데 결정적 기여를 한 사람은 영국의 맥스웰James Clerk Maxwell(1831~1879)과 오스트리아의 볼츠만Ludwig

Boltzmann(1844~1906)이다.

전자기학에 대해서는 제3장 상대성이론을 논의하는 과정(제3장 부록)에서 잠깐 언급했고, 여기서는 통계역학의 핵심 개념에 대해 좀 더 상세히 살펴보기로 한다. 상대성이론이나 양자역학보다 대략 반세기 정도 먼저 출현했던 통계역학은 이미 고전역학을 바탕으로 해 기체의 성질 등을 설명하는 데 크게 성공했고, 양자역학을 출범시키는 데에도 적지 않은 관여를 했다. 실제로 양자 현상 발견의 단초가 된 것이 바로 통계역학과 전자기학을 활용해 흑체가 내뿜는 빛의 스펙트럼을 설명하려던 시도에서였다.

그럼에도 이 책에서 통계역학을 양자역학 다음에 배치한 것은 우리가 이러한 역사적 과정을 따르기보다는 그 학문적 성격에 초점을 맞추려 했기 때문이다. 통계역학은 그 성격상 동역학이 전제된 후에 적용할 수 있는 이론이다. 따라서 동역학의 가장 보편적 형태인 양자역학이 논의된 이후에 이를 배치하는 것이 학문 구조적으로는 옳은 순서가 된다. 실제로 양자역학이 없었더라면 통계역학의 효능 자체가 그리 크지 않을 수도 있다.

반면 통계역학이 없었다면 특히 원자 규모의 세계에 적용되는 양자역학을 현실에 적용해 사물을 이해하는 것이 거의 불가능할 정도로 중요한 구실을 하고 있다. 앞에 제시한 곽암의 시가 말해주는 은유를 따르면 양자역학이라는 거친 소를 길들여 (묶어 매지 않아도) 잘 따르도록 하는 것이 바로 통계역학이다.

좀 이상하게 여겨지겠지만 상대성이론과 양자역학 개척에서 주역을 맡았던 아인슈타인과 슈뢰딩거가 지녔던 초기의 학문적 관심사는 모두 통계역학이었다. 사실 이들은 처음부터 상대성이론을 만들겠다, 양자역학을 만들겠다고 나선 사람들이 아니고 그렇게 할 수도 없었다. 이들 이전에는 그런 것이 없었기 때문이다. 그렇기에 아직 새 이론으로써 그 적용 가능성이 크게 열려 있던 통계역학을 바탕에 두고 학문적 작업을 했음은 지극히 당연한 일이다.

1905년 특수상대성이론을 발표해 지성사의 물줄기를 바꾸었던 아인슈타인은 같은 해 박사학위를 위해 제출한 논문 이외에 네 편의 논문을 더 썼는데, 이 가운데 박사학위 논문과 또 하나의 논문(브라운 운동에 관한 논문)이 통계역학에 관한 논문이고, 나머지가 양자역학(광전효과에 관한 것인데 이 업적으로 그는 후에 노벨 물리학상을 받았다)과 상대성이론에 관한 것이다. 이러한 논문들을 통해 초기의 아인슈타인이 통계역학에 얼마나 관심을 기울였는지를 엿볼 수 있다.

슈뢰딩거는 1906년 가을에 비엔나 대학에 입학했는데, 그 주된 동기가 통계역학의 아버지라고 불릴 만한 인물인 루트비히 볼츠만의 지도를 받기 위해서였다. 그러나 안타깝게도 1906년 여름 볼츠만이 자살로 생애를 마감하면서 슈뢰딩거는 볼츠만의 제자이자 역시 비엔나 대학 교수였던 프리츠 하젠욀Fritz Hasenöhrl의 지도를 받는 것으로 만족해야 했다. 말하자면 그는 볼츠만의 학문적 아들이 되기를 원했으나 결과적으로는 그의 학문적 손자가 되고 만 것이다. 슈뢰딩거는 그해 가을 비엔나 대학 물리학과 건물을 들어서면서 느꼈던 감정을 이렇게 회상하고 있다.•

얼마 전 루트비히 볼츠만이 비극적으로 떠나버린 고풍스런 비엔나 물리학과 건물, 하젠욀과 엑스너가 연구했고 그 밖에 많은 볼츠만의 제자들이 드나들었던 건물은 내게 곧바로 그 강력한 정신적 이념 속으로 빨려들게 했다. 그가 지닌 이념의 폭이야말로 젊은 과학 사랑의 표본이었고, 그 후 누구도 나를 그토록 매혹시키지는 못했다.

이번 장에서 볼츠만과 통계역학 특히 그가 밝혀낸 핵심적 개념인 엔트로피가 무엇인지에 대해 좀 더 깊이 고찰하겠으나, 이에 앞서 볼츠만이 어떤 인물이었는지에 대해 조금 살펴보기로 한다.

루트비히 볼츠만은 1844년 2월 20일 비엔나 교외의 에르트베르크에서 태어났다. 그의 아버지 루트비히 게오르크 볼츠만은 사회 계층으로 보아 중간 정도 계급에 속하는 세무 공무원이었고, 그의 어머니 카타리나 파우에른파인트는 잘츠부르크의 유복한 상인 집안 출신이었다. 볼츠만 가정은 경제적 여유가 있는 편이어서, 어린 볼츠만은 또래의 다른 아이들처럼 농장에서 일하거나 돈을 벌기 위해 공장에 나갈 필요 없이 학업에 전념할 수 있었다.

볼츠만은 태어나고 얼마 되지 않아 아버지의 직장을 따라 북부 오스트리아의 벨즈Wels로 이주했다. 여기서 그는 열 살이 될 때까지 가정교사로부터 교육을 받았고, 후에 다시 비엔나에서 서쪽으로 140킬로미

• 월터 무어, 전대호 역,《슈뢰딩거의 삶》, 사이언스북스, 1997

터 정도 떨어진 린츠Linz로 이주해 이곳에서 정규교육을 받았다. 어린 볼츠만은 심한 감기로 학교를 다닐 수 없었던 일 년을 제외하고는 언제나 학급에서 가장 뛰어난 성적을 보였다. 그는 피아노 교습을 받고, 나비나 풍뎅이를 채집하고, 작은 식물 표본실을 만들기도 했다.

그러다가 그가 15세가 되던 해에 아버지가 사망했고, 그의 동생 알베르토마저 그 다음 해에 사망하자, 가족이라고는 이제 어머니와 여동생만 남았다. 볼츠만의 어머니는 이로 인해 아들의 교육이 위축되지 않도록 많은 정성을 기울였고, 이후 볼츠만은 가족과 함께 비엔나로 옮겨와 학교를 다녔다.

1863년, 비엔나 대학에 입학한 볼츠만은 거기서 평생의 친구이자 스승이었던 요제프 슈테판Josef Stefan(1835~1893)을 만났다. 슈테판은 곧 바로 볼츠만의 뛰어난 재능을 알아보고 젊은 볼츠만이 전자기파 방사에 관련된 자신의 연구에 참여하도록 배려했다. 그는 볼츠만에게 맥스웰의 논문 사본과 함께 영어 문법책을 주면서 맥스웰의 이론을 공부해보도록 권유했다. 볼츠만은 결국 22세였던 1866년에 박사학위를 취득했고, 다음 해에 정식 강사Privatdozent가 되어 취임 연설을 했다.

그는 다시 2년간 슈테판과의 공동연구로 업적을 쌓은 후, 25세의 나이에 그라츠 대학의 수리물리학 교수로 부임했다. 그러고는 비엔나 대학, 뮌헨 대학, 라이프치히 대학 등 여러 곳에서 때로는 실험 물리학 교수로 때로는 이론 물리학 교수로 활동하다가 1893년 슈테판이 사망하자, 그의 후임으로 비엔나 대학의 이론 물리학 교수가 되었다. 그는 수학과 물리학을 주로 강의했으나, 1903년에는 '자연과학의 방법과 일반이론'이라는 명칭의 강좌를 통해 철학적인 문제들도 깊숙이 논의했다.

19세기의 대표적 물리학자라 불릴 만한 그는 기체운동론과 에너지 등분배법칙 등을 확립하면서 고전역학의 바탕 위에 확률이론을 적용해 기존의 열역학을 통계역학으로 전환시키는 일에 크게 기여했다. 이러한 작업 가운데서도 특히 두드러지는 것이 바로 '엔트로피entropy' 개념에 대한 그의 새로운 해석이다.

사실상 통계역학의 중심 개념은 엔트로피인데, 이것은 본래 열역학에서 도입되었다. 제4장에서 잠깐 언급했듯이, 1865년 당시 취리히 대학 교수였던 클라우지우스Rudolf Clausius(1822~1888)는 절대온도 T 아래 놓은 한 물체가 주변으로부터 ΔQ에 해당하는 열을 받게 될 때, 그 물체의 엔트로피 S는 $\Delta Q/T$ 만큼 증가한다는 제안을 했다. 즉 물체는 엔트로피라는 열역학적 상태변수 S를 가지는데 이것의 변화 ΔS는

$$\Delta S = \frac{\Delta Q}{T}$$

라는 관계식을 통해 규정된다는 것이다. 사실상 클라우지우스의 입장에서는 이 관계식이 엔트로피의 정의에 해당하며, 따라서 이 식을 '클라우지우스의 엔트로피의 정의'라 부른다. 이 엔트로피 개념이 중요한 것은 자연계에 발생하는 모든 비가역적 변화는 엔트로피 변화의 총량이 증가하는 쪽으로만 발생한다는 이른바 '열역학 제2법칙'의 바탕 개념이 되기 때문이다.

이미 독자가 실감하고 있겠지만, 이 정의만 가지고는 엔트로피가 도

대체 무엇을 말하는지 전혀 종잡을 수가 없다. 이 관계식을 이해하기 위해서는 설혹 우리가 열의 이동 ΔQ가 무엇인지를 안다고 치더라도 절대온도 T가 무엇인지를 알아야 할 것인데, 이것 또한 당시에는 분명히 정의되어 있지 않았다.

이러한 상황에서 볼츠만은 엔트로피 개념을 전혀 다른 방식으로 해석했다. 즉 이것은 열의 이동이나 대상이 놓인 온도에 직결된 것이 아니라 대상 자체의 '거시상태가 놓일 수 있는 확률'과 관련되는 것으로 보고, 엔트로피의 확률적 정의를 시도했다. 그는 클라우지우스의 엔트로피 개념이 출현한 지 12년이 지난 1877년에 엔트로피의 새로운 정의 곧 엔트로피의 통계역학적 정의를 제시했는데, 이것이 바로 볼츠만의 묘비에 새겨진 공식

$$S = k \log W$$

가 말해주는 내용이다. 이것이야말로 우리 지성사에 한 획을 긋는 중요한 사건이기에 이 내용에 관해 좀 더 깊이 음미해보기로 한다.

내용 정리

우리는 지금까지 자연계에는 어떠어떠한 특성을 지닌 존재물들이 있으며 이 존재물들 각각에 대해 그것이 가질 수 있는 서로 다른 상태들이 있음을 전제로 하고, 이 상태들이 어떻게 표현되고 어떻게 변해 나가는가에 대해 생각해왔다. 이러한 것들을 체계적으로 가능케 하는 이론을 동역학이라 부르는데, 그 대표적인 것이 고전역학과 양자역학이다. 오늘날의 입장에서 보면 고전역학은 대체로 일상적인 경험세계 혹은 그보다 더 큰 천체 규모의 존재물의 운동에 대해 유효한 이론이었지만 원자 규모 또는 그 이하의 존재물에 대해서는 그 서술이 너무 거칠어서 효력을 가지지 못함이 드러났다. 반면 양자역학은 이러한 대상에 대해 매우 유효한 이론이어서 단일 입자의 경우뿐 아니라 이들이 모여 원자를 이루고 원자가 모여 분자 혹은 더 큰 응집물을 형성하는 과정들과 그렇게 만들어진 대상물들의 성질을 밝히는 데에도 크게 기여하고 있다.

이렇게 형성된 원자들 가운데 가장 간단한 것이 수소 원자인데, 앞에서 수소 원자 내의 전자를 대상으로 이것이 만족할 슈뢰딩거 방정식과 거기서 얻어지는 가능한 에너지를 간략히 살펴보았다. 수소원자에는 물론 원자핵(대개 양성자 하나로 구성된다)도 있지만 상대적으로 무거워 사실상 정지된 것으로 볼 수 있으므로 실제로 수소원자의 성질을 결정하는 것은 전자이다. 이러한 수소원자 둘이 모이면 결합해 수소분자를 이룰 수 있는데, 이때는 두 개의 원자핵을 배경에 둔 두 개의 전자가 만들어낸 양자역학적 상태, 특히 이들이 가질 수 있는 에너지 상태들이 수소분자의 성질들을 이루는 데 중요한 구실을 한다. 이런 식으로 더 복잡한 분자들도 만들어지는데, 그 대표적 사례가 물 분자다. 이는 두 개의 수소원자와 하나의 산소원자가 결합해 이루어지는 구조다. 이 속에는 세 개의 원자핵을 배경으로 도합 열 개의 전자가 들어 있는데, 이 전자들이 모여 이루어내는 양자역학적 상태가 이 물 분자의 중요한 성격들을 결정한다.

마찬가지로 물 분자들이 엄청나게 많이 모이면 우리가 늘 경험하는 물water이 된다. 그리고 이 물의 성질 또한 이 안에 들어 있는 무수히 많은 전자들이 모여 이루어내는 양자역학적 상태에 기인한다. 하지만 같은 물 분자들의 모임임에도 액체로서의 물과는 아주 다른 성질을 가진 고체 얼음이 되기도 하고 또 기체 수증기가 되기도 한다. 이것은 물론 우리에게 매우 친숙한 현상이며, 따라서 이것을 별로 이상하게 여기지 않는다. 그러고는 이러한 현상이 일어나는 것은 온도가 달라서 그렇다고 설명한다. 그런데 여기에 문제가 있다. '온도'라는 것은 과연 무엇인가? 양자역학을 통해 온도를 규정할 수 있는가? 여기서 우리는 사물 이해에 커다란 복병을 만난다. 우리는 매우 친숙한 것에 대해 흔히 "피부로 느낀다"는 표현을 쓰지만, 피부로 느끼는 대표적인 것이 바로 이 온도인데, 우리의 동역학적 이론은 이 온도가 무엇인지를 설명해주지 못하고 있다.

그래서 우리는 동역학을 바탕에 깔면서도 이를 넘어서는 또 다른 형태의 이론을 구축해야 하는데 이것이 바로 통계역학이다. 통계역학은 19세기 후반 좀 더 구체적으로 말하면 볼츠만의 엔트로피 개념이 확립된 이후 형성된 이론이지만, 그 이전에도 열역학이란 형태로 그 경험적 내용을 체계적으로 서술해온 역사를 지닌다. 아주 쉽게 구분하자면 온도를 우리가 이미 아는 개념인 양하고 서술해나가는 이론이 열역학이라면 온도를 더 기본적인 개념 즉 엔트로피를 통해 설명해내고자 하는 이론이 통계역학이다.

거시상태와 미시상태

그런데 엔트로피를 이해하기 위해서는 이에 앞서 도입해야 할 중요한 한 가지 개념이 있다. 이것이 바로 '거시상태'라는 것인데, 이것은 우리가 지금까지 말해온 동역학적 상태 개념과 대비되는 개념이다. 우리가 지금까지 논의해온 동역학에서는 "우주 안의 물체들이 놓일 수 있는 가능한 (동역학적) 상태들이 무엇이며 이것이 어떻게 변해나가는

가?" 하는 것을 다루고 있었다면, 통계역학에서는 "이러한 상태들이 어떻게 분류되어 외형적으로 구분되는 형상 곧 거시상태들을 이루며, 이것이 또 어떻게 다른 형상들로 변화해나가는가?" 하는 점을 다룬다고 할 수 있다. 그리고 이러한 거시상태와 구분해 우리가 지금까지 생각해온 동역학적 상태를 '미시상태'라 부르기도 한다.

이제 이 개념들의 뜻을 좀 더 구체적으로 파악하기 위해 앞에서 말했던 물의 경우로 되돌아 가보자. 지금 여기 물 1kg(H_2O 분자 3×10^{25}개)이 있다고 할 때, 이것은 고체 형상(얼음)으로 있을 수도 있고 액체 형상(물)으로 있을 수도 있고 기체 형상(수증기)으로 있을 수도 있다. 이처럼 현상적으로 구분되는 각각의 형상들이 이것의 거시상태다. 그러나 이 대상이 같은 거시상태에 있다 하더라도 미시적으로 보면 구성 분자들의 배열이나 움직임의 차이에서 오는 서로 다른 동역학적 상태에 있을 수 있다. 이처럼 동역학적으로 서로 구분되는 개별 물리적 상태가 이 대상의 미시상태다. 여기서 주의해야 할 점은 미시상태란 "개별 분자의 상태"를 지칭하는 것이 아니라 여전히 대상 전체, 예컨대 물 1kg을 하나의 대상으로 했을 때, 이 대상이 가지게 되는 서로 구분되는 동역학적(양자역학적) 상태를 말한다는 점이다.

이것을 윷놀이에 비유하면 이해가 더 쉬울 수 있다, 예를 들어 도가 나왔다, 개가 나왔다 할 때에 '도'나 '개'가 바로 이 윷 가치들의 '거시상태'를 말한다면, 이들을 이루는 서로 다른 배열 하나하나가 '미시상태'에 해당한다. 그러므로 거시상태 '모'와 '윷'에는 미시상태가 하나씩 속하며, '도'와 '걸'에는 각각 미시상태가 네 개씩, 그리고 '개'에는 미시상태 여섯 개가 속한다. 다시 물의 경우와 비교하면 거시상태들인 얼음, 물, 수증기가 바로 도, 개, 걸, 윷 모 등에 해당하는 셈이며, 이 경우 거시상태인 얼음, 물, 수증기에 각각 속하게 될 미시상태들의 수가 얼마냐 하는 것 또한 원칙적으로는 동역학적 방식을 통해 산출될 수 있다. 실제 계산은 간단한 문제가 아니겠지만, 얼음의 경우에 가장 적고, 그 다음이 물이며, 수증기의 경우에 가장 많으리라는 점은 쉽게 예상할 수 있다. 얼음이 되기 위해서는 물 분자들이 특별한 방식의 배열을 이루어야 하지만, 물의 경우에는 이러한 제약이 거의 없이 가까이 모이기만 하면 되고, 수증기의 경우에는 물 분자들이 제멋대로 흩어져도 되기 때문이다.

엔트로피와 열역학 제2법칙

이러한 거시상태 개념과 함께 자연의 통계역학적 서술을 위해서는 두 가지 핵심 개념이 더 요청된다. 그 하나가 내부 에너지이고 다른 하나가 엔트로피다. 내부 에너지는 이미 동역학에서 사용한 에너지 개념을 단지 다수의 입자들로 구성된 거시적 체계에 적용시킨 것뿐이다. 굳이 '내부' 에너지라 부르는 까닭은 계 전체가 함께 이동할 때 나타나는 운동 에너지는 제외한다는 의미에서다. 반면 엔트로피 개념은 오직 거시상태에만 적용되는 것으로 거시상태가 지닌 형상이 얼마나 정교한 짜임새를 가지느냐 하는 것과 관련을 가진다.

실제로 한 형상이 어떤 구성성분들의 배치에 의해 이루어진다고 할 때, 그 형상이 정교한 것일수록 이를 배치할 방법의 수가 제한될 것이며, 반대로 아무렇게나 배치해서 이루어지는 형상일수록 정교하지 못한 모습을 지니게 될 것이다. 따라서 한 거시상태에 속하는 미시상태의 수가 많을수록 우연히 생겨나기가 쉬운 반면 그만큼 덜 정교한 형상을 이루게 되며, 이 값이 작을수록 우연히 생겨나기가 어려운 대신 그만큼 더 정교한 형상을 이루게 된다. 이것이 바로 윷놀이에서 미시상태가 하나인 '모'나 '윷'이 미시상태의 수가 여럿인 '개'나 '도', '걸'보다 나오기가 더 어려운 반면 그만큼 더 정돈된 모습을 보이는 현상과 같다.

이제 이러한 점을 감안해 하나의 거시상태가 얼마나 정교한 짜임새를 가지느냐 하는 척도로서 이것이 가지는 엔트로피를 다음과 같이 정의한다. 즉 한 거시상태가 지닌 엔트로피 S는 그 거시상태에 속하는 미시상태의 수를 W라 했을 때

$$S = k \log W \tag{5-1}$$

의 관계식으로 정의된다. 이것이 바로 앞서 역사 지평에서 소개했던 볼츠만의 정의 식인데, 여기서 상수 k는 볼츠만의 상수라 불리는 것으로 $k = 1.38 \times 10^{-23}$ J/K[줄(J)은 에너지의 단위이며, 켈빈(K)은 절대온도의 단위임]의 값을 가진다. 이러한 상수 k가 도입된 것은 이미 클라우지우스에 의해 엔트로피가 다른 방식으로 정의되었기에 그 표현과

일치시키기 위한 것이었을 뿐 다른 특별한 의미가 없다.

이 정의가 전제로 하고 있는 것은 대상 계가 놓일 수 있는 미시상태의 수는 매우 많으며 이들 하나하나에 대상 계가 실제 놓일 확률은 모두 같다는 것이다. 그런데 이러한 미시상태들은 몇 개의 큰 묶음들로 나누어지는데, 같은 묶음 안에 속하는 미시상태는 전부 동일한 형상을 보인다는 것, 즉 동일한 거시상태에 속한다는 것이다.

그렇다면 이러한 엔트로피가 대상 계의 짜임새와 무슨 관계가 있을까? 이를 위해 물의 경우를 다시 생각해보자. 얼음과 물, 수증기 가운데 짜임새가 가장 정교한 것이 얼음이고 다음이 물, 그리고 수증기가 가장 정교하지 못할 것이다. 그런데 얼음에 해당하는 미시상태들은 그 분자들이 매우 특별한 방식으로 배열된 것이어야 하므로 전체의 배열 방식 가운데 그 수가 가장 적을 것이고, 다음으로 수가 적은 것이 물이고, 수증기의 경우에는 그 분자들이 (이런 특별한 배열들을 제외한) 그 어떤 방식으로 공간을 떠돌고 있던 이들이 모두 수증기라 불릴 것이기 때문에 여기에 속하는 미시상태들이 가장 많다. 그러니까 일반적으로 짜임새가 정교할수록 미시상태의 수가 적어 엔트로피는 낮은 값을 가지며, 정교하지 못할수록 미시상태의 수가 많아 엔트로피가 높아지게 된다.

이러한 관계를 좀 더 현실감 있게 이해하기 위해 접시에 담긴 '소금과 물'을 대상 계로 삼아 그 거시상태들과 그 각각에 속하는 미시상태의 수 그리고 이에 대응하는 엔트로피의 값들을 구체적으로 설정해보자. 이 대상 계에 대해 외부적으로 구분 가능한 거시상태들은 훨씬 많이 있겠지만 논의의 편의상 〈표 5-1〉에 나타낸 것처럼 네 가지로 나뉜다고 생각하자. 즉 소금과 물이 '섞이지 않은 상태', '조금 섞인 상태', '많이 섞인 상태', 그리고 '완전히 섞인 상태'다. 이 각각에 해당하는 미시상태의 수 W는 본래 이 대상 자체의 소금 분자 수 N_s와 물 분자 수 N_w가 얼마냐에 따라 크게 달라지겠지만, 현재 주어진 어떤 분량의 대상에 대해 〈표 5-1〉에 기재된 만큼의 미시상태의 수가 된다고 가정하자. 즉 섞이지 않은 상태를 구성하는 미시상태의 수는 비교적 적어서 10만 개 정도이고, 완전히 섞인 상태의 수는 이와 비교할 수 없을 만큼 많아서 가령 10의 26468제곱, 즉 1에 0을 2만 6,468개만큼 붙인 수에 해당한다고 생각하자.•

이렇게 할 경우 (5-1)식으로 정의된 엔트로피는 표에 나타낸 $\log W$ 값에 볼츠만 상수 k를 곱한 값이 된다. 이미 말한 것처럼 여기서 k는 단위의 차이를 나타낸 것에 불과하므로 실제로는 $\log W$의 값이 엔트로피를 나타내는 셈이다.••

• 여기서 나타낸 숫자는 현실적 대상에서 가져온 것이 아니라 단지 실감을 얻기 위해 임의로 설정해본 것일 뿐이다.

•• 일반적인 엔트로피 정의에서는 $\log W$의 값으로 자연로그($\log_e$)를 취하는 것이 보통이나 여기서는 이해를 돕기 위해 상용로그($\log_{10}$)의 값을 취했다. 실제로 $\log_e W = 2.3026 \log_{10} W$의 관계가 있으므로 의미상으로는 큰 차이가 없다(권말 부록 A.7 참조).

표 5-1. 접시에 담긴 소금과 물

거시상태	미시상태의 수 W	logW
섞이지 않은 상태	10^{5}	5
조금 섞인 상태	10^{14}	14
많이 섞인 상태	10^{87}	87
완전히 섞인 상태	10^{26468}	26468

우리가 이처럼 미시상태와 거시상태의 관계를 통해 사물을 보게 되는 이유는 이를 통해 거시상태들 사이의 변화를 확률적으로 서술하기 위해서다. 어떤 대상 계에 대해 그것이 놓일 수 있는 모든 미시상태들이 같은 확률로 발생한다고 하면 이 대상계가 특정 거시상태에 있게 될 확률은 이에 해당하는 미시상태의 수에 비례하게 될 것이다. 그런데 처음에 우연히 확률이 낮은 거시상태 예컨대 '섞이지 않은 상태'에 있었다 하더라도 미시상태들 간의 전환이 허용되는 상황에 놓이면 이것은 조만간 확률이 높은 거시상태 쪽으로 변해가게 된다. 이것이 바로 소금이 물에 닿으면 점점 더 많이 섞인 상태 쪽으로 바뀌게 되는 원인이다. 실제로는 동역학적 이유에 따라 대상 계의 미시상태들이 서로 전환을 하는 것이지만, 외형상으로는 오직 이들이 속한 거시상태들 간의 변화만으로 보이게 된다. 예를 들어 같은 거시상태에 속하는 미시상태들 사이의 전환은 외형상 아무런 변화도 일으키지 않는다.

다시 소금물의 경우를 보면, 처음 소금을 물에 넣는 순간에는 상대적으로 해당 미시상태의 수가 적은 거시상태에 있다가 소금 분자 그리고 물 분자들의 보이지 않는 운동 등으로 소금과 물로 구성된 이 대상

계의 미시상태들은 계속 서로 전이되다가 마침내 소금과 물이 '완전히 섞인 상태'에 이르게 된다. 일단 여기에 이르면 이 거시상태에 속하는 미시상태의 수가 다른 거시상태들의 것에 비해 월등히 많기 때문에 아무리 여러 번 서로 간에 전환을 하더라도 여전히 '완전히 녹은 소금물'이란 거시상태에서 벗어나기가 어렵다. 이것이 바로 소금이 물에 완전히 섞이면 더 이상 분리되기 어려운 이유다.

앞에 제시한 엔트로피의 정의와 관련해 독자들은 다음과 같이 한 가지 의문을 제기할 수 있을 것이다. 위의 사례를 통해 보다시피 거시상태들 간의 비가역적 변화를 가져오게 되는 것은 이들에 속한 미시상태들의 수 W가 서로 다르기 때문인데, 굳이 $\log W$를 취해 엔트로피라는 개념을 새로 만들 필요가 있는가 하는 점이다. 예를 들어 W 자체를 엔트로피라 정의하고 이렇게 정의된 엔트로피 개념을 통해 이런 현상을 이해하는 것이 더 적절하지 않은가 하고 생각할 수 있다. 실제로 W 자체를 중요한 핵심 개념이라 여겨 이를 '열역학적 확률'이라 부르며 이를 통해 현상 이해에 도움을 받기도 한다. 그런데 이 W에 다소 간접적으로 관련되는 $\log W$를 중요한 개념으로 설정하는 데에는 그 나름의 중요한 이유가 있다.

이를 이해하기 위해 위에 제시한 '소금과 물' 사례를 다시 생각해보자. 여기서 제시한 미시상태의 수 W는 대상이 소금 분자 N_s개와 물 분자 N_w개로 되어 있다는 가정 아래 나온 값이다. 이제 이 대상 계를 대상 A라 하고 이와 똑 같은 구성을 지닌 대상 계를 하나 더 생각해 이를 대상 B라 하자. 그리고 이 둘을 합쳐서 하나로 본 대상 즉 대상을 구성하는 분자들의 수가 각각 2배인 $2N_s$와 $2N_w$로 된 대상을 대상 C라 할 때, 대상 C의 각 거시상태에 대응하는 W는 어떤 값을 가질까? 사실상 미시상태의 수라 하는 것은 각각의 거시상태가 취할 수 있는 경우의 수에 해당하며, 따라서 대상 C의 한 거시상태가 취할 수 있는 경우의 수 W_C는 이에 해당하는 이 안의 A 부분이 취할 경우의 수 W_A와 B 부분이 취할 경우의 수 W_B 사이의 곱 즉 $W_A \times W_B$에 해당한다. 만일 W를 하나의 의미 있는 물리량으로 취급한다면 W의 이러한 성질은 매우 불편하다. 단지 대상 계의 크기만 2배로 증가할 경우, 그것이 차지할 부피도 2배가 될 것이고, 무게도 2배가 되고, 그 내부에너지도 2배가 되는데, 유독 W만은 그 제곱 W^2이 되어야 할 것이기에 이들 사이의 관계를 규정하기에 큰 어려움을 겪게 된다. 반면 W 자체가 아닌 $\log W$를 의미 있는 물리량으로 취할 경우, 대상 계를 2배로 키울 경우 $\log W^2 = 2\log W$가 되어 처음 분량의 2배가 된다(권말 부록 A.7 참조).

이 사실은 〈표 5-1〉에 제시된 $\log W$의 값들을 놓고 직접 확인해볼 수 있다. 그렇기에 (5-1)식을 통해 정의된 엔트로피 S는 W가 말하는 확률적 성격을 반영하고 있으면서도 동시에 계의 크기에 따라 그 값도 같은 비율로 커진다고 하는 편리한 성격을 부여받게 된다.

이제 지금까지의 논의를 요약해보자면, 거시상태의 변화는 "있을 수 있는 확률이 작은 거시상태"에서 "있을 수 있는 확률이 큰 거시상태" 쪽으로 일어날 것이고, 이는 곧 "해당 미시상태의 수가 작은 거시상태"에서 "해당 미시상태의 수가 큰 거시상태" 쪽으로 일어난다는 말에 해당한다. 그리고 일단 "해당 미시상태의 수가 가장 큰 거시상태"에 이르면 더 이상 거시상태의 변화는 일어나지 않게 된다. 이것이 바로 자연계의 가장 중요한 법칙 가운데 하나인 열역학 제2법칙이다. 그런데 이것을 이제 위에 도입한 엔트로피의 개념을 통해 표현한다면 "거시상태의 변화는 언제나 엔트로피가 작은 거시상태에서 엔트로피가 큰 거시상태 쪽으로 일어난다"는 말로 요약될 수 있다. 그리고 일단 엔트로피가 가장 큰 형상(거시상태)에 이르면 더 이상 형상의 변화는 일어나지 않는다.

이러한 개념들을 활용해, 하나의 고립된 물리적 대상 계에 적용되는 열역학 법칙들을 다시 한번 정리해보자. 이것이 고립되었음은 이 대상과 외부 사이의 물질 및 에너지 출입이 금지되었다는 뜻이며, 이때 대상 자체가 어떻게 변하더라도 이것이 지닌 에너지의 총량이 일정하다는 것이 '열역학 제1법칙'이다. 이는 입자들 사이의 상호작용을 통해 에너지가 서로 간에 이동할 수는 있지만, 에너지가 발생하거나 소멸될 수는 없다는 동역학의 원리에 따른 결과다.

반면, 이 대상 계가 설혹 고립되어 있다 하더라도 그 엔트로피의 총량은 변화될 수 있다. 대상 내부의 에너지 이동을 비롯해 어떤 내적 교란이 발생할 때, 이것이 지닌 동역학 상태 곧 미시상태는 동역학적 법칙에 따라 무수히 많은 전환을 겪을 수 있다. 이리하여 이 미시상태는 한 형상(거시상태)의 영역에서 다른 형상의 영역으로 끊임없는 전환이 이루어지겠지만 엔트로피가 큰 형상의 영역으로 들어설수록 그 영역 밖의 미시상태로 전환될 확률은 점점 줄어든다. 결국 가장 엔트로피의 값이 큰 형상에 머물게 되는데, 이것이 곧 열역학 제2법칙이다.

온도의 의미와 그 활용

이러한 원리를 활용해 물이 얼거나 녹는 현상을 설명해보자. 그런데 이를 위해서는 몇 가지 중요한 개념을 더 설정할 필요가 있다. 그것이 바로 온도의 개념과 자유에너지의 개념이다. 이들 모두 앞에 설명한 내부에너지와 엔트로피 개념을 바탕으로 정의될 수 있는 것들이지만, 이러한 정의를 위해서는 위에 고려한 '고립된 물리계'를 두 부분으로 나누어 우리의 대상 계를 다음과 같이 조정할 필요가 있다.

지금 방 안에 (그릇에 담긴) 물이 있고 그 주변을 공기가 둘러싸고 있다고 하자. 이 경우 우리의 주된 관심 대상은 물이지만 이 물은 고립계가 아니라 주변의 공기와 에너지를 주고받을 수 있다. 그리고 논의의 편의상 물과 공기를 담고 있는 방 전체가 고립된 물리계를 이룬다고 가정하자. 이러할 경우, 고립된 물리계는 두 부분 즉 관심의 대상이 되는 대상 계(예를 들어 그릇에 담긴 물)와 그것과 에너지 교환이 가능한 배경 계(예를 들어 주변의 공기)로 구성되어 있는 셈이다.

이 경우 우리는 대상 계(물)와 이를 둘러싼 배경 계(공기)를 합한 전체 계에 앞서 논의한 '변화의 원리'를 적용할 수 있다. 즉 이들 전체의 내부에너지는 일정하며 이들 전체의 엔트로피는 늘어나는 방향 곧 그 정교성이 줄어드는 방향으로만 변하게 된다. 여기서 중요한 점은 대상 계(물)만의 엔트로피는 그 배경 계(공기)와의 관계에 따라 늘어날 수도 줄어들 수도 있다는 것이다. 다시 말해 배경 계와 에너지를 주고받음으로써 배경 계의 엔트로피를 일정량 높이면 (전체 엔트로피가 낮아지지 않는 범위에서) 대상 계 자체의 엔트로피는 그만큼 낮아질 수도 있다는 이야기다.

이러한 가능성을 좀 더 구체적으로 논의하기 위해서는 에너지(이것은 내부에너지를 말하나, 편의상 그냥 에너지라 부르기로 한다)와 엔트로피 사이의 관계에 대해 조금 생각해볼 필요가 있다. 일반적으로 어느 주어진 물리계의 에너지가 증가하면 그것에 허용되는 미시상태의 수가 매우 가파르게 증가한다. 즉 운동의 여지가 많아지기에 서로 다른 운동을 나타낼 상태들의 수가 그만큼 더 늘어나는 것이다. 그렇다면 우리는 이제 어떤 대상에 대해 그 에너지가 단위 에너지 ΔU만큼 증가할 때 그것의 엔트로피의 증가량 ΔS는 얼마나 될까를 물을 수 있고, 그렇게 해서 얻은 비율 곧 $\Delta S/\Delta U$라는 값이 어떤 의미 있는 물리량이 될 수도 있으리란 생각을 해볼 수 있다. 사실상 이 값은 대단히 중요한 의미를 가지는데, 바로 우리가 피부로 느끼는 온도와 관련된 양이다. 그런데 불행히 우리는 이 중요한 개념을 미리 알지 못했고 우리가 경험적으로 느낀 온도 T를 별도로 개념화해 그 단위와 기준점까지 설정해놓았다. 이것이 절대온도인데 그 단위는 섭씨온도의 단위와 같고 기준점은 영하 273℃를 0도로 설정해놓았다. 그런데 뒤늦게 알고 보니 이렇게 설정된 절대온도 T가 바로

$$T = \frac{1}{\Delta S / \Delta U} \tag{5-2}$$

에 해당하는 값이었다.

이것은 사실 대단히 중요한 발견인데, 사람들은 아직도 이 발견의 중요성을 잘 의식하지 못하고 있다. 그래서 잠깐 이 식의 의미를 구체적 경험 현상과 연결해 살펴보고 지나가자. 우리가 내 손의 온도보다 훨씬 더 높은 온도를 지닌 냄비를 만지면 뜨겁다고 느끼게 되는데, 이것은 냄비가 지닌 $\Delta S/\Delta U$의 값이 내 손이 지닌 $\Delta S'/\Delta U$의 값보다 훨씬 작다는 뜻이다. 이는 곧 ΔU만한 에너지가 내 손에서 냄비로 갈 때, 냄비의 엔트로피가 증가하는 값 ΔS는 내 손에서 감소한 엔트로피 $\Delta S'$보다 월등하게 작다는 뜻이다. 그렇게 되면 전체 엔트로피가 감소하는 결과가 되니, 그런 에너지 이동은 불가능하며, 반대로 ΔU만한 에너지가 내 손으로 들어오면 전체 엔트로피는 크게 증가할 상황이니 자연 계는 이 방향의 에너지 흐름을 일으키려 할 것이다. 이는 곧 순간적으로 내 손가락 방향으로 에너지가 쏟아져 들어옴으로써 내 세포들을 크게 손상시킬 것이니 내 감각 체계는 이를 경고해 "뜨겁다!"고 비명을 치게 만드는 것이다. 즉 인류가 수백, 수천만 년을 통해 "뜨겁다!"는 비명을 질러왔겠지만, 이것이 지닌 진정한 의미는 (5-2)식을 통해 비로소 이해하게 된다.

우리가 온도를 이렇게 이해하고 나면 단순히 온도만을 측정해 원자 내의 전자들이 어떤 양자역학적 상태에 있는지를 파악하는 데 큰 도움을 얻을 수 있다. 예를 들어 제4장에서 보았던 수소원자의 경우 이 안의 전자가 가질 수 있는 에너지 값들은 (4-35)식에 의해

$$E_n = -13.6\text{eV}(\frac{1}{n^2}) \ \ (\text{n} = 1, 2, 3, \cdots) \tag{5-3}$$

로 주어진다. 즉 수소원자 내의 전자는 이들 에너지 값 가운데 어느 한 에너지를 가지는 상태에 놓여 있다. 그렇다면 우리는 실제 전자가 이들 가운데 어느 에너지를 가진 상태에 있는지를 어떻게 아는가? 이것을 알아낼 방법이 없다면 이러한 논의 자체가 무의미할 것이며, 이것이 어디에 있는지를 막상 측정해내기도 쉽지 않다. 이러한 경우 우리는 이 원자가 놓인 주변의 온도만 알면 이것이 어떤 에너지를 가진 상태에 있는지를 최소한 확률적으로 추정할 수 있다.

이제 원자가 놓인 주변 계의 엔트로피를 S라 하자. 우리는 앞에서 엔트로피는 에너지 U의 함수라고 했다. 그런데 만일 이 원자가 E_i라는 에너지 상태를 점유하게 되면 주변 계의 에너지 값은 $U-E_i$가 될 것이며, 따라서 에너지의 함수로서의 엔트로피 값 또한 $S(U-E_i)$가 될 것이다. 그런데 주변계 전체의 에너지 U에 비해 원자가 점유한 에너지 E_i는 월등히 작을 것이므로, 이를 다음과 같이 전개할 수 있다(권말 부록 A.12 참조).

$$S(U-E_i) = S(U) + (\Delta S / \Delta U)(-E_i) + \cdots = S(U) - \frac{E_i}{T} + \cdots \tag{5-4}$$

한편 엔트로피 S는 이 거시상태에 해당하는 미시상태의 수 W와 (5-1)식에 의해 관계되므로 이를 W에 대해 풀어보면 $W = e^{S/k}$에 해당하며, 여기에 (5-4)식의 S 값을 대입하면

$$W(U-E_i)=e^{\frac{S(U)}{k}-\frac{E_i}{kT}} \tag{5-5}$$

와 같은 결과를 얻는다. 다음에는 이 원자가 E_j라는 에너지 상태를 점유했다고 보고 같은 논의를 진행하면 우리는 (5-4)식에서 E_i 대신 E_j로 바꿔놓은 결과를 얻는다. 그런데 원자가 이러한 에너지들을 가지게 될 확률은 각각 이에 대응하는 계 전체의 미시상태의 수 $W(U-E_i)$와 $W(U-E_j)$에 비례할 것이므로, 원자가 이들 에너지를 점유하는 상태들에 있을 확률 $P(E_i)$와 $P(E_j)$의 비는

$$\frac{P(E_j)}{P(E_i)}=\frac{W(U-E_j)}{W(U-E_i)}=e^{-\frac{E_j-E_i}{kT}} \tag{5-6}$$

가 될 것이다. 이제 E_i와 E_j에 해당하는 값으로 (5-3)식에 나타난 가장 낮은 두 에너지 $E_1=-13.6\text{eV}$, $E_2=-3.4\text{eV}$를 넣고 kT의 값으로 상온에 해당하는 (1/40)eV를 대입하면

$$\frac{P(E_2)}{P(E_1)}=e^{-408}$$

이 되어 거의 0에 가깝다. 이는 곧 상온에서 수소원자 내의 전자는 가장 낮은 에너지를 가지는 상태에 있을 확률이 나머지 다른 상태에 있을 확률에 비해 결정적으로 크므로 바닥 에너지 상태에 있다고 보아도 된다는 점을 말해주고 있다.

이 맥락에서 잠깐 (5-2)식과 클라우지우스의 엔트로피 정의의 관계

를 살펴보자. (5-2)식을 조금 변형해 ΔS에 대해 풀면

$$\Delta S = \frac{\Delta U}{T} \tag{5-7}$$

곧 클라우지우스의 엔트로피 정의가 된다. 이 식은 온도 T를 알고 있는 물체에 열(에너지)이 ΔU만큼 가해질 때 그 물체의 엔트로피가 얼마나 커지는지를 산출하는 데 매우 유용하다. 하지만 엔트로피 개념이 아직 없는 상황에서 이 식을 엔트로피의 정의로 삼을 때, 우리가 〈역사 지평〉에서 언급했듯이 엔트로피가 무엇인지 도무지 파악하기가 어려워진다. 그런 점에서 엔트로피 개념에 대한 볼츠만의 기여는 말할 수 없이 크다.

자유에너지와 '변화의 원리'

지금까지 거시상태들 사이의 전환을 말해주는 변화의 원리를 에너지와 엔트로피 개념을 중심으로 살펴봤다. 그런데 이러한 변화의 원리는 '자유에너지'라는 개념을 통해 좀 더 편리한 형태로 바꾸어 서술할 수 있다. 이제 고립된 전체 계를 우리의 관심 대상인 대상 계와 이를 둘러싼 배경 계로 나누고, 대상 계의 에너지를 U, 그 엔트로피를 S로 표기하자. 그리고 이 대상 계가 놓인 배경 계의 에너지와 엔트로피를 각각 U_0와 S_0라 할 때, 이 배경 계의 온도 T는 $1/T = \Delta S_0 / \Delta U_0$의 관계

를 통해 주어진다. 여기서 우리는 대상 계의 자유에너지 F를 다음과 같이 정의한다.

$$F=U-TS \tag{5-8}$$

이 정의에 따르면 자유에너지가 변한다는 것은 곧

$$\Delta F=\Delta U-T\Delta S=T(\frac{\Delta U}{T}-\Delta S)=T(\Delta U\Delta S_0/\Delta U_0-\Delta S)$$

에 해당하는데, 열역학 제1법칙에 의해 $\Delta U=-\Delta U_0$ 이므로

$$\Delta F=-T(\Delta S_0+\Delta S)$$

가 된다. 한편 열역학 제2법칙에 따라 $\Delta S_0+\Delta S\geq 0$ 이고 T는 항상 0보다 크므로 자유에너지의 변화는 항상 줄어드는 쪽, 즉

$$\Delta F\leq 0 \tag{5-9}$$

의 관계가 만족하는 쪽으로만 발생한다.

이 원리를 활용하면, 물은 왜 상온에서는 액체로 있고, 또 0℃(절대온도 273K) 이하가 되면 고체가 되는지를 설명할 수 있다. 자유에너지는 위의 정의에서 보다시피 온도 T의 함수인데, 물의 경우 상온에서는 액

체 형상의 자유에너지가 최소로 되고, 영하(273K 이하)의 온도가 되면 고체 형상의 자유에너지가 최소로 되기 때문이다. 이제 얼음이 녹아 물이 되는 경우를 생각해보자. 이때 주변에서 유입되어야 할 에너지가 ΔU라 하고 이에 수반해 증가된 엔트로피가 ΔS라고 하자. 그러면 이때 변화된 자유에너지는

$$\Delta F = \Delta U - T\Delta S$$

가 되는데, 변화의 진행방향은 항상 이것이 줄어드는 방향 곧 $\Delta F \le 0$을 만족해야 하므로 이때의 온도 T는

$$T \ge \Delta U / \Delta S$$

의 조건을 만족해야 한다. 따라서 우리가 물과 얼음 사이의 에너지 차이와 엔트로피 차이를 산출해낼 수 있다면, 어느 온도에서 얼음이 녹을지도 예측할 수 있다.

이처럼 자유에너지 개념을 활용하면 고립된 계 전체의 엔트로피 변화를 따로 계산하지 않고도 대상 계 자체만의 에너지와 엔트로피, 그리고 주변의 온도만을 알면 대상 계의 변화가 어느 방향으로 진행할지를 알 수 있다.

여기서 우리는 우리의 감각이 왜 온도에 그리 예민한지에 대해 한 가지 흥미로운 상상을 해볼 수 있다. 우리 몸의 생리는 수많은 화학변

화들을 통해 지탱되고 있는데, 이러한 화학변화들은 대부분 주변 온도에 결정적으로 의존한다. 즉 정상적인 온도에서는 자유에너지가 높은 A에서 이것이 낮은 B쪽으로 진행되어야 할 반응이, 온도가 달라지면 각각의 자유에너지가 달라져 오히려 B에서 A쪽으로 진행할 수도 있는 것이다. 이러할 경우 생리가 역행해 우리는 생존에 어려움을 겪게 될 것이며, 이를 방지하기 위해 진화과정에서 우리가 온도를 감지해 즉각 대응하도록 우리의 본능에 이를 각인시켜놓은 것이다.

이로써 우리는 자연계의 여러 형상들이 어떻게 변해나갈지를 이해할 기본 이론을 갖추었다. 즉 어떤 대상 계의 자유에너지를 몇몇 변수들의 함수로 표현해냈다고 할 때, 이 변수 공간에서 자유에너지 값이 작아지는 방향으로만 변화가 일어나고 더 이상 작아질 수 없는 최소치에 도달하면 바로 해당 변수의 값들로 구성된 형상에 머무르게 된다.

이제 이러한 논의를 요약하면 통계역학에서는 〈심학 제5도〉에 표시한 바와 같이 처음 거시상태에서 나중 거시상태로 변해가는 모습을 변화의 원리 $\Delta F \leq 0$를 통해 이해하려는 것이며, 이러한 원리는 다시 미시상태와 거시상태의 관계, 그리고 엔트로피와 자유에너지 개념에 바탕을 둔다고 할 수 있다.

〈심학 제5도〉

통계역학

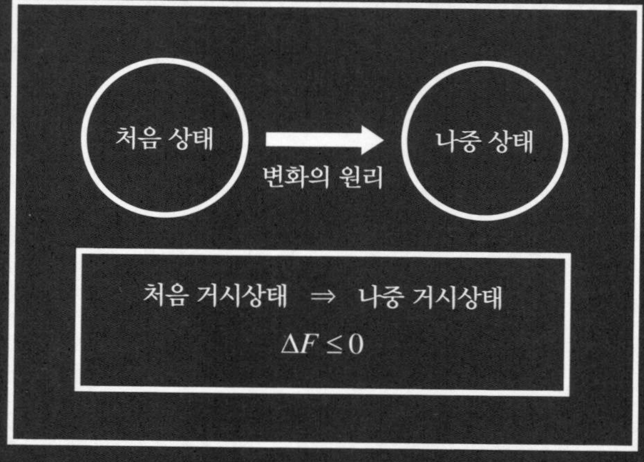

엔트로피: $S = k \log W$

절대온도: $T = 1 / (\Delta S_0 / \Delta U_0)$

자유에너지: $F = U - T \cdot S$

해설 및 성찰

위의 논의에 따르면 자연 계에 존재하는 대상 계들은 그것들이 놓일 미시상태들이 있고 또 이들의 묶음으로 대표되는 여러 형상(거시상태)들이 있으며, 각 형상들이 가질 자유에너지가 주변 온도 T의 함수로 표현될 수 있다. 이러할 경우 처음에 그 대상이 어떠한 형상을 지니고 있었다 하더라도, 미시상태들 사이의 전환 가능성이 열려 있는 한 일단 주변 온도가 결정되고 나면 그 대상은 자유에너지가 낮은 형상 쪽으로 전환되다가 최종적으로는 자유에너지가 가장 낮은 형상에 머물게 될 것이다. 이렇게 된 후 주변으로부터 어떤 변화가 오지 않는 한 더 이상의 변화는 기대할 수 없다. 예를 들어 계절적인 변화로 인해 온도가 달라진다면 이에 따라 그 온도에서 가장 낮은 자유에너지를 지닌 형상 쪽으로 변하게 된다. 물로 예를 들자면 계속 얼었다 녹았다 할 것이며 이러한 변화를 우리는 익히 알고 있다.

그런데 이와 관련해 한 가지 큰 의문이 제기된다. 예를 들어 살아 활동하는 생물들처럼 같은 온도 여건에서도 계속 활동(변화)한다는 것은 더 낮은 자유에너지 상태로 계속 전환된다는 것인데, 이것은 외부로부터 대상 계로 별도의 자유에너지가 공급되지 않는 한 가능하지 않다. 그렇다면 이 자유에너지는 어디서 오는가? 그리고 이러한 현상을 어떻게 서술할 것인가? 적어도 살아가는 존재들에 대해서는 가장 중요하고 본질적인 이 물음에 대해 그간 별로 만족스런 해답을 찾을 수 없었다.

아주 상식적이면서도 직관적인 해답은 우리가 익히 알다시피 음식을 통해서 온다는 것이다. 흔히 '칼로리'라는 단위로 나타내는 음식 속의 '열량'이 바로 이것인데, 이 음식 속의 열량은 또 어디서 오는가? 이렇게 근원을 찾아나가다 보면 결국 햇빛으로 귀착된다. 햇빛에서 오는 에너지가 없으면 음식 속의 열량이 형성될 수가 없다.

그렇다면 햇빛은 과연 어떤 방식으로 이러한 자유에너지를 조달해주는가? 한 가지 확실한 것은 햇빛이 그 진동수에 따라 $\hbar\omega$ 라는 단위로 에너지를 전해준다는 것이며, 그래서 빛이 닿는 지구 표면상의 물체에 얼마만한 에너지를 전해주는지를 우리가 직접 측정해 그 값을 구할 수도 있다. 하지만 이것 자체가 지구상의 어떤 존재물이 활용할 '자유에너지'는 아니다.

그래서 우리는 다음과 같은 두 가지 가능성을 생각해볼 수 있다. 'A. 햇빛이 직접 지구상으로 일정량의 자유에너지를 실어다주는 것인가', 아니면 'B. 에너지만 전달해주는데, 이를 받은, 예컨대 엽록소와 같은, 특별한 기구가 이것을 다른 존재물들이 활용할 수 있는 자유에너지로 전환시켜주는 것인가?' 처음에는 가능성 'A'가 옳으려니 생각하다가, 다시 가능성 'B'가 옳지 않을까 하는 생각이 들어 이 분야의 문헌들을 살펴보았다. 그랬더니 거의 모든 연구자들이 가능성 'B'를 전제로 해 적어도 한 세기 가까이 그 구체적 과정을 설명하려는 시도를 해왔음을 알게 되었다. 그런데 놀랍게도 그 어느 설명도 만족스럽지 않을 뿐 아니라 가장 기본적인 사유에서 일정한 오류를 범하고 있었다.

그리하여 대략 3~4년 전부터 내가 직접 이 문제에 도전한 끝에 가능성 'A'가 옳음을 확인했고, 이 과정 속에서 '일반화된 자유에너지 이론'이라 할 만한 새 이론을 구축해내는 데 성공했다. 최종 결과는 서울대학교 물리천문학부 최무영 교수의 도움을 얻어 2018년 3월 1일자로 물리학 학술지 〈Physica A〉에 발표했는데,• 아직까지는 학술지에 기재된 것 이외에 달리 소개된 바가 없기에 그 주요 내용을 추려 〈부록〉 '제5장 보충 설명'에 수록했다. 이 분야에 대한 전문지식이 없어도 읽을 수 있도록 비교적 상세히 서술했지만, 물리학에 생소한 독자들에게는 논의를 따라잡기에 어려움이 있을 듯해 굳이 읽기를 권하지는 않는다. 대신 아래에서 비유적인 설명을 통해 그 개략적인 의미를 소개하겠는데, 그것으로 부족하다고 느끼는 독자는 이 〈부록〉을 통해 보충해주면 좋을 것이다.

이제 자유에너지의 소모와 공급의 가능성을 생각하기 위해 월급과

• Zhang, H.I. and Choi, M.Y. "Generalized formulation of free energy and application to photosynthesis." *Physica A* 493 (1 March, 2018): 125-34.

생활비가 서로 다른 두 도시를 생각해보자. 도시 A에서는 월급은 많이 받으나 물가가 비싸 생존은 가능하나 전혀 저축의 여지가 없으며 도시 B에서는 월급은 적으나 생활비 역시 적게 들어 역시 생존은 가능하나 저축의 여지가 없다고 생각하자. 도시 A에서 월급을 받은 사람이 그 월급을 지니고 도시 B로 이주할 경우 받은 월급에서 이동 경비를 제한 나머지 돈이 도시 B에서의 월급보다 많다면 그는 그 나머지를 주변에 나누어주고도 생활을 해나갈 수 있다. 바로 이와 비슷한 일을 우리 햇빛이 우리에게 해주고 있다. 여기서 월급을 에너지라 하고 생활비를 온도라 해보자. 햇빛은 태양 표면에서 단위 공간당 에너지를 듬뿍 담고 있지만 온도가 높아 자유에너지 형태로 주변에 나누어줄 여지가 없다. 그러나 지구 주변에 도달하면서 그간 에너지 밀도가 많이 줄기는 했어도 그 자유에너지가 지구 온도에서의 평형 자유에너지(지구상에서 겨우 먹고 살 생계비)보다는 훨씬 크기에 그 여분의 자유에너지를 지구 주변에 뿌려줄 수 있는 것이다. 녹색 식물의 엽록체나 햇빛 발전기는 이 여분을 최대한 활용하려는 도구라 할 수 있다.

이제 (5-8)식으로 정의된 자유에너지를 $F = U_c - TS_c$의 형태로 적어보자. 여기서 U_c와 S_c는 햇빛이 지구에 도달할 때 지닌 에너지와 엔트로피이고 T는 지구 표면의 온도다. 한편 이 온도에서 빛이 지구 표면과 열적인 평형을 이룰 때의 에너지와 엔트로피를 U와 S라 하자. 만일 U_c와 S_c가 각각 U와 S에 해당하는 값을 가진다면, 이 자유에너지는 주변에 아무 도움도 주지 못하는 존재다. 이는 곧 지구상에서 겨우 생계비에 해당하는 수치에 해당한다. 실제로 빛이 지구표면으로 가져온

U_c와 S_c는 태양에서 출발할 때의 값에 비해서는 많이 줄어들었지만(운송비용) 여전히 평형 값들인 U와 S보다는 크기에 이것이 이 평형 값들로 내려가는 과정에서 우리가 원하는 일(혜택)을 해준다. 그러므로 우리는 햇빛이 태양에서 가져온 에너지와 엔트로피 U_c와 S_c를 산출해 이것을 가진 자유에너지가 U와 S를 가진 자유에너지로 낮아지는 과정에서 하는 일을 산출함으로써 활용 가능한 자유에너지의 표현을 얻게 된다.

이렇게 해서 얻어낸 한 가지 중요한 결과는 다음과 같다[〈부록〉 제5장 보충 설명의 (5A-25)식].

$$\eta = 1 - \frac{1+y}{x}\log(1+y) + \frac{y}{x}\log y - \frac{y}{x}\log(1-e^{-x})$$

여기서 η는 지구에 입사한 단위 에너지당 이것이 지닌 자유에너지의 비율이며, x와 y는 각각 $x \equiv \hbar\omega / kT$, $y \equiv \omega^2 / \pi^2 c^2 I(\omega, T_c)$이고, $I(\omega, T_c)$는 빛의 세기를 말하는데, 구체적으로는 각진동수 ω를 지닌 빛이 지구 표면에 와 닿을 때의 세기다. 참고로 말한다면 흥미롭게도 파장별(여기서는 각진동수 ω의 함수로 표시되었음) 빛의 세기의 표현 $I(\omega, T_c)$가 1900년 막스 플랑크가 최초로 양자 가설을 도입해 얻어냈던 바로 그 함수에 해당한다. 그는 온도 T에 있는 뜨거운 물체(흑체)에서 나오는 빛의 세기를 파장별로 표현한 것이었지만, 여기서의 빛은 태양에서 방출된 것인데, 단지 온도 T_c는 태양 표면에서의 온도가 아니라 이 빛이 지구에 막 도달하려는 순간 빛이 지닌 온도다. 이 빛의 온도는 지구까지 오는 과정에서 계속 식어가다가 지구에 도달할 무렵에는 T_c가 된 것이다. 이 T_c의 값은 파장별로 차이가 있는데, 〈부록〉 '제5장 보충 설명'에서 보인 바와 같이 파장 680nm에 해당하는 적색광의 경우 그 값이 대략 1350K가 된다. 태양표면 온도 5760K에서 그만큼 줄어든 것이다.

η의 값을 나타낸 위의 관계식에 따르면 우리가 지표면에 도달하는 빛의 파장별 세기만 관측함으로써 그 빛의 가용률可用率 η를 알 수 있게 되고, 이를 통해 우리가 활용할 수 있는 자유에너지의 총량을 산출할 수 있다. 지금까지 우리는 태양에서 오는 빛 에너지의 총량은 관측을 통해 산정할 수 있었지만, 이 관계식이 나오기 전까지는 이 빛들이 전해주고 있는 자유에너지의 총량을 산정할 방법은 전혀 없었다.

그리고 한 가지 구체적인 사례로 〈부록〉 '제5장 보충 설명'의 (5A-27)식이 보여준 것처럼 광합성에서 가장 많이 사용되는 파장 680nm에 해당하는 적색광의 경우, 이것이 지닌 에너지의 약 76.4퍼센트가 활용 가능한 자유에너지라는 사실을 산출해낼 수 있다. 이 값에 대해서도 지금까지 여러 설들이 있었지만 정확한 이론을 통해 산출된 것은 이것이 처음이다.

여기서 잠깐 이제까지 고찰한 통계역학이 앞의 몇몇 장에서 고찰한 동역학 특히 양자역학과 어떤 관계를 지니는지를 생각해보자. 고전역학에서도 그렇지만 특히 양자역학에서 측정이라는 것은 현실적으로도 매우 민감한 작업이지만 개념상으로도 다루기가 어려운 문제다. 우리가 흔히 처음 상태를 알고 나중 상태를 예측한다고 하지만 처음 상태를 알아내는 것 자체가 간단한 일이 아니다. 더구나 취급 대상이 수많은 원자들로 구성된 복합 계라면 현실적으로 전혀 무망한 일이다.

그런데 여기에 통계역학을 적용할 경우 실질적으로 거의 모든 경우 처음 상태의 설정은 그 대상 주변의 온도 하나 확인하는 것으로 끝난다. 앞에서 본 수소원자의 경우, 수소 내의 전자는 상온에서 가장 낮은 에너지 상태에 있을 확률이 압도적으로 크므로 어느 상태에 있는지를 별도로 측정할 필요가 없다. 그러니까 통계역학이 없었더라면 동역학 특히 양자역학은 거의 활용할 방법이 없었다고 해도 지나치지 않는다.

이것을 조금 더 상징적인 언어로 표현하자면, 양자역학의 그 망나니 같은 성격에 놀란 물리학자들은 이것이 다시 멋대로 흙탕 속에 뛰어들지 않을까 노심초사했지만, 결국 통계역학이란 마술을 통해 길들여보니 그저 온순하게 자연의 순리 곧 열역학 법칙들을 잘 따른다는 이야기가 될 것이다.

이러한 일을 예상이라도 했던 것일까? 곽암선사는 〈심우십도〉의 제5도에 붙인 시에서 다음과 같이 읊고 있다.

> 멋대로 흙탕 속에 뛰어들까 두려워
> 채찍과 고삐를 떼어 놓지 못한다.
> 잘 길들여 온순해지면
> 묶어 매지 않아도 절로 잘 따르겠지.

제6장

소를 타고 집으로 돌아가다

우주와 물질

騎牛迤邐欲還家 羌笛聲聲送晚霞 一拍一吹無限意 知音何必敲脣牙

기우이리욕환가 강적성성송만하 일박일취무한의 지음하필고순아

여섯 번째 여정, 기우귀가騎牛歸家

소를 얻었고 길들였으니 이제 이것을 타고 집으로 돌아가는 즐거움이 남았다. 사실 소를 얻기 전에는 이것이 그토록 놀라운 우주의 모습을 보여줄 줄은 상상도 하지 못했다. 우주 공간이 한 알 수 없는 작은 점에서 출발해 무제한으로 팽창해가며 그 과정에서 놀라운 물질, 다채로운 현상들이 발생하고 사라지고 있으니, 우주의 신비와 이를 찾아낸 인류 지성의 힘에 그저 경탄해 마지않을 뿐이다.

역사 지평

1931년, 당시 미국에 있던 아인슈타인이 무성영화인 〈시티 라이트City Lights〉 시연회에 그 영화의 주인공인 찰리 채플린Charlie Chaplin(1889~1977)과 함께 참석했을 때의 일화다. 이들 두 사람이 함께 청중 앞에 나서자 우레 같은 박수갈채가 쏟아졌다. 이때 채플린은 아인슈타인을 돌아보고 다음과 같이 말했다고 한다. "이 사람들이 나를 환호하는 것은 내가 하는 것을 이해하기 때문이고, 당신을 환호하는 것은 아무도 당신이 하는 것을 이해하지 못하기 때문입니다."•

이 당시 일반 청중들이 아인슈타인이 하는 일을 이해하지 못한 것은 극히 당연한 일이지만, 그들은 적어도 아인슈타인이 위대한 일을 했음을 알고 있었고 그렇기에 아인슈타인이 채플린 못지않은 환호를 받았던 것이다. 그러나 이보다 조금 앞선 1920년대 초만 해도 물리학자들

• Barrow, John D. *The Book of Universes.* New York: Norton&Co, 2011, p.49.

의 상당수가 아인슈타인의 이론을 이해하지 못했을 뿐 아니라 그 이론에 대한 적개심을 공공연하게 표명하고 있었다. 당시의 그런 상황을 잘 대변해주는 사례 하나가 아인슈타인의 노벨상 시상문 안에 적힌 다음과 같은 문장이다.

> 스웨덴 왕립아카데미는 1922년 11월에 개최된 회합에서 … 물리학 분야에서 가장 중요한 발견이나 발명을 이룩한 사람에게 시상하는 1921년도의 상을 이론물리학 분야에서 가장 큰 공헌을 한 알베르트 아인슈타인에게, 특히 광전효과에 대한 법칙을 그가 발견한 공적으로 보아, 상대성이론이나 중력이론이 (결과적으로 확인된 이후에) 인정받게 될지도 모르는 가치와는 무관하게, 수여하기로 결정하였다.

여기서 우리는 두 가지 점을 지적할 수 있다. 첫째는 1921년도 상을 1922년 11월에서야 결정했다는 사실이다. 노벨상 규정에는 수상자를 결정하지 못하는 경우 이를 이듬해까지 유보할 수 있다는 규정이 있으나, 이를 아인슈타인에게 적용했다는 것은 1921년까지 아인슈타인을 염두에 두고서도 혹시 문제가 생길 것을 염려해 결정을 내리지 못했음을 말해주고 있다(비슷한 경우로 1932년 노벨물리학상도 수상자를 확정하지 못하다가 1933년에야 비로소 하이젠베르크로 정해졌고, 1933년에 해당하는 수상자가 슈뢰딩거와 디랙이 되어서, 세 사람이 나란히 스톡홀름에 가기도 했다). 그리고 둘째로는 “상대성이론이나 중력이론이 (결과적으로 확인된 이후에) 인정받게 될지도 모르는 가치와는 무관하게" 수여한다는 것을 명시하고 있다는 점이다. 이 부분이야말로 흥미로운데, 문자대로 보자면 아인슈타인의 가장 중요한 업적을 제외하고 노벨상을 주겠다는 아주 이상한 결정이다. 이것은 혹시라도 상대성이론이나 중력이론이 잘못된 것으로 판명이 날 경우, 자기들에게 돌아올 책임을 회피하겠다는 것으로 그 당시 적어도 일부 학계에서 이 이론을 얼마나 위험시하고 있었는지를 잘 말해주고 있다.

이러한 상황 아래 아인슈타인이 자기 이론을 설득하기 위해 얼마나 어려움을 겪었을지를 짐작할 수 있다. 그러나 모든 사람이 다 그렇게 적대적이거나 어려워했던 것은 아니다. 그 가운데에는 그의 이론을 호의적으로 보고 이를 진지하게 이해하려 노력한 물리학자도 적지않았다. 이제 그 대표적 사례로, 그와 직접 대면해 이를 진지하게 토론한 한 원로 물리학자의 성실하고 인자한 모습이 지성의 아름다움을 잘 표출해주는 역사적 기록으로 남아 있기에, 이를 함께 살펴보기로 한다.

1916년, 그러니까 그가 일반상대성이론을 완성한 직후, 아인슈타인은 그가 가장 존경하는 선배 물리학자인 로렌츠Hendrik Antoon Lorentz (1853~1928) 교수•와 또 그가 가장 신뢰한 친구 에렌페스트Paul Ehrenfest(1880~1934) 교수를 만나기 위해 네덜란드의 라이든 대학을 방문했다. 당시 아인슈타인은 37세의 장년이었고, 로렌츠는 이미 예순

• 그는 X-선을 발견한 뢴트겐Wilhelm Konrad Röntgen(1845~1923)에 이어 두 번째로, 그리고 이론물리학자로는 처음으로, 노벨 물리학상을 받은 사람이다.

을 넘어섰을 때였으나 학문적 관심은 조금도 줄어들지 않은 상태였다. 에렌페스트와 함께 아인슈타인은 로렌츠의 자택을 방문했는데, 당시 이들이 만나는 모습이 에렌페스트에 의해 다음과 같이 생생하게 포착되었다.•

> 늘 지켜온 방식대로 로렌츠는 우선 저녁식사를 하는 자리에서 아인슈타인으로 하여금 따뜻하고 유쾌한 호의적 분위기에 휩싸이도록 해주었다. 그러고 나서 우리는 천천히 로렌츠의 안락하고 간소한 서재로 올라갔다. 귀빈을 위한 아주 좋은 안락의자가 큰 연구용 테이블 옆 자리에 조심스럽게 놓여 있었다. 조용하고 또 어떠한 초조감도 일어나지 않도록 손님을 위해 담배가 마련되어 있었다. 그러고 나서야 로렌츠는 조용히 중력장 내에서 빛이 굽어진다는 아인슈타인의 이론에 관해 매우 세련된 질문을 해나갔다. 아인슈타인은 안락의자에 편안히 앉아 담배를 피우며 즐겁게 고개를 끄덕이면서 이야기에 귀를 기울였다. 아인슈타인은 그의 논문에서 독자들에게 더 직접적이고 수월한 방법으로 내용을 이해시키기 위해 그가 극복해야만 했던 모든 커다란 문제점들을 로렌츠가 그의 논문을 검토함으로써 대가답게 재발견해낸 데 대해 기쁨을 감추지 않았다. 그러나 로렌츠가 말을 더 계속해나감에 따라 아인슈타인은 담배를 뿜는 횟수가 줄어들었고, 안락의자에서 몸

• Kline, Martin J. *Paul Ehrenfest.* pp.303-4;《아인슈타인》II, 126~127쪽.

을 바로 세워가며 이야기에 신경을 집중하게 되었다. 그가 말을 마쳤을 때, 아인슈타인은 로렌츠가 말하면서 종이 위에 보조적으로 기록한 수식들을 몸을 굽혀 들여다보았다. 담배는 이미 버렸고, 아인슈타인은 생각에 잠긴 채 자기 오른쪽 귀를 덮고 있는 머리카락들을 손가락으로 만지작거렸다. 한편 로렌츠는 완전히 명상에 빠진 아인슈타인을 바라보며 미소를 띠우고 있었는데, 이는 마치 한 아버지가 특별히 사랑하는 아들에게 호두를 하나 내주고는 그 아들이 이것을 틀림없이 깨기는 깰 텐데 어떤 방법으로 깨는가를 열심히 지켜보는 바로 그런 태도였다. 한참 시간이 흐르고 나서 아인슈타인은 갑자기 머리를 번쩍 들더니, 즐거운 표정으로 "됐습니다!"라고 했다. 그러고 나서도 얼마 동안은 서로 말을 가로채어가며 몇 마디 주고받으며 부분적인 의견 차이도 있었으나 이것은 곧 급속도로 해명되어나갔고, 급기야는 서로 간에 완전한 이해에 도달했다. 그러고 나서 두 사람은 즐거운 눈으로 새 이론의 이 번쩍이는 보배들을 들여다보고 있었다.

그러나 바로 이 시점까지도 새 이론의 이 '번쩍이는 보배들'이 곧 이어 얼마나 놀라운 결과를 가져올지에 대해, 로렌츠나 에렌페스트는 물론, 아인슈타인 자신도 미처 상상하지 못했을 것이다.

이 일이 있은 지 일 년이 채 지나지 않은 1917년 2월, 그는 이를 다시 우주 전체에 적용함으로써 현대우주론의 새로운 단초를 열어주었다. 오늘날 우리는 우주의 공간 자체가 138억 년 전(오차 범위 ±1억 년)

에 하나의 점에서 출발해 점차 팽창해가고 있다는 것을 하나의 상식으로 여기지만, 이 시기만 해도 이러한 생각들은 상상조차 할 수 없는 일이었다. 실제로 1917년 아인슈타인의 논문은 우주가 팽창하고 있다는 결과를 보여주고 있었으나, 너무도 놀란 아인슈타인은 이것을 막기 위해 임의의 상수常數 항을 하나 도입함으로써 정지한 우주가 되도록 인위적으로 이론을 다듬었는데, 후에 그는 이것을 "내 생애 최대의 과오the biggest blunder of my life"였다고 자책하기에 이르렀다.

이제 그 내용에 대해 조금 더 자세히 살펴보기로 하자. 우리는 앞서 제3장에서 질량의 분포가 주변의 시공간을 휘게 한다는 아인슈타인 방정식을 소개받았는데, 이것을 다시 우주 전체에 적용하려면 우주 내의 물질 분포가 대략 어떠하리라고 하는 것을 미리 알고 있어야 한다. 그런데 이것을 처음부터 정확히 알지 못하므로 여기에 해당하는 몇 가지 합당한 여건들을 전제하고 이 방정식을 풀게 된다. 그러니까 아인슈타인의 방정식은 이 여건들을 어떻게 잡느냐에 따라 어떠한 형태의 우주가 가능한지를 우리에게 말해주며, 이 여건들에 대한 정보가 점점 더 구체화되는 데에 따라 이것이 말해주는 우주의 모습도 점점 더 현실에 가까운 것이 된다.

당연히 아인슈타인이 우주방정식에 처음 착수하던 1917년에는 이러한 정보들이 매우 부족했고, 따라서 그는 매우 일반적인 한 가지 가정에서 출발했다. 즉 우주의 물질분포는 어느 위치에서나 그리고 어느 방향으로나 거의 동일하며, 우주의 모든 위치는 모두 대등하다는 가정이다. 후에 '우주론적 원리cosmological principle'라고 불리게 될 이 가정은 우주의 중심이 따로 없다는 것을 함축한다. 우주가 유한할 경우 이 가정은 언뜻 부적절한 것으로 보이지만, 실제로 우주의 공간이 4차원의 구면球面을 형성한다면 가능한 일이다. 예를 들어 공의 표면은 3차원 구면을 이루는데, 이 공의 표면 위에 있는 모든 위치는 서로 대등함을 알 수 있다. 공의 표면은 물론 2차원 공간이지만, 4차원 구의 표면은 3차원 공간이면서 여전히 모든 위치가 대등할 수 있다.

이러한 가정 아래 그의 방정식을 풀어본 결과, 놀랍게도 이것이 정지해 있지 않고 팽창(또는 수축)해야 한다는 결과가 나왔다. 시간 공간이 4차원을 형성하고, 이것이 질량분포에 따라 휘어진다는 것까지 수용한 아인슈타인이지만, 아무런 증거도 없이 우주가 팽창한다는 사실까지 받아들일 수는 없었다. 그래서 아인슈타인은 자신의 방정식 안에 다른 데에는 영향을 미치지 않으면서 오직 우주가 정지해 있도록 해줄 상수 항 하나를 더 첨부해, 이른바 '정지 우주방정식'을 만들어냈다.

사실 아인슈타인의 일반상대성이론을 이해하는 것은 그만큼 어렵고, 더구나 이것을 활용해 우주방정식을 만들어내는 것은 더욱 어려운 일이다. 하지만 일반상대성이론이 발표되고 얼마 되지 않아 이를 이해하는 사람들이 나왔고 곧이어 이를 우주론에 적용한 사람들이 생겨났다. 그 가운데 하나가 러시아의 수학자이며 기상학자였던 알렉상드르 프리드만Alexander Friedmann(1888~1925)이다. 한때 에렌페스트에게서 상대성이론 강의를 들었던 그는 아인슈타인과는 독립적으로 제한적 형태이기는 하나 아인슈타인의 우주방정식을 있는 그대로 푸는 데 성공했고, 이를 통해 우주가 팽창(또는 수축)하고 있음을 정직하게 제시함으로써 우주의 팽창을 이론적으로 예측한 최초의 사람이 되었다. 그러나 애석하게도 그는 1925년 37세라는 젊은 나이에 서거해 1929년 우주가 실제로 팽창하고 있다는 관측상의 증거가 발표됨을 생전에 확인하지 못하고 말았다.

이후 많은 사람들이 이러한 선례를 이어받아 여러 현실적 조건들을 가미한 우주방정식을 탐구함으로써 현대 우주론은 과거에는 전혀 상상도 할 수 없었던 새로운 신비를 파헤치는 데 크게 기여하고 있다. 그런데 이러한 이론적 탐구의 배경에는 20세기 이후 우주의 거시적 구조와 관련해 전혀 뜻하지 않았던 두 가지 관측 사실이 있어 탐구를 해나가는 데 있어 결정적인 역할을 하며 뒷받침해주고 있다. 그 중 하나가 1929년 허블Edwin Hubble (1889~1953)이 발견한 "먼 은하들일수록 더 빨리 멀어진다"는 이른바 허블-르메트르의 법칙이며•, 다른 하나가 1964년 펜지어스Arno A. Penzias와 윌슨Robert W. Wilson이 우연히 관측하게 되었던 우주배경복사다.

본래 시카고 대학에서 수학과 천문학을 공부했던 허블은 다시 옥스퍼드 대학에 들어가 법학을 공부한 후 자기 아버지의 뒤를 이어 변호사 생활을 시작하며 과학과는 전혀 다른 길을 걸었다. 하지만 얼마 안 되어 이를 청산하고 본격적인 천문학자의 길로 들어섰다. 1919년 허

• 본래 '허블의 법칙'이라 불렸던 이 법칙이 2018년 10월 국제 학회의 합의에 따라 공식적으로 '허블-르메트르의 법칙'으로 개칭되었다. 사실 조르주 르메트르Georges Lemaitre는 허블보다 2년 앞선 1927년 사실상 동일한 결과를 발표했으나, 학계에 뒤늦게 알려짐에 따라 그간 그 공적을 인정받지 못해왔다.

블은 당시 세계 최대의 망원경이었던 100인치 망원경이 설치된 마운트 윌슨 천문대에 들어가 성운들을 관측하기 시작했다. 그는 별의 크기가 일정하면서도 밝기가 주기적으로 변하는 세페이드 변광성을 이용해 먼 은하들까지의 거리를 밝혀냄과 동시에 먼 은하들에서 오는 빛들이 거리가 멀면 멀수록 더 심한 적색이동赤色移動, red shift를 보여준다는 사실을 발견했다. 한편 적색이동이라고 하는 것은 별빛의 스펙트럼 전체가 긴 파장 쪽으로 이동하는 것을 말하는데, 이것은 일종의 도플러 효과로서 그 별이 빠른 속도로 멀어지고 있음을 뜻한다. 그가 관측을 시작한 지 10년이 지난 1929년에 이르러, 그는 이러한 관측 사실들을 종합해 허블의 법칙 곧 거리가 먼 은하일수록 더욱 빨리 멀어진다는 거리-속도 사이의 일반적인 관계를 제안했다. 곧이어 이렇게 되는 것은 개별 은하들의 우연한 운동 때문일 수가 없으므로 적색 이동이야말로 이들을 싣고 있는 우주의 공간 자체가 팽창하기 때문이라는 우주팽창설의 결정적 단서로 인정받게 되었다.

한편 펜지어스와 윌슨의 우주배경복사 발견은 좀 더 우연한 계기에 이루어졌다. 1964년 펜지어스와 윌슨은 함께 벨연구소에 근무하면서 인공위성인 에코 I 을 추적하려고 극초단파 안테나를 사용해 전 하늘로부터 오는 전파 신호를 측정하고 있었다. 그러다가 이유 없이 파장 7cm 근처에서 잡음이라 생각되는 신호들이 지속적으로 감지되어 고민을 하고 있었는데, 뒤늦게 이것이 우주의 전 공간에 떠도는 우주배경복사Cosmic Background Radiation라는 사실을 확인함으로써 결과적으로 현대 우주론에 큰 기여를 하게 된다. 사실은 이보다 일찍이 물리학자 가모프George Gamow(1904~1968)가 우주가 뜨거운 대폭발을 통해 출발했다면 그 진행 과정의 일부로 물질과의 열평형에서 분리된 초기 빛들의 흔적이 일부 남아 있을 것이라고 추정했다. 빅뱅이 일어난 후 처음 얼마 동안에는 빛과 물질 입자 특히 전자와의 강렬한 상호작용으로 인해 빛의 수명이 길지 않았으나, 일단 전자들이 수소 원자핵이나 헬륨 원자핵과 결합해 중성 원자를 이루게 되면 빛이 전자와 에너지를 주고받기 어려워져 공간을 자유롭게 떠다니게 되고, 그렇게 해서 지금까지 남아 있는 빛이 바로 이 우주배경복사라는 것이다. 그리고 가모프는 이렇게 떠도는 빛이 그간의 우주팽창으로 인해 지금은 절대온도 수K 정도의 온도에 해당하는 스펙트럼의 형태를 가지게 되리라 예상했다. 그런데 실제로 펜지어스와 윌슨이 관측한 배경복사가 바로 2.7K 온도에 해당하는 스펙트럼(최고의 세기를 가진 파장이 대략 7cm 근처)을 지니는 것이었다. 실제로 이 우주배경복사는 초기 우주에 관한 중요한 정보들을 함축하고 있다. 예컨대 이것이 방향에 따라 어떤 미세한 차이를 가지느냐에 따라 초기 우주의 물질 분포가 어느 정도 균일했느냐를 가늠해볼 수 있다.

내용 정리

이 장에서 정리할 내용은 크게 두 가지다. 첫째는 우주의 공간이 시간에 따라 어떻게 팽창하고 있느냐 하는 것이고, 둘째는 그러한 우주 공간의 팽창에 따라 우주의 배경 물질인 빛의 밀도가 줄어들어 온도가 급격히 내려갈 것인데, 이로 인해 나머지 모든 물질들의 다채로운 여러 형상들이 어떻게 출현하는가 하는 점이다. 이 두 가지가 모두 지극히 신비하고 놀라운 일들이나 다행히 우리는 이를 다룰 수 있는 일반 상대성이론과 동역학 이론 그리고 통계역학 이론을 지니고 있어서 이를 그저 경탄 속에 관망만 할 것이 아니라 이해를 추구해나갈 수 있게 되었다. 그리고 이러한 이해는 또 다시 그 안에 숨어 있던 놀라운 질서와 조화를 노출시켜줌으로써 우리를 점점 더 신비의 심연 속으로 끌려 들어가게 해준다.

아인슈타인의 우주방정식

먼저 아인슈타인의 우주방정식이 실제 우주에 대해 어떤 말을 해주고 있는지를 좀 더 자세히 살펴보기로 하자. 이것은 제3장에서 잠깐 논의한 일반상대성이론에 바탕을 두고 있다. 제3장 (3-27)식에서 이미 본 바와 같이, 휘어진 시공간 안에 있는 인접한 두 점 사이의 거리 ds는

$$ds^2 = g_{\mu\nu} dx^\mu dx^\nu \quad (6\text{-}1)$$

의 형태로 표현된다. 여기서 메트릭 텐서 $g_{\mu\nu}$는 시공간이 휘어진 정도 즉 유클리드 공간에서 벗어난 정도를 나타내는 계수들이다.

그러나 이 메트릭 텐서는 주변 물질분포에 따른 시공간의 국소적 상황을 나타낸 것이어서 우주 전체의 시공간 구조를 파악하기 위해서는 좀 더 단순한 조건을 부가해 이 텐서가 가지게 될 구조적 형태를 먼저 설정하고 이에 맞는 최선의 값을 추구할 필요가 있다. 이를 위해 흔히 도입되는 조건이 이른바 '우주론적 원리'다. 우주론적 원리를 한마디로 정리하자면 우주는 모든 시점에서 어떤 선호된 방향을 가지지 않는다는 것 즉 우주의 모든 방향은 대등하다는 것이다. 이 조건은 우주의 좁은 영역에서는 성립하지 않는다. 예를 들어 우리 은하 규모의 공간을 보면 많은 별들이 우리 은하 중심부 방향으로 몰려 있어서 방향에 따라 물질분포가 대등하지 않다. 그리고 이 은하들은 다시 은하단이라고 하는 더 큰 규모의 은하 무리들을 이루고 있다. 그러나 수백 개 정도

의 은하단이 분포된 공간을 단위로 우주를 보면 이들은 거의 어느 방향으로나 대등한 분포를 이루고 있다. 따라서 우리가 보려는 시공간의 구조는 '우주론적 원리'가 적용되는 이 정도 규모의 공간에 대한 이야기가 된다.

이러한 조건을 부가할 경우 메트릭의 공간 부분은 어느 지점에서나 균일한 곡률을 가지게 될 것이고, 이 점을 감안할 때 (6-1)식의 공간 부분은 다음과 같이 표현할 수 있다.

$$dl^2 = \frac{dr^2}{1-kr^2} + r^2\left(d\theta^2 + \sin^2\theta d\phi^2\right) \tag{6-2}$$

여기서 dl은 3차원 공간 거리를 나타내며, r,θ,ϕ는 다음과 같은 방식으로 정의된 구면좌표계의 변수들이다.

$$x = r\sin\theta\cos\phi,\ y = r\sin\theta\sin\phi,\ z = r\cos\theta \tag{6-3}$$

위의 (6-2)식에서 만일 $k = 0$이면, 휨이 없는 공간 즉 유클리드 공간에 해당한다. 이는 곧 k값이 공간의 곡률을 나타내는데, 이것이 0보다 크냐, 작으냐에 따라 타원elliptic 곡률 혹은 쌍곡선hyperbolic 곡률을 가지게 된다.•

• 구면 좌표계와 곡률에 대해서는 예컨대 다음 문헌을 참고할 것.
Ryden, Barbara. *Introduction to Cosmology.* 2nd ed. Cambridge University Press, 2017, pp.40-1.

메트릭의 공간 부분이 이렇게 정해지면, 시간을 포함한 전체 메트릭은 다음과 같은 이른바 로버트슨-워커 메트릭Robertson-Walker metric 형태로 설정할 수 있다.

$$ds^2 = a^2(t)[\frac{dr^2}{1-kr^2} + r^2\left(d\theta^2 + \sin^2\theta d\phi^2\right)] - c^2dt^2 \qquad (6\text{-}4)$$

여기서 계수 $a(t)$는 시간에 따른 공간의 팽창 혹은 수축을 나타내는 인자로서 '우주의 규모 인자cosmic scale factor'라 불린다.

이렇게 메트릭의 형식이 설정되고 나면 우주의 시공간 구조의 문제는 규모 인자 $a(t)$를 찾아내는 과제로 귀착되는데, 이것을 아인슈타인의 일반상대성이론, 즉 제3장[(3-32)식]에서 소개된 아인슈타인의 방정식인

$$R_{\mu\nu} - \frac{1}{2}Rg_{\mu\nu} = \frac{8\pi G}{c^4}T_{\mu\nu} \qquad (6\text{-}5)$$

이 해결해주고 있다. 앞서 언급했듯이 아인슈타인은 이 방정식을 직접 활용하지 않고 '정지된 우주'를 만들기 위해 여기에 하나의 항을 첨부했는데, 이렇게 만들어진 방정식이 바로

$$R_{\mu\nu} - \frac{1}{2}Rg_{\mu\nu} + \Lambda g_{\mu\nu} = \frac{8\pi G}{c^4}T_{\mu\nu} \qquad (6\text{-}6)$$

이다. 여기에 첨부된 $\Lambda g_{\mu\nu}$ 항은, 흔히 '람다'(Λ) 항이라 불리는데, 그

후에도 기구한 운명을 맞고 있다. 아인슈타인이 “내 생애 최대의 과오”라고 인정하면서 실질적으로 폐기했던 이 항을 요즈음의 학자들은 다시 불러내어 사용하고 있다. 아인슈타인은 정지한 우주를 얻기 위해 이를 도입했었지만, 요즈음에는 우주의 팽창이 가속되고 있음을 설명하기 위해 이 항을 다시 도입하게 된 것이다(물론 Λ에 부여할 수치는 아인슈타인의 값과 다르며 현재 관측되는 팽창 가속도에 맞추어 조정하고 있다). 그리하여 아인슈타인이 만든 것은 쓰레기통에 버린 것조차 유용하다는 농담까지 생겼다.

(6-5)식과 (6-6)식은 4차원 텐서 방정식이므로 원칙적으로 16개($T_{\mu\nu}$가 대칭임을 감안하면 12개)의 방정식을 내포하는 것이지만, 우변의 운동량-에너지 텐서 $T_{\mu\nu}$가 어떤 형태를 지니느냐에 따라 훨씬 간단해질 수 있다. 이제 공간의 물질 분포가 완전 유체(점성이나 열의 흐름이 없다는 가정)라 설정해보면 운동량-에너지 텐서 $T_{\mu\nu}$ 자체가 다음과 같이 매우 간단해진다.•

$$T_{\mu\nu} = \begin{bmatrix} p & 0 & 0 & 0 \\ 0 & p & 0 & 0 \\ 0 & 0 & p & 0 \\ 0 & 0 & 0 & -\rho c^2 \end{bmatrix} \tag{6-7}$$

• 이 표현에 대해서는 예컨대 다음 문헌을 참고할 것.
Lawden, D. F. *An Introduction to Tensor Calculus, Relativity and Cosmology.* 3rd ed. Wiley, 1982, p.57.

여기서 ρ는 질량의 밀도이고 p는 압력을 나타낸다.

이에 반해 (6-4)식으로 주어진 메트릭 형태를 활용해 아인슈타인 방정식의 좌변을 산출하는 일은 그리 간단하지 않다. 이를 위해서는 먼저 (6-1)식과 (6-4)식을 비교해 메트릭 텐서 $g_{\mu\nu}$를 읽어내어야 하며, 이를 통해 (3-29)식으로 주어진 크리스토펠 심벌의 각 성분들을 산출해내야 한다. 그리고 다시 그 결과를 활용해 (3-30)식으로 주어진 리치 텐서의 각 성분들을 계산해낸 후 최종적으로 우변에 주어진 운동량-에너지 텐서 항들과 등치시켜 필요한 방정식들을 찾아내어야 한다. 어느 면에서 이 계산들은 거의 기계적인 작업에 가깝지만, 작업의 양이 많고 그 과정이 매우 번잡해 자칫 한두 곳에서라도 실수가 발생하면 엄청난 혼란을 일으킬 수 있다.

하지만 이 작업을 직접 수행해보지 않으면 언뜻 간단해 보이는 이 관계식들을 피상적으로만 보고 지나감으로써 일반상대성이론의 가장 심오한 관계식과 우주의 팽창이라는 놀라운 사건을 잇는 이 과정을 심정적으로 체득하기 어렵다. 따라서 여기서는 독자들의 시간과 관심이 허락하는 한 이를 직접 수행해주기를 권유하면서 혹시 도중에 잘못된 길로 빠져들 것을 우려해 내 자신이 계산해본 전 과정을 〈부록〉 '제6장 보충 설명'에 상세히 수록한다. 그리고 이를 직접 계산해보지 않을 독자라도 이를 한번 훑어봄으로써 이 수식들이 함축하고 있는 내용이 구체적으로 무엇이었는가를 실감해주기 바란다.

이제 부록에서 산출된 결과를 요약하면 우리는 아인슈타인의 방정식 (6-6)식으로부터 다음 두 개의 독립된 방정식을 얻는다.

$$(\frac{\dot{a}}{a})^2 + \frac{kc^2}{a^2} - \frac{c^2\Lambda}{3} = \frac{8\pi G}{3}\rho \tag{6-8}$$

$$\frac{2\ddot{a}}{a} + (\frac{\dot{a}}{a})^2 + \frac{kc^2}{a^2} - c^2\Lambda = -\frac{8\pi G}{c^2}p \tag{6-9}$$

여기서 $\dot{a}$와 $\ddot{a}$는 각각 규모 인자 $a(t)$를 시간으로 한 번 미분한 함수와 두 번 미분한 함수를 나타낸다. 여기서 $\dot{a}/a$는 단위거리당 공간이 늘어나는 속도라고 해석할 수 있으므로 거리 D만큼 떨어져 있는 지점이 멀어지고 있는 속도는 $(\dot{a}/a)D$가 된다.

위의 두 식에서 공간의 곡률 k와 우주 상수 Λ는 이 이론과 우주의 상세한 관측 구조를 조정하기 위해 활용할 수 있는 유용한 상수들이다. 그러나 여기서는 논의의 편의를 위해 이들을 모두 0으로 놓고, 이러할 경우 위의 두 식이 함축하는 의미가 무엇인지에 대해서만 생각해보기로 한다. 이렇게 놓을 경우, 위의 두 식은 다음과 같이 간소화된다.

$$(\frac{\dot{a}}{a})^2 = \frac{8\pi G}{3}\rho \tag{6-10}$$

$$\frac{2\ddot{a}}{a} + (\frac{\dot{a}}{a})^2 = -\frac{8\pi G}{c^2}p \tag{6-11}$$

여기서 우리가 만일 압력과 질량밀도의 관계 곧 $p = p(\rho)$를 알면, 이 두 식으로부터 미지 함수 a, p, ρ를 모두 찾아낼 수 있다. 실제로 압력과 질량밀도의 관계는 우주를 채우고 있는 존재물이 무엇이냐에 따라 결정되는데, 편의상 이 관계를

$$p = w\rho c^2$$

로 놓는다면, 그 존재물이 무엇이냐에 따라 w의 값이 정해진다.

예를 들어 압력이 없는 완전유체인 경우에는 $w=0$이 되고, 이를 흔히 먼지dust라 한다. 실제로 현재의 우주와 같이 빛radiation에 비해 물질이 우세한 경우가 이에 해당한다. 그리고 우주가 빛만으로 꽉 찬 경우에는 $w=1/3$이 되는데, 이것을 빛 우세 우주라 부른다. 반면 $w=1$이면 강체 물질stiff matter로 차 있는 극단적 경우가 된다. 우주론에서는 심지어 $-1 \leq w < -1/3$ 영역에 해당하는 경우도 생각하는데, 이것은 이른바 암흑 에너지dark energy의 성격을 반영한다.

이제 (6-10)식을 시간으로 미분하고, (6-11)식을 통해 $\ddot{a}$ 항을 소거하면

$$\frac{d\rho}{dt} = -3(\rho + \frac{p}{c^2})\frac{\dot{a}}{a} = -3\rho(1+w)\frac{\dot{a}}{a}$$

을 얻으며, 이를 적분해 밀도 ρ와 우주 규모 인자 a의 관계를 얻으면 다음과 같다.

$$\rho = \rho_0 a^{-3(1+w)} \tag{6-12}$$

이 관계식을 다시 (6-10)식에 넣으면 규모 인자 a가 만족할 미분방정식

$$\dot{a}^2 = \frac{8\pi G}{3}\frac{\rho_0}{a^{1+3w}} \tag{6-13}$$

을 얻는다. 여기서 $a(t) = (\frac{t}{t_0})^q$ 로 놓고 윗 식을 만족하는 q와 t_0의 값을 구하면

$$q = \frac{2}{3+3w} \text{ (단, } w \neq -1\text{)}$$

$$t_0 = \frac{1/(1+w)}{(6\pi G\rho_0)^{1/2}}$$

이 되며, 따라서 우주의 규모 인자는 다음과 같이 얻어진다.

$$a(t) = (\frac{t}{t_0})^{2/(3+3w)} \tag{6-14}$$

한편, 현재 단위거리당 우주가 팽창해가는 속도를 '허블상수'라 하는데, 이는

$$H_0 \equiv (\frac{\dot{a}}{a})_{t=t_0} = \frac{q}{t_0} = (\frac{8\pi G\rho_0}{3})^{1/2} \tag{6-15}$$

로 표시된다. 여기서 t_0와 ρ_0는 현재의 시간과 현재의 밀도를 말한다.

이제 $w=0$, 즉 물질만 있는 경우를 보면

$$a(t) = (\frac{t}{t_0})^{2/3} \tag{6-16}$$

$$t_0 = \frac{1}{(6\pi G\rho_0)^{1/2}} = \frac{2}{3H_0}$$

가 되며, $w = 1/3$ 즉 빛만 있는 경우에는

$$a(t) = (\frac{t}{t_0})^{1/2} \tag{6-17}$$

$$t_0 = \frac{3/4}{(6\pi G\rho_0)^{1/2}} = \frac{1}{2H_0}$$

와 같은 결과를 얻는다.

초기 우주에서는 아직 물질이 생겨나지 않고 오직 빛만이 있었던 것으로 추정되며, 따라서 이 결과를 활용해 우주 초기의 에너지 밀도와 온도를 살펴볼 수 있다. 위에 제시한 (6-12)식에 따르면 빛의 경우 그 밀도는

$$\frac{\rho}{\rho_0} = a^{-4} = (\frac{t}{t_0})^{-2} \tag{6-18}$$

에 따라 감소하게 된다. 한편 잘 알려진 슈테판-볼츠만Stefan-Boltzmann의 법칙에 따르면 빛의 밀도 곧 내부에너지 밀도는 절대온도 T 의 4제곱에 비례하므로,• 이 식은 다시 온도에 관해

$$\frac{T}{T_0} = (\frac{t}{t_0})^{-1/2} \tag{6-19}$$

로 바꾸어 쓸 수 있다. 즉 초기 우주의 온도는 시간에 따라 $t^{-1/2}$의 비율로 식어간다. 여기에 알려진 계수들을 대입하면 온도의 시간에 따른 변화는 다음과 같이 나타난다.

$$T = (1.52 \times 10^{10}\,\mathrm{K})\, t^{-1/2} \tag{6-20}$$

우리가 앞으로 살펴볼 우주 초기의 물질 생성과 그 변화 과정은 그것이 지닌 자유에너지에 의존하며, 자유에너지는 다시 우주의 온도 변화에 민감하므로 위의 관계식은 이 모든 과정을 이해하는 데 결정적인 중요성을 가진다.

우주의 물질 생성과 그 변화

우주에 대한 이러한 기본적 이론 골격 위에 현대 우주론은 필요에 따라 몇몇 가설들을 추가하면서 현상들에 대한 매우 치밀한 이해를 추구해나가고 있다. 이러한 추가적 가설 가운데 특히 주목받고 있는 것은 우주 초기에 이른바 급팽창 과정이 있었다는 가정이다. 이를 인정

• 빛의 에너지 밀도가 온도의 4제곱에 비례한다는 사실은 예컨대 (5A-22)식으로 표현된 (단위 ω-영역당의) 빛의 에너지 밀도 $U(\omega,T) = (\frac{\omega^2}{\pi^2 c^3})\frac{\hbar\omega}{e^{\hbar\omega/kT}-1}$를 ω 전 구간에 대해 적분함으로써 얻을 수 있다.

할 경우 그간 이해하기 어려웠던 몇몇 난점들이 잘 해결되고 있어서 현재에는 실제 있었던 사건으로 인정받고 있으나 기존 우주 이론의 틀에는 별 영향을 주지 않는다.

현재 이러한 이론들과 알려진 관측 사실들을 종합해 이른바 표준 우주 모형Standard Cosmological Model이 만들어지고 있는데, 이에 따르면 우리 우주는 대략 138억 년 전에 뜨거운 대폭발Hot Big Bang과 함께 시작된 것으로 본다.• 이제 우리는 이러한 기본 이해를 바탕으로 해 우리 우주 내의 중요한 모든 것들이 어떻게 만들어져 왔는지에 대해 생각해보기로 한다.

우주의 과거와 관련해 한 가지 매우 흥미로운 사실은 우리가 지금 우주 역사의 거의 전 과정을 우리 눈으로 직접 확인할 수 있다는 점이다. 지금 우주의 나이를 대략 138억 년으로 추정하고 있으나, 132억 년 전 우주의 모습까지 우리는 실제로 망원경을 통해 담아내고 있다. 우주의 먼 곳으로부터 바로 그 당시에 발사된 빛이 오늘 우리에게 도

• 현재 가장 신뢰받고 있는 빅뱅우주론의 표준 모형은 ΛCDM model 혹은 Lambda-CDM model이라고도 하는데, 여기서 Λ는 오래 전에 아인슈타인이 도입했던 우주상수 Λ를 상징하는 것으로 우주 팽창을 촉진하는 암흑 에너지의 영향을 도입한 것이며 CDM은 cold dark matter의 약자로서 암흑 물질의 영향을 도입했음을 말한다. 현재 우주 안에는 질량으로 환산할 때 암흑 에너지가 73%, 암흑 물질이 23%, 그리고 그 나머지 4% 정도가 천체, 성간물질 등을 이루는 알려진 물질들이다. 이와 함께 우주배경복사cosmic microwave background radiation가 차지하는 비율이 대략 0.01%, 우주잔여 뉴트리노relic neutrino가 차지하는 비율이 0.5%인 것으로 알려졌다.

달하고 있기 때문이다. 더 엄격히 이야기한다면 빅뱅 이후 겨우 38만 년밖에 지나지 않은 우주의 모습도 지금 우리가 보고 있는 셈이다. 이것이 바로 우리가 지금 관측하고 있는 그 무렵의 빛인 우주배경복사 cosmic background radiation다. 그러나 이보다 더 앞선 일들은 우리가 지금 직접 볼 수는 없다. 대신 우리는 지금까지 우리가 알아온 자연에 대한 가장 기본적인 법칙들과 우주 안에서 관측되는 가장 원천적인 현상들을 총동원해 이를 추정해낼 매우 신뢰할 만한 이론을 가지고 있다. 이것이 바로 현대 우주론이다. 이 이론에 따르면 우리 우주는 빅뱅 이후 아주 짧은 순간 안에 많은 중요한 일들이 이루어졌다. 이제 그 이야기들을 좀 더 자세히 살펴보자.

이 최초의 순간을 서술할 물리적 이론은 아직 마련되지 못했으나, 당시에는 공간 자체를 포함해 모든 것이 하나의 점에 집결되어 있어서 그것의 온도는 사실상 무한대에 이르렀고, 따라서 당시 우주의 자유에너지는 엔트로피가 최대로 되는 지점에 머물게 되어 그 안에 구분 가능한 어떤 것도 존재하지 않았으리라고 예상된다. 그런 점에서 이것은 온전한 혼돈이면서 또 완전한 대칭이라고 말할 수도 있다.•

이후 우주 공간이 시급히 팽창하면서 그 온도가 낮아지고, 이에 따라 자유에너지의 최소점은 점점 정교성이 큰 형상들에 대응하는 위치로 옮겨지면서 우주 안에는 점점 더 정교한 각종 현상들이 출현하게

• 사실 최초의 지극히 짧은 시간과 그 무렵의 지극히 좁은 공간을 서술할 이론은 아직 없으므로 오직 그 이후의 상황만을 이론적으로 서술할 뿐이다.

되었다. 이는 혼돈 곧 대칭이 깨어지면서 질서가 나타나는 과정에 해당한다. 이러한 과정은 반드시 연속적으로 일어나는 것이 아니라 때에 따라서는 매우 불연속적으로 발생하기도 한다.

최근에 비교적 널리 수용되고 있는 '급팽창 우주론inflation cosmology'에 따르면 최초의 우주 공간에는 일종의 원초적 존재물인 '인플레톤inflaton'이라는 가상적 존재로 꽉 차 있었다고 본다. 그런데 이 당시 우주의 온도 T가 거의 무한대에 이르고 있으므로• 이것의 자유에너지($F=U-TS$)는 거의 S 값에 의해 결정되고 따라서 S가 가장 큰 경우 곧 아무것도 분별할 수 없는 혼돈의 상태에서 자유에너지 F가 최소치를 가지게 된다. 이는 바로 아무런 구분도 할 수 없는 혼돈 상태 곧 어느 면으로 보아도 아무런 차이가 나타나지 않는 완전 대칭의 상태다.

이제 이 원초적 존재물의 거시상태를 대표할 구조 파라미터 ζ를 도입하고 이 완전 혼돈 상태에서의 값을 원점($\zeta=0$)으로 삼는다면, 가능한 거시상태들의 자유에너지를 이 구조 파라미터 ζ의 함수로 〈그림 6-1a〉에서와 같이 나타낼 수 있다(여기서는 편의상 ζ-공간을 2차원으로 나타냈다).

그러다가 공간이 팽창하면서 에너지의 밀도가 낮아지고 이에 따라 온도가 내려가게 된다. 이렇게 되면 자유에너지 안에 있는 엔트로피 항 TS의 값이 상대적으로 약해지면서 자유에너지 곡선이 〈그림 6-1b〉에서와 같이 변하게 된다. 그러나 이 단계에서는 여전히 가능한 한 다른

• 빛의 경우를 상정한 (6-19)식에서 시간 t가 0으로 수렴하면 온도 T는 무한대로 간다.

온도가 매우 높아
$\zeta=0$ 때,
자유에너지 최소

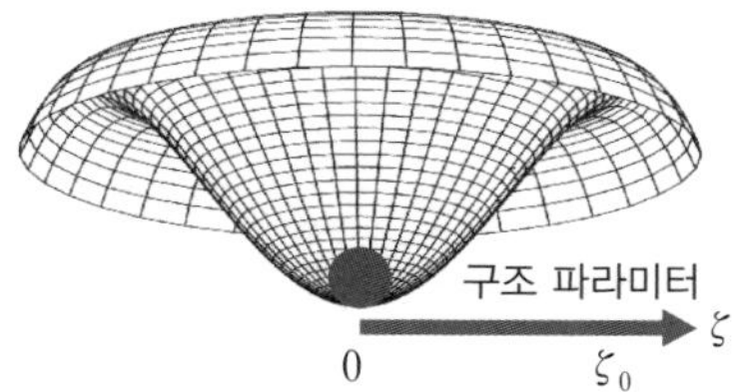

그림 6-1a. 최초 우주의 자유에너지

온도가 낮아지나,
아직은 $\zeta=0$ 때,
자유에너지 최소

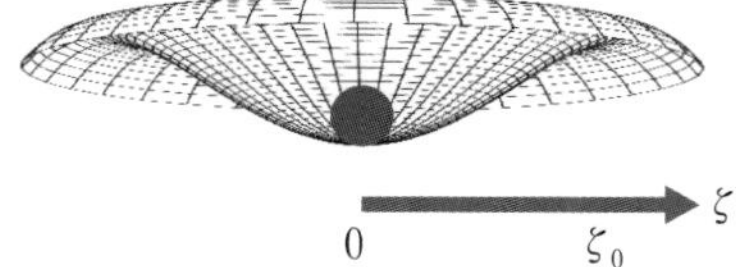

그림 6-1b. 식어가는 우주의 자유에너지

온도가 더 낮아지면,
$\zeta=\zeta_0$ 때,
자유에너지 최소

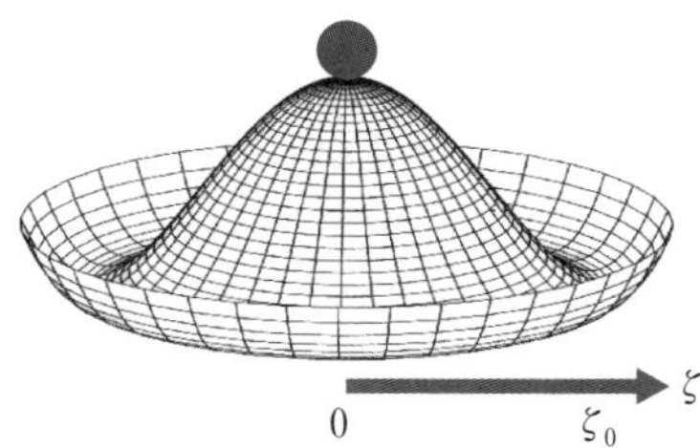

그림 6-1c. 식어가는 우주의 자유에너지

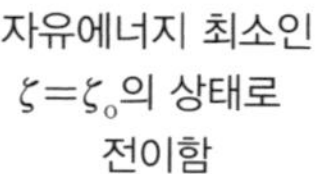

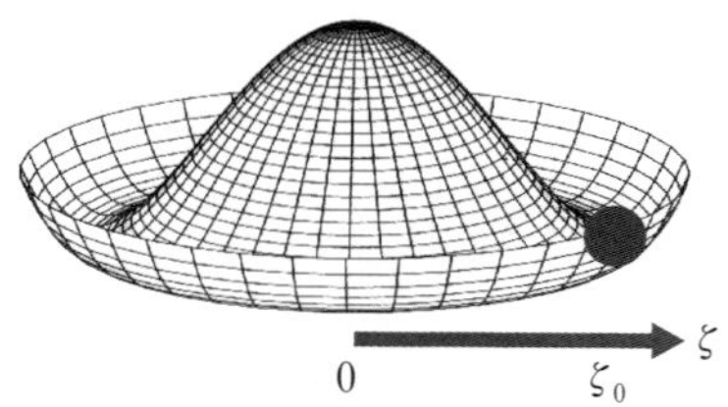

그림 6-1d. 대칭붕괴 이후의 우주

거시상태들($\zeta \neq 0$)에 비해서는 엔트로피 S가 최대 지점 곧 $\zeta=0$인 거시상태에서 자유에너지가 가장 낮아 안정된 혼돈상태를 유지하고 있다. 그러다가 온도가 더 떨어져 〈그림 6-1c〉와 같은 상황이 오면 원점($\zeta=0$) 곧 혼돈상태에서의 자유에너지가 주위의 자유에너지보다 상대적으로 높아질 수 있다. 이렇게 되면 우주의 상태는 자유에너지가 더 낮은, 예를 들어 $\zeta=\zeta_0$에 해당하는, 다른 상태로 전이하려는 경향을 가지게 되지만 이것이 완전 대칭 상태에 있기에 어느 한쪽으로 기울어지기 어려운 이른바 '뷔리당의 당나귀' 신세에 놓이게 된다.• 이리하여 결국 자유에너지가 주변에 비해 월등히 높아지는 매우 불안정한 상황에 이를 수 있다. 이는 마치 순수한 물이 0℃ 이하의 온도에 이르고서

• 뷔리당의 당나귀Buridan's ass는 서로 다른 방향으로 동일한 거리에 동일한 두 묶음의 건초 더미가 있을 때(또는 건초와 물 한 동이) 당나귀는 어느 한 쪽을 택할 수 없어 굶어 죽었다는 우화를 일컫는다.

도 얼음으로 바뀌게 될 결정적 계기를 마련하지 못해 과냉각의 상태를 유지하고 있는 경우와 아주 흡사하다.

그러나 이러한 상태는 오래 유지할 수 없으므로 어떠한 계기에 의해 거의 순간적으로 〈그림 6-1d〉가 보여주는 바와 같이 자유에너지가 낮은 어느 하나의 비대칭 상태($\zeta=\zeta_0$)로 전이하게 된다. 이러한 현상을 일러 '자발적 대칭붕괴spontaneous symmetry breaking'라 부르고 또 이러한 생각을 처음 떠올린 사람의 이름을 따서 '힉스Higgs 메커니즘'이라고도 부르는데, 이를 통해 우주 안에는 최초로 비대칭성 곧 구분 가능한 그 무엇인가가 출현하게 되었다. 예를 들어 특정 형태의 힘과 입자들이 모습을 드러내게 되는데, 이는 어느 특정 지역에서가 아니라 전 우주에 걸쳐 나타나는 사건이다. 이로 인해 그 정교성을 말할 수 있는 최초의 구조들이 나타난 것이다.

현대 우주론에 따르면 이러한 우주 초기의 사건은 극히 짧은 시간 곧 빅뱅 이후 10^{-35}초 이내에 이루어진 것으로 본다. 물론 이 당시 우주의 공간적 크기도 그리 큰 것이 아니었지만 이때 방출된 엄청난 크기의 에너지로 인해 우주의 공간이 급속히 팽창하면서 그 공간 규모가 이 전이 과정을 통해 최소 10^{30}배 또는 그 이상으로 늘어난 것으로 추정한다(10^{30}배로 늘어났다고 하는 것은 DNA 분자 하나 정도의 크기가 우리 은하계 규모 정도로 늘어났음을 의미한다). 물론 이 기간 동안 우주의 공간만 이렇게 늘어난 것이 아니라 인플레톤 마당inflaton field 자체가 응결되어 에너지를 지닌 수많은 물질 입자들이 출현했고 이와 함께 이들 사이의 관계를 맺는 기본적인 상호작용도 출현했다. 이미 말한 바와 같이, 이러한 물질 입자와 이들 사이의 상호작용이 출현했다는 사실은 '구분 지어 말할 수 있는 그 어떤 존재' 곧 일정한 질서가 나타났음을 의미하는 것이기도 하다.

그러나 이 단계에서의 입자들과 상호작용들에는 아직도 상당한 '대칭성'이 남아 있어서, 입자들이 종류별로 구분되고 있지 않으며 이들 사이의 상호작용들 또한 종류별로 나누어지고 있지 않다. 즉 모든 입자들은 동일한 형태를 취하고 있었고 이들 사이의 상호작용 또한 하나로 통일된 형태를 취하고 있었다.• 즉 아직까지는 이 모든 것들을 서로 구별해낼 어떠한 세부적 질서도 나타나지 않았다고 할 수 있다.

그러다가 다시 우주의 온도가 점점 더 낮아짐에 따라 몇 차례에 걸친 '대칭붕괴 상전이symmetry breaking phase-transition'가 더 출현했고, 이 입자들과 상호작용들이 더욱 분화되어 오늘 우리가 보는 기본 입자들과 기본 상호작용들이 나타나게 되었다(이는 마치 수증기가 응결되어 물이 생기고 또 물이 얼어 얼음이 생기는 현상에 해당한다). 그 세부적인 과정에 대해서는 아직 여러 가지 논란이 있지만 그 가운데 하나가 이른바 대통합이론grand unified theory으로서, 이것에 따르면 우주의 아주 초기에 '대통합 힉스 마당'이 응결하면서 아직 남아 있는 대칭을 일부 붕괴시켜 오늘날 우리가 보는 '강한 상호작용strong interaction'이 여타

• 물론 중력과 나머지 상호작용이 같은 형태를 취했는지에 대해서는 아직 결정적으로 말하기 어렵다. 그리고 강한 상호작용이 약한 상호작용, 전자기 상호작용과 동일한 형태를 취했다는 대통합 이론도 아직은 약간의 문제점을 남기고 있다. 그러나 이론의 추세로 보아 이러한 주장에 큰 무리가 없을 것으로 보인다.

의 상호작용들과 분리된 것으로 본다.

그러나 이보다 더 먼저 알려졌고 또 더 널리 받아들여지고 있는 대칭붕괴 상전이는 '약한 상호작용weak interaction'과 '전자기적 상호작용electromagnetic interaction'을 분리시킨 좁은 의미의 '힉스 메커니즘'이다. '대통합 힉스 마당'의 응결과 함께 '강한 상호작용'이 분리되고 난 후에도 이 두 상호작용은 여전히 서로 구분되지 않는 하나의 상호작용 곧 '전약 상호작용electroweak interaction'의 형태를 띠고 있었던 것인데, 이 또한 '대통합 힉스 마당'과는 구분되는 다른 '힉스 마당'이 응결하면서 오늘 우리가 보는 바와 같은 '약한 상호작용'과 '전자기적 상호작용'이 서로 다른 형태를 띠게 되었다는 것이다. 이 사건은 빅뱅 이후 대략 10^{-11}초가 지나 우주의 온도가 10^{15}도에 해당할 무렵이라고 추정되는데, 이때에 전자기 상호작용을 일으키는 매개 입자들인 광자와 약한 상호작용을 일으키는 입자들인 W, Z 입자들이 구분되어 광자는 여전히 질량이 없는 입자로 남게 되고, W 입자와 Z 입자들은 이 응결된 힉스 마당의 효과에 의해 오늘 우리가 보는 바와 같이 질량을 가진 무거운 입자로 행세하게 되었다.

이러한 몇 차례의 '힉스 마당'의 상전이를 거치면서 오늘날 물질을 구성하는 기본 입자들 곧 여섯 가지 쿼크quark들과 여섯 가지 경입자lepton들도 여러 가지 서로 다른 특성들을 가지게 된 것으로 보고 있다. 이들 입자가 질량을 비롯해 서로 다른 특성을 가진다는 것은 이들 사이의 대칭이 그만큼 줄었다는 것을 의미하며 이는 다시 새로운 구체성 곧 질서가 생긴 것을 의미한다. 그리고 이 모든 것은 기본적으로 온도가 내려감에 따라 자유에너지 안에서 에너지 항 U와 엔트로피 TS의 상대적 비중이 달라지면서 발생한 현상들이다.

이것이 대체로 빅뱅 이후 1초 이내에 일어난 일이다. 그러나 이 무렵까지는 아직 온도가 너무 높아 모든 입자들이 무작위하게 서로 섞여 공간을 떠돌면서 서로 충돌을 일으키고 서로 간에 형태 전환을 하면서도 서로가 결합해 안정된 구조를 이루어내지는 못하는 이른바 플라즈마의 상태를 이루고 있었다. 그러다가 우주의 온도가 다시 더 내려가면서 이후 몇 분 이내에 쿼크들이 다시 강한 상호작용 입자인 글루온을 매개로 오늘날 우리가 강입자hadron라 부르는 양성자와 중성자 등의 형태로 결합하게 되었고, 또 이들이 일부 결합해 중수소, 헬륨 등 가벼운 원소들의 원자핵을 이루게 되었다. 이러한 입자들이 구성된 상태 또한 이들로 결합하기 이전의 상태 즉 쿼크-글루온 플라즈마로 있던 상태에 비해 (에너지는 더 낮아지고 대신 질서가 더 높아지면서) 전체 자유에너지가 낮아진 경우에 해당한다.

이리하여 대폭발 이후 불과 2~3분 이내에는 이미 양성자와 중성자 같은 핵자들이 나타나 수소 그리고 헬륨 등 일부 가벼운 원소들의 원자핵들이 구성되었으나, 이 단계에서도 여전히 온도가 너무 높아 이들 양성자나 가벼운 원자핵들이 주위의 전자들을 끌어들여 우리가 오늘날 보고 있는 수소, 헬륨 등 중성 원자를 이룰 단계에 이르지는 못했다. 이를 위해서는 시간이 더 흘러 우주의 규모가 훨씬 커지고 따라서 온도가 충분히 낮아지기를 기다려야 했다.

현재 이론적으로 추정하기로는 빅뱅 이후 대략 38만 년이 지난 시기에 이르러 이들 원자핵이 전자와 결합해 수소 원자 등 가벼운 중성 원자들이 출현하게 되었다. 또한 이때 이후 광자와 여타 입자들 사이의 상호 전환도 어려워지면서, 광자들이 우주공간을 무제약적으로 떠돌게 되었고, 그 빛의 일부는 아직까지도 우주에 떠돌고 있어서 우리가 이를 실제로 관측하고 있다. 이것이 바로 우리가 앞에서 잠깐 언급한 우주배경복사다. 이러한 현상들은 물론 우주의 어느 한 부분에서만 출현하는 것이 아니라 우주의 전 공간에 걸쳐 거의 균일하게 퍼져 나타나게 된다.

은하와 별의 형성

그 후 수억 년의 시간이 더 지나면서 우주의 온도는 지속적으로 더 낮아졌고, 우주 공간에 떠돌던 수소 원자와 약간의 헬륨 원자들은 요동에 의해 약간의 불규칙한 공간 분포를 이루게 되었다. 이 무렵 상대적으로 밀도가 높았던 지역을 중심으로 중력에 의해 서서히 뭉치기 시작했는데, 이렇게 해서 형성된 것이 바로 오늘 우리가 보는 은하와 별과 같은 대규모 천체들이다. 이러한 구조의 형성 또한 전체적으로 자유에너지를 낮추는 경향에 따라 나타난 것이며, 그 자체로 또 하나의 질서에 해당한다.

이러한 천체들 가운데 특히 항성이라 부르는 별의 정체와 성격에 주의를 기울일 필요가 있다. 공간에 떠다니던 수소 원자들이 중력에 의해 어느 한 곳에 모이기 시작하면서 그 크기가 점점 커지고 이로 인해 강한 압력을 받게 되는 중심부분에서는 다시 온도가 크게 오르기 시작한다. 이렇게 되면 이들을 구성하는 핵자(양성자와 중성자)들이 서로 결합해 무거운 핵을 만드는 이른바 핵융합 반응이 시작된다. 이처럼 핵자들이 모여 좀 더 무거운 핵을 구성할 경우, 만들어진 핵의 에너지는 처음 핵자들이 지녔던 에너지의 합보다 작으며, 그 에너지 차이는 주변 입자들의 운동에너지로 그리고 빛 에너지로 방출된다. 그리하여 주변의 온도는 더 올라가고, 또 주변 입자들을 연쇄적으로 자극해 전체적인 반응의 규모는 급격하게 커지게 되는데, 이것이 바로 별의 탄생이다.

결국 이 상황에서는 핵자들이 양성자와 중성자들처럼 흩어져 있을 때의 자유에너지보다 뭉쳐서 더 큰 핵을 이룰 때의 자유에너지가 더 낮아짐을 의미하는데, 왜 별 속에서만 더 낮은 자유에너지 쪽으로 진행하고 더 넓은 공간에서는 진행하지 않는가 하는 의문이 생길 수 있다. 여기서 우리가 한 가지 유념해야 할 것은 거시상태의 변화는 자유에너지의 차이가 있다고 해서 반드시 일어나는 것이 아니라는 점이다. 여기에는 또 한 가지 중요한 조건이 있는데, 그것이 바로 변화의 문턱이 너무 높으면 안 된다는 사실이다. 예를 들어 주변의 온도가 0℃보다 낮다고 하더라도 보온병에 들어 있는 물이 얼지 않는 것은 물 분자들이 에너지를 교환하며 얼음으로 전환될 경로가 막혀 있기 때문이다. 그러나 별들 내부에서는 핵자들이 뭉쳐 더 큰 원자핵으로 전환될 문턱이 낮아져 전환의 통로가 열리기 때문에 이런 전환이 가능해진다. 그러나 많은 물질들에 대해 이러한 전환이 일어나기 위해서는 상당한 시간이 소요될 것이며, 그래서 별들은 수억 혹은 수십억 년에 걸쳐 이러한 작업을 지속하게 된다.

한편 우주 내에 존재하는 빛 곧 광자의 존재 양상을 살펴보면, 우주 초기에 여타의 입자들과 함께 탄생해 이들과의 사이에서 활발한 상호 전환이 이루어지다가 앞서 말한 대로 빅뱅 이후 38만 년경에 이르러 물질과의 상호 전환이 중단되면서 우주의 배경복사 형태로 반영구적으로 우주 안에서 떠돌고 있다. 그러나 우주가 지속적으로 팽창하면서 이들의 파장 또한 함께 늘어나게 되고, 따라서 이들은 곧 가시광선의 영역을 벗어나 적외선 영역으로 점점 더 멀리 치우치게 된다. 적어도 빅뱅 이후 수억 년이 지나 별들이 나타날 무렵에는 이미 이들이 가시광선 영역을 완전히 벗어나 우주는 완전히 깜깜한 상황에 이르렀다. 이는 곧 당시 우주의 온도가 그만큼 식어갔음을 의미하며, 더 이상 뜨거운 물체가 나타나지 않는 한 우주는 영영 어둠 속에 잠길 처지에 있었다. 그러다가 놀랍게도 별들 안에 이런 핵융합 반응이 점화되면서 이른바 별빛이 여기저기 나타나 우주를 다시 비춰주게 되었다.•

우리의 입장에서 볼 때 이러한 별의 출현이 가지는 진정으로 중요한 의의는 이로 인해 수소와 헬륨 이외의 무거운 원소들이 우주 안에

• 이러한 초기의 별빛 또한 우주가 더욱 팽창하면서 그 파장이 길어져 점점 가시광선 영역을 벗어나 적외선 영역으로 들어가 보이지 않게 되고 다시 새로 생긴 별들이 새로운 빛으로 우주를 밝혀주게 된다. 이것이 곧 오늘 우리가 밤하늘에서 보게 되는 우주의 모습이다.

존재하게 되었다는 점이다. 대략 우리 태양 규모 또는 그보다 작은 별들은 수소 원자핵들을 결합시켜 헬륨 원자핵을 합성해내는 과정에 있으며 이리하여 모여 있던 수소 원자핵들을 모두 소진하고 나면 더 이상 핵융합 반응을 수행하지 않고 소멸되어버린다. 그러나 이보다 훨씬 큰 규모의 별들은 합성된 헬륨 원자핵들을 다시 결합시켜 더 큰 원자핵들을 합성하는 작업을 계속한다. 하지만 이러한 작업은 끝없이 지속될 수 없으며 대략 철(Fe^{26})에서 아연(Zn^{30}) 규모의 원자핵까지 합성하고 나면 더 이상의 합성은 잘 이루어지지 않는다. 수소에서 철에 이르는 원자핵들은 이를 구성하는 과정에서 에너지가 방출되지만 철보다 더 무거운 원자핵들은 이를 구성하려면 에너지가 투입되어야 하는 상황이 되어 자유에너지가 오히려 늘어나는 과정이 되기 때문이다.• 그렇기에 설혹 이런 것이 만들어지더라도 불안정해 좀 더 안정한 가벼운 원자핵들로 나누어지려는 성질을 가진다.

그럼에도 우리는 지구 안에 철이나 아연보다 무거운 원소들이 소량이나마 들어 있음을 알고 있다.•• 그런데 이들이 형성된 것은 대규모 별들이 정상적인 핵융합 과정을 마치고 에너지가 소진되어 대규모

• 우주가 식어온 과정에서 별의 내부만큼 뜨거운 시기도 있었을 텐데, 그 때에는 왜 무거운 원소들이 만들어지지 않았는지 궁금해할 수도 있다. 여기서 유의할 점은 자유에너지가 더 낮은 형상이 가능하더라도 여기에 이를 실질적 통로가 있어야 넘어설 수 있다. 즉 둘 사이를 가로막고 있는 문턱이 너무 높으면 이를 낮추어줄 여건이 없는 한 넘어서기 어렵다. 원소들 간의 전이가 바로 그러한 경우이며, 별 내부의 여건이 바로 이 문턱을 낮추어주는 역할을 한다.

의 붕괴에 이르는 과정에서 잠깐 동안 형성되는 초신성supernova 단계에서다. 이 붕괴 과정에서는 중력의 효과로 짧은 기간 동안 엄청난 열과 빛을 한꺼번에 내뿜게 되는데, 이 과정에서 심한 요동으로 인해 얼떨결에 엉켜 붙어 자유에너지가 더 높은 준안정상태를 이룬 원자핵들이 바로 이런 무거운 원소들이다. 이 가운데 일부는 상대적으로 더 불안정해 이른바 방사선을 내뿜으며 좀 더 가벼운 물질들로 전환되는데, 이것이 바로 방사능 물질들이다.

초기 우주에서 대규모 별들이 수명을 마치고 초신성의 형태로 붕괴가 이루어지면 이를 구성했던 물질들이 주위 공간으로 흩어져 떠돌게 되며, 이들 가운데 일부는 새로운 별이 만들어지는 영역에 합류해 새 별의 일부를 구성하기도 한다. 이러할 경우 그 별의 내부로 들어가기도 하지만 그 주위를 맴돌던 일부 물질들은 무거운 철과 같은 물질들을 중심으로 독자적 전체를 구성해 새 별의 주위를 배회하게 되는데, 이것이 바로 우리 지구와 같은 행성들이다. 그러니까 태양과 같은 별들의 주위에 회전하고 있는 지구와 같은 행성들은 오히려 중심에 있는 별들보다도 더 크고 오래된 별에서 만들어진 훨씬 정교한 존재들이며, 또 별들에 비해 온도가 낮고 구성 물질도 다양해 더욱 정교한 현상들을 발생시킬 중요한 모체로도 기능하게 된다.

이제 요약해보면, 우주의 공간은 팽창하고 있으며 따라서 에너지 밀

•• 실제로 아연보다 무거운 원소들의 총량은 지구 전체 구성 비율에서 1%에도 미치지 못한다.

도와 온도가 낮아지고 있다. 처음에는 이 팽창이 급격했으며 따라서 급격한 속도로 만물이 빚어졌고, 이후 속도가 줄어들며 다시 여기에 맞추어 무수한 현상들이 전개되고 있다. 그러므로 그 모든 현상 전개의 기본 바탕을 우리는 우주 규모 인자

$$a(t) = (\frac{t}{t_0})^{2/(3+3w)} \quad t_0 = \frac{1/(1+w)}{(6\pi G\rho_0)^{1/2}}$$

에서 찾을 수 있다. 여기서 w는 물질의 경우 0이며, 빛의 경우 3분의 1이다. 특히 우주의 초기에는 오직 빛만 존재했을 것이므로 이 당시의 온도는

$$\frac{T}{T_0} = (\frac{t}{t_0})^{-1/2}$$

즉 시간에 따라 $t^{-1/2}$의 비율로 식어갔고, 알려진 계수들을 대입하면 온도가

$$T = (1.52 \times 10^{10}\,\mathrm{K})\, t^{-1/2}$$

에 따라 하강했다. 나머지 모든 현상은 이 온도에 따른 자유에너지 최저치를 향해 변해나간다.

이제 이 상황을 도식으로 정리하면 〈심학 제6도〉와 같다.

〈심학 제6도〉

우주와 물질

처음 상태

변화의 원리

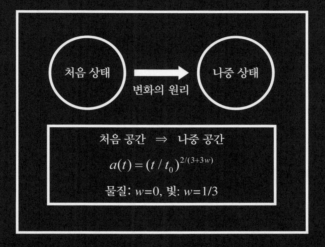

나중 상태

처음 공간 ⇒ 나중 공간

$$a(t) = (t / t_0)^{2/(3+3w)}$$

물질: $w=0$, 빛: $w=1/3$

최초 우주 규모인자 : a(0) = 0 (빅뱅)

초기 온도 : $T/T_0 = (t/t_0)^{-1/2}$

해설 및 성찰

우리는 앞에서 '힉스 메커니즘'이라는 것을 언급했는데, 실제로 입자물리학에서는 '힉스 마당'이라는 것과 '힉스 입자'라는 것이 존재해야만 설명될 현상들이 있어서 이것의 존재를 오래전부터 상정해왔다. 그러나 이를 실험적으로 검증할 실험 시설의 부족으로 오랫동안 어려움을 겪다가 2012년에 이르러 드디어 이 입자의 존재를 실험적으로 검증해내는 데 성공했다. 그러나 이것을 비전문가가 이해하기는 어렵기에 이를 한 가지 우화를 통해 설명해보고자 한다.•

• 이 우화는 졸저 《생명을 어떻게 이해할까?》(한울, 2014, 138~139쪽)에 제시했던 내용이다.

물고기 우화

지금 여기 물고기들이 만들어나가는 문명이 있다고 생각하자. 그리고 이들이 상당한 지적인 수준에 이르러 주변의 세계를 합법칙적으로 이해하려 한다고 해보자. 하지만 이들은 물 밖으로 나가볼 기회가 전혀 없기에 땅 위의 세계를 경험할 방법은 없다. 그렇기에 이들은 물이 존재한다는 사실 또한 전혀 알지 못하고 있다. 그런데 이들 가운데서도 데카르트나 뉴턴과 같은 학자들이 나와서, 예를 들어 운동의 법칙과 같은 것을 찾아내어, 아래로 떨어지는 운동이나 위로 떠오르는 운동, 그리고 앞으로 나아가는 운동이 어떤 법칙에 따라 일어나는지를 찾아냈다고 하자. 또한 이들은 천체를 관측할 수도 있어서, 예컨대 케플러 법칙들을 찾아내고 또 여기에 적용되는 뉴턴의 법칙들을 찾아내어, 천체들의 운동을 깔끔히 설명할 뿐 아니라 예측까지도 해내게 되었다고 하자.

그렇게 되자 이들은 천체에 적용되는 뉴턴의 운동법칙이 자신들의 세계(물속)에서 적용되는 법칙들과 다르다는 사실을 알고 하늘과 자신들의 세계에는 각각 다른 법칙이 적용된다고 믿게 되었다. 대부분의 물고기들은 여기에 대해 아무런 불편을 느끼지 않았고, 오직 몇몇만이 이 법칙의 차이에 불만을 느꼈지만 이를 하나의 법칙을 통해 이해하려는 시도에 별 성공을 거두지 못하고 있었다.

바로 이 무렵 한 뛰어난 물고기가 나타나 물이 존재하리라는 대담한 가정을 했다. 만일 이러저러한 성질을 가진 '물'이라는 것이 있다면 이것은 운동에 대해 이러저러한 저항을 미칠 것이고, 그러한 물의 효과를 고려한다면 결국 자신들의 세계에도 하늘에서와 똑같은 법칙이 적용되리라는 설명을 해냈다. 그리고 심지어 물이 생겨나기 이전의 세계 곧 매우 뜨거웠던 우주의 초기에는 물이 오직 수증기로만 되어 있어서 이러한 자신들의 법칙이 적용되지 않았던 시대도 있었는데, 그러다가 우주가 식어 수증기가 모여 물이 되면서 자신들이 현재 보고 있는 세계가 나타났다고 설명했다.

매우 흥미로운 이론이지만 많은 물고기들은 여전히 반신반의했다. 그것만으로는 물이 존재한다는 증명이 안 된다는 생각이었다. 그래서 물고기 과학자들은 물의 존재를 직접 확인하려는 노력을 기울였다. 예를 들어, 물의 일부에 대단히 높은 에너지를 가해, 이를 끓는점 이상의 온도로 올리고, 이때 발생하는 '증기 방울'을 직접 관측함으로써 물의 존재를 확인해보자는 것이었다. 그러나 이 작업은 이들의 처지에서는 최상의 노력이 필요한 과제여서, 국제적인 물고기 과학자 조직에서 전세계적인 노력을 들여 이 장치를 만드는 일에 몰두했다. 그러던 어느 날 드디어 '증기 방울'에 부합되는 어떤 존재를 실험적으로 확인했다는 놀라운 발표를 하기에 이르렀다.

이것이 바로 2012년 7월 4일, 세계 최대 입자물리학 연구기관인 유럽입자물리학연구소(CERN)가 자신들이 수행한 실험에서 "오랫동안 추구되어온 힉스 입자와 부합되는 입자를 질량 영역 125~126 GeV에서 관측했다"고 발표한 내용에 해당하는 일이다.• 여기서 말하는 '힉스 입자'가 바로 물고기 비유에서의 '증기 방울'에 해당하는 것이고 물고기 세계에서의 '물'에 해당하는 것이 이런 힉스 입자의 바탕이 되는 이른바 '힉스 마당'이다.

물고기들에게 물이 왜 중요하냐 하는 것은 물어볼 필요조차 없는 물음이다. 사람도 물 없으면 못 살지만 물고기의 경우에는 그 몸의 형태나 생리 그리고 그의 세계 전체가 물에 맞추어 있기 때문에 심지어 물을 모르고도 살 수 있을 만큼 전적으로 물에 의존하고 있다. 그런데 힉스 입자를 만들어내는 '힉스 마당'은 물고기에 대한 물의 존재 못지않은 중요성을 가진다. 만일 이것이 없었다면, 있었더라도 온도가 높아 오늘의 모습을 가지지 않았더라면, 대부분의 기본 입자들이 질량을 가지지 못했을 것이고, 따라서 모두가 빛의 속도로 휙휙 날아다녀 원자, 분자를 비롯한 우리가 아는 어떤 물질도 이루지 못했을 것이다. 그런데도 불구하고, 어쩌면 그렇기 때문에, 우리는 마치도 물고기가 물을 의식하지 않고 살 수 있듯이 힉스 마당을 전혀 의식하지 않고 살 수 있다. 그리고 적어도 우리가 상정할 수 있는 시간 범위 안에서는 힉스 마당에 어떤 변화가 생길 가능성도 없어 보인다.

- "CERN experiments observe particle consistent with long-sought Higgs boson." CERN Press release 4, July, 2012.

우주를 이해한다는 것

그러한 점에서 우리에게 힉스 마당에 관심을 지녀야 할 이유란 따로 없을지도 모른다. 관심을 가지든 아니든 이것이 달라지는 것은 조금도 없기 때문이다. 위의 우화에서 보았듯이 물고기들은 물을 '이해'하지 못하고도 산다. 사람 또한 우주를 '이해'하지 못하고도 살며 또 그렇게 살아왔다. 그런데 왜 우리는 굳이 이것을 이해하려 하는가?

이 물음은 산에 오르는 사람에게 왜 산에 오르느냐고 묻는 물음과 흡사하다. 어느 등산가는 "산이 거기 있기 때문"이라고 했다는데, 우리 또한 "우주가 거기 있기 때문"이라 해야 할 것이다. 그런데 우리 답은 여기에 그치지 않는다. 그 우주 안에 "내가 있기 때문"이기도 하다. 그리고 우주 안에 내가 있다고 하는 것은 우주 안에서 내 삶이 이루어지고 있음을 말하며, 이를 이해한다는 것은 내 삶의 의미를 찾는 것이기도 하다.

그러나 아무리 산이 거기 있다 하더라도 내 몸이 움직일 수 없다면 못 오르듯이 우주가 아무리 거기 있더라도 들여다볼 눈이 없으면 이해하지 못한다. 그런데 〈심우십도〉에서 '소'를 찾았듯이 우리는 이를 들여다볼 '눈' 곧 우주의 원리를 얻었다. 그리고 우리는 이 원리를 통해 우주의 시초부터 오늘에 이르기까지의 전 과정을 관람하기에 이른 것이다.

곽암선사는 이를 '소' 등에 타고 피리소리를 들으며 고향으로 돌아가는 길에 비유하고 있다. 그리고 그 피리소리는 들을 줄 아는 사람에게만 들린다. 우리가 파헤친 우주의 신비도 느낄 줄 아는 이에게만 느껴지듯이.

소를 타고 굽이굽이 집으로 돌아가니
오랑캐 피리 소리가 저녁놀에 실려 간다.
한 박자 한 곡조에 담긴 한량없는 이 뜻을
들을 줄 아는 이에게 굳이 말해 무엇하리.

제7장

집에 도착해 소를 잊다

생명이란 무엇인가?

騎牛已得到家山 牛也空兮人也閑 紅日三竿猶作夢 鞭繩空頓草堂間
기우이득도가산 우야공혜인야한 홍일삼간유작몽 편승공돈초당간

일곱 번째 여정, 도가망우到家忘牛

소를 타고 온 우주를 둘러본 후 이제 고향인 지구촌으로 돌아온 모습이다. 사실 우주 그 어느 곳보다 더 놀랍고 더 소중한 '생명의 고장'이지만, 사람들에게는 너무도 익숙해 담담하기만 하다. 지구가 형성된 이래 40억 년에 걸쳐 수억 겹의 기적이 쌓이고 쌓여 이루어진 이 생명의 참모습이 그 안에서 일상적 생활만을 이어가는 이들에게는 너무도 평범한 양상일 뿐이다.

역사 지평

생명이란 개념은 우리에게 매우 친숙하다. 누구나 생명이라는 말을 알고 있고 또 생명이 무엇인지를 알고 있다고 생각한다. 생명이 무엇인지를 누구에게 배워본 일은 없지만, '생명' 하면 머릿속에 떠오르는 이미지를 가지고 있는데, 이것이 바로 우리가 가지고 있는 일상적 생명 개념이다. 우리는 이것을 가지고 있기에 생명을 안다고 생각해 생명에 대해 더 깊이 알아볼 동기나 충동을 느끼지 않는다.

우리가 앞에서 보았듯이(제1장 〈해설 및 성찰〉), 일상적 관념 안에는 '생명' 개념 외에도 '시간'이나 '공간' 개념과 같이 누구에게 직접 배우지 않고도 우리가 성장해오는 가운데 스스로의 지적 활동을 통해 알게 된 중요한 여러 개념들이 있는데, 이를 일러 '자득적 개념'이라 했다. 이러한 개념들은 성장 과정을 통해 자연스럽게 형성되는 것이지만 일단 형성되고 나면, 설혹 이것이 잘못되었다 하더라도 이것을 수정해내기가 매우 어렵다는 특징을 지닌다. 그러나 '생명'과 같이 중요한 개념이 잘못될 경우 우리는 엄청난 과오를 저지를 수 있으며, 실제로 현대 문명의 많은 문제점들이 여기에 기인하고 있다.

그렇기에 우리는 자득적 과정을 통해 지니게 된 생명의 개념은 무엇이며, 그것이 어떤 점에서 문제를 일으키고 있는지 한번 깊이 헤아려 볼 필요가 있다. 우리는 거의 무의식적으로 우리가 접하는 여러 대상들을 '살아 있는 것'과 '살아 있지 않은 것'으로 구분하고 있으며, 이 살아 있는 것들이 공통적으로 나타내는 성격, 곧 '살아 있음'에 해당하는 성격이 있다고 보아 이를 '생명'이라 부른다. 언뜻 보아 별 탈이 없어 보이는 이러한 생명 개념은 실제로는 수많은 문제점들을 지니고 있다.

예를 들어 "꺾인 나뭇가지는 살아 있는가?" 하는 물음을 생각해보자. 대개는, 이것을 땅에 심었을 때 정상적인 나무로 자라나느냐 아니냐를 기준으로 말하게 된다. 그러나 꺾인 가지의 생존 여부는 어떤 여건의 땅에 어떤 방식으로 심느냐에 따라 크게 다르다. 따라서 우리는 그 무엇이 살아있는가 아닌가를 말하기 위해 그것 자체뿐 아니라 그것이 놓이는 외적 여건을 함께 말하지 않으면 안 된다. 또 어느 범위의 대상을 놓고 생명을 말해야 하느냐 하는 문제가 있다. 버드나무 한 그루를 대상으로 말해야 하느냐, 이 나무를 구성하는 세포 하나하나를 놓고 말해야 하느냐 하는 점이다. 이 버드나무 안에 생명이 하나가 있다는 것이 우리 상식이지만, 또 한편으로는 천억 개(세포의 수)가 있다고 할 수도 있는 것이다.

이 문제를 해결하기 위해 우리는 생명의 '정수精髓'라고 할 만한 것을 찾아 나설 수도 있다. 만일 이러한 생명의 '정수'가 있다면, 이것을 온전히 간직하면 생명이 있는 것이고 이것이 파손되면 생명을 잃는 상황이 될 것이다. 또 이것이 그 안에 하나 있으면 생명이 하나 있는 것이고, 이것이 두 개 있으면 생명이 그 안에 두 개 들어 있다고 해도 될 것이다. 그러나 아직까지 그러한 '정수'는 발견되지 않았다. 생명체를 구성할 설계도를 담고 있다는 DNA 분자들도 그 자체만으로는 우리가 상식적으로 생각해온 생명과는 전혀 다르다.

그렇다면 생명이란 과연 무엇인가? 이러한 질문에 답하기 위해서는 우리가 이미 파악해온 자연의 기본 원리들을 바탕으로 볼 때, 자연계에는 어떤 본질적 특질을 지닌 존재물들이 있는지, 그 가운데 우리가 생명이라 부를 존재물이 있다면 그것은 어떤 본질적 특질을 지닌 것인지를 좀 더 깊이 있게 살펴보아야 한다.

바로 이러한 점에서 생명이 지닌 가장 본질적 특질을 누구보다도 먼저 간파한 사람이 바로 제5장에서 우리가 이미 만났던 루드비히 볼츠만이다. 그가 1877년에 유명한 엔트로피의 통계역학적 정의를 제시했는데, 이로부터 9년이 지난 1886년 생명과 관련해 다음과 같은 의미심장한 말을 하고 있다.•

(그러므로) 생명체가 생존하기 위해 애쓰는 것은 원소들을 얻기

• 이 인용문의 출처는 그의 논문 "The second law of the mechanical theory of heat."(1886)이며, *Ludwig Boltzmann*(Broda, E. Ox Bow Press, 1983, pp.79-80)에서 재인용한 것이다.

위해서가 아니다(유기체를 구성하는 원소들은 공기와 물, 그리고 흙 속에 얼마든지 있다). 에너지를 얻기 위해서도 아니다. 이것도, 불행히 형태가 잘 바뀌지는 않지만 열의 형태로 물체들 속에 얼마든지 있다. 오히려 엔트로피(더 정확히 말하면 부-엔트로피negative entropy)를 위해서다. 이것은 뜨거운 태양에서 차가운 지구로의 에너지 흐름을 통해 얻을 수 있다.

그는 지구상의 생명이 유지되기 위해서는 불가피한 엔트로피의 증가를 극복하고 높은 정교성을 유지시켜줄 '부-엔트로피'의 공급원을 확보해야 하며, 이것의 근원이 바로 뜨거운 태양과 차가운 지구 사이의 에너지 흐름임을 잘 밝히고 있다.

그러나 볼츠만의 이 중요한 발언은 거의 아무런 주목을 받지 못하고 반세기 이상이나 묻혀 있었다. 그러다가 1944년, 슈뢰딩거가 그의 책 《생명이란 무엇인가?》에서 "생명이란 부-엔트로피를 먹고 사는 존재"라고 하는 유명한 말을 하면서, 생명과 엔트로피의 관계가 다시 한 번 관심의 대상으로 떠오르게 되었다.

슈뢰딩거의 《생명이란 무엇인가》

우리가 이미 보아온 바와 같이 인류 지성사에서 20세기는 격동의 시기였다. 물리학에서는 뉴턴 이래 확고부동한 과학적 진리로 자리 잡아왔던 고전역학이 그 토대부터 흔들렸으며, 생명과학에서는 "생명이란 무엇인가" 하는 물음이 진지하게 제기되고 거기에 대한 여러 견해들이 표출되기에 이르렀다. 흥미롭게도 이러한 격동의 중심에 슈뢰딩거가 있었다.

20세기 과학혁명을 대표하는 양자역학의 창시자 가운데 하나였던 그는《생명이란 무엇인가》라는 책을 통해 생명에 관한 본질적 물음을 제기했다.• 그리고 그의 이 물음은 곧바로 생명현상에 관한 많은 지적 성취로 이어졌다. 왓슨과 크릭에 의한 유전자의 DNA 구조 해명을 발단으로 분자생물학이라는 새 분야가 형성되었고 곧이어 BT라고도 불리는 생체공학의 시대가 도래한 것이다.

여기서 우리는 20세기에 들어서면서 상대성이론, 양자역학 등을 통해 물리학의 혁명적 도약이 이루어졌고, 다시 20세기 중반기를 넘기면서 유전자의 DNA 구조 발견 등 분자생물학의 새 시대가 열린 것이 단순한 우연인지, 아니면 그렇게 되어야 할 역사적 필연이 존재했던 것인지에 대해 한번 생각해볼 필요가 있다.

만일 물리학과 생물학이 서로 연관이 없는 독립적 학문이라고 본다면 이러한 시대적 전환을 단순한 우연의 소산으로 볼 수 있을 것이다. 물리학은 그 발전의 경로를 따르다 보니 20세기 전반기에 중요한 혁명적 도약을 이루게 되었고, 생물학 또한 생물학으로서의 발전 경로에서 20세기 후반기에 중요한 발견들이 이루어졌다는 것이다. 그러나 물리

• Schrödinger, E. *What is Life?*, Cambridge University Press, 1944.

학과 생물학 사이에 보이지 않는 내적 연관이 존재하는 것이라면 물리학의 혁명적 도약이 하나의 중요한 원인이 되어 뒤이어 나온 생물학의 발전을 이끌어냈다고 말할 수 있다. 그런데 한 가지 흥미로운 사실은 1944년에 출간된 슈뢰딩거의 《생명이란 무엇인가》라는 책이 이 물음에 대해 중요한 단서를 제공한다는 점이다. 즉 이들 사이에는 결정적인 연관이 있으며, 슈뢰딩거의 책이 바로 이들을 이어주는 하나의 연결고리가 된다는 사실이다.

슈뢰딩거는 1943년 2월 아일랜드의 수도 더블린에서 "생명이란 무엇인가"라는 주제로 3회에 걸친 대중 학술강연을 했고, 그 내용을 정리해 책으로 펴낸 것이 바로 《생명이란 무엇인가》다. 당시 아일랜드에서는 미국에 설립된 프린스턴 고등학술연구소Princeton Institute for Advanced Studies에 버금가는 연구소를 설립하겠다는 생각으로 수도인 더블린에 더블린 고등학술연구소Dublin Institute for Advanced Studies를 설립했다. 그리고 프린스턴 고등학술연구소가 아인슈타인을 모셔왔듯이, 이에 버금갈 석학으로 모셔온 사람이 바로 슈뢰딩거였다.•

19세기 이후 영국 지역에서는 과학자들의 대중 강연이 일상화되어 있었다. 그런데 아일랜드에서 이런 큰 학자를 모셨으니, 이 분의 강연을 들어보았으면 하는 사회적 열기가 높았음은 당연한 일이다. 이들은 아마도 최첨단의 물리학 이야기를 들으리라 기대했을 것이다. 그러나 뜻밖에도 슈뢰딩거는 "생명이란 무엇인가?"라는 제호를 내걸었다.

• Moore, Walter. *Schrödinger: Life and Thought.* Cambridge University Press, 1989.

학문에 대한 관심의 폭이 넓었던 슈뢰딩거는 당시 생물학계의 움직임에 대해 상당한 식견을 가지고 있었지만, 여기에 대한 전문적인 논의를 펼칠 처지는 아니었다. 그럼에도 그가 이러한 주제를 내걸었던 까닭은, 이제는 물리학의 지식을 바탕으로 생명현상을 이해할 단계에 도달했으며, 이것이야말로 다음 시대의 가장 중요한 그리고 생산적인 학문적 관심사가 되리라는 것을 예감했기 때문인 것으로 추정된다.

그런데 예상외로 이러한 제호가 청중을 모으는 데 크게 작용했다. 1943년 2월 5일, 더블린 대학교 트리니티 강당에서 개최된 슈뢰딩거의 금요 저녁 강연장에는 아일랜드 수상을 비롯한 내각 관료, 외교관, 예술가, 그리고 종교계를 비롯한 각계의 명사들이 수백 석에 이르는 강연장을 꽉 메웠고, 미처 좌석을 얻지 못한 사람들은 그 다음 월요일에 강연을 다시 한 번 재연한다는 약속을 받고야 되돌아갔다. 이렇게 모여든 청중은 줄잡아 400명이 넘었으며, 슈뢰딩거 자신이 쉽지 않은 주제라고 거듭 경고를 했음에도 불구하고 3회에 걸친 연속강연 마지막에 이르기까지 참석자가 줄어드는 기미가 보이지 않았다.

청중이 이렇게 환호한 데에는 물론 학문 외적인 이유도 있었다. 오스트리아에서 나치의 박해를 피해서 온 그가 아일랜드에 정착을 하고 아일랜드의 토착 언어와 문화에 각별한 관심을 지녔던 것도 그들의 호감을 사는 데 한몫을 한 것으로 알려져 있다. 하지만 기본적으로는 강연 주제에 대한 관심이 그들을 끌어들였을 것임에 틀림없다. 특히 최상급의 물리학자가 "생명이란 무엇인가?"라는 주제를 내걸었을 때에는 여기에 무엇인가 의미심장한 내용이 담겨 있으리라 생각했을 것이다. 그리고 좀 더 깊이 들여다보자면 사람들의 마음속에는 무의식적으로 생명이 과연 무엇인가 하는 데에 대한 문제의식이 잠자고 있었던 것인데, 그의 강연 주제가 이러한 의식을 건드린 것으로 해석할 수 있다.

그리고 얼마 후 이 강연은 다시 책으로 출간되었고, 이 책 또한 학술 서적으로는 전례를 찾기 어려운 큰 성공을 거두었다. 1989년에 출간된 슈뢰딩거의 한 전기에 의하면, 당시까지 이 책은 일곱 언어로 번역되었고 줄잡아 10만 부 이상이 판매되었다고 한다.• 우리나라에서도 비교적 늦게 번역되기는 했으나, 현재까지 두 가지 번역본이 나와 있을 정도로 높은 관심을 보이고 있다.••

그렇다면 출간된 책으로서 슈뢰딩거의 이 강연이 이렇게 명성을 이어가는 이유는 무엇인가? 그 가장 중요한 이유는 이 책이 현대 분자생물학을 이끌어내는 한 도화선의 역할을 했다는 점이다. 그리고 이것이 알려지면서 이 책에 대한 관심이 지속적으로 증폭되고 있다. 이 책 자체가 분자생물학 형성에 직접 기여했다고 보기는 어렵지만, 이것이 DNA의 이중나선 구조를 발견한 제임스 왓슨James Watson(1928~)과 프렌시스 크릭Francis Crick(1916~2004)을 비롯한 현대 분자생물학의 주역들에게 커다란 영감을 불어넣음으로써 이들로 하여금 이러한 방

• *Schrödinger: Life and Thought.* p.403.

•• 1992년에 한울에서 출간된 번역본은 2003년 3월 현재 초판 9쇄, 중판 3쇄의 기록을 가지고 있으며, 2007년에는 궁리에서 또 다른 역자에 의해 새로운 번역본이 출간되었다. 에르빈 슈뢰딩거, 서인석·황상익 역,《생명이란 무엇인가?》, 한울, 1992; 에르빈 슈뢰딩거, 전대호 역,《생명이란 무엇인가?》, 궁리, 2007.

향의 연구를 지향하도록 만드는 데 결정적 기여를 한 것은 사실이다.

대학 학부시절인 1946년 봄에 이 책을 읽었다는 제임스 왓슨은 "슈뢰딩거의 《생명이란 무엇인가》를 읽은 바로 그 순간, 나는 유전자의 비밀을 발견하는 방향으로 내 진로를 못 박았다"고 고백한다. 본래 물리학자였던 프랜시스 크릭 또한 이 책이 자신에게 "특별한 영향"을 주었으며, 이 책이 "이것 아니면 생물학을 전혀 하지 않았을 사람들을 이 길로 이끌어냈다"고 말한다. 또 이 두 사람에게 중요한 X-선 실험 결과를 제공함으로써 이 발견의 소재를 제공했고, 이 공로로 1962년 이들과 함께 노벨상을 받게 된 물리학자 출신의 모리스 윌킨스Maurice Wilkins(1916~2004)도 "슈뢰딩거의 책은 내게 매우 긍정적인 영향을 주었다. 이로 인해 나는 처음으로 생물학에 관심을 가지게 되었다"고 증언했다.

이처럼 물리학의 시대를 열었다고 할 주역의 한 사람인 슈뢰딩거가 생물학의 시대를 연 왓슨, 크릭, 윌킨스 등에 직접적인 영향을 주었다는 것은 그것 자체로서 커다란 상징적 의미를 지닌다. '슈뢰딩거의 책'이라고 하는 이 작은 역사적 사건을 통해 슈뢰딩거 자신은 바로 이러한 학문적 연계의 필연성을 알려준 것이고, 이후 출현한 분자생물학의 주역들이 바로 이 점을 알아차리고 현실의 학문 세계에서 이를 실현해 냈던 것이다.

그렇다면 슈뢰딩거의 책을 통해 매개되었던 이 두 학문 사이의 연관고리는 무엇인가? 이를 위해 우리는 20세기 전반기에 이루어진 물리학의 두 가지 성과를 말해야 한다. 하나는 우리가 이미 보아왔듯이 사물의 보편적 존재양상에 대한 이론적 기반을 마련했다는 점이다. 일상적 경험세계에 대한 이해의 틀인 고전역학의 제약을 넘어 원자세계에 대한 이해를 가능하게 하는 양자역학이 구축되었고, 이를 통해 사물의 존재양상을 원자론적 바탕과 연계해 이해할 여건이 마련된 것이다. 그리고 다른 하나는 종래의 망원경, 현미경 등 광학적 관찰수단을 넘어 X－선을 포함한 광범위한 방사선, 그리고 입자가속장치를 포함한 정교한 관측 장치들이 개발됨으로써 원자세계에 대한 구체적 정보를 파악할 수단이 갖추어졌다는 점이다. 물리학을 통해 마련된 이 두 가지 성과는 생명체의 구성과 기능에 대한 새로운 물음을 제기했으며, 이에 대한 의미 있는 대답을 가능하게 해주었다.

슈뢰딩거의 책에 담긴 내용

그런데 이러한 진전이 과연 생명이란 무엇인가 하는 물음에 바른 해답을 제시할 것인가? 이를 살피기 위해서는 한 가지 중요한 선결문제가 검토되어야 한다. 즉 생명을 이해하기 위해서는 물리학의 기본 원리들만으로 충분한 것인가, 혹은 물리학과는 전혀 다른 새로운 차원의 원리가 필요한 것인가 하는 문제다. 이 물음에 대한 대답을 어떻게 하느냐에 따라, 현재의 물리학적 지식을 바탕으로 생명을 "이해될 수 있는 것"으로 보거나, 혹은 새 원리가 발견될 때까지는 생명을 "이해될 수 없는 것"으로 보게 된다. 슈뢰딩거가 그의 책을 통해 기여한 중요한 점이 있다면 이러한 물음을 진지하게 묻고 현재 우리가 알고 있는 자연의 기본 원리만으로 생명을 이해하는 것이 가능하리라는 확신을 높여주었다는 것이다.

그는 적어도 이러한 시도가 어떤 방향에서 어떻게 이루어져야 할 것인지에 대해 매우 시사적인 이야기들을 하고 있다. 구체적으로 그는 "살아 있는 유기체라는 공간적 테두리 안에서 일어나는 시공간적 사건들이 물리학과 화학에 의해 어떻게 설명될 수 있는가?"•를 묻고, "현 시점의 물리학과 화학이 이러한 사건들을 설명해내지 못하는 것은 사실이지만, 이것이 곧 이들이 이러한 과학에 의해 설명될 수 없음을 말하는 것은 전혀 아니라"••는 전제 아래, 책의 대부분을 이러한 설명의 가능성을 제시하는 데 바치고 있다.

슈뢰딩거는 그의 책에서 염색체 안의 유전물질이 어떠한 물리적 구조를 가져야 하는지에 대해 한 가지 중요한 제안을 한다. 그는 막스 델브릭Max Delbrueck(1906~1981) 등의 연구를 인용하면서, '생명의 물질적 운반체material carrier of life'라고 할 어떤 유전물질이 염색체 안에 있을 것인데, 이것이 '비주기적 결정체aperiodic crystals'를 이룰 것이라는 의견을 제시한다. 이는 곧 생명체 내의 유전적 정보를 담을 물질적 바탕이 있으며, 특히 어떤 결정체 안에 이것이 각인됨으로써 그 결정체의 배열 일부가 주기성을 상실할 것임을 시사하고 있다. 이 무렵 일부

• Schrödinger, E. *What is Life?* , p.3.

•• Schrödinger, E. *What is Life?* , p.4.

연구자들은 이미 이것이 DNA 분자들일 것이라는 증거들을 찾아내고 있었지만, 그는 아직 이 점에 대한 정보를 가지고 있지 않았거나 적어도 충분한 주의를 기울이지 않았다. 그러나 이것이 무엇으로 이루어졌건 간에 '비주기적 결정체'의 성격을 가져야 함을 말하고, 이러한 성격으로 인해 그 안에 '부호기록code-script'이라 부를 매우 중요한 정보의 패턴이 담겨 있다는 주장을 하고 있다.

실제로 유전물질이 그가 이야기한 대로 '비주기적 결정체'임이 확인된 것은 그의 영향을 강하게 받은 왓슨, 크릭 등에 의해 DNA의 이중나선 구조가 밝혀지면서다. 오늘날 누구도 DNA의 이중나선 구조를 '비주기적 결정체'라고 부르지는 않지만, 이것이 슈뢰딩거가 이야기한 비주기적 결정체의 성격을 지니고 있음은 사실이며, 이러한 점에서 그가 물리학적 직관을 통해 이런 예측에 도달했다는 것은 매우 놀라운 일이다.

그렇다면 슈뢰딩거는 정작 자신이 던진 질문 즉 "생명이란 무엇인가?"에 대해 어떠한 대답을 하고 있는가? 슈뢰딩거의 책이 출간되고 60여 년이 지난 2008년 정확히 동일한 제호의 책을 낸 에드 레기스는 슈뢰딩거의 책이 지닌 결함을 언급하면서 다음과 같이 말하고 있다.•

> 그러나 이 모든 명료성과 간결성 그리고 놀라운 예견력에도 불구하고, 슈뢰딩거의 책은 몇몇 약점을 가지고 있다. 그 하나는 이것

• Regis, Ed. *What is life?*, Oxford, 2008, p.40.

이 책 제호로 주어진 물음, "생명이란 무엇인가?"에 대해 대답을 하지 않았고, 심지어 대답하려는 시도조차 하지 않았다는 점이다. 이 제호는 단지 겉에 내세운 영리한 마케팅 전략이었을까? 아니면 그 해답이 슈뢰딩거에게조차도 너무 신비로운 것이었기 때문일까? 그는 여기에 대해 말이 없다.

레기스가 언급한 것처럼 슈뢰딩거는 자기 책에서 생명이 과연 무엇인가 하는 질문을 진지하게 제기하고 있지 않다. 오직 한 곳에서 그는 "무엇이 생명의 특징적 면모인가? 어떠할 때에 한 조각의 물질을 살아 있다고 할 수 있는가?"라는 질문을 던지고 있을 뿐이다.• 그리고 스스로 던진 이 물음에 대한 대답은 더욱 실망스럽다. 이는 곧 "이것이 '무엇인가를 하고 있을 때', 움직인다거나 주위 환경과 물질을 교환한다거나 하는 것 등을 행할 때, 그리고 살아 있지 않은 물질이 유사한 여건 아래에서 '지속되는 것'보다 훨씬 오랫동안 지속될 때"라고 말한다. 이 대답은 우리 모두가 상식적으로 받아들이고 있는 생각과 별로 다르지 않다. 그리고 우리가 위에서 보았지만 이런 상식적 생명 이해는 많은 문제점을 지니고 있다.

이처럼 슈뢰딩거는 이러한 상식선에서 분명히 생명이라 할 어떤 실체가 있는 것으로 일단 인정하고, 이것이 어떤 물리적 성질을 가지고

• What is the characteristic feature of life? When is a piece of matter said to be alive? Schrödinger, E. *What is Life?* , p.74.

있느냐 하는 데 초점을 맞추고 있다. 그러면서 그가 도달하는 가장 중요한 결론은 이것이 내적 질서, 곧 낮은 엔트로피 상태를 유지하고 있으며, 열역학 제2법칙에 따라 이것이 가능하려면 이것은 불가피하게 외부로부터 부-엔트로피를 받아들여야 한다는 것이다. 즉 그는 생명체 자체가 열역학 제2법칙으로 대표되는 자연법칙을 거스르지 않으면서 생존하기 위해 외부로부터 부-엔트로피를 받아들여야 하는데, 이것이 바로 생명이 지닌 가장 중요한 특징이라고 본다.

그런데 여기서도 슈뢰딩거는 나름대로의 편견을 나타내고 있다. 그는 자연의 법칙들이 무질서로 지향하는 통계적 성격을 지녔음에도 불구하고 매우 작은 크기를 가진 유전 물질이 높은 수준의 지속성을 유지하기 위해서는 이러한 경향을 회피할 수 있는 새로운 형태의 "분자가 발명되어야 한다"고 했다.• 이는 곧 양자역학이라는 마법의 지팡이에 의해 보호되는, 아주 높은 질서의 초대형 분자가 형성되어야 함을 말한다. 이러한 발명을 통해 우연의 법칙들이 무효화되는 것은 아니지만 그 결과는 수정되리라고 봤다.

그렇다면 살아 있는 유기체는 이러한 무질서로의 경향을 어떻게 피하는가? 바로 먹고 마시고 숨쉬고 (식물의 경우에는) 동화작용을 하기 때문인데, 이것을 대사metabolism라 부른다. 이것의 희랍어 어원은 교환이라는 뜻이다. 그렇다면 이렇게 해서 얻는 것이 무엇인가? 이 점에

• Schrödinger, E. *What is Life?*, 1944, p.73.

관련해 슈뢰딩거는 다음과 같은 유명한 말을 한다.•

> 모든 과정, 사건, 행사—이것을 뭐라고 부르던 간에, 한마디로 자연계에서 일어나는 모든 것은 이것이 일어나는 지점 주위의 엔트로피를 증가시킨다. 그리하여 살아 있는 유기체는 지속적으로 그 엔트로피를 증가시키며(또는 정-엔트로피를 산출한다고 말할 수도 있다) 따라서 최대 엔트로피 상태, 즉 죽음이라는 위험한 상태에 접근하는 경향을 지닌다. 이것은 오직 주변으로부터 지속적으로 부-엔트로피(이것은 사실상 매우 긍정적 의미를 지니는 양이다)를 끌어들임으로써 이러한 상태의 모면 즉 생존을 취할 수 있다. 유기체가 먹고사는 것은 부-엔트로피다.

슈뢰딩거의 이 말은 앞서 인용했던 볼츠만의 말을 좀 더 풀어서 설명한 것으로, 생명의 이해를 위해 핵심적 내용을 담고 있지만 아직까지도 많은 사람들이 여기에 충분한 관심을 기울이지 않고 있다. 슈뢰딩거 또한 이를 언급해놓고도 더 이상 깊이 있는 논의를 진척시키지 않는다. 단지 그는 후에 나온 판본에서 주석을 하나 추가하고는 '부-엔트로피'라는 개념보다는 '자유에너지' 개념이 더 적절하다는 비판을 수용한다면서 자신이 이 책을 물리학자들을 위해 쓴 것이라면 아마 그렇게 했으리라는 말을 하고 있다.

• Schrödinger, E. *What is Life?*, 1944, p.76.

결론적으로 보자면 슈뢰딩거는 이 책에서 생명에 대한 이해를 위해 많은 긍정적 기여를 했으면서도 다른 한편으로는 시대의 한계에서 완전히 벗어나지 못한 측면이 있다. 오늘의 관점에서 굳이 한두 가지 보완 사항을 말해본다면, 첫째로 슈뢰딩거 당시에는 오직 추측에 머물고 있었지만 이후 생명현상은 정상적인 물리학만으로 이해할 수 있게 되었다는 점이며, 둘째로 DNA 분자들의 역할은 오히려 매우 수동적이며 생명의 주된 활동은 DNA 분자와 세포의 나머지 부분 사이의 긴밀한 협동을 통해 이루어진다는 점이다. 이러한 점은 한 개체 생명과 그 주변 여건 사이의 관계에도 마찬가지로 성립한다. 이는 곧 '살아 있음'을 나타내주는 내적 특성이 따로 있는 게 아니라 내부 구조와 외부 상황과의 적절한 관계 맺음이 그 본질적 내용을 구성한다는 것이다. 그런데도 불구하고 우리 사회에서는, 그리고 학자들 사이에 있어서도, 여전히 생명체 안에는 생명을 이루는 어떤 결정적인 핵심 부분이 있으며, 이것이 바로 DNA 분자들로 구성된 유전자일 것이라고 하는 생각이 계속 위력을 떨치고 있다.

내용 정리

여러 항성-행성 체계 가운데서도 우리 태양-지구 체계는 그 안에 우리가 존재한다는 의미에서 가장 중요하며 우리가 직접 접하고 있다는 점에서 가장 친근하다. 따라서 이들이 가진 보편적 존재 양상을 살피기 위해서는 우리 지구상에 나타난 현상들을 중심으로 살펴봄이 편리하다. 우리가 이제 지구상에서 접하고 있는 여러 형태의 대상들을 크게 두 가지로 구분한다면 하나는 비교적 낮은 정교성을 띠는 것들이며 다른 하나는 이에 비해 월등히 높은 정교성을 띠는 것들이다. 앞의 것의 사례로는 돌 조각, 눈송이 등이 있으며, 뒤의 것의 사례로는 다람쥐, 민들레 등이 있다. 뒤의 것들을 우리는 흔히 살아 있는 것이라 말하고, 앞의 것들을 살아 있지 않은 것이라 말한다. 이런 것들 이외에도 자동차, 냉장고, 장난감과 같은 것들이 있지만 이들은 모두 사람의 손과 머리를 통해 만들어진 것이고 따라서 사람이라는 존재가 없었으면 나타나지 않았을 존재들이다. 그러므로 우리는 지구상의 모든 것을 이해하기 위해 우선 앞의 두 종류의 대상, 곧 정교성이 낮은 것들과 이에 비해 정교성이 월등히 높은 것들이 어떻게 존재하게 되었는지를 알아볼 필요가 있다.

이미 이야기한 바와 같이 우주 안에서는 빅뱅이라 불리는 최초의 시점 이래, 우주의 온도가 낮아지면서 여러 형태의 물질적 대상들이 형성되어왔다. 그런데 이들은 모두 변화의 원리 특히 온도의 변화에 따른 자유에너지 최소화 효과에 의해 나타난 것들이다. 이렇게 일단 자유에너지 최소점에 도달한 대상들은, 더 이상 자유에너지에 어떤 변화를 줄 영향이 나타나지 않는 한, 비교적 안정해 그 형상을 지속적으로 유지한다.

그러나 제한된 공간을 점유하는 물체들 가운데에는, 〈그림 7-1〉에 보인 바와 같이 주변의 요동으로 인해 우연히 자유에너지 최소점에서 벗어나, 상대적으로 자유에너지의 값이 더 큰 우물 형태의 준안정 상태로 뛰어오를 수도 있다. 이들은 대부분 또 다른 요동으로 인해 짧은 시간 안에 안정된 최소점으로 복귀하게 되지만, 경우에 따라서는 준안정 상태의 우물이 깊어 비교적 오랜 기간 이 준안정 상태에 묶여 있기도 한다. 이처럼 상대적으로 높은 자유에너지 값을 지니고 비교적 작은 공간 안에서 그 정교성을 준안정적으로 유지하게 되는 대상을 '국소질서local order(LO)'라 부른다.

한편 같은 준안정 국소질서라도 다른 것들과는 질적으로 달라 보일 만큼 높은 정교성을 가진 대상들이 있다. 다람쥐, 민들레 등이 그러하다. 이들 또한 유한한 공간을 점유하며 비교적 오랫동안 준안정 상태

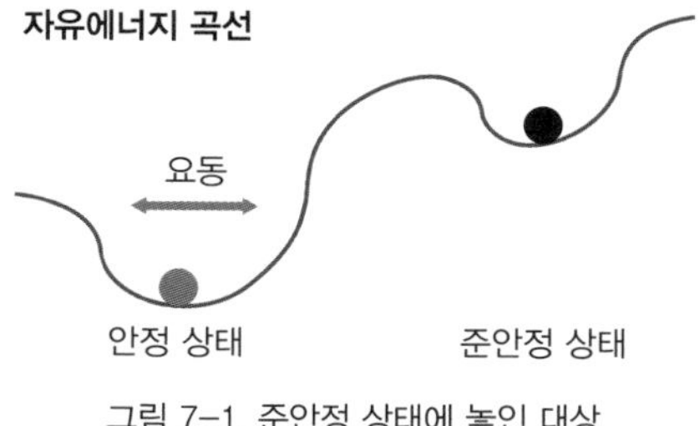

그림 7-1. 준안정 상태에 놓인 대상

를 유지한다는 점에서 다른 국소질서와 흡사하지만, 이들은 앞의 것들과는 비교도 할 수 없을 만큼 높은 수준의 정교성을 지닌다는 점에서, '살아 있는 존재'라고 하는, 전혀 다른 범주의 대상으로 여겨지고 있다.

여기서 우리의 주된 관심사는 '살아 있는 존재'라 불리는 지극히 높은 정교성을 지닌 존재들이 어떻게 출현하게 되었으며 또 어떻게 유지되고 있는가 하는 점이다. 그런데 이를 이해하기 위해서는 하나의 중요한 새 개념 곧 '자체촉매적 국소질서auto-catalytic local order'라는 것을 생각할 필요가 있다. 이것은 자신이 '촉매' 역할을 해 자신과 닮은 새 국소질서가 생겨나는 데 결정적 기여를 하게 되는 국소질서를 의미한다.• 그리고 자체촉매적 기능을 지니지 않은 국소질서들은 이것에 대비해 '단순 국소질서'라 지칭하기로 한다.

• 여기서 말하는 '자체촉매적 기능'을 생물학계에서는 흔히 '자기복제 기능'이라고도 한다. 그러나 자기복제라고 할 때에는 그 작용체의 능동성이 강조되는 데 비해, 자체촉매라고 할 때는 그 전체 과정을 중시하면서 작용체의 역할은 수동적임을 암시한다.

일단 이런 성격을 지닌 자체촉매적 국소질서가 우연히 하나 만들어지고 나면, (그리고 이것의 기대 수명 안에 이런 국소질서를 적어도 하나 이상 생성하는 데 기여한다고 하면) 이러한 국소질서의 수는 기하급수적으로 증가하게 된다. 그러다가 이러한 것들을 생성할 소재가 모두 소진되든가 혹은 이들이 놓일 공간이 더 이상 남아 있지 않을 때 비로소 증가가 그치게 되는데, 그때부터는 대략 소멸되는 만큼만 국소질서가 생겨나게 되어 이후 그 수는 대체로 큰 변화 없이 유지된다.

이 상황을 좀 더 실감나게 그려보기 위해, 자체 촉매적 국소질서 중 한 종이 지구와 같은 규모의 행성 위에 나타났다고 생각해보자. 이 국소질서의 크기가 우리가 흔히 보는 미생물 정도라 가정하고 이것의 평균 수명이 대략 3.65일(100분의 1년)이라 생각하자. 그리고 이 수명 안에 평균 2회에 걸쳐 복제가 이루어지고, 주변 여건으로 인해 개체 수가 대략 10만 개에 이르면 포화상태가 되어 더 이상 증가하지 않고 일정하게 유지된다고 가정해보자. 이럴 경우 포화에 이르기까지 대략 17세대(2^{17}=131,072)를 거치게 되고, 시간은 대략 2개월 정도가 소요된다. 이는 곧 대략 2개월 정도가 지나면 이러한 국소질서가 10만 개 정도로 불어나고 그 후에는 이 정도의 숫자가 지속된다는 의미다.

물론 최초의 자체촉매적 국소질서가 하나 생겨나는 일은 쉽지 않다. 물질과 에너지의 흐름과 요동 등 여러 여건에 따라 다르겠지만, 예컨대 100만 년 정도의 시행착오 끝에 우연히 이러한 국소질서 하나가 형성되리라고 상정해볼 수 있다. 그러나 일단 이러한 국소질서가 하나 생성되고 나면, 위에서 본 바와 같이 2개월 이내에 이러한 것 10만 개

정도가 생겨날 것이고, 이후 생성과 소멸을 반복하면서 거의 무제한의 기간 동안 지속하게 된다.•

자체촉매적 국소질서가 가진 위력은 이러한 한 종류의 국소질서를 다량으로 생성해낸다는 데 그치지 않는다. 일단 한 종의 자체촉매적 국소질서가 발생해 예컨대 10만 개 정도의 개체군이 형성되면 이는 새로운 변이가 일어날 수 있는 아주 좋은 토대가 된다. 즉 이들 가운데 하나에서 우연한 변이가 일어나 이보다 한층 높은 정교성을 지닌 새로운 형태의 자체촉매적 국소질서가 출현할 수 있는데, 이렇게 되면 변이된 새로운 종의 자체촉매적 국소질서가 나타나 본래의 종과 공존하면서 일종의 변화된 '생태계'를 형성하게 된다. 뿐만 아니라 서로 다른 종에 속한 자체촉매적 국소질서들끼리 결합함으로써 한층 높은 정교성을 지닌 복합적 형태의 자체촉매적 국소질서도 나타날 수 있다. 이러한 결합체 또한 변이의 일종은 새로운 종을 이루어나가는 좋은 방식이 된다. 시간이 지남에 따라 그리고 생태계가 복잡해짐에 따라 이런 유형의 변이가 자주, 나아가 끊임없이 나타날 수 있으며, 그리하여 점점 더 높은 질서를 지닌 다양한 종들이 출현하게 된다.

이러한 변이과정의 효율성을 실감하기 위해 하나의 변이가 발생하는 데 소요되는 시간이 얼마나 되는지를 추산해보자. 한 국소질서 LO_1

• 여기서 거의 무제한의 기간이라고 한 것은 개별 자체촉매적 국소질서의 수명에 대한 상대적 개념이며, 현실적으로는 바탕 질서의 여건 변화에 따라 유한한 기간 이후에는 자체촉매적 기능을 상실해 소멸될 수 있다.

이 순전히 우연에 의해 발생하는 데 걸리는 시간을 T_1이라 하고, 이러한 LO_1 하나가 지속적으로 존재한다고 가정할 때 이것이 변이를 일으켜 새로운 종의 국소질서 LO_2가 우연에 의해 나타날 때까지 걸리는 시간을 T_2라 하자. 이렇게 할 때, LO_1이 처음 나타난 후 다시 LO_2가 출현할 때까지 실제로 요구되는 시간 T는 T_2/n으로 표현된다. 여기에서 n은 기간 T_1 이후 임의의 시점에 존재할 것으로 기대되는 국소질서 LO_1의 숫자다(만일 기간 T_1 이후 모든 시점에서 LO_1이 한 개 존재할 것으로 기대된다면 $n=1$이다).

이제 애초의 국소질서 LO_1이 자체촉매적인 것이 아닐 경우와 자체촉매적인 것일 경우, LO_2가 나타나기까지 실제 걸리는 시간 T가 어떻게 다른가를 살펴보자. 여기서 국소질서 LO_1의 기대 수명을 τ라 한다면, 이것이 자체촉매적인 것이 아닐 경우에는, n은 τ/T_1이 된다(즉 LO_1이 매 T_1마다 한 번 나타나지만, 이렇게 나타난 때부터 오직 기간 τ 만큼만 머물러 있게 된다). 이때 국소질서 LO_1의 기대 수명 τ는 이것이 우연에 의해 생성되는 데 요하는 시간 T_1에 비해 월등히 짧을 것으로 기대된다. 이런 국소질서가 우연히 생겨나기는 매우 힘들지만(T_1이 매우 큼), 소멸되기는 훨씬 쉽기(τ가 작음) 때문이다. 반면 LO_1이 자체촉매적 국소질서라면, 기하급수적 증가가 이루어지는 짧은 기간 이후 n의 값은 자체촉매적 국소질서의 평균 개체 수 N과 같게 된다.

이들의 차이를 수치적으로 가늠하기 위해, T_1과 T_2가 둘 다 100만 년(10^6년)이고, LO_1의 수명 τ가 3.65일(10^{-2}년)이며, LO_1의 개체 수는 10만($N=10^5$)에서 포화가 된다고 가정하자. 또한 LO_1이 자신의 수명이 다하기 전에 평균 두 개씩 복제된다고 하면, 앞에서 보았듯이 포화 개체 수에 이르기까지 대략 17세대 곧 2개월 정도가 소요된다. 그러면 LO_2가 나타나기 위해 필요한 전체 추정 시간 T는 LO_1이 자체촉매적인 것이 아닐 경우 100조 년(10^{14}년)이 되는 반면, LO_1이 자체촉매적인 것일 경우에는 불과 10년(+2개월)밖에 안 된다. 100조 년이라는 시간은 우주가 출현한 이후 지금까지 지나온 전체 시간인 138억 년의 7000배에 해당하는 시간이다. 그러니까 LO_1이 자체촉매적 국소질서가 아닐 경우 이러한 질서가 순수한 우연에 의해 나타나는 것은 우리 우주가 7000번이나 되풀이되어야 한 번 나타날 정도의 기적인데, 자체촉매적 국소질서를 경유할 경우에는 이것이 불과 10년 만에 나타난다는 이야기다.

이제 자체촉매적 국소질서가 출현해 하나의 개체군을 이루고, 이것이 변이를 일으켜 다시 한 차원 높은 질서를 가진 새로운 개체군을 이루는 과정이 거듭 반복된다고 생각해보자. 위의 사례가 보여주듯이 자체촉매적 국소질서가 아니었으면 100조 년에 한 번 나타날까 말까 한 기적 같은 질서가 매 10년마다 나타나 축적되어간다면, 예를 들어 40억 년 후에는 어떤 일이 벌어질 것인가? 이렇게 만들어진 것이 바로 우리가 '살아 있는 존재'라 부르고 있는 대상들의 모습이다. 이것이 단순 국소질서 즉 자체촉매적 기능 없이 오로지 단순한 우연에만 의존해 발생하는 국소질서들의 모습과는 비교도 안 될 만큼 놀라운 수준의 정교성을 가지게 될 것임은 쉽게 짐작할 수 있다.

지금까지는 주로 국소질서 자체만을 중심으로 생각했지만, 이러한 국소질서들은 허공에 고립되어 존재하는 것이 아니다. 이들은 '바탕질서' 곧 이를 가능케 하는 자유에너지와 배경 물질이 있기에 나타나는 현상들이다. 특히 이들이 단순 국소질서에 그치느냐 혹은 자체촉매적 국소질서가 되느냐 하는 것은 이 바탕질서를 구성하는 자유에너지와 배경 물질이 얼마나 풍요로우냐 하는 점과 밀접하게 연관된다. 예를 들어 태양-지구계 안에는 자체촉매적 국소질서가 존재하지만, 대다수의 다른 항성-행성계 안에는 자체촉매적 국소질서가 형성되지 않았을 것으로 예상할 수 있다.• 따라서 우리는 단순 국소질서들만이 형성되어 있는 (바탕질서 및 국소질서) 체계를 '일차질서'라 부르고, 단순 국소질서들에 더하여 자체촉매적 국소질서들까지 형성되고 있는 (바탕질서 및 국소질서) 체계를 '이차질서'라 부르기로 한다.

지금까지는 자체촉매적 국소질서라는 것이 존재하리라는 가정 아래 논의를 전개해왔지만 우리에게 더욱 궁금해지는 것은 구체적으로 어떤 여건 아래 있는 어떤 국소질서가 형성될 때 이것이 자체촉매적 국소질서로서의 기능을 할 수 있는가 하는 점이다. 이 점을 살피기 위해 이를 가능케 하는 아주 간단한 모형 체계 하나를 생각해봄이 유용하다. 〈그림 7-2〉가 바로 그러한 모형 체계다.

〈그림 7-2a〉는 자체촉매적 국소질서를 이룰 소재로서의 바탕질서를 표시한 것이다. 이 안에는 다섯 종류의 구성성분들이 풍부하게 마

• 태양계 안에서도 다른 태양-행성계, 예컨대 태양-화성계 안에는 자체촉매적 국소질서가 형성되지 않은 것으로 가늠된다.

그림 7-2a. 자체촉매적 국소질서를 이룰 바탕질서

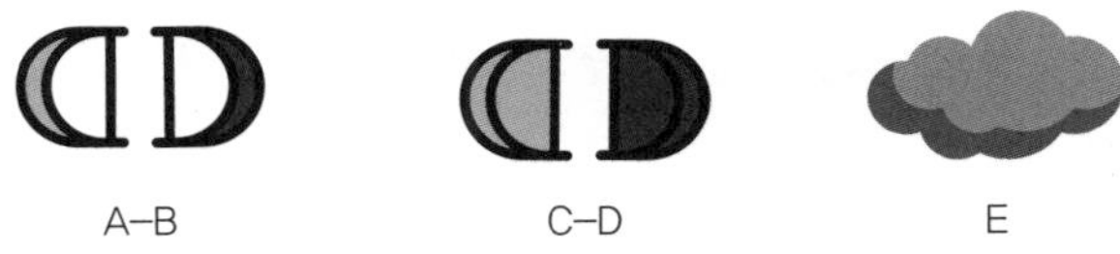

A형과 B형, 그리고 C형과 D형 간에 특별한
친화력이 있어서 잠정적 결합을 가능케 함

그림 7-2b. 구성성분들 사이의 공액관계

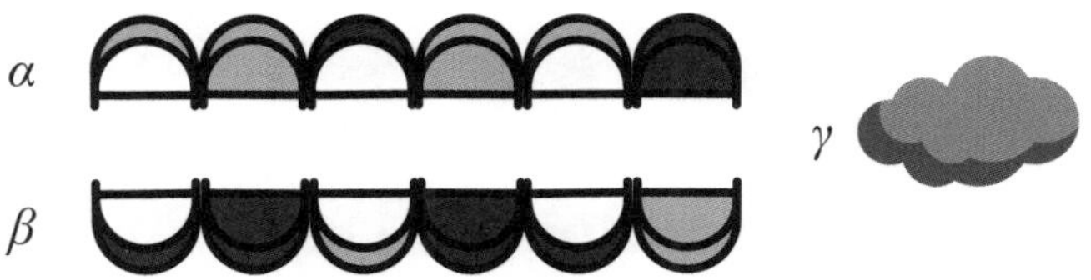

배열 α와 β는 서로 간의 공액관계를 이루며
구조물 γ는 이들 사이의 간격 조정 기능을 함

그림 7-2c. 자체촉매적 국소질서의 단위 구성체

그림 7-2d. 성분 물질의 흐름 안에 놓임

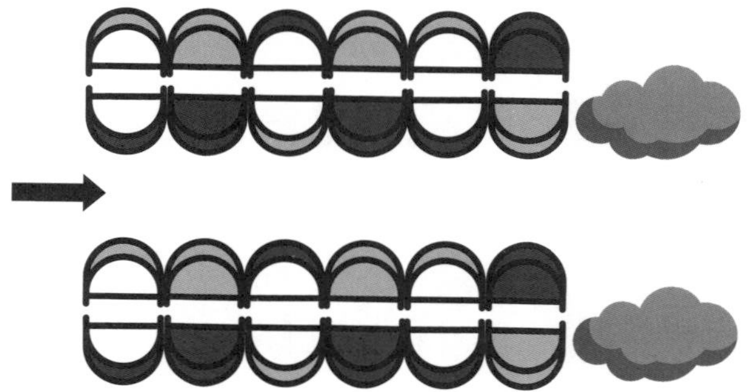

그림 7-2e. 자체촉매 자극의 완료

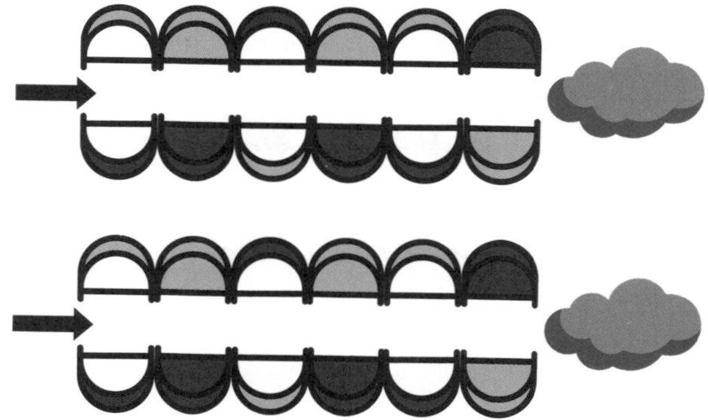

그림 7-2f. 다음 세대 자체촉매 작업 개시

련되어 넓은 공간 안에 흩어져 떠돌고 있다. 그리고 〈그림 7-2b〉와 같이 이들 구성성분 가운데 A형과 B형 사이, 그리고 C형과 D형 사이에는 특별한 친화력이 있어서 잠정적인 결합을 가능케 하는 공액共軛 관계가 형성된다. 이러한 바탕질서 안에서 우연히 〈그림 7-2c〉와 같이 일정한 배열을 지닌 구조물 α와 그것과 공액배열을 지닌 구조물 β가 형성되고 또 약간의 간단한 기능(예를 들어 α와 β 사이의 간격 조정)을 지닌 특별한 구조물 γ가 만들어져 이 전체가 높은 정교성을 지닌 하나의 국소질서(준안정 단위 구성체) $\alpha \circ \beta \circ \gamma$를 이룬다고 생각하자. 만일 이러한 성격의 구성체가 형성되면 이는 〈그림 7-2d〉, 〈그림 7-2e〉, 〈그림 7-2f〉에 나타난 과정에 따라 자신과 닮은 또 하나의 구조물이 출현하는 데 결정적 기능을 하게 된다. 〈그림 7-2d〉는 이 구성체가 〈그림 7-2a〉에 예시된 바탕질서 안에 놓일 때, 〈그림 7-2b〉에 예시된 성분요소들 간의 친화력으로 인해 잠정적인 결합들이 일어남을 보여주며, 이 과정은 결국 〈그림 7-2e〉와 같이 서로 닮은 두 개의 구성체가 형성되는 것으로 완료된다. 〈그림 7-2f〉는 구조물 γ에 의해 구조물 α와 β 사이의 간격을 넓힘으로써 다시 다음 세대를 위한 자체촉매 작업을 개시하는 모습이다.

지금까지는 이러한 국소질서들의 형성 가능성을 생각했지만, 이것의 유지 가능성에 대해서도 생각해볼 필요가 있다. 일반적으로 국소질서가 가진 정교성이 크면 클수록 이것을 유지할 여건 또한 그만큼 어려워진다. 같은 구조를 가진 자체촉매적 국소질서라도 이것이 놓인 바탕 질서가 어느 정도 이상 달라지면 자체촉매적 기능을 수행할 수가 없게 된다. 이는 단지 자체촉매적 기능의 수행에만 해당하는 것이 아니다. 국소질서의 존속가능성 또한 이것이 놓인 바탕 여건에 결정적으로 의존한다. 그렇기에 하나의 자체촉매적 국소질서가 그 자체촉매적 기능의 수행뿐 아니라 그 자신의 존속을 위해서도 주변과의 연계를 정교하게 이루어낼 내적 구조가 마련되어 있어야 한다. 그리고 다수의 그리고 다종의 자체촉매적 국소질서들이 이루어졌을 경우에는 이들 간의 상호작용 또한 그 기능과 존속에 결정적 영향을 미친다. 따라서 특히 이차질서의 구성 체계는 각종 국소질서들과 바탕질서가 합쳐져서 하나의 정교한 진행형 복합질서 체계를 이루게 된다.

그런데 여기서 우리가 생각해보아야 할 점은 이 진행형 복합질서 안에 자유에너지가 어떻게 공급되고 축적되느냐 하는 점이다. 이 전체를 하나의 독자적 체계로 볼 때, 여기에 어떤 지속적 움직임이 발생한다는 것은 자유에너지가 끊임없이 소모되고 있음을 의미한다. 그리고 장기적으로 점점 더 정교한 체계로 진행해나간다는 것은 자유에너지가 그만큼 더 높은 상태로 바뀌어나간다는 의미이기도 하다. 그렇다면 이러한 자유에너지는 어떠한 방식으로 충당되는가? 그 해답은 이 전체 체계가 항성–행성계를 이루고 있을 때, 항성 쪽에서 전해지는 에너지 흐름에서 찾아볼 수 있다. 즉 상대적으로 뜨거운 항성에서 상대적으로 차가운 행성 부분으로 빛 에너지가 전달될 때 이 빛의 일정 비율이 행성에서 활용될 자유에너지가 됨을 우리가 제5장에서 이미 밝힌 바 있다[특히 〈부록〉 제5장 보충 설명의 (5A-25)식 참조].•

그러나 이를 효과적으로 활용하기 위해서는 이렇게 만들어진 복합

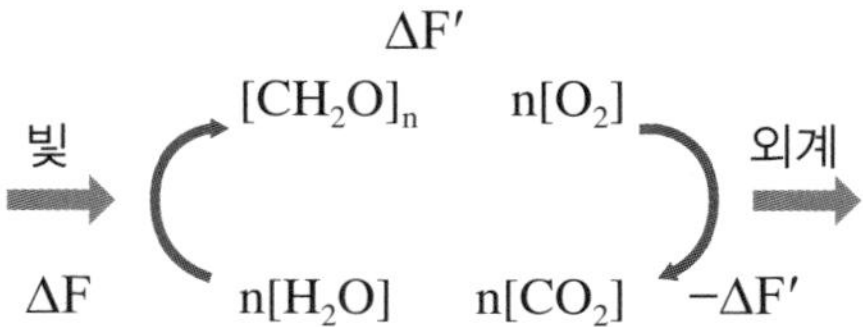

모든 **개체가 요구하는 자유에너지**는
그 형태가 다양하다(협동 네트워크 필수).

그림 7-3. 이차질서의 통합적 성격

질서 안에 이를 수용해낼 정교한 구조가 다시 형성되어야 한다. 그러므로 이차질서 곧 하나의 복합질서가 형성되고 유지된다고 하는 것은 그 안에 이러한 자유에너지 원천과 함께 이를 변형시키고 분배해 각각의 부위에서 활용할 수 있게 하는 하나의 정교한 협동체계가 이루어지고 있음을 의미한다. 이러한 상황을 개략적 도식으로 나타내면 〈그림 7-3〉과 같다.

이제 우리는 생명이란 과연 무엇을 말하는지를 살펴볼 차례다. 사실 생명이 무엇인지 모른다는 사람은 없겠지만, 아직까지도 '생명'을, 적어도 많은 사람들의 합의에 이를 정도로, 엄격히 정의하는 것조차 실패하고 있다.•• 그 이유는 바로 우리가 '생명'이라 여기면서 마음속에

• 이에 관한 구체적 이론은 최근 발표된 논문 Zhang, H.I. and Choi, M.Y. "Generalized formulation of free energy and application to photosynthesis." *Physica A* 493 (1 March, 2018): 125-134에 실려 있다.

•• Regis, Ed. *What is life?*, pp.156-71.

품어온 관념 자체가 하나의 허상이어서, 실제 자연 속에서 이에 해당하는 실체를 발견할 수가 없기 때문이다.

그렇기에 우리는 오히려 그 반대 방향으로 접근해볼 필요가 있다. 즉 우리는 생명이 무엇인지를 안다고 미리 전제하는 대신, 자연 속에 구현될 수 있는 질서들을 먼저 살펴보고, 그 가운데 의미 있는 존재론적 실체를 확인해 여기에 적절한 이름을 붙여보자는 것이다. 그렇게 해서 우리는 '이차질서'라는 지극히 높은 정교성을 가진 존재를 발견했고, 이제 여기에 우리의 일상 경험과 연결된 적절한 이름을 붙일 과제를 떠안게 되었다. 이렇게 찾아낸 내용이 지금까지 사람들이 '생명'이라 불러온 것과 깊은 관련을 가진다면, 우리는 비로소 생명이 과연 무엇인지를 알게 되었다고 말할 수 있다. 그러나 이렇게 발견된 실체가 기왕에 우리가 지녔던 생명 관념과 상당한 차이가 있다면, 이를 그냥 '생명'이라 부르는 것은 적절치 않다.

이러한 논의를 위해 앞에서 살펴본 이차질서의 모습을 간략히 요약하면 〈그림 7-4〉에 나타낸 도식과 같다. 〈그림 7-4〉는 진행형 복합질서로서의 이차질서를 보여주고 있는데, 여기서 Ω_{I}과 Ω_{II}는 각각 초기(과거)의 바탕질서와 현재의 바탕질서를 나타내고, θ_1, θ_2 … 등은 초기(과거)의 자체촉매적 국소질서들, 그리고 θ_{m}, … θ_{n}은 현존하는 자체촉매적 국소질서를 나타낸다. 그리고 $\{\theta_1\}$와 같이 이들을 괄호 속에 표시한 것은 이들이 일정한 개체군을 지니는 종species을 이룸을 나타낸다. 특히 〈그림 7-4〉의 아래쪽 작은 상자로 둘러싸인 내용은 현재 존속되고 있는 현존 질서를 나타내며, 더 큰 상자로 둘러싸인 전체 내용은

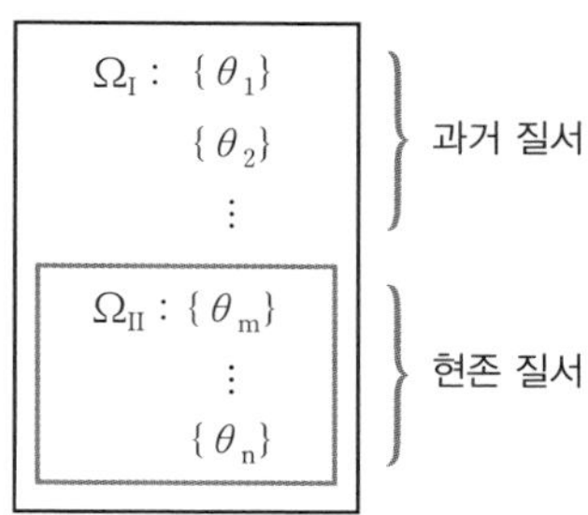

Ω : 바탕질서　　θ : 자체촉매적 국소질서

그림 7-4. 진행형 복합질서로서의 이차질서

과거에 있었던(있어야만 했던) 존재들을 포함한 진행형 복합질서를 나타내고 있다.

이제 이러한 복합적 구조를 가진 이차질서에 대해 의미 있는 명칭을 부여하기 위해 이것이 지닌 존재론적 성격을 검토해볼 필요가 있다. 우선 이 안에는 존재론적 지위가 서로 다른 세 가지 종류의 존재자entity가 있음을 확인할 수 있다.

첫 번째 존재자는 하나하나의 개체로 본 자체촉매적 국소질서들(θ_1 등)이다. 이는 분명히 우리가 그간 '생명' 혹은 '생명체'라 불러온 것과 가장 가깝게 대응한다. 우리는 특별한 검토 없이 이들을 살아 있다고 보아 생명체라 불렀으며, 이들이 공통적으로 가지고 있는 특성 곧 '살아 있음'에 해당하는 내용을 '생명'이라 불러왔다. 그러나 '생명'이라는 이름을 여기에만 국한해 적용하는 것은 매우 부적절하다. 그 첫째 이유는 이것이 실제로 사람들이 '생명'이라는 개념 안에 담고자 했던 내용들을 제대로 담아내지 못한다는 점이다. 예컨대 θ_1과 같은 초기의 자체촉매적 국소질서들은 통상 생명이라는 개념에 연관해 상정되는 질적 성격을 거의 보여주지 않는다. 그리고 둘째로는, 자체촉매적 국소질서의 개체들은 복합질서의 한 성분이므로 이 복합질서의 나머지 부분에 대한 존재론적 의존성이 매우 강하다는 점이다. 만일 한 개체가 이 복합질서로부터 유리된다면 이는 거의 순간적으로 생명으로서의 정상적 활동이 정지된다. 따라서 이것에 생명이라는 칭호를 배타적으로 부여하기보다는 제한된 의미의 생명이라는 뜻에서 '낱생명'(혹은 '개체생명')이라 부름이 더 적합하다.

위에 언급한 이차질서에서 살펴볼 두 번째 존재자는 바탕에 놓인 바탕질서를 제외한 '자체촉매적 국소질서들만의 네트워크'다. 근래에는 실제로 이 네트워크 자체를 생명이라 정의하는 학자들도 있다.• 이것을 생명에 대한 정의로 보는 것은 서로 분리될 수 없는 자체촉매적 국소질서들 사이의 관계를 잘 반영하면서도, '물리학적' 성격의 바탕질서와 '생물학적' 성격의 자체촉매적 국소질서를 개념적으로 구분하고 싶은 마음에서라고 보인다. 그러나 이 관점은 이 네트워크가 이를 가

• 예를 들어 루이스미라소와 모레노는 최근 생명의 정의를 다음과 같이 제시하고 있다. "생명은 자기 복제하는 자율적 행위자들의 복잡한 네트워크로서, 그 행위자들의 기본 짜임은 총체적 네트워크가 진화하는 열린 역사적 과정을 통해 생성되는 물질적 기록들의 지시를 받는다." Kapa Ruiz-Mirazo and Alvaro Moreno, "The Need for a Universal Definition of Life in Twenty-first-century Biology." in *Information and Living systems - Philosophical and Scientific Perspectives.* Georgy Terzis and Robert Arp. ed. MIT Press, 2011.

능케 하는 바탕질서와 실체적으로 분리될 수 없다는 결정적 사실을 간과하고 있다. 엄격하게 말해 바탕질서는 심지어 동물의 몸속을 포함해 네트워크 어디에나 함께하고 있는 것이어서 이를 개념적으로 제외할 경우 그 정의를 현실적으로 존재하는 실체에 대응시킬 수 없다. 더욱 중요한 사실은 바탕질서와 자체촉매적 국소질서는 서로 너무도 밀접히 연관되어 그 어느 한쪽이 조금만 달라져도 복합질서로서의 전체 체계는 유지될 수 없다는 점이다. 예를 들어 초기 지구의 바탕질서 Ω_I에는 현존 생명체들의 생존에 필수적인 산소가 거의 없었으며, 반대로 현존 바탕질서 Ω_{II}는 상당량의 산소를 포함하고 있어서 초기 생명체들은 이 안에서 생존할 수 없는 여건에 해당한다. 따라서 이런 밀접한 관련성을 지닌 상황에서 그 한쪽을 제외하고 나머지만을 독자적 존재자로 규정하는 것은 그리 적절하지 않다.

반면 존재론적 의미가 분명한 또 하나의 존재자는 분리 불가능한 복합질서로서의 이차질서 전체를 하나의 실체로 보는 경우다. 이것은 바탕질서 안에 출현한 최초의 자체촉매적 국소질서 이후 긴 시간적 과정을 거쳐 형성되는 것으로, 그간 변형된 바탕질서와 현존하는 다양한 자체촉매적 국소질서 전체로 이루어진 복합질서를 말한다. 이것은 자체의 유지를 위해 더 이상 외부로부터 어떤 지원도 필요로 하지 않는 자체 충족적이고 자체 유지적 실체이기도 하다. 이런 점에서 이것은 생명이라는 관념이 내포할 수 있는 모든 속성을 갖춘 가장 포괄적인 존재자라 할 수 있다. 이 개념의 약점이라면, 이것은 너무도 포괄적이어서 이 안에 생명에 관한 모든 것이 담겨 있는 반면 내적 변별성이 그만큼 줄어들 위험이 있다는 점이다. 아울러 이것은 생명에 관한 우리의 기존 관념과 크게 동떨어진 것이어서, 이를 생명의 정의로 받아들이기에는 정서적 부담도 적지않게 느낄 수 있다.

그러나 중요한 점은 이것 안에 생명이 생명이기 위해 갖추어야 할 모든 것이 더도 덜도 아니도록 담겨 있다는 사실이다. 우선 이것에 못 미치는 그 어떤 것도 우주 안에서 독자적인 생명 노릇을 할 수가 없다. 흔히 이것을 다 갖추지 않은 낱생명이 생명인 것처럼 보이는 이유는 그 나머지에 해당하는 부분이 주변 어디에 있음을 당연히 여기기 때문이다. 이들이 모두 갖추어진 우리 지구상에서는 이 점이 너무도 자연스러워 보이지만, 우주의 다른 곳에 이러한 것이 있다면 이는 기적에 해당한다. 마찬가지로 이 개념 안에 포함되지 않은 것까지 끌어들여 (예컨대 우주 전체로까지) 생명 개념을 넓히려고 하는 것 또한 부적절하다. 우리가 생명 개념을 적절히 규정하기 위해서는 이 안에 생명의 출현을 위해 불가피하게 요청되는 모든 것을 포함하면서도 그렇지 않은 것들은 최대한 배제시킬수록 좋다. 우리가 여기서 말하는 이차질서로서의 생명 개념은 언뜻 지나치게 포괄적인 것으로 보이지만, 실제로 이것은 생명을 나타내기 위해 더 이상 줄일 수 없는 최소 범위에 해당하는 개념이다.

한편 이러한 논의가 형이상학적 논의에 그치지 않고 하나의 과학적 논의가 되기 위해서는 이것이 현대 과학을 포함한 우리의 최선의 지식과 부합하는 것이어야 한다. 예를 들어 이렇게 규정된 생명의 경계가 어디까지 미치는가 하는 점은 생명을 구성할 인과 관계에 대한 우리의 과학적 이해가 진전됨에 따라 얼마든지 수정될 수 있다. 현재 우리가 가진 최선의 지식을 통해 보자면, 생명이라 칭할 수 있는 이러한 존재자는 우주 안에서 비교적 드문 현상일 것으로 추측되며, 공간적 차원에서는 우리에게 알려진 우주의 규모에 비해 매우 좁은 영역을 점유하고 있다.

이제까지 이러한 생명으로는 오직 하나만 알려져 있다. 바로 태양-지구계 위에 형성되어 약 40억 년간 생존을 유지해가고 있는 '우리 생명'이다. 이것은 지구상에 형성된 최초의 자체촉매적 국소질서에서 현재 우리들 자신에 이르기까지 우리와 계통적으로 연계된 모든 조상을 비롯해 지금 살아 있거나 지구 위에 살았던 적이 있는 모든 것을 포함한다. 이는 태양을 비롯해 무기물이든 유기물이든 이 복합질서를 가능하게 한 모든 필수적인 요소들을 기능적 전체로 포괄하고 있으며, 이 복합질서에 속하는 것들과 현실적인 연계가 없는 모든 것을 배제한다.

이러한 논의를 종합해볼 때, 어떤 존재자에 대해 '생명' 혹은 '생명을 지닌 존재'라는 자격을 굳이 부여해야 한다면, 위에 논의한 세 가지 존재자 가운데 세 번째가 가장 적합하다. 그러나 이에 대해 '생명'이라는 호칭을 명시적으로 사용하기보다는 '온생명global life'이라 부르는 것이 더 적절하리라 생각된다.• 그 주된 이유는 이를 '낱생명'(혹은 '개체

• Zhang, H. I. "The Units of Life: Global and Individual", Paper presented at Philosophy of Science in Dubrovnik (1988); Zhang, H. I. "Humanity in the World of Life", *Zygon: Journal of Religion and Science* 24 (1989): 447-56; 장회익, 《생명을 어떻게 이해할까?》, 한울, 2014; 장회익, 《삶과 온생명》, 현암사, 2014 등 참조.

생명')의 개념과 구별하기 위해서다. 위에서 언급했듯이 '낱생명'은 그 자체로는 생명 개념으로 부적절하지만, 나름대로 생명의 많은 흥미로운 면모들을 이 개념과 연관해 논의할 수가 있기 때문이다.

이 점과 관련해 주목해볼 점은 우리의 일상적 생명 관념이 생사의 관념과 밀접히 연관되어 있다는 사실이다. 우리는 어떤 개념이 생명이라는 관념을 나타내는 데 적합한지 아닌지를 결정하기 위해 다음의 두 가지 요건을 생각하게 된다.

첫째는 '살아 있음'의 요건이다. 이것은 대상이 '그 자체로' 살아 있는가, 아닌가 하는 점과 관련된다. 백합은 들판에 있을 때에는 살아 있지만 그 자체로는 살아 있을 수 없다. 백합을 뽑아서 공중에 던져버리면 '살아 있음'의 성격은 곧 사라진다. 이런 점은 동물 종의 경우도 마찬가지다. 동물은 먹이와 공기를 필요로 하기 때문이다. 이런 점에서 자체촉매적 국소질서의 네트워크로 정의되는 생명 개념 역시 부적절하다. 지지하는 바탕질서 없이는 살아 있을 수 없기 때문이다. 오직 '온생명'에 대해서만 그 자체로 살아 있다는 말을 할 수 있다.

둘째로는 '죽음'이라는 요건이다. 어떤 존재자가 죽을 수 있다고 한다면, 이는 이미 생명을 가지고 있다가 빼앗길 수 있다는 말을 함축한다. 그런 점에서 백합은 생명을 가지고 있다. 죽을 수 있기 때문이다. 그리고 동물 종도 생명을 가지고 있다. 이것 또한 멸종될 수 있기 때문이다. 죽을 수 있는 많은 대상은 사실 더 큰 살아 있는 계의 부분계다. 이 부분계들은 이를 둘러싸고 있는 더 큰 생명에 무관하게 죽을 수는 있지만, 더 큰 생명이 없이 살아 있을 수는 없다는 특징을 지닌다. 이런

그림 7-5. 생명 정의의 어려움. 눈을 감고 코끼리 더듬기

경우 이들에게 '조건부 생명'의 지위를 부여하는 것이 적절하다. 이런 점에서 앞에 말한 자체촉매적 국소질서들 즉 다양한 계층의 '낱생명' 들은 모두 '조건부 생명'으로서의 존재론적 지위를 가진다.

이를 통해 우리는 그간 '생명의 정의'가 왜 그리 어려웠던가를 이해할 수 있다. 이는 곧 우리의 생명 관념이 '조건부 생명'으로서의 '낱생명'에 머물러 있었음에도 불구하고 이 관념의 틀 안에 '생명'의 본질적 성격 곧 그 '온생명'이 보여주는 성격을 담아보려 했던 시도에서 나온 것이라 할 수 있다. 〈그림 7-5〉는 그간의 이러한 상황을 유명한 코끼리의 우화를 통해 나타낸 것이다.

생명에 대한 개념을 이렇게 정리할 때, 그간 우리가 '생명'이라 여겨왔던 낱생명은 온생명의 나머지 부분과 적절한 관계를 맺음으로써만 생명의 기능을 하게 됨을 알 수 있다. 따라서 우리는 '지정된 한 낱생명에 대해, 이와 함께함으로써 생명을 이루는 이 나머지 부분'을 별도로 개념화해 이 낱생명의 '보생명'이라 부르는 것이 적절하다. 이렇게 할 경우 모든 낱생명은 그것의 보생명과 더불어 진정한 생명 곧 온생명을 이룬다고 말할 수 있다.•

생명의 이러한 모습을 시간 흐름에 따라 표현하면 〈심학 제7도〉와 같이 요약된다. 이는 어느 한 시점에서의 온생명이 다른 한 시점에서의 온생명으로 바뀌어나가는 모습을 보여준다. 그리고 이를 가능케 해주는 변화의 원리가 바로 위에서 논의한 이차질서의 생성 원리에 해당한다.

• 여기서 보생명을 우주의 모든 것으로 확대해야 한다는 주장도 있을 수 있다. 예를 들어 지구의 구성 물질이 더 오래전에 있었던 초신성의 폭발에서 유래한 것이라면 이것 또한 보생명의 범주에 포함시켜야 한다는 주장이다. 그러나 이것은 생명의 출현 이전에 나타난 우주 물질의 소재에 관한 문제이므로 우주의 보편적 존재 양상의 일부로 간주할 수 있다. 예컨대 '별'의 의미를 규정할 때 핵융합 반응의 출발을 기점으로 이를 이어나갈 자족적 체계에 국한하는 것이 적절한 이유와 같다. 만일 그 소재의 근원까지 포함해야 한다면 별과 빅뱅을 구분해낼 방법이 없다.

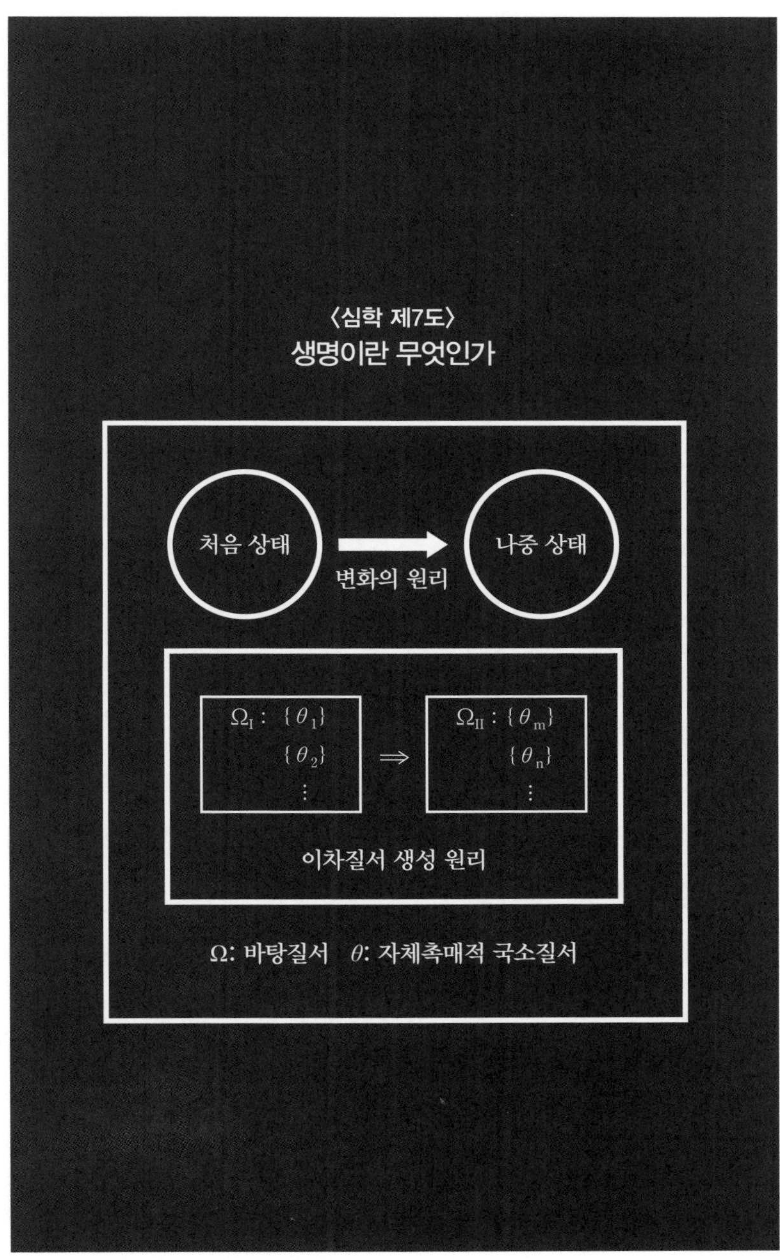
〈심학 제7도〉
생명이란 무엇인가
처음 상태
나중 상태
변화의 원리
Ω_I : $\{\theta_1\}$
$\{\theta_2\}$
⋮
⇒
Ω_{II} : $\{\theta_m\}$
$\{\theta_n\}$
⋮
이차질서 생성 원리
Ω: 바탕질서 θ: 자체촉매적 국소질서

해설 및 성찰

나는 일찍이 '물리학'과 '수학'을 선호했지만 '생물학'에는 별 관심을 돌리지 못했다. 당시 '생물학'은 이해가 가능하지 않은 과목이라 여겼기 때문이다. 그러다가 물리학에서 박사 학위 논문을 마치고 정식 학위를 받기 전 약간의 여유 시간을 이용해 우연히 분자생물학에 관한 책 한 권을 읽게 되었다. 그런데 이게 웬 말인가? 이해가 될 뿐 아니라 전혀 새로운 놀라운 세계가 펼쳐지고 있음에 전율하고 말았다. 이는 아마 당시의 내 물리학 지식이 새로 태동한 분자생물학을 이해하기에 적합한 단계에 이르렀고, 이로 인해 그간 신비로만 여겨져 접근할 길이 없다고 치부했던 '생명의 정체'가 바야흐로 이해될 수도 있겠다고 하는 기대 때문이었을 것이다.

생명의 놀라움과 '온생명'의 발견

너무도 감격한 나머지 이제 나는 '생명의 이해'라는 새로운 과제에 도전해야겠다는 생각을 하게 되었다. 이를 위해 분자생물학이 많은 도움을 주고 있지만 이것만으로는 '생명이란 과연 무엇인가'하는 물음에 대한 결정적 해답을 얻을 수 있는 것은 아니었다. 그래서 내 물음은 '생명인 것'과 '생명 아닌 것' 사이에 나타나는 결정적 차이가 무엇인가를 찾아보자는 것이었다. 이 물음을 붙들고 십 년 가까이 고생한 끝에 내가 얻은 결론은 생명이 하나하나의 생명체, 예컨대, 세포나 토끼 한 마리 또는 사람 한 사람 속에 들어 있지 않다는 사실이었다. 이러한 생명체들은 모두 '온생명'이라 불릴 더 큰 체계 안에서 그것의 유기적 일부로 작용할 때에 생명으로서의 기능을 할 뿐이지 그것 자체로서 생명이 되는 것은 아니라는 것이다. 이는 마치 우리가 건물을 규정할 때 벽돌 하나하나가 건물이 되는 것이 아니라 그 전체가 모여 하나의 구조물을 이룰 때 건물이 된다고 보는 것과 비슷하다.

그런데 놀라운 사실은 생명에 관해 이렇게 생각한 사람은 나 이외에 거의 없다는 점이다. 물론 나도 처음에 그렇게 생각하지 않고 십여 년이나 헤맸지만, 이제 내게는 그리도 당연히 느껴지는데 어째서 남들에게는 그렇지 않을까 하는 점이 무척 궁금하다.

그 한 가지 원인을 나는 접근 방식의 차이에서 찾고 있다. 처음부터 내 관심사는 막연히 생명이란 무엇인가 하는 것이 아니라 "더 깊은 바탕의 앎 곧 물리학의 언어를 통해 생명이라는 것을 어떻게 규정할 수 있을 것인가?" 하는 물음이었다. 이러한 생각을 가슴에 품고 슈뢰딩거의 저서 《생명이란 무엇인가?》라든가, 닐스 보어의 생명이론, 그리고 특히 텍사스 대학에서 연구원으로 일하며 비교적 가까이에서 접할 수 있었던 프리고진의 열역학적 접근법에 관심을 기울여보았다. 그러다가 한때는 버탈란피의 시스템 이론에 관심을 가지게 되었고, 로젠 Robert Rosen, 패티Howard Pattee 등 이론생물학자들에 의한 시스템 이론적 접근에 동조해 한동안 그 방향으로 노력을 기울여보기도 했다. 그러나 이러한 지속적인 노력에도 불구하고 해결의 실마리는 좀처럼 떠오르지 않았다. 나 자신 또한 이미 대학에서 물리학 교수로 활동하고 있었기에 이러한 문제에만 매달려 있을 형편도 아니었다.

그러던 가운데 연구라는 구실로 일 년 간의 말미를 얻어 미국 어느 곳에서 지내던 1977년 어느 날, 내 머릿속에는 마치 어떤 영감과 같은 하나의 환상이 떠올랐다. 광막한 대지 위에 태양이 내려 쪼이자 서서히 지표면으로부터 마치도 아지랑이와 같이 꿈틀꿈틀 피어오르는 그 무엇이 보였다. 그러다가 이것이 서서히 새로운 모습으로 변형되면서 살아 있는 생태계 전체의 모습이 그 안에 펼쳐지고 있었다. "아, 바로 이것이구나!" 지나간 40억 년의 역사가 짧은 순간에 재연되면서 살아 있는 전체의 모습이 내 눈앞에 펼쳐진 것이었다. 바로 '생명' 그 자체의 모습이었다. 그러고는 이 모습의 바탕에 흐르는 물리적 필연이 내 머릿속을 스쳐가고 있었다. 이는 곧 생명이란 우연의 소산이 아니라 물리적 필연 위에 솟아나는 것이며, 이 필연을 밝히는 과정에서 생명의 바른 모습을 찾아볼 수 있으리라는 느낌이었다. 이와 함께 여기서 물리적 필연을 이루는 일차적 동인이 바로 태양의 에너지임을 직감했다. 화분에 물을 주니 화초가 피어나듯이, 지구라는 물질적 바탕 위에 태양의 에너지가 내려 쏘이니 생명이 솟아오르는 것이었다.

온생명의 개념 정립

나는 이때 이후 어렴풋하나마 "생명이란 바로 이러한 것이다" 하는 느낌을 지니게 되었다. 적어도 심정적으로는 생명을 이해하게 된 것인데, 이는 내가 학문적으로 생명에 관심을 가진 지 십 년 만에 있었던 일이다. 그러나 이것을 다시 개념화시켜 '온생명' 개념에 도달하기까지는 그 후 십 년이 더 소요되었다. 여전히 이 전체를 하나의 생명으로 보는 관점과 '비평형 준안정계'를 구성하는 개체적 체계를 하나의 생명으로 보는 관점 사이의 관계를 명료하게 규정하지 못하고 있었다. 나는 언젠가 생명에 대해 내가 어렴풋이 이해하고 있는 내용을 정리해야겠다는 생각을 품고 있었지만, 시간만 흐를 뿐 이를 수행할 적절한 계기를 쉽게 포착하지 못했다. 그러던 가운데 1987년 여름, 다음해에 있을 유럽의 국제과학철학 모임에서 생명 문제에 관련된 글을 하나 발표해보라는 한 지인의 권고를 받고 이것을 논문의 형태로 다듬어가기 시작했다.

처음부터 '생명이란 무엇인가?' 하는 주제에 대해 글을 쓰고 싶었지만, 생각을 바꾸어 '생명의 단위'라는 것에 초점을 맞추기로 했다. 생명의 성격을 '단위'라고 하는 하나의 새로운 관점에서 논의해보려는 것이었다. 이러한 논의의 과정을 통해 나는 생명의 진정한 단위를 우리가 흔히 생명체라 부르는 개체생명들에서 찾을 것이 아니라 자족적 성격을 지닌 '온생명global life'에서 찾아야 한다는 확신에 이르렀다. 그동안 우리가 '생명'이라고 보았던 개체생명 곧 '낱생명'들은 온생명의 나머지 부분이 함께 할 때라야 비로소 생명 노릇을 할 수 있는 조건부적 단위라는 것이다. 이렇게 다듬어진 글은 다음 해 봄 유고슬라비아 두브로브니크Dubrovnik에서 있었던 국제과학철학 모임에서 발표했는데, 그 모임의 주제는 '생명'과 '분석철학'이었다. 나는 이 글을 〈The Units of Life: Global and Individual〉이라는 제목으로 발표했다.

그 후 이 글을 우리말로 번역해 《철학연구》(제23집, 1988)에 〈생명의 단위와 존재론적 성격〉이라는 제목으로 발표했고, 이어 1990년에 나온 저서 《과학과 메타과학》(지식산업사, 1990) 제9장에 거의 그대로 수록했다. 이 시기까지만 해도 영문으로 쓴 'global life'를 적절한 우리말로 옮길 용어를 찾지 못해 '우주적 생명' 등 어색한 말로 표기했는데, 몇 년 후 '온생명'이란 용어를 고안하면서, 그때부터 일관되게 이 용어를 사용해오고 있다. 한편 온생명의 개념과 함께 온생명 안에서 인간이 지니는 위상을 논의한 글 〈Human Being in the World of Life〉를 1988년 여름 서울올림픽학술회의에서 발표했다. 이 글은 마침 이 모임에 참석했던 《Zygon》 편집인 칼 피터스Karl Peters가 다음해에 나온 《Zygon》 지에 게재함으로써 국외에 좀 더 널리 소개되었다. 그 후 온생명의 여러 측면에 대한 단편적인 글을 써오다가 온생명 개념을 제안한 지 십 년이 되는 1998년에 동양사상에 대한 내 생각과 그간 온생명에 대해 생각해온 내용을 함께 묶은《삶과 온생명》을 출간하면서 이른바 온생명 사상이 세간에 좀 더 널리 알려지게 되었다.

생명의 자족적 단위

그러나 아직도 내가 그간 말해온 '온생명'이 진정한 의미의 생명이며 생명을 이해하기 위해서는 생명의 온생명 구조부터 파악해야 한다는 사실을 받아들이는 사람은 많지 않다. 그 이유는 우리가 이미 자기도 모르게 터득해온 일상적 생명관에서 벗어나기가 그만큼 어렵기 때문이다.

그렇기에 우리가 생명에 대한 일상적 개념에서 벗어나 온생명 개념에 이르게 할 좀 더 직접적인 방식을 찾아볼 필요가 있다. 그 한 가지가 바로 우리가 일상적으로 받아들이는 개념 즉 생명체의 '살아 있음'이라고 하는 성격은 도대체 어디에 연유하고 있는지를 지속적으로 물어나가는 길이다. 생명이란 결국 특정한 한 물질 조각 속에 들어 있는 것이 아니라, 많은 물질들이 함께 모여 정교한 어떤 '동적 체계'를 이룰 수 있을 때 가능하다고 할 수밖에 없다. 그렇다면 어떤 물질들이 어떠한 모임을 이루어야 그 안에서 '살아 있음'이라고 할 특징적 면모가 나타날까?

그 후보로 우리는 일단 '살아 있는' 세포들을 떠올릴 수 있다. 그러나 그 대답은 부정적이다. 세포 주위에 이것을 살아 있게 해줄 특정의 여건이 형성되지 않는 한, 이것의 생명 활동은 유지될 수가 없기 때문이다. 마찬가지로, '살아 있는' 유기체, 예컨대 강아지나 소나무, 사람의 몸 또한 아무것도 없는 진공 속에 놓아두면 생명이라 부를 어떤 활동도 이루어질 수 없다. 이러한 점에서 이들 안에 생명이 있다는 말을 할 수 없다.

그렇다면 무엇까지 구비되어 있어야 이제는 더 이상 외부에서 결정적인 도움을 받지 않고도 생명현상이 이루어지고 또 유지될 것인가? 이를 생각하기 위해서는 우리가 살아가기 위해 반드시 필요한 것이 무엇인가를 생각해, 이 모든 것을 다 갖추고 있는 체계의 모습을 그려보면 된다. 우리가 만일 이 모습을 제대로 그려낼 수만 있다면, 이것이야말로 우리의 생명이 지닌 바른 모습이며, 또 우리가 생존해나가기 위해 알아야 할 가장 중요한 것이기도 하다. 이러한 것이 구비되어 그 안에서 '살아 있음'이라 불릴 현상이 출현할 때, 우리는 비로소 그 안에 '생명'이 있다는 말을 할 수 있다.

그러므로 진정한 생명의 모습은 서로 긴밀히 연결되어 생명현상을 이루어내게 될 이 전체를 하나의 실체로 파악할 때 비로소 나타나게 된다. 이러한 실체는 생명현상이 자족적으로 유지되기 위한 최소의 단위이기도 한데, 이것이 바로 앞에서 우리가 말한 '온생명'에 해당하는 것이다.

오래전 내 강의를 들은 어느 중학교 선생님은 온생명 개념을 중학생들에게 알리기 위해 다음과 같은 설문을 냈다. 즉 "우리가 무슨 이유 때문에 우리가 놓여 있는 현 위치를 벗어나 우주의 먼 다른 영역으로 이주해야 할 일이 생겼다. 그러나 거기서도 지속적으로 살아갈 수 있기 위해 우리와 꼭 함께 가야 할 것들이 무엇인가?" 그리고 흥미로운 여러 의견들을 받았는데, 이것이 바로 이 학생들 생각에 떠오른 온생명의 모습이기도 하다. 그러면서 학생들에게 이 전체를 내 몸이라 여기는 것이 내 작은 신체를 내 몸이라 여기는 것 사이에 과연 어떤 본질적 차이가 있는지를 계속 생각해보도록 권할 필요가 있다.

우리는 지금까지 동역학과 통계역학이라는 '소'를 타고 우주를 둘러보고 다시 우리의 고향이라 할 지구로 돌아왔다. 이곳은 우주 안에서도 극히 예외적으로 이 놀라운 온생명이 형성된 곳이다. 하지만 그 온생명의 주체를 이루고 있는 사람들은 자신들의 좁은 일상적 생명관에 매여 자기가 정작 어떤 존재인지 알려고도 하지 않으며 그저 꿈속 같이 살아가고 있다.

이러한 정황을 맞아 곽암선사는 다음과 같이 노래하고 있다.

> 소를 타고 고향 산에 돌아와 보니
> 소는 이미 안 보이고 사람 또한 한가롭다.
> 붉은 해 높이 솟았는데도 여전히 꿈속인가
> 초당 사이에 채찍과 고삐만 멍하니 걸려 있네.

제8장

사람도 소도 모두 잊다

주체와 객체

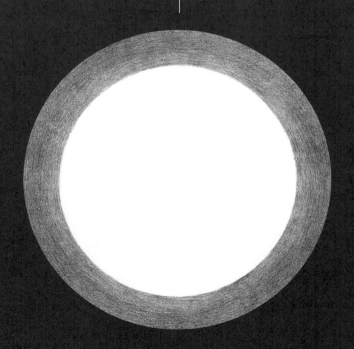

鞭索人牛盡屬空 碧天遼闊信難通 紅爐焰上爭容雪 到此方能合祖宗

편삭인우진속공 벽천요활신난통 홍로염상쟁[illegible] 도차방능합조종

여덟 번째 여정, 인우구망人牛俱忘

우주와 생명을 보여준 '소'조차도 더 이상 위력을 발휘하지 못하는 새로운 경지, 비로소 '나'가 출현하는 세계다. 우주가 놀라움이고 생명이 놀라움이지만 '나'가 보여주는 신비는 또 한 단계 더 높은 놀라움이 아닐 수 없다. 그렇다고 이 '나'가 이 우주와 생명을 떠나 다른 세계에서 온 것이 아니며 바로 이들과 하나이기에 더욱 신비로울 뿐이다.

역사 지평

이제 전혀 다른 세계가 펼쳐진다. 마음의 세계다. 더 정확히는 물질의 세계 그리고 몸의 세계와는 전혀 성격을 달리하는 마음이라는 세계가 펼쳐지고 있는데, 이것은 도대체 무엇이냐 하는 것이다.

여기에 대해 일찍이 깊은 사고를 전개한 두 거인이 있었다. 그 한 사람이 바로 앞서 소개한 데카르트이고 다른 한 사람은 스피노자다. 뉴턴이 거인의 어깨 위에 올라섰기에 멀리 보았다고 했듯이 스피노자 또한 같은 거인의 어깨 위에 올라섰지만, 그 거인을 승계하는 방법은 달랐다.

스피노자를 찾아서

현대의 뇌과학자 안토니오 다마지오는 《스피노자를 찾아서 Looking

for Spinoza》라는 흥미로운 책을 썼다.• 이 책에서 그는 스피노자가 이해한 물질/마음의 관계를 현대 뇌과학의 관점에서 해설할 뿐 아니라, 그가 살았던 장소들을 직접 탐방하면서 스피노자라는 인물을 그의 상상 속에 되새겨보려는 시도를 하고 있다.

특히 그는 스피노자가 한때 살았던 네덜란드의 소도시 레인스뷔르흐Rijnsburg를 방문하고, 거기에 보존된 스피노자의 많지 않은 옛 서적들을 둘러본 후, 다음과 같은 소감을 전하고 있다.••

> 누군가의 독서 습관을 그가 소장한 장서의 규모나 내용을 가지고 판단할 일은 아니겠지만, 스피노자의 서가는 어느 정도 진실을 말해주는 듯싶다. 이것들이야말로 만년에 그가 필요로 했던 책의 거의 전부였을 것이다. … 미니멀리즘이란 말이 무색할 정도다. 나는 다시 그곳을 다녀간 사람들이 남긴 방명록을 훑어보았다. 그 안에서 아인슈타인의 이름을 발견하고는, 1920년 11월 2일, 이 방에 들어섰을 아인슈타인의 모습을 머릿속에 떠올려보았다.•••

그가 미니멀리즘이라 한 것은 이 서재에 몇몇 문학서적 이외에 당시

• 이 책은 《스피노자의 뇌》(임지원 역, 사이언스북스, 2007)라는 다소 엉뚱한 제목으로 번역되었다.

•• *Looking for Spinoza*. p.263 (번역본 309쪽.)

••• 다마지오가 그 방명록을 살펴본 것은 2000년 7월이었다.

의 지식인이라면 꼭 보았어야 할 책들이 상당수 결여되어 있었기 때문이다. 오직 데카르트의 책들만이 구색을 갖추고 있었을 뿐, 철학책들조차 수학이나 물리학, 천문학 책들에 미치지 못했다. 그런데 내게 특히 흥미롭게 다가온 부분은 바로 1920년에 아인슈타인이 이 방을 다녀갔다는 점이다. 다마지오도 느꼈는지 모르지만, 이 사실 안에는 깊은 역사적 굴곡과 아이러니가 담겨 있다.

이제 잠시 데카르트 시대로 돌아가보자. 데카르트 자신은 거의 아무에게도 특별한 영향을 받지 않고 자력으로 학문의 길을 개척한 사람이지만, 그의 저서에 강력한 영향을 받고 성장한 두 거인이 있다. 바로 스피노자와 뉴턴인데, 이들은 데카르트보다 각각 36년, 46년 늦게 태어나 설혹 데카르트를 직접 접해보지는 않았지만 데카르트의 책들을 스스로 탐독했고, 그의 방법론뿐 아니라 그가 마련한 수학과 물리학을 바탕으로 나름의 창조적 학문을 이룩해냈다. 그러나 운명은 이들을 동등하게 대해주지 않았다.

뉴턴의 경우, 우리가 이미 보았듯이 인류 역사상 처음으로 체계적 앎의 원형을 구현해냈고, 특히 천체들을 포함해 (거의) 모든 물체들의 운동을 정확히 서술해냄으로써 그 누구도 거역할 수 없는 지적 흐름을 영도해가며 이에 따른 사회적 보상과 영예도 넉넉히 받아냈다. 반면 스피노자가 당면한 여건들은 처음부터 가혹했다. 이는 물론 진리만을 추구하려는 그의 자세와 신념이 자초한 일면도 있지만, 결과적으로 그의 활동 여건을 제약했고, 건강마저 상하게 해서 그는 45년이라는 짧은 생애로 그쳐야 했다. 이들의 사후 운명 또한 크게 달라지지 않았다.

뉴턴의 경우 그의 사후 몇 백 년은 가히 뉴턴의 시대라고 할 만큼 성공의 연속이었으며 아직도 지난 천 년간 인류 역사에 가장 큰 영향을 미친 인물로 첫손가락에 꼽히고 있다. 그러나 스피노자는 사후 적어도 백 년간 그의 저서는 물론이고 그의 이름조차 금기어로 여겨졌다.

그러다가 1920년 무렵 사태를 역전시킬 하나의 상징적 사건이 일어났다. 우리가 이미 보았듯이 1915년에 완성된 일반상대성이론은 뉴턴의 기념비적 업적인 중력이론을 무력화시키는 작업이었으며, 1919년에 있은 개기일식을 통해 이것을 놀라운 방식으로 입증하는 개가를 올렸다. 이로써 적어도 보편이론으로서의 뉴턴이론은 땅에 묻히게 되었으며, 이 작업을 해낸 주인공이 바로 아인슈타인임은 말할 것도 없다. 그 명성의 절정에 오른 해가 바로 1920년으로, 아인슈타인이라는 이름은 이제 전 세계 모든 지성인들의 알아야 할 보통명사가 되었다.

바로 이 시점, 바로 그 아인슈타인이 스피노자의 자취가 남은 유적을 찾아가 몇 백 년간 묻혀 있던 그를 무덤에서 소생시킨 것이다. 다마지오가 "1920년 11월 2일, 이 방에 들어섰을 아인슈타인의 모습을 머릿속에 떠올려보았다"고 했을 때, 내 머리에 떠오른 영상은 "뉴턴의 명성을 뛰어넘는 후광을 몸에 두른 아인슈타인이 이제 그간 땅에 묻혀 있던 스피노자의 몸을 일으켜 세움으로써 그의 정신세계를 부활시키고 있는 한 장면"이었다.

이는 물론 아인슈타인이 뉴턴과 스피노자의 상대적 위상을 전환시킨 극적인 상황을 강조한 것일 뿐, 아인슈타인 이전에 스피노자를 받아들인 저명인사들이 없었다는 의미는 아니다. 헤겔과 같은 철학자들,

괴테와 워즈워스 같은 문인들, 그리고 마음과 뇌 과학의 선구자였던 빌헬름 분트Wilhelm Wundt(1832~1920), 생리학자이며 물리학자였던 헤르만 폰 헬름홀츠Hermann von Helmholtz(1821~1894) 같은 이들이 이미 스피노자의 열렬한 추종자들이었다. 그렇다면 스피노자는 어떠한 생애를 살아간 사람이었나?

스피노자의 출생과 성장

젊은 데카르트가 암스테르담의 어느 골방에서 《세계》의 집필을 거의 마쳐가던 1632년, 11월 4일, 같은 암스테르담의 한 유대인 사업가 가정에서 바루크 드 스피노자Baruch de Spinoza(1632~1677)가 태어났다. 데카르트는 프랑스에서 태어나 암스테르담을 부단히 드나들며 숨어 살았지만, 스피노자는 아예 암스테르담 출신으로 일생 동안 네덜란드를 거의 벗어나본 일이 없다. 하지만 그는 네덜란드에서 영원한 이방인이었다. 그의 집안이 포르투갈의 세파르디Sephardi(스바랏Sepharad이라고 하는 남쪽 지역에서 온 사람들이란 뜻이다) 유대인 계열이기 때문이다. 스피노자라는 이름부터가 스페인 북서부의 도시 에스피노자 Espinoza에서 유래했다. 이들은 강요된 기독교를 탈피해 자기들 조상의 종교(유대교)를 신봉하기 위해 종교에 대해 상대적으로 관대했던 네덜란드로 이주해왔던 것이다.

스피노자의 아버지는 상인으로서 성공한 사업가였고, 유대교의 열성적 신도는 아니었으나 그 지도층 사람들과 우호적 관계를 맺고 재정적 지원 또한 넉넉히 하고 있었다. 역시 포르투갈 출신이었던 스피노자의 어머니는 그가 여섯 살 때에 이미 세상을 떠났다.• 스피노자는 당시의 권위주의적인 유대교 전통에 따라 엄격한 교육을 받았다. 매일 몇 시간이고 성경(구약)과 탈무드를 익히는 것이 주된 내용이었다. 지극히 제약된 이런 교육 과정 안에서도 어린 스피노자는 두각을 나타냈고 이를 기뻐한 그의 아버지는 장래에 랍비가 될 것으로 보아 큰 기대를 걸었다. 남는 시간에는 학교 밖에서 라틴어와 희랍어 수업을 듣기도 했는데, 이것이 그나마 숨통을 좀 틔워주는 역할을 했다.

하지만 주위의 기대는 그의 독자적 사고가 모습을 드러내면서 어그러지기 시작했다. 그는 이제 합당한 이해를 요구했고, 여기에 못 미치는 경우 설혹 성경에 나오는 이야기라도 배격할 자세를 보였다. 유대인 공동체 지도자들은 이를 크게 우려했다. 이것은 단순히 유대교만의 문제가 아니었다. 당시 네덜란드에 정착한 유대인들은 아직 시민으로 인정받지 못했으며, 이들의 종교 또한 기독교가 허용하는 범위를 넘어서면 가차 없는 징계의 대상이 될 수 있었다. 그렇기에 설혹 구약이기는 하나 이를 의심하는 것은 곧 개신교를 중심으로 하는 주류 사회의

• 이는 퇴계가 생후 일곱 달 만에, 그리고 여헌이 여덟 살(만 7세)에 각각 부친을 잃었고, 데카르트가 생후 일 년 만에 모친을 잃은 것과 일맥상통하는 면이 있다. 게다가 뉴턴은 아예 태어나기도 전에 아버지를 여의었던 점까지 생각해보면, 부모와의 이른 사별과 독립심이 강한 학자를 만드는 것 사이에 어떤 상관관계가 있지 않을까 하는 추측을 가능케 한다.

신조를 건드리는 것에 해당하는 것이었다. 그렇기에 이러한 그의 태도는 특정 개인만의 문제가 아니고 유대인 공동체 내부의 문제만도 아닌, 네덜란드 사회에서의 유대인 생존에 관련되는 문제였다.

이런 사정에 대해서는 아랑곳하지도 않는 스피노자는 구약 모세오경의 저자들은 과학에 대해 먹통들이며, 당시 꽉 막힌 신학자들보다 나을 것이 없다는 주장을 공공연히 하는가 하면, 신이 몸을 가진다거나 영혼이 불멸하는 존재라거나 천사들이 존재한다는 것들은 모두 입증할 증거가 없다고 하며, 야곱이 씨름을 했다는 것은 아마 간질 발작을 일으켰던 일이었으리라는 이야기 등을 하고 다녔다. 하지만 이제 스물두 살을 넘어서는 스피노자는 지극히 영민한 젊은이여서 누구도 말로 그를 설득시킬 방법이 없었다.

유대교 지도자들은 그를 위협해보기도 하고 이것이 안 통하자 이번에는 그를 돈으로 매수해보려고도 했다. 매년 1,000플로린을 줄 테니 제발 입만 다물고 있으라는 것이었다.(당시 학생은 연간 2,000플로린이면 살아갈 수 있었다) 이것도 안 통하자 그를 살해하려는 시도까지 했다. 어느 날 저녁 유대교 회당을 나서는 순간 누군가가 그를 짧은 칼로 찌르려 했는데, 다행히 칼은 스피노자의 외투만 통과하고 몸은 무사했다. 이 범인이 누구였는지는 끝내 밝혀지지 않았지만, 스피노자는 이 찢어진 외투를 '기념물'로 간직하기도 했다.

스피노자는 여기에 그치지 않았다. 그는 교당 담당자들에게 긴 공개서신을 보냈는데, 이 안에 상세한 자기주장들을 담고 도저히 반격하기 어려운 논리적 근거들을 제시했다. 사태가 이렇게 되자 유대교 지도자들은 이제 그를 영구히 유대인 공동체로부터 추방하는 것 이외에 다른 어떤 조치도 취할 수 없다는 결정에 이르렀다.

스피노자의 파문

드디어 1656년 7월 27일 암스테르담에 위치한 한 유대교 교당synagogue에서 매우 이상한 의식 하나가 거행되었다. 긴 뿔 나팔소리가 울리고 촛불이 하나하나 꺼져가며 실내가 점점 어두워가는 가운데, 다른 어디에서도 듣기 어려운 무시무시한 저주의 선언이 낭독되었다. '바루크 스피노자'라고 하는 당시 24세였던 한 젊은이에 대한 파문 선언이었다.

> 천사들과 성인들의 바른 판단을 받들어 우리는 여기서 바루크 드 에스피노자를 파문, 저주, 추방하노라. 낮이면 낮마다, 밤이면 밤마다, 누워 있을 때나, 일어나 있을 때나, 나가 있을 때나 들어와 있을 때나 그는 저주를 받으리라. 주께서는 그의 이름을 태양 아래서 지워버릴 것이고, 이스라엘의 모든 지파로부터 그를 잘라내시리라. 누구도 그와 입으로나 글로나 말을 해도 안 되고, 호의를 보여도 안 되며, 그와 한 지붕 아래 있어도 안 되며, 그의 몸 주위 4큐비트 이내에 들어가도 안 되고, 그가 쓰거나 불러준 어떤 문서를 읽어도 안 된다.•

놀랍게도 이 저주의 효과는 오래 지속되었다. 스피노자의 전 생애를 통해서는 물론이고 그의 사후에도 백 년 이상의 기간 동안 그와 가까이하려는 사람이 거의 없었다. 그러나 아무리 무서운 저주라 하더라도 그의 업적과 명성을 영원히 묻어버리지는 못했다. 위에서 보았듯이 그 찬란하던 뉴턴의 명성을 일격에 가라앉힌 위대한 승부사 아인슈타인이 그의 업적을 알아보고 강력한 옹호자로 나섰다. 그리고 오늘에 이르러서는 "태양 아래서 지워져버렸다"는 그의 이름은 전 세계의 많은 사람들이 알고 있으며, 당시 다른 사람들이 쓴 글들은 거의 모두 사라져버렸으나 그가 쓴 책들은 지금 수많은 사람들이 공을 들여가며 읽고 있다.

과연 스피노자에게 내려졌던 이러한 파문이 없었더라도 오늘 우리가 아는 스피노자가 만들어질 수 있었을까? 아마 그렇지 않을 것이다. 이 의식은 역설적으로 스피노자라는 한 젊은이에게 유대교라는 굴레를 벗어던지고 자유로운 사유의 세계로 들어서게 해준 하나의 기념 의식이기도 했다. 스피노자 본인은 이 파문에 대해 다음과 같이 말하고 있다.••

> 내가 수치심을 가지지 않고는 할 수 없을 그 어떤 일을 그들이 강제하지 않으니 오히려 더 잘된 것이다. 그들이 이쪽으로 길을 열

• Strathern, Paul. *Spinoza in 90 Minutes.* Dee, 1998, p.16.

•• Nadler, Steven. *Spinoza: A Life.* Cambridge University Press, 1999, p.154.

어주니, 나는 기꺼이 그 길로 들어서면 된다. 옛 유대 민족이 이집트를 벗어날 때보다 내 마음은 한층 더 가볍다.

여기서 우리는 데카르트와 스피노자 사이의 중요한 차이 하나를 확인할 수 있다. 데카르트의 경우, 그는 권력자 당국의 상황을 예리하게 주시하면서 되도록 여기에 저촉되지 않으려는 노력을 지속한 반면, 스피노자는 일말의 고려도 없이 자신이 옳다고 생각한 길을 밀고 나갔다. 그러면서도 이들 사이의 공통점은 그간 관습이나 권력에 의해 지지되어오던 그 어떤 가르침도 오로지 인간의 지성에 의해서만 검토되어야 하며, 이렇게 해서 진리가 아님이 판명되는 순간 이는 확고하게 배격되고 좀 더 진리에 가까운 것으로 교체되어야 한다고 주장했던 자세다. 단지 그 방법에 있어서 사회적 물의를 얼마나 감수할 것이냐에 차이가 있었을 뿐이다.

스피노자의 파문은 그의 말대로 정신적 해방감을 주었지만, 현실에서는 재앙에 가까운 사건이었다. 그는 아버지마저 일 년 전에 작고해 이미 완전한 고아 신세가 되었고, 설상가상으로 그의 이복누이와의 상속권 분쟁에 휘말리면서 심신이 피폐해져갔다. 분쟁은 결국 소송으로 이어지고 스피노자는 이 소송에서 이겼으나, 스스로 모든 유산을 포기하고 자신은 오직 부모가 사용하던 침대 하나만 가지기로 했다. 이 침대는 네 귀퉁이에 기둥이 있고 그 사이에 장막이 처진 것으로 장막을 닫으면 그 자체로 하나의 폐쇄공간이 되는 형태였는데, 일생을 자기 집이 없이 살았던 그는 거주에 관한 한 이 침대가 그가 가진 전부였고,

이 속이 유일한 그만의 사적 공간이었다.

다행히 그는 잠깐이나마 그의 라틴어 스승이었던 프란키스쿠스 반 덴 엔덴Franciscus van den Enden에 의지할 수 있었다. 반 덴 엔덴은 자기 집에 라틴어를 중심으로 하는 학교를 차리고 학생들을 가르쳤는데, 스피노자 또한 여기서 가르치는 자리를 얻었다. 그러나 이것 또한 오래가지 않았고, 결국 당시의 신기술이었던 렌즈 가공 작업을 배워 일생 이것을 생계 수단으로 삼아 살아갔다. 그가 비교적 젊은 시기에 삶을 마친 것도 렌즈 가공에서 나오는 유리 가루를 너무 마셔 규폐증을 얻은 것이 한 원인으로 추정되고 있다.•

가상의 시나리오

암스테르담의 한 작은 공원. 고민에 빠진 한 소년이 하늘을 쳐다보며 무엇인가를 골똘히 생각하고 있었다. 마침 지나가던 50대 초반의 신사가 그 사유를 물었다. 소년은 성경에 나오는 이야기들이 사실인지 아닌지를 고민한다고 했다. 중년의 신사는 그것을 알려면 이성의 빛을 쬐어보라고 했다.

"이성의 빛, 그게 뭐예요?"

"의심을 해라, 그리고 더 이상 의심할 수 없는 데서 출발해 다시 생

• *Looking for Spinoza*. p.261, (번역본 307쪽.)

각해봐라."

이것은 물론 가상의 이야기다. 아무 데도 기록되어 있지 않지만, 실제 있었던 역사적 사실일 수도 있다. 그 두 사람은 서로가 누구인지도 모르고 헤어졌을 수 있다. 이것이 역사적 사실이든 아니든 간에, 스피노자가 데카르트의 이 생각을 물려받은 것은 사실이다. 후에 쓴 스피노자의 중요한 두 저작 가운데 하나가 바로《데카르트 철학의 원리》라는 사실이 이를 잘 말해준다. 그런데 더욱 중요한 사실은 스피노자가 데카르트의 매우 중요한 논제 하나를 비판적으로 배격하고 있다는 점이다. 그는 말하자면 '의심을 해보라'는 데카르트의 자세를 데카르트 자신보다 더 철저히 수행하고 있었던 것이다. 이를 살피기 위해 우리는 잠시 데카르트의 논의로 되돌아가보자.

데카르트의《성찰》

우리는 제2장에서 "나는 생각한다, 그러므로 나는 존재한다"라고 하는 데카르트의 명제를 살펴보았다. 이는 그의《방법서설》에 언급되어 있지만, 이를 바탕으로 한 그의 형이상학적 구도는 그의 또 다른 저술인《성찰》(《제일철학에 관한 성찰》의 약칭)에서 좀 더 체계적으로 논의되고 있다. 1637년에 익명으로 발표한《방법서설》에서와는 달리, 1641년에 나온《성찰》에서는 데카르트라는 자신의 이름을 당당히 제시하면서 서두에 〈소르본의 신학자들에게 바치는 헌사〉라는 글을 싣고, 잘못된 곳이 있으면 지적해달라는 말로써 신학자들과 공개적으로 토론에 나설 것을 선언했다. 초고가 완성되자 지인들에게 돌려 의견을 물었으며, 판을 거듭해나가면서 실제로 제기된 반론들과 이에 대한 자신의 대답을 모아 〈반론과 대답〉이라는 형태의 부록을 첨부해나갔다.

여기서는 그 책의 논의 대부분을 생략하고 마지막 장인 제6성찰에 나오는 몸과 마음의 관계에 대해서만 간략히 살펴보기로 한다. 데카르트는 〈물질적 사물의 현존 및 정신과 물체의 실체적 상이성에 관하여〉라는 제목이 붙은 '제6성찰' 장을 다음과 같은 말로 시작한다.•

> 이제 남은 것은, 물질적 사물이 현존하는지를 검토하는 일이다. 적어도 물질적 사물이 순수 수학의 대상인 한, 내가 이것을 명석 판명하게 지각할 수 있기에, 현존할 수 있음이 분명하다. 다시 말해 신God은 내가 명석 판명하게 인식할 수 있는 것은 모두 만들어낼 수 있을 것임이 틀림없으며, 내가 어떤 것을 판명하게 지각하는 것이 모순을 일으킬 경우가 아닌 한, 신이 이것을 만들지 못하리라는 생각을 할 수 없기 때문이다.

이렇게 그는 사유하는 '나' 이외에 물질적 사물 또한 현존하고 있음을 인정하면서도 이것이 감각에 의해 우리에게 전달되는 것에는 다분

• 데카르트, 이현복 역,《성찰》, 문예출판사, 1997, 102쪽.

히 의혹을 제기한다. 그는 이렇게 말한다.•

> 그러나 아마 물질적 사물이 내가 감각을 통해 얻어내는 것 그대로 현존하는 것은 아닐 수 있다. 감각적 파악이란 종종 애매모호하기 때문이다. … 그렇지만 신은 기만하지 않는다는 것, 따라서 내 의견 속에 어떤 허위가 있으면, 이를 교정할 수 있는 능력 또한 내게 부여했을 것이기에 이러한 상황에서도 진리에 이를 수 있다는 확고한 희망을 가질 수 있다.

그러면서 그는 이 맥락에서 '자연nature'이란 개념을 도입한다. 그는 이렇게 말을 잇는다.

> 그리고 사실 자연이 나에게 가르쳐준 것 모두는 어떤 진리를 지니고 있다. 왜냐하면 일반적인 의미에서 자연이란 신 자신이거나, 아니면 신에 의해 설정된 피조물들의 질서 체계로 여겨지는 것이며, 특히 내 자신의 자연으로 좁혀서 보자면, 신이 내게 부여한 모든 것의 총체 이외에 다른 무엇이 아니기 때문이다.
>
> 그런데 이런 내 자신의 자연이 분명히 가르쳐주는 바는, 내가 신체를 가지고 있다는 것, 그리고 고통을 느낄 때는 몸의 상태가 좋지 않다는 것, 허기나 갈증을 느낄 때는 음식과 물을 필요로 한

• 《성찰》, 111쪽.

다는 것 등이다. 따라서 나는 이 속에 어떤 진리가 있음을 의심할 수가 없다.

그러면서 그는 이렇게 해서 알게 된 몸과 마음에 대해 자신이 깨달은 몇 가지를 단계별로 다음과 같이 말하고 있다.•

이런 것을 고찰하면서 내가 처음 깨달은 것은 정신과 신체 사이에 큰 차이가 있다는 점이다. 즉 물체는 본질상 언제나 가분적인데 비해, 정신은 전적으로 불가분이다. … 또 정신 전체가 신체와 결합되어 있는 것으로 보이지만 발이나 팔, 그 밖의 신체 부분을 잘라냈다고 해서 정신으로부터 어떤 것이 제거되는 것은 아니다. 나아가 의지 능력, 감각 능력, 이해 능력 등이 정신의 부분이라고 말해서도 안 된다. 하나의 동일한 정신이 의지를 나타내고, 감각하고, 이해하는 것이기 때문이다.

그리고 두 번째로 깨달은 것에 대해 이렇게 말한다.••

다음으로 내가 깨달은 것은 정신이 신체의 모든 부분으로부터 직접 영향을 받는 것이 아니라, 뇌로부터 혹은 아마 뇌의 한 부분으

• 《성찰》, 117쪽.

•• 《성찰》, 118쪽.

로부터만 영향을 받는다는 것이다. 이 부분이 동일한 상태에 있게 될 때마다 비록 신체의 그밖의 부분들이 다른 상태에 있더라도 언제나 동일한 상태를 정신에게 보여준다.

데카르트는 또한 그 밖에 몇 가지 더 깨달은 바를 이야기하면서, 이런 고찰을 통해 자신이 빠지기 쉬운 모든 오류를 알게 되었고, 이것을 쉽게 바로잡고 피할 수 있게 되었다고 말한다.•

데카르트와 엘리자베스 공주의 문답••

당시 그의 책을 읽은 독자 가운데는 난을 피해 헤이그에 머물고 있던 보헤미아의 엘리자베스(1618~1680) 공주도 있었다. 엘리자베스 공주는 매우 영민한 사람으로 데카르트가 말하는 마음과 몸 관계에 중요한 문제가 있음을 간파했다. 데카르트는 신체 내의 신경 전달을 비롯해 모든 상호작용이 어떤 형태든 공간적 연결을 통해 이루어진다는 점을 강조한다. 그런데 영혼이라는 것은 공간상의 연장extension이 없는 비물질적인 것인데 어떻게 물질에 영향을 미치느냐 하는 것이다. 여기

• 《성찰》, 121쪽.

•• Clarke, Desmond. *Descartes: A Biography.* Cambridge University Press, 2006, pp.254-61.

에 대해 데카르트는 영혼과 물질은 성격이 전혀 다른 것이기에 이것을 물질과 물질의 상호관계와 같은 것으로 생각하면 안 된다고 충고한다. 그러나 엘리자베스는, 자신에게 주어진 사회적 여건 때문에 깊은 사고를 할 수 없는 탓일 것이라고 한껏 겸양을 표하면서도, 여전히 이해가 되지 않는다는 점을 숨기지 않는다.

이 일로 인해 1643년부터 1645년까지 이들 사이에 여러 건의 서신이 오고 갔다. 하지만 여전히 의견이 좁혀지지 않자, 데카르트는 영혼과 몸 사이의 설명하기 어려운 '합일union'에 의해 몸은 영혼에게 느낌과 정념passion을 불어넣으며 영혼은 몸에 운동을 일으킨다고 설명하면서, 정념을 조정하기 위해서라도 이 구조를 받아들이는 것이 유익할 것이라고 충고한다. 그러자 엘리자베스는 그 정념이란 것이 무엇인지 그 정의를 해달라고 요구했고, 데카르트는 부득이 《영혼의 정념The Passions of the Soul》이라는 또 하나의 짧은 책을 써서 그 초고를 1646년에 엘리자베스에게 보냈다. 그 후 몇 차례 교정을 거쳐 이 책은 그가 사망하기 일 년 전인 1649년에 출간되었다.

그러나 우리의 주된 관심은 정념의 문제라기보다도 영혼과 몸 사이의 주고받는다는 행위이기에 이에 대한 데카르트의 설명을 조금 더 들어볼 필요가 있다. 그는《영혼의 정념》30절에서 이렇게 말한다.•

(영혼은) 신체 기관들의 모임 전체하고만 관련을 맺는다. 이것은

• *The Philosophical Writings of Descartes*. Vol. 1. pp.339-40.

> 우리가 영혼의 절반이라든가 삼분의 일을 상정하거나 혹은 영혼이 점유하는 어떤 연장延長을 이야기할 수 없음으로 보아도 명백하다. 또 우리가 몸의 일부를 잘라내더라도 영혼이 그만큼 더 작아지지 않는다. 오직 우리가 신체 기관들의 모임을 해체시켜버릴 때 영혼은 몸과 완전히 분리된다.

이처럼 그는 영혼이 몸 전체하고만 관련된다고 하면서 몸의 일부가 잘려도 전일적으로 유지되며 설혹 몸이 해체되더라도 사라지지 않고 오직 몸과 분리될 뿐이라는 입장을 취한다. 그러면서 그는 그 다음 절(31절)에서 영혼이 기능하는 특별한 장소를 지정한다.•

> 설혹 영혼이 몸 전체와 연결되어 있기는 하지만, 이것이 몸의 다른 어느 부위에서보다도 더욱 특별히 그 기능을 수행하는 특정 부위가 있음을 인정할 필요가 있다. 흔히 이 부위가 두뇌라고도 하고 혹은 심장이라고도 하는데, 두뇌라고 보는 것은 감각기관들이 이것과 연결되어 있기 때문이며, 심장이라고 하는 것은 우리가 정념이 그 안에 있는 것처럼 느끼기 때문이다. 그러나 주의 깊게 살펴보면 영혼이 그 안에서 직접적으로 기능을 수행하는 몸의 부위는 심장이 아니고 두뇌 전체도 아니다. 오히려 이것은 두뇌의 한 중간에 있는 아주 작은 선腺, gland이다.

• *The Philosophical Writings of Descartes.* Volume 1. p.340.

데카르트가 여기서 말하는 아주 작은 선은 오늘의 용어로 송과선松科腺, pineal gland을 의미하는 것인데, 앞으로는 이를 '송과선'이라 부르기로 한다.• 그러면서 그는 34절에서 영혼과 몸이 어떻게 서로 작용하는지에 대해 좀 더 자세히 언급한다.••

> 그러므로 이제 영혼이 두뇌 한가운데 위치하는 송과선을 그 주된 처소principal seat로 삼는다고 생각하자. … 영혼의 주된 처소인 이 작은 송과선은 신경전달 물질•••을 담고 있는 강腔, cavity 안에 매달려 있어서 대상 감지에 나타나는 차이만큼의 차이로 움직임을 받게 된다. 그런데 이것은 또한 영혼에 의해서도 여러 다양한 움직임을 받게 된다. 그리고 이 영혼은 그 성격상 여러 다양한 감촉impression을 수용하게 되는데, 이는 곧 이 송과선에 나타난 각각의 다양한 움직임에 해당하는 다양한 지각perception에 이르게 됨을 의미한다.

이로써 데카르트는 가장 난해한 몸과 마음(그는 영혼이란 표현을 고수한다) 사이의 상호 작용을 해명한 셈인데, 이는 물질의 움직임은 오직 물질 사이의 인과관계에 따라 이루어진다는 그의 중요한 원칙을 파기하는 것이기에 이후 끊임없는 논란의 대상이 되고 있다.

• *The Philosophical Writings of Descartes.* Volume 1. p.340. 각주.

•• *The Philosophical Writings of Descartes.* Volume 1. p.341.

••• 본문에는 '신경전달 물질'을 '동물의 정수' 또는 그냥 '정수spirit'라고 표현하고 있다.

스피노자의 대안•

데카르트의 이러한 입장을 간단히 요약해보자면, 몸과 마음은 각각 독립된 실체를 이룬다고 하는 실체이원론substance dualism에 해당한다. 그러나 그가 보기에 몸은 분명히 공간을 차지하는 즉 연장extension을 지닌 물리적 실체인 물질로 구성되어 있지만, 느낌이나 사유thought 등 마음의 작용들은 그 자체로 물질이라 보기 어렵고, 그렇다고 존재하지 않는다고 말할 수도 없기에, 이는 물질과는 분명히 다른 또 하나의 독자적 실체라는 결론에 이르렀다. 물론 이때 몸과 마음은 긴밀한 관계를 맺고 서로 영향을 주고받고 있는데, 이것이 어떻게 가능한지를 설명하는 것이 난제였다. 그래서 그는 뇌에 있는 송과선 안에서 이들이 서로 연결된 것으로 보고, 이 송과선을 통해 몸과 마음이 서로 상호작용을 할 것이라고 추측했지만, 이미 보았듯이 그다지 큰 설득력이 없다.

이러한 어려움을 간파했던 스피노자는 실로 놀라운 획기적 대안을 제시했다. 즉 그는 그의 저서《에티카》1부에서 이러한 실체 이원론을 부정하고 몸과 마음이 결합된 하나의 실체만을 인정하되, 이 안에 나타나는 두 가지 서로 구분되는 양상이 바로 사유와 연장이라는 입장을 취했다. 이 견해에 따르면 몸과 마음은 하나의 실체이기에 서로 상호작용을 할 필요가 없으며, 단지 어떤 변화를 일으킬 때 마음 쪽 양상을

• *Looking for Spinoza.* 제5장.

먼저 읽고 그 결과에 나타나는 몸의 양상을 보면, 이들이 상호작용을 해서 나타나는 결과처럼 보일 뿐이라는 것이다.

스피노자는 몸과 마음 간의 관계를 《에티카》 2부, 〈마음의 본성과 기원〉에서 자세히 다루고 있는데, 그는 《에티카》 2부 '정리 19'의 증명에서 "인간의 마음은 인간의 몸에 대한 관념 또는 인식"이라고 하며, 또 "마음은 몸의 변용의 관념을 지각하는 것 이외에 어떤 지각 역량도 갖지 않는다"('정리 23')고 해, 몸을 떠난 마음의 실체를 부정한다. 좀 더 구체적으로 그는 "인간의 마음이 외부 물체가 실제로 존재한다고 지각하는 것도 오로지 자기 몸의 변용에 대한 관념을 통해서다"('정리 26')라고 주장한다.

이러한 지각의 메커니즘은 몸에서 일어난 사건이 마음에서 관념으로 표상된다는 것이며, 이러한 표상 가능한 대응을 성취하는 수단은 모두 신체 안에 내포되어 있다는 것이다. 이는 곧 마음이 외부의 물체를 있는 그대로 지각하지 못하고 단지 몸에 유발된 변용을 통해서만 지각될 수 있다는 것으로, 현대의 중추신경계 그리고 두뇌의 활동 속에서만 마음이 작동한다는 주장과 매우 유사하다.

이렇게만 본다면 몸이 마음에 비해 매우 특권적 위치에 있는 것으로 보이지만, 또 다른 한편에서는 마음을 더 특권적 위치에 놓기도 한다. 스피노자는 《에티카》 2부 '정리 22'에서 "인간의 마음은 몸의 변용만을 지각할 뿐만 아니라 그 변용에 대한 관념 역시 지각한다"는 주장을 편다. 이러한 '관념에 대한 관념'이 중요한 까닭은 이것이 관계를 나타내고 기호를 창조할 뿐 아니라 자아에 대한 관념도 가능케 해주기 때

문이다.•

사실 마음과 몸에 관한 스피노자의 논의는 매우 정교하고 체계적인 형이상학의 한 부분을 이루고 있기에, 이를 여기서 어설프게 정리하기보다는 현대의 뇌과학자인 다마지오의 전문가적 시각을 참고하는 것이 더 유용하리라 생각된다. 다마지오는 스피노자가 얻어낸 직관적 통찰을 이렇게 요약한다.••

> 마음과 몸은 마치 한 사물의 두 측면처럼 서로 평행하며 모든 교차점에서 서로를 모방하는 상호 연관된 과정들mutually correlated processes이다. 이 평행한 현상의 깊은 안쪽에는 몸에 일어나는 일들을 마음에 표상시키는 메커니즘이 놓여 있다. 마음과 몸은 대등한 지위에 있지만, 이것을 지각에 구현시킴에 있어서는 그 작동 메커니즘에 비대칭성이 존재한다. 대체로 마음의 과정이 몸의 과정에 그대로 반영되기는 하나, 마음이 몸의 내용을 빚어내는 것보다는 몸이 마음의 내용을 훨씬 더 많이 빚어낸다. 반면, 마음속의 관념들은 서로 겹쳐질 수 있으나, 몸은 그렇게 하지 못한다.

그러면서 그는 스피노자의 이러한 생각들이 과학적으로, 철학적으로 정당하게 이어지지 못한 아쉬움을 다음과 같이 토로하고 있다.•••

• *Looking for Spinoza.* pp.214-15. (번역본 249쪽.)

•• *Looking for Spinoza.* p.217. (번역본 251~252쪽)

> 만일 스피노자가 남긴 글에 대한 나의 생각이 아주 조금이라도 옳다면, 그의 통찰은 그의 시대에 혁명적인 것이었다고 할 수 있다. 그러나 그의 사상은 과학의 발달에 아무런 영향도 미치지 못했다. 숲속에서 나무가 소리 없이 쓰러졌으나 아무도 그것을 목격하지 못했다. 이러한 개념들이 지닌 이론적 함의는 스피노자의 철학적 통찰이란 형태로도 그리고 독립적으로 확립된 사실이란 형태로도 결국 소화되지 못하고 넘어간 것이다.

스피노자와 관련해 내 개인적인 생각을 조금 덧붙이자면, 실제로 나 자신 몸과 마음 문제에 대해 오랜 기간 고심해왔으면서도, 이를 위해 스피노자의 책을 읽어본 일은 없다. 다만 내가 스스로 여기에 대한 어떤 깨달음에 도달했다고 생각할 무렵, 뒤늦게야 스피노자가 이미 몇 백 년 전에 유사한 결론에 이르렀던 것을 알고 내심 크게 안도했던 경험이 있다. 전혀 독립적으로 사고를 했음에도 같은 또는 비슷한 결론에 이르렀다는 것은 그만큼 이 결론이 옳은 것이었을 가능성이 높다는 것을 의미하기 때문이다. 그리고 다시 다마지오와 같은 현대의 뇌과학자들 또한 스피노자의 생각에 깊이 공감하는 것 또한 이러한 가능성을 더욱 높여주는 일이라 생각한다.

••• *Looking for Spinoza*. p.217. (번역본 252쪽)

내용 정리

사람들은 흔히 생명을 가장 신비한 존재라고 말한다. 틀린 말이 아니다. 우리가 이미 보아왔듯이 주변에 보이는 아무리 미천한 생명체라 하더라도 수억 번의 기적들이 쌓이고 쌓여 이루어진 것이다. 그렇기는 하나 이것은 합리적 이성을 통해 그 가능성을 이해할 수 있는 것이기에, 바로 이런 뜻에서 우리는 생명을 이해했다는 말을 할 수 있다.

그런데 정말로 생명이 놀랍다고 하는 까닭은 이 안에 '나'라고 하는 존재가 포함된다는 사실 때문이다. 물질로 이루어진 존재물들이 긴 역사의 과정을 통해 제아무리 서로 섞이고 놀라운 변형을 이루어낸다 한들, 이 안에 어떻게 '나'라고 하는 전혀 다른 범주의 존재가 출현할 수 있나? 아무리 심오한 물리학 법칙이라 하더라도 그 안에서 물리학 법칙으로는 원천적으로 연결시킬 수 없는 존재 곧 '주체로서의 나'를 이끌어낼 수는 없다. 그런데도 의젓이 '나'라는 주체가 존재하고 있으니 이를 도대체 어떻게 설명할 것인가?

객체적 양상과 주체적 양상

사실 이 문제는 물리학의 출현 이전에는 거의 그 심각성을 느끼지 못하는 것이었다. 의식의 주체인 '나'라는 존재는 이미 오래전부터 있어왔고, 지금도 많은 사람들이 각자 자기의 '나'를 향유하며 살아가는 다반사에 해당하는 것이기에, 우리에게는 너무도 친숙해 문제 삼을 것이 없었던 것이다. 오직 몸과 마음의 구분은 쉽게 감지되기에, 살아 있는 존재 안에는 이들이 함께하고 있으며 죽으면 이들이 헤어지리라는 정도의 관심을 가지는 것으로 충분했다. 사후의 일 또는 태어나기 전까지 생각하면 문제가 되었지만 이것은 대체로 '알 수 없는 일'로 여겨지거나 믿음의 영역으로 넘겨졌다.

그런데 일단 물리학적 사고를 통해 모든 현상을 일관된 자연법칙을 통해 이해하기 시작하면서, 이것으로는 원칙적으로 설명될 수 없는 존재가 나타났다. 전통적으로 '나'라는 것은 물리학의 영역이 아니라고 생각해왔고, 그렇다면 문제될 것이 없겠지만, 이제 이것이 내 몸까지 설명하는 데 이르러서는 '나'의 문제를 생각하지 않고 넘어갈 수가 없다. 그리고 내 몸에 대한 이해 특히 의식과 관련된 두뇌에 대한 이해가 깊어지면서 주체로서의 '나'와 객체로서의 내 몸이 서로 분리될 수 없는 하나라는 점이 점점 명백해지자, 이 문제는 더욱 더 예리하게 다가오게 된다.

이제 잠시 지금까지의 논의를 되돌아보자. 우리는 자연의 기본 원리를 동원해 우주 내 현상들을 이해하는 가운데 1차질서 체계와 2차질서 체계의 존재 가능성을 살폈으며, 특히 하나의 복합질서를 이루는 2차 질서 체계가 바로 생명현상에 해당하는 것임을 알게 되었다. 즉 이 복합질서 자체는 하나의 온생명이며, 그 안에 부분 질서로 참여하고 있는 하나하나의 자체촉매적 국소질서가 우리에게 매우 친숙한 생명체인 낱생명이다. 이 모든 것을 구성하는 소재는 물질이며 이러한 것을 이루어내는 기본 원리는 이들에 적용되는 물리학의 법칙들이다.

이처럼 물질적 소재를 바탕으로 물리적 법칙에 따라 형성되는 존재는 설사 그것이 아무리 정교한 존재라 하더라도 여전히 물질의 영역에 속하지 않을 수 없으며, 이렇게 해서 사람의 몸이 물질에 속하는 것은 전혀 이상하지 않다. 그리고 요즈음 우리가 매우 지능이 높은 인공 지능에서 보듯이 이것이 사람처럼 행동하는 것 또한 원칙적으로 이해하지 못할 바가 아니다.

이런 점에서 물질의 집합 a가 이루어져 A라는 사람이 태어나고, 물질의 집합 b가 이루어져 B라는 사람이 태어났다는 것은 그리 이상한 일이 아닐 수 있다. 그 자체가 자연의 한 질서일 수 있기 때문이다. 그런데 신기한 것은 물질의 집합 c가 이루어졌을 때 C라는 사람이 태어난 것이 아니라 거기서 이번에는 '나'라고 하는 주체가 태어났다는 사실이다. 만일 '나' 또한 A나 B와 같은 '사람'이기에 이상할 것이 없다고 생각한다면, 이는 주체성과 객체성을 함께 지닌 '나'의 존재를 객체만의 세계로 투영시켜 그 객체로서의 측면만을 보는 결과를 가져오는 것이 된다. 즉 '나'는 일인칭으로 간주되는 존재이기에 삼인칭으로만 지칭되는 A나 B와는 그 범주가 다르다고 하는 이 본질적 구분이 간과되고 마는 것이다.

이는 물론 사람 A나 B가 그들 나름의 주체성을 지닌다는 사실을 부인하는 것이 아니다. 그러나 이들에게 부여한 주체성은 내 입장의 주체성이 아니다. 누구나 자기의 '나'를 가질 것이라는 전제 아래 객체화된 주체성이다. '나'조차도 주체성이라는 말로 객체화해버리면 그 본래의 성격을 상실하고 마는 것이다. 여기서 굳이 '주체'라는 말 대신에 되도록 '나'라는 말을 쓰는 것도 이 점을 강조하기 위해서다. '나'는 한 명의 사람이기도 하지만 다른 누구도 아닌 '나'라는 점을 결코 간과해서는 안 된다.

이러한 점에서 물질의 집합 c가 이루어졌을 때 C라는 또 하나의 사람이 아니라 '나'라는 존재가 태어났다고 하는 사실은 지금까지의 어느 논의에도 꿰어 맞출 수 없는 정말 특이한 일이다. 그렇다고 해서 이를 존재하지 않는 허상으로 보거나 물질에 수반되는 부수 현상 정도로 본다면 이는 결정적으로 중요한, 어쩌면 가장 중요한 한 가지 사실을 외면하는 결과가 된다.

여기서 한번 모든 물질 현상은 우리 세계와 동일하지만 단지 이러한 '나'만은 존재하지 않는 세계를 가상해보자. 그래도 몸을 가진 인간은 존재할 수 있을 것이고 그 인간들의 두뇌가 활동하는 한 철학을 논하고 있을 수도 있을 것이다. 그런데 과연 그들이 논하는 철학 속에 '주체'라는 논제가 떠오를 수 있을까? 그들도 '나'라는 말을 하고 있을까? 만일 물질 현상이 우리 세계와 동일하다면 그들에게도 우리와 동일한 두뇌 활동이 발생할 것이고 따라서 그들이 내뱉는 언어도 그것이 물리적 소리로 나타나는 한 우리의 것과 같아야 하므로 당연히 '나'라는 말도 나올 것이다. 그럴 때 이 말은 그들에게 어떻게 해석될 것인가?

여기서 우리는 일종의 딜레마에 빠지게 된다. 그들의 해석이 우리의 것과 다르다고 한다면 그 이후 그들의 논의는 우리의 것과 달리 흘러가야 할 것인데, 물리적인 이유가 없이 어떻게 이런 변화가 일어날 것인가 하는 점이다. 그리고 만일 그들의 해석이 우리 것과 같다면, 그러면 그들에게도 '나'가 있는 셈이고 이는 우리의 처음 가정에 어긋나는 결과에 해당한다.

따라서 우리는 물질 현상이 우리 세계와 동일하면서 단지 '나'만이 존재하지 않는 세계는 있을 수 없다는 결론에 이르게 된다. 이는 곧 우리 세계와 물리학적으로 동일한 세계라면, 그리고 그 세계에서 적어도 인간과 같은 수준의 존재자가 형성되었다고 하면, 그들 또한 필연적으로 '나'를 가지는 존재여야 한다는 결론에 이르게 된다.

그러니까 우리의 세계는 외형적으로 보자면 엄격한 물리적 법칙 아래 운행되고 있지만, 최소한 인간 수준에 이르는 존재자가 발생하면 그들만이 느끼는 내면세계 곧 '나'가 있는 세계일 수밖에 없다는 말이 된다. 이는 곧 우리 세계가 존재론적 양면성을 지녔다는 의미가 된다.

그렇다면 이 상황을 우리는 어떻게 받아들여야 할까? '나'의 출현이 특이하다고 하는 것은 이것이 기존의 객체적 현상들과 같은 반열에 놓인 또 하나의 현상이 아니라 기존의 현상 그 자체가 가진 '숨겨진' 속성이라는 점이다. 즉 지금까지 우리가 파악한 모든 객체적 현상의 모습을 이것이 지닌 외적 혹은 표면적 속성이라고 한다면, '나'라는 존재는 현상의 내부에서 파악의 주체가 나타나 자기 스스로를 파악하게 되는 내적 혹은 이면적 속성에 해당한다. 그러니까 이 둘은 실체적으로 구분되는 두 개의 대상이 아니라, 하나의 실체가 나타내는 두 가지 양상, 곧 '객체적 양상'과 '주체적 양상'에 해당하는 것이다. 마치 실체로서의 '뫼비우스의 띠'(우리는 이것에 대해 제10장에서 다시 논의하게 될 것이다)는 하나이지만 그 안에 표면이 있고 이면이 있는 것과 같이, 현상은 하나임에도 이것의 표면적 양상이 있고 또 이면적 양상이 있는 것이다.

그렇기에 우리가 설혹 주체적 양상 아래 주체적 삶을 영위하더라도 이로 인해 외면에 해당하는 객체적 세계가 사라지거나 기능을 정지하는 것은 아니다. 우리의 모든 행동과 그 결과는 객체적 세계를 통해 나타나고, 객체적 세계를 관장하는 자연의 법칙은 여전히 유효하다. 내가 어떤 생각을 떠올리고 이를 누구에게 전달하려 해도 내 두뇌 속에 있는 신경 세포 조직이 이를 수행해내고, 이를 다시 내 목덜미와 혀의 운동으로 바꾸어 주변의 공기를 진동시킴으로써 상대방이 감지할 수 있는 음파를 만들어내야 한다.

이러한 제약 아래 있기는 하나, 우주 내의 한 사물에 해당하는 우리가 '삶의 주체가 되어 우리의 의지에 따라 삶을 영위해나가게 된다는 것'은 그 나름으로 엄연한 사실이며, 이 둘이 양립한다는 것은 진정 놀라운 일이 아닐 수 없다. 설혹 우리의 의지 자체가 이미 우리 몸을 구성하고 있는 물질적 질서 안에서 형성되는 것이라 해도, 일단 이것을 '나'라고 느끼며 나로서 살아가는 한, 나 아닌 다른 무엇일 수는 없다. 사물을 물리학적으로 이해해나가는 입장에서 보면 우주 안에 물리적 법칙에 따르지 않는 그 무엇도 없으며 따라서 물질 일원론을 펼칠 수가 있지만, 우리가 그 안에 들어가 주체로 행세하는 입장에서 보면 우주의 일부를 내 의지에 따라 마음대로 움직일 수 있다는 놀라운 일이 발생하는 것이다.

그렇다면 사물의 이면에 주체적 양상이 존재한다는 사실은 무엇으로 입증하는가? 실제로 주체적 양상이 존재한다는 것은 그 주체의 당사자가 되어 이를 직접 느끼는 방법 이외에 알 길이 없다. 하지만 위에 제시한 가상적 사례가 말해주듯이 주체를 경험하는 당사자들의 언어를 분석해보면 그 안에 주체적 경험의 내용이 담기고 그들은 그 내용에 걸맞는 행위를 해나가기에 그들이 주체를 경험하리라는 간접적 증거를 얻을 수 있다. 그러니까 무엇보다도 확실한 것은 나 자신이 주체를 직접 느낀다는 것이며, 동시에 타인들도 그들의 언행을 통해 미루어볼 때 이를 느끼리라는 추정을 어렵지 않게 하게 된다는 것이다. 이리하여 우리는 나 이외의 사람들도 내가 주체적 양상을 경험하듯이 그들 또한 나름의 주체적 양상을 경험하리라는 점을 받아들여 '나' 와 함께 '너'도 인정하게 된다.

집합적 주체의 형성

여기서 한 가지 물음을 던져볼 수 있다. 인간의 의식 속에 나타나는 '나'가 굳이 어떤 제한된 범위의 실체 곧 '내 몸'과 연계를 짓게 되는 이유는 무엇인가 하는 점이다. 그것은 일차적으로는 내 몸에 국한된 신경조직망을 통해 형성되고 있기 때문이고 더 중요하게는 이것의 활동을 통해 보호해야 할 대상이 '내 몸'이기 때문이라 할 수 있다. 그러나 우리의 신경조직망은 외부의 정보도 입수하게 되고 이를 통해 보호해야 할 대상의 범위가 개별 신체를 넘어서기도 함을 지각하게 된다. 이럴 경우 '나'의 범위를 굳이 자기 신체로 한정할 이유가 없다.

바로 이러한 점에서 우리는 '너'를 인정할 뿐만 아니라 '너'와 '나'를 다시 아울러 '집합적 주체'인 '우리'를 형성하기도 한다는 사실을 이해할 수 있다. 이는 곧 '너'와 '나'의 관계가 소중하다고 인정될 경우 자신의 주체성을 확장해 '너'를 '나'와 구분되는 존재로만이 아니라 더 큰 '나'의 일부로 끌어들이는 것을 의미한다. 이처럼 우리의 주체 곧 '나'라는 것은 하나의 고정된 '작은 나'에 국한되지 않고 주변과의 관계를 인식함에 따라 '더 큰 나'로 그리고 '더욱 더 큰 나'로 내 주체성을 계속 확대해나가게 된다.

그렇다면 인간이 아닌 복합질서의 다른 참여자들도 주체성을 가지게 될까? 여러 정황으로 보아 이를 부정할 이유는 없다. 차이가 있다면 정도의 차이이지 본질의 차이는 아닐 것으로 짐작된다. 그러나 적어도 인간의 입장에서 볼 때 '인간의 주체성'이 가지는 의미는 각별하다. 바로 '내'가 인간에 속한다는 사실과 깊이 관련된다. 주체성의 성격 자체가 '나'를 떠나서 생각할 수 없는 것이기 때문이다. 내가 아무리 남의 주체성을 존중하고 이해하려 해도 이는 어디까지나 내 주체 안에서 가능한 일이지 내가 남의 주체 속으로 들어갈 수는 없다. 반면에 나는 남을 내 주체 안으로 끌어들여 내 주체를 확장할 수는 있다. 이것이 앞에서 말한 '우리'에 해당하는 것이고 이러한 확장은 얼마든지 해나갈 수 있다. 그러나 이것 또한 여전히 나의 주체이지 '나'가 제외된 주체일 수는 없다. 그런 의미에서 지금의 '나'가 '지금 작동하는 어떤 주체의 모드'에 속해 있다는 것은 숙명적이며, 여기서 빠져나올 방도는 없다.

이러한 점에서 인간 각자의 주체는 모두 다르지만 우리는 서로 의사를 소통함으로써 각자가 서로를 각기 자기의 주체 안으로 끌어들이고 있음을 확인할 수 있으며, 이러한 상호 주체적 연결을 통해 하나의 '집합적 주체'를 형성하게 된다. 이것이 바로 인간이 마련하고 또 인간이면 누구나 숙명적으로 속할 수밖에 없는 '우리'로서의 주체이며, 인간이 주체의 영역 안에 마련하는 문화 공동체로서의 주체다. 온생명 안에서 인간에 의해서든 혹은 다른 생물 종에 의해서든 이것과 다른 집합적 주체가 있을 수 있지만, 우리가 이에 주체적으로 연결될 통로가 열리지 않는 한 우리가 이를 알 방법이 없고 또 관여할 수도 없다.• 하지만 여러 정황으로 보아 설혹 이러한 외재적 주체가 있다 하더라도 그 규모나 기능에 있어서 우리가 속한 집합적 주체에 비견할 정도는 되지 못할 것으로 여겨지며, 따라서 문화 공동체로서의 '우리'가 온생명 규모로 확장할 수 있는 사실상의 유일한 집합적 주체라 할 수 있다.

• 예컨대, 곤충들 사이에 이러한 집합적 주체가 형성될 수도 있으나 우리는 이를 확인할 길이 없다. 또 인체 안에는 자신을 보호하려는 면역체계가 형성되어 작동하지만, 우리의 의식 주체는 이와 직접 접속할 방법이 없다.

이처럼 인간은 집합적 주체를 통해 문화 공동체를 이루면서 삶의 여건과 내용을 의식적으로 개선하려는 노력을 기울여왔고, 그 결과로 이루어진 것이 인간의 문명이다. 이러한 문명을 통해 인간은 다시 자신의 집합적 주체를 심화하고 확장해나가고 있다. 하지만 최근에 이르기까지도 인간의 집합적 주체 안에 담겨 있던 자아의 내용은 '인류' 곧 생물종으로서의 인간을 크게 넘어서지 못하고 있었다. 실제로 인간은 인간을 제외한 온생명의 나머지 부분을 '자연'이라 부르며 이를 오히려 인간과 대립되는 개념으로 보는 것을 당연하게 여겨왔다. 뿐만 아니라 인간은 오랜 기간 자연 속에서 자연을 극복 혹은 활용해가며 인간의 자리를 넓혀가는 것을 발전이라 여기며, 이것을 문명이 지향할 주된 지표로 삼아오기도 했다.

그러나 자연은 인간과 대립되는 개념이 아니라 이들이 합쳐 비로소 생명이 이루어지는 온생명의 한 부분임을 앞에서 밝혔다. 이에 따라 인간의 생존은 온생명 안에서 온생명의 정상적인 생리에 맞추어 이루어져야 하겠지만, 지난 문명의 관성에서 여전히 벗어나지 못한 대다수는 기술력을 동원해 오히려 온생명의 생리를 붕괴시키는 일에 가담하고 있다. 그 결과 온생명 안에는 최근 심각한 문제로 등장한 지구 온난화와 생물의 대규모 멸종 사태와 같은 수많은 병리적 증상이 나타나고 있으며, 인간 자신의 생존마저 위협하는 지경에 이르렀다.

온생명도 의식의 주체인가?

그렇기에 우리는 우리의 자아를 인류 단계에서 멈출 것이 아니라 우리 온생명에로까지 확장할 필요가 있다. 실상 우리 온생명은 나를 포함하고 있는 진정한 의미의 생명체이며 또 나에게는 진정으로 보호해야 할 소중한 존재이기에 '더 큰 나' 속에 온생명까지 포함시키는 것은 그다지 어려운 일이 아닐 수 있다. 그러나 여기에는 넘어야 할 중요한 장벽이 하나 있다. 그것이 바로 심정적 장벽이다. 실제로 우리가 내 몸을 '나'라고 느끼는 것은 이러한 모든 것을 계산해서 얻어진 결과가 아니라 이미 심정적으로 내 안에 각인되어 있는 본능의 발현이란 측면이 더 강하다. 그렇기에 설혹 우리의 지성이 온생명 또한 내 몸의 일부임을 말해주더라도, 우리의 일상 속에서 길들여진 심정적 자세는 자기도 모르게 이에 대한 저항을 멈추지 않을 수 있다.

그렇기는 하나 이 모든 장애를 무릅쓰고 우리 온생명도 진정 '나'의 일부임을 혹은 이것이야말로 진정한 '나'임을 인정하게 되었다고 할 때, 이는 곧 우리 온생명이 그 자체로 진정한 의미의 의식 주체가 된 것이라 말할 수 있을까? '주체성'의 존재 여부는 바로 그 특성상 그 당사자만이 판정할 수 있는 성격을 지닌다. 그렇기에 어떤 존재자가 마음 속에서 진정 자신을 주체로 여긴다면, 이를 다른 누가 나서서 부정할 방법은 없다. 그러니까 나 혹은 다른 누군가가 자신이 곧 온생명임을 확신하면서 온생명을 자신으로 느끼고 있다고 말한다면, 이것만으로도 온생명이 주체성을 가진다고 말할 수 있다. 설혹 그가 명시적으로 온생명이란 표현을 쓰지 않더라도 내용적으로 이에 해당하는 어떤 것을 말한다면, 이 또한 온생명의 주체가 아니라 말하기 어렵다.

설혹 이러한 점을 인정하더라도 아직 우리 온생명이 의식을 가지고 자신의 삶을 주체적으로 영위해나가는 단계에 이르렀다고 말하기는 어렵다. 이러한 의식은 아직 일부 소수자 사이에서 나타날 뿐이며, 온생명의 신체를 현실적으로 움직이고 있는 대다수 사람들의 의식은 아직 여기에 크게 못 미치기 때문이다. 오히려 우리 온생명은 지금 자신의 존재를 스스로 파악하는 깨어남의 단계에 있다고 말하는 것이 좀 더 적절할 것이다. 일부 선각자들에 의해 그리고 현대 과학의 생명 이해에 의해 온생명의 주체성이 개별적으로 감지되고는 있더라도 아직 전체로서의 온생명이 이를 통해 스스로의 몸을 움직여 현실 속에서 각성된 삶을 영위해나간다고 보기는 어렵기 때문이다.

하지만 만일 우리 온생명이 스스로 깨어나 명실공히 자신의 삶을 주체적으로 영위하는 단계에 이른다면, 이것이야말로 역사적 사건이란 말로서도 부족한 가히 '우주사적 사건'이라 불러야 할 상황이 된다. 우리 온생명은 약 40억 년 전 우리 태양-지구계를 바탕으로 태어나 크고 작은 어려움을 겪으며 지속적인 성장을 거듭해온 것이 사실이지만, 아주 최근에 이르기까지도 스스로를 의식하지 못하고 오로지 생존 그 자체만을 수동적으로 지속해온 존재라 할 수 있다. 그러다가 이제 인간의 출현과 함께, 이들의 집합적 지성에 힘입어, 40억 년 만에 처음으로 스스로를 의식하며 이 의식에 맞추어 자신의 삶을 주체적으로 영위해나가는 존재로 부상할 계기를 맞이한 것이다. 주체적 자아의식, 그리고 주체적 삶의 영위라는 것은 개별 인간의 차원에서도 놀라운 신비에 해당하지만, 더욱이 이것이 온생명 차원에서 온생명 전체를 단위로 해 나타나게 된다는 것은 한층 더 놀라운 사건이 아닐 수 없다.

반면 우리 현실은 결코 낙관만 할 상황이 아니다. 이 온생명이 신체적으로 매우 위험한 처지에 놓여 있기 때문이다. 이 온생명의 의식 중추가 되어 온생명의 정신세계를 펼쳐나가리라 기대되는 우리 인간은 이러한 기대를 미처 펼치기도 전에 이미 암세포와 같은 존재들이 되어 온생명의 생리를 크게 교란시키고 있다. 암세포는 숙주의 몸에 침투한 외부의 침입자가 아니라 그 신체의 일부다. 암세포가 정상적인 세포와 다른 점은 오직 자신을 더 증식시켜야 할 때와 그렇지 않을 때를 구분하지 못하고 지속적으로 증식만을 해나간다는 데 있다.

인간은 지금 암세포들처럼 온생명의 중요한 부분에 자리를 잡고 있으면서 온생명의 정상적인 생리를 파악하지 못하고 오로지 자신의 번영과 증식만을 도모하며 온생명의 몸 곧 생태계를 크게 훼손시키고 있다. 이것이야말로 극단적 역설이다. 우리 온생명이 태어난 지 40억 년 만에 드디어 높은 지성과 자의식을 갖고 삶의 주체로 떠오르려 하는 시점에, 이러한 것을 가능케 하리라 기대되는 인간이란 존재가 암세포로 전환해 온생명의 생리를 위태롭게 하고 있기 때문이다.

삶이란 무엇인가?

이제 이러한 문제를 '삶'이라는 측면에서 바라보기로 하자. '삶'이란 한마디로 규정하자면 '생명의 주체적 운영'이라고 할 수 있다. 우리에게 만일 주체가 없다면, 현상으로서의 생명의 일부는 될 수 있으나 진정한 의미의 '삶'을 가졌다고 말할 수는 없다. 그렇기에 우리는 우리가 의식하는 '나' 속에 어떠한 내용을 담고 있느냐에 따라 어떠한 의미의 삶을 사는지에 대해 말을 할 수 있다. '내 몸'으로서의 '나'를 의식하는 것은 가장 기본적인 것이며 또 불가피한 것이지만, 여기에만 머무른다면 가장 작은 '삶' 곧 소인小人의 삶을 살아가는 것이며, '인류'로서의 '나'를 의식하는 것은 전통적 윤리에 부합되는 '삶' 곧 대인大人 혹은 군자君子의 삶을 의미하는 것이 된다. 그리고 그 안에 온생명까지 담긴다면 이는 아마도 성인聖人의 삶에 해당하는 것이 아닐까 한다.

그러나 이 모두는 그 가운데서 배타적인 하나를 선택해야 할 성격이 아니라 각각의 요소를 균형 있게 배합하는 것이 적절하며, 이러한 배합을 얼마나 조화롭게 이루며 사느냐 하는 것이 바로 삶의 지혜라 말할 수도 있다. 바꾸어 말하면 우리의 삶은 개체로서의 '나' 그리고 그 밖에 공동체로서의 '나' 그리고 더 크게 온생명으로서의 '나'가 동심원적으로 배열된 가운데, 어느 '나'에 어떠한 색깔을 입히고 사느냐에 따라 각자의 특성이 발휘된다고 할 수 있다.

주체와 객체 사이의 이러한 관계를 요약해 두 개의 동심원으로 나타내면 〈심학 제8도〉에 표시한 바와 같다. 여기서 작은 동심원은 낱생명 곧 개인으로서의 '나'를 나타낸 것이며, 큰 동심원은 온생명으로서의 '나'를 나타낸다. 이 두 동심원 사이에는 '우리'에 해당하는 크고 작은 '나'들을 이루는 동심원들이 있겠으나 편의상 표현하지 않았다.

각각의 동심원을 다시 내면과 외면을 가진 이중선으로 표시한 까닭은 주체와 객체 사이의 양면성을 나타내기 위해서다. 모든 '나' 안에는 그 마음에 해당하는 주체가 있고 그 몸에 해당하는 객체가 있다. 〈십우도〉의 여덟 번째 그림에서는 이 동심원들을 하나로 묶어 하나의 큰 원으로 표시했으나, 실제로는 이것이 여러 개의 동심원이 된다. 우리의 〈심학 제8도〉에서는 그 가운데 대표적인 두 개만을 나타내고 있다.

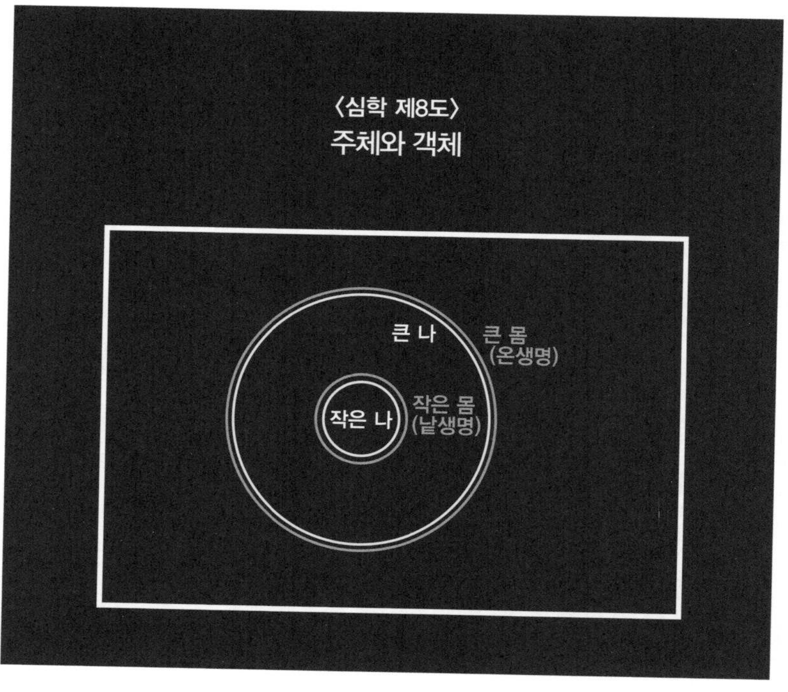

해설 및 성찰

우리는 이 장의 〈역사 지평〉에서 주체와 객체 또는 몸과 마음의 관계에 대한 데카르트와 스피노자의 생각을 간략히 살폈다. 이어서 〈내용 정리〉에서는 이 문제에 대한 내 생각들을 정리해 밝혔다. 이제 마지막 〈해설 및 성찰〉에서는 이 문제와 관련된 현대 학자 두 사람, 즉 프랜시스 크릭과 에르빈 슈뢰딩거의 견해를 잠깐 소개하고 이에 대한 내 생각을 덧붙이기로 한다.

이미 소개했듯이 이들은 두 사람 다 물리학자 출신으로 한 사람은 DNA의 이중나선구조를 발견해 현대 분자생물학에 막중한 기여를 했고, 또 한 사람은 이른바 슈뢰딩거 방정식을 만들어 양자역학의 기반을 세웠을 뿐 아니라《생명이란 무엇인가?》라는 책을 써서 현대생물학으로 인도하는 길잡이 역할을 했다.

하지만 두 사람 다 마음이나 의식 문제에 대해 집중적으로 연구한 전문가들은 아니다. 그런데도 굳이 이들의 견해를 살피려는 까닭은 여기에 대한 이들의 견해가 흥미로운 탓도 있지만, 이 두 사람은 탄탄한 물리학적 사고의 바탕 위에 생명에 대한 이해를 얹었고, 거기에 다시 누구나 내면적으로 경험하는 마음에 대해 자유로운 상상을 펼칠 수 있는 사람들이기 때문이다.

자유의지에 대한 크릭의 견해

크릭은 그의 저서 《놀라운 가설: 영혼의 과학적 탐구》의 마지막에 〈자유의지에 대한 후기〉라는 아주 짧은 글 하나를 덧붙이고 있다.• 이것이 자유의지에 대한 완전한 설명은 되지 않지만 우리의 맥락에서 한 번 검토해보고 지나갈 필요는 있다. 그는 이 글에서 우리 두뇌 안에서 일어날 것으로 여겨지는 매우 있음직한 과정 몇 가지를 가정하고, 만일 이러한 과정이 실제로 일어난다면 우리는 스스로 자유의지를 행사한다고 '느낄 것'이라는 논지를 편다. 여기서 그가 제시하는 가정은 다음의 세 가지다.

> 첫째, 두뇌의 한 부분은 미래 행위 계획에 관여한다. 그렇다고 해서 이를 반드시 수행해야 하는 것은 아니다. 우리는 이러한

• Crick, Francis. *The Astonishing Hypothesis: The Scientific Search for the Soul.* London: Simon&Schuster, 1994, pp.266-67.

계획을 의식할 수 있으며, 최소한 이 계획을 즉각적으로 기억에 떠올릴 수 있다.

둘째, 우리는 두뇌의 이 부분이 하는 '계산'과정은 의식하지 않으며 이것이 만든 '결정' 즉 그 계획의 내용만을 의식한다.

셋째, 하나 이상의 계획이 마련되었을 때, 어느 계획을 따라 행동할 것인가 하는 결정을 함에 있어서도 마찬가지 제약이 따른다. 즉 그 결정에 이르게 된 계산 과정은 잊히고 결정된 내용만 상기된다.

이와 같은 일들이 성립된다고 할 때, 만일 그 두뇌 안에서 자신의 행위를 의인화personify할 수 있는 그 어떤 존재가 형성된다면, 그는 필시 자신이 '자유의지'를 가졌다고 느끼게 되리라는 것이다. 그 당사자는 자기 두뇌 안에서 이미 프로그램되어 있는 내용의 일부를 의식 속에 떠올리고 이것을 수행 의지와 연결시키고 있지만, 이것이 어떻게 선택되었는지를 의식하지 않으므로 이것이 그 순간 자신의 결단에 의해 형성된 것으로 생각하게 된다는 것이다.

그런데 이때 만일 그가 프로그램을 따르는 과정에서 의식을 잃지 않고 '계산' 과정마저 놓치지 않고 충실히 따라가며 결정한다면, 이때도 역시 그가 자유의지를 가졌다고 볼 것인가? 아마도 프로그램을 기계적으로 따라가는 한낱 꼭두각시놀음에 불과한 것으로 보일 것이다. 적어도 물리적 질서를 거스르지 못한다는 점에서 자유의지를 상실했다는 생각을 할 수도 있다.

그러나 이것은 이미 '나'와 물리적 질서를 서로 다른 것이라고 나누어놓고 볼 때 하는 이야기다. 이 단계에서 내 안에 각인된 물리적 질서 그것이 바로 '나'라고 생각하는 입장에서는 굳이 그러한 생각을 할 필요가 없다. 그 주체는 적어도 자기의 의미체계 안에서 앞으로 일어날 일들에 대해 생각하고 계획할 수 있으며, 또 자신의 수행의지에 따라 원하는 결과를 도출할 수 있다. 이러한 결과가 물리적 질서에 맞추어 일어나는 것이든 아니든 그에게는 관여할 바가 아니다. 그는 현실 세계 안에서 행위를 하고 있으며, 그 행위의 결과가 현실로 나타난다.

반대로 그가 이 모든 것이 모두 이미 설정된 일이니 이에 관여하는 것이 무의미하다고 보아 행위를 포기한다면, 그것 또한 그가 선택한 하나의 행위가 되어 그에 해당하는 결과가 도래할 것이고, 이는 행위를 포기하지 않고 수행했을 때와는 다른 결과에 해당할 것이다. 다시 말하자면 그 어떤 경우든 그는 결과에 영향을 주는 행위를 하지 않을 수 없는 것이다.

그러므로 이러한 존재는 적어도 '그가 생각하는 의미의 세계' 안에서 주체적인 삶을 영위하게 되며 그가 이 안에서 '의미를 부여하는 만큼의 의미 있는 삶'을 향유하는 결과가 된다. 이에 반해 이 모든 물리적 질서를 파악해 미래를 완벽히 예측해낼 존재가 있다 하더라도 그가 만일 이 세계 안에서 그 어떤 행동에 관여할 방법을 가지지 못했다면, 그의 삶 자체는 무의미한 것이 될 것이고, 따라서 그에게는 의미를 지닌 어떤 삶이 주어졌다고 볼 수가 없다.

슈뢰딩거의 의식론

슈뢰딩거는 그의 책《생명이란 무엇인가?》의 후기로 〈결정론과 자유의지에 관하여〉라는 제목의 짧은 글 하나를 추가했다.• 이 글에서 그는 많은 사람들이 궁금하게 생각해온 자유의지와 양자역학 사이의 관계 특히 불확정성원리가 그 어떤 역할을 하리라는 가능성을 명백히 부정했다. 그러면서 인간의 의식에 대한 자기 나름의 독특한 한 견해를 표명하고 있다.

그는 우선 두 가지 움직일 수 없는 사실을 전제로 내세운다.

1. 내 몸은 자연의 법칙을 따르는 순수한 역학적 기구로 기능한다.
2. 그렇지만 나는, 부정할 수 없는 직접 경험에 의해, 내가 내 몸의 움직임을 지시하고 있음을 안다.

그러고는 놀랍게도 이 두 가정으로부터 "내가 자연의 법칙에 따라 '원자들의 운동'을 조정하고 있는 존재"라고 하는 결론을 도출해낸다. 그리고 그는 이 사실을 종교적 용어로 표현하고 있는데, 이것은 더욱 충격적이다. 기독교의 용어로 말해 이것은 "나는 전능한 하느님이다"라는 말에 해당한다는 것이며, 힌두교 용어로는 "아트만Ātman이 곧 브라만Brahman이다" 즉 "개인적 자아는 어디나 있고 모든 것을 파악

• Schrödinger, E. *What is life?*, pp.92-6.

하는 영원한 자아와 동일하다"고 하는 것에 해당한다는 것이다.

여기서 우리는 슈뢰딩거의 이 종교 언어적 해석까지 받아들일 필요는 없으리라 생각한다.• 그러나 그의 주장 곧 "내가 자연의 법칙에 따라 '원자들의 운동'을 조정하고 있는 존재"라고 하는 말은 한번 깊이 음미해볼 필요가 있다. 이는 주체적 의식을 지닌 '나'라는 것이 이러한 물질적 현상에 내재하는 '존재의 한 양상'이라는 뜻이며, 이러한 '양상' 곧 '나'는 물질세계의 적어도 한 부분을 자신의 의지대로 움직인다고 스스로 파악하는 성격을 지닌다는 것이다.

여기서 중요한 점은 이러한 마음의 상태를 일으켜주는 것 또한 물질일 것이고 또 이러한 마음의 조정에 따라 움직이고 있는 것 또한 물질이라는 것이다. 이 모두가 물질이기는 하지만, 이러한 마음의 상태를 가진 물질의 입장에서 보면 자신이 주도하는 마음의 흐름에 맞게 물질의 움직임도 일어나야 하므로 이는 곧 자신이 물질세계를 조정하고 있다고 말해도 될 것이다. 예를 들어 컴퓨터와 같은 하드웨어 안에 특정한 소프트웨어가 깔릴 경우, 만일 그 소프트웨어를 자신이라 의식하는 어떤 물질적 여건이 형성된다면, 이렇게 형성된 의식의 주체는 자신의 의지대로 컴퓨터를 작동해나간다는 생각을 할 수 있을 것이다.

그러나 이 상태에서 우리는 한 가지를 더 묻고 지나가지 않을 수 없

• 사실 이 표현 때문에 슈뢰딩거는 그의 저서 《생명이란 무엇인가?》를 출간함에 있어서 어려움을 겪었다. 이 표현을 굳이 빼달라고 하는 처음 출판사와의 계약을 파기하고 새 출판사를 찾았으며, 그 때문에 출판 시기도 1년 정도 늦어졌다.

다. "내가 자연의 법칙에 따라 '원자들의 운동'을 조정하고 있는 존재"라고 할 때, 여기서 '조정'이란 무슨 뜻인가 하는 점이다. 이것은 분명히 물리적인 힘 이외에 다른 어떤 영향력을 가했다거나 혹은 물리적인 상호작용 없이도 원자들의 물리적 운동에 영향을 주었다는 뜻은 아닐 것이다. 만일 그랬다면 여기에다가 굳이 '자연의 법칙에 따라'라는 부사구를 삽입했을 리가 없다. 그렇다면 물리적으로 볼 때 '나'는 실제로 아무런 역할도 한 것이 없다.

그런데 왜 "내가 원자들의 운동을 조정한다"고 할까? 여기서 만일 이 '나'와 이러한 인과관계를 실제로 행사하는 물질이 서로 다른 존재라면 이것은 분명히 말이 안 되는 이야기다. 그러므로 '물리적으로 볼 때' '나'는 이 물질과 다른 존재가 아니다.

사실 이 말은 너무도 당연한 이야기이기도 하다. "물리적으로 볼 때, 나는 틀림없이 물질이다!" 그런데도 '내가 원자들의 운동을 조정했다'고 할 때에, '나'는 '물질의 한 양상'으로의 '나' 곧 '물질의 또 다른 측면'으로의 '나'를 말하며, 이 측면이 그 어떤 '수행 의지'라는 것을 구성할 때 이 '수행 의지'가 그 후 발생할 물질적 상황과 인과의 관계를 형성한다는 이야기다.

물론 이 '수행 의지' 자체는 이전의 물질적 상황에 의해 마련된 것일 것이고, 그런 의미에서 '원자들'이 또한 '나'를 조정한 것도 사실이다. 그러나 내가 이미 내 의지를 의식하고 있는 한 그 아래 깔린 원자들의 질서가 어떻게 되어 있건 그것은 현재의 내가 관여할 일이 아니다.

상황이 이러함에도 불구하고 이 문제가 계속 모순으로 느껴지는 것은 우리는 자기도 모르게 자꾸 이원론적인 사고를 하고 있기 때문이다. 그러니까 이미 앞에서 지적한 바와 같이, '나'와 물질이 하나라는 사실만 깊이 생각해보면 문제는 의외로 간단하다.

의식은 오직 하나인가?

슈뢰딩거는 한 걸음 더 나아가 이러한 주체가 지닌 개인적 성격을 부정하고 세계 전체에 오로지 하나의 주체만이 형성된다고 보고 있는데, 이것 또한 매우 흥미로운 관점이다. 이 생각은 의식이라는 것이 결코 하나 둘 셀 수 있는 복수의 형태로 경험될 수 있는 것이 아니라고 하는 데서 출발한다. 그의 말을 들어보자.

> 의식은 결코 복수in the plural로 경험되지 않는다. 오직 단수in the singular로만 경험된다. 의식분열 혹은 다중인격 같은 병적인 경우에도 두 인격은 결코 동시에 나타나지 않고 교대로 나타난다. … 자아가 여럿이라는 관념, 정신이 복수라는 관념이 어떻게 생겨날까? 의식은 몸이라는 제한된 구역에 있는 물질의 물리적 상태에 의존하며 그것과 직접 연결된다. (사춘기, 노화기, 노망기 등 신체의 발달단계에 따라 정신이 변하는 것 또는 열, 중독, 마취, 뇌 손상 등에 의한 결과를 생각해보라.) 그런데 이런 몸들이 무척 많이 있다. 따라서 의식 곧 마음도 여럿일 거라는 생각이 매우 그럴듯한 가설로 들

> 린다. 아마도 단순하고 순진한 모든 사람들, 그리고 대다수의 서양 철학자들이 이 가설을 받아들이는 듯하다.
>
> 이러한 생각은 곧 몸의 숫자에 해당하는 만큼의 많은 영혼들의 발명으로 이어진다. 그리고 이들 또한 몸처럼 소멸하는가, 아니면 소멸하지 않고 그 자체로 독자적인 존속이 가능한가 하는 물음이 제기된다. 이것이 소멸한다는 생각은 입맛에 거슬리고, 소멸하지 않는다는 생각은 이러한 복수성의 가설 바탕에 깔린 사실들을 망각하거나 무시하고 부정한다.•

그는 여기서 영혼들을 발명한다는 말을 하고 있다. 아마 그가 몇 세기 전에 태어났으면 틀림없이 화형을 당했을 것이다. 이 말만 보자면 그는 지독한 유물론자처럼 보이지만 일이 그리 간단하지 않다. 그가 부정하는 것은 다수의 의식이지 의식 그 자체가 아니다. 생명조차도 다수의 생명이라는 것이 우리들의 잘못된 관념의 소산이듯이, 의식 또한 다수의 의식이라든가 더 나아가 다수의 영혼이라는 것은 부적절한 관념의 소산일 수 있다. 그렇다면 이 사실을 우리는 어떻게 보아야 하는가?

> 유일한 대안은 의식이 단수라고 하는 우리의 직접적 경험에 충실하자는 것이다. 의식이 복수라는 것은 알려진 일이 없다. 단지 하나일

• Schrödinger, E. *What is life?*, p.94.

뿐이며, 여럿으로 보이는 것은 이 하나의 다른 국면들인데, 이것들 또한 미망(인도어로 마야)에 의한 것이다. 이런 환영은 (마주보는) 여러 거울이 달린 방에서도 나타나며, 가우리상카르Gaurisankar라는 봉우리와 에베레스트Mt. Everest라는 봉우리가 서로 다른 계곡에서 바라본 같은 봉우리라는 사실과도 같은 일이다.•

그러면서 그는 개인이 독자적인 의식을 가진다고 하는 생각은 자기 경험의 한계 때문에 나타나는 하나의 미망이며, 만일 한정된 경험에 의해 구획되는 의식의 내용을 독자적인 단위 의식이라 본다면 그 경험의 내용이 바뀔 경우 이를 또 어떻게 보아야 하는지를 묻고 있다.

그러나 우리 모두는 자기 자신의 경험과 기억의 총체가, 다른 사람의 것과는 완전히 구분되는, 한 (독자적) 단위를 형성한다고 하는 부정할 수 없는 느낌을 가지고 있다. 그는 이것을 '나'라고 한다. 이 '나'라는 것이 무엇인가? … 당신은 (젊은 시절의 나에 대해) '나였던 그 젊은이'라고 삼인칭으로 부를 수도 있다. 실제로 당신이 읽고 있는 소설의 주인공이 당신의 가슴에 더 가깝게 다가오고 훨씬 더 강렬하게 살아 있고 더 익숙하게 느껴질 수도 있다.••

• Schrödinger, E. *What is life?,* p.95.

•• Schrödinger, E. *What is life?,* pp.95~96.

이제 슈뢰딩거의 이러한 주장들에 대해 조금 더 깊이 생각해보자. 여기서 우리는 두 사람이 각각 지니고 있는 의식을 서로 같은 것으로 보아야 할 것인가, 다른 것으로 보아야 할 것인가 하는 문제에 부딪힌다. 먼저 우리가 의식을 일으키는 바탕 곧 두뇌만을 보자면 이 둘은 분명히 서로 다른 데서 일어난다. 그렇지만 그 안에 담긴 내용을 이야기하자면 공통점이 매우 많다. 그러니까 우선 의식을 담는 그릇을 기준으로 할 것인가, 내용을 기준으로 할 것인가 하는 점부터 결정해야 한다.

그런데 여기에서 문제가 발생한다. 우리는 앞에서 물질과 의식이 둘이 아니고 한 실체의 두 측면이라고 보았다. 그러니까 이들은 결국 그릇과 내용을 같은 것의 두 측면이라는 이야기가 되어버린다. 그렇다면 의식을 담고 있는 그릇의 범위는 어디까지인가 하는 문제로 되돌아간다.

분명히 의식은 분자 하나, 세포 하나에 담길 수는 없다. 그러면 두뇌 하나에는 담기는 것인가? 일견 그렇게 보이지만, 역시 고립된 두뇌가 의식 노릇을 할 것인가를 진지하게 생각해보면 그렇지 않은 측면들이 나타난다. 두뇌들 간의 공동 작업으로 의식이 형성되는 것이지 단일 두뇌만으로는 적어도 지금 우리가 아는 의식은 형성되지 않을 것이다. 그러니까 의식을 담는 그릇은 적어도 우리 사회가 만들어내는 문화공동체까지 가지 않을 수 없다는 이야기가 된다. 즉 의식은 많은 점에서 문화공동체의 공유물이며, 각각의 의식이라는 것은 이것의 약간씩 다른 복사본이라 말할 수도 있다.

이는《춘향전》이 하나냐 여럿이냐 하는 이야기와도 흡사하다. 물리적인 책으로는 여러 개이지만 내용으로 본 《춘향전》은 하나로 볼 수 있다. 이와 함께 우리는 또 여러 사람들이 각각 기록한 일기장이 하나냐 여럿이냐를 물을 수도 있다. 이 경우에는 설혹 사람마다 흡사한 내용을 적었다 하더라도, 하나라고 말하기는 어려울 것이다. 여기서 우리는 의식이 하나인 측면도 있고 또 여럿인 측면도 있다는 점을 인정하게 된다. 우리의 상식이 여럿인 측면에 초점을 맞춘 것이라고 하면, 슈뢰딩거의 견해는 하나인 측면을 지적한 것이라 말할 수 있다.

여기서 우리는 이것이 낱생명과 온생명 논의와 관련을 맺게 됨을 알 수 있다. 결국 우리의 의식은 각각 낱생명적인 의식을 지니면서도 전체가 서로 엮이고 유통되면서 마치 온생명이라는 하나의 큰 그릇에 담긴 하나의 의식처럼 생각되기도 한다. 그러니까 온생명 전체로 보자면 하나의 큰 의식이 담겨 있다고 하겠지만, 각각의 낱생명 입장에서 보면 이렇게 하나로 연결된 전체의식의 한 복사본에 다시 자체만의 특성을 가미한 변이본을 지니게 되는 셈이다.

즉 우리가 실제로 접하는 의식이라는 것은 온생명 안에서 다듬어진 하나의 큰 의식이 각각의 작은 그릇으로 나뉘어 담기면서 그 그릇의 특성이 첨부되어 나타난 것이라 할 수 있다. 이렇게 하여 전체로서는 온생명 의식을 이루는 가운데, 그 안에 다시 서로 간에 많은 유사성을 지니면서도 또 독자적인 양상을 유지해가는 낱생명 의식이 나타나며, 이러한 여러 층위의 의식들이 서로 관계를 맺으면서 '의식세계'라고 하는 또 하나의 세계를 이룬다고 할 수 있다.

이렇게 주체와 객체에 대한 긴 논의를 마쳤다. 이 논의의 핵심은 이것이 두 개의 실체가 아니라 하나의 실체가 가진 두 양상 혹은 두 측면이라 부를 수 있다. 그래서 이것은 관례적인 일원론이나 이원론에는 맞지 않고 굳이 말한다면 일원이측면론一元二側面論이라 부르는 것이 가장 타당하리라 본다.

그런데 이 지점에서 되돌아본다면 이러한 정황은 제4장에서 살펴본 양자역학에서의 공간과 맞-공간 사이의 관계와 유사한 측면이 있음을 알 수 있다. 양자역학 이전에는 위치공간과 운동량공간을 서로 독립된 두 공간으로 보았지만 양자역학을 이해하면서 이것이 한 공간의 두 측면임이 밝혀진 것이다. 그리고 이 두 측면들은 푸리에 변환이라는 분명한 수학적 관계로 맺어지고 있다. 그렇다면 혹시 주체와 객체 사이에도 이와 유사한 관계를 찾아낼 수 있을까? 현재로서는 깊은 신비의 베일에 가려진 가능성일 뿐이지만 언젠가는 이 베일 또한 벗겨질 날이 올 수도 있을 것이다.

어쩌면 곽암선사는 이런 신비의 베일에 둘러싸인 우주적 실재를 하나의 큰 원으로 표상하면서, 이를 마주하고 있는 구도자의 탁 트인 심경을 다음과 같은 선시로 읊었는지도 모른다.

> 채찍도 고삐도, 사람도 소도 모두 비어 있고
> 푸른 하늘만 아득하니 소식 전하기 어렵구나.
> 붉은 화로의 불꽃이 어찌 눈송이를 용납하랴.
> 여기에 이르니 비로소 조사祖師의 마음과 하나가 되는구나.

제9장

본원으로 돌아가다

앎이란 무엇인가?

返本還源已費功 爭如直下若盲聾 庵中不見庵前物 水自茫茫花自紅
반본환원이비공 쟁여직하약맹롱 암중불견암전물 수자망망화자홍

아홉 번째 여정, 반본환원返本還源

〈십우도〉의 아홉 번째 주제는 "본원으로 돌아온다"는 이야기다. 이는 자신의 앎을 반추해보면서 이것이 도대체 어떻게 가능해지는가를 묻는 행위이기도 하다. 이것은 하나의 커다란 순환논리다. 우리는 앎을 통해서 우주를 이해했고 생명을 이해했고 그 안에 출현한 앎을 다시 이해해야 하는데 이것이 바로 우리가 이미 활용해온 그 앎으로 연결되어야 한다는 이야기다.

역사 지평

지금까지 많은 사람들이 우주와 생명, 그리고 인간의 객체와 주체에 대해 깊은 이해를 추구해왔지만 정작 그 이해의 바탕이 되는 앎의 성격에 대해서는 많은 진전이 이루어지지 않았다.

데카르트는 "나는 생각한다, 그러므로 존재한다"는 논지를 내세우며 의문의 여지가 없는 앎을 추구하려 했고, 이후 칸트는 유클리드 기하학과 뉴턴의 고전역학이 가져온 놀라운 성공을 더욱 단단한 바탕 위에 세우기 위해 선험적 종합 판단의 가능성을 제시했다. 그러나 이러한 형이상학적 바탕은 이후에 성취된 앎의 진전에 의해 번번이 허점을 드러냈다. 칸트가 선험적 형식이라고 믿어 더 이상 의심의 여지가 없는 것으로 보았던 시간과 공간 개념이 아인슈타인의 새로운 시간, 공간론에 의해 여지없이 무너진 것이 그 대표적 사례다.

그렇다면 기존의 관념 틀을 과감히 부수고 새 이론을 만들었을 뿐 아니라 양자역학의 바탕에 대해서도 누구보다 진지하게 고민했던 아인슈타인은 이에 대해 어떻게 생각했을까?

아인슈타인의 권고

생애의 마지막 3년을 앞두었던 73세의 아인슈타인은 철학을 전공하는 한 대학생에게서 열정적인 편지 한 장을 받았다. 기억조차 할 수 없을 만큼 어린 시절부터 아인슈타인을 깊이 흠모해왔으며, 아인슈타인의 논문, 견해, 인간성 등 그에 관한 모든 것이 오랫동안 자신의 생애에 결정적인 영향을 주고 있다고 하면서, 무엇이라도 좋으니 꼭 한말씀 적어 보내주면 좋겠다는 사연이었다. 이는 가장 원숙한 만년의 아인슈타인이 앎을 추구하는 다음 세대에게 꼭 남기고 싶은 한마디가 있다면 무엇이냐에 해당하는 물음이었다. 이에 대한 아인슈타인의 짧은 회신(1952년 12월 9일자)이 남아 있다.•

> 어떤 작은 한 조각의 진리를 포착하기 위해 자신의 전 생애를 바쳐 분투해온 사람에게는 다른 사람들이 자기 일을 진정으로 이해하고 즐겨한다는 사실을 알게 되는 것 이상 아름다운 보상은 없을 겁니다. 그래서 나는 당신의 친절한 말들에 대해 정말로 고맙

• Dukas, H. and Hoffmann, B. *Albert Einstein: The Human Side.* Princeton, 1979, p.29.

> 게 생각합니다. 하지만 많은 시간을 할애할 수 없기에 오직 간단한 한마디만을 적는 것으로 만족해야겠군요. 경험적 바탕이 없이 진리를 파악하는 것이 가능하지 않다는 것은 사실입니다. 그러나 우리가 더 깊이 뚫고 들어갈수록 그리고 우리의 이론이 더 광범위하고 포괄적이 될수록, 이러한 이론들을 결정함에 요구되는 경험적 지식의 분량은 줄어들게 됩니다.

여기서 아인슈타인은 학문을 추구하는 두 가지 중요한 원칙을 잘 요약해주고 있다. 하나는 모든 진리가 결국은 경험적 바탕을 가져야 한다는 것이다. 경험에 바탕을 두지 않은 것은 말하자면 허공에 뜬 것인데, 이것은 상상은 될지언정 결국 진리와는 무관한 것일 수밖에 없다. 하지만 학문이 깊어질수록 학문 자체의 논리 구조에 따라 경험과 직접적인 연관이 없어도 진행해나갈 수 있으며, 최종적으로 이것이 경험적 현실과 연결되는 통로만 있으면 된다는 것이다. 그러니까 진정 학문다운 학문을 한다면 경험적 사실의 언저리에만 머물지 말고 좀 더 심오한 그리고 심원한 사고를 펼쳐나가라는 이야기다.

그런데 여기에는 커다란 전제가 하나 깔려 있다. 이러한 방식으로 이루어낸 심오하고 포괄적인 사유의 내용들이 저 밖에 놓인 세계의 작동 방식과 그대로 일치하리라는 전제다. 이것도 원천적으로는 경험에 의존하고 있지만, 아인슈타인이 말하는 바와 같이 최소한의 경험적 내용이 이를 보장해준다는 것은 실로 놀라운 일이다. 아인슈타인 자신은 특수상대성이론을 통해 그리고 다시 일반상대성이론을 통해 이 놀라운 일치를 전율이 느껴질 만큼 거듭거듭 실감했으며, 그리하여 이에 대한 확고한 신념을 갖게 된 것이 틀림없다.

세계의 영원한 신비는 이것이 이해된다는 것이다

하지만 인간의 사고와 자연의 실재 사이의 이러한 관계가 생각만큼 간단한 것은 아니다. 특히 양자역학이 대두되면서 이에 대한 좀 더 깊은 통찰이 요청되었고, 아인슈타인도 이에 대한 깊은 고민의 흔적을 남겼다. 한창 양자역학의 해석 문제와 관련해 논쟁의 중심에 서 있던 무렵인 1936년에 그는 〈물리학과 실재〉라는 논문을 발표했는데, 그 안에 이러한 고민이 잘 드러나 있다.•

이 논문에서 그는 먼저 과학의 기초를 다지는 것을 더 이상 철학자들의 소관으로 넘길 수 없고, 과학자 자신에게 느껴지는 필요에 따라 직접 나서서 이론적 바탕에 대한 비판적 성찰을 수행해야 할 때가 되었다고 선언한다.••

• "Physics and Reality." *The Journal of the Franklin Institute.* Vol. 221, No.3 (1936. 3); *Ideas and Opinions.* pp.290-323.

•• *Ideas and Opinions.* p.290.

과학이라고 하는 것은 모두 일상적 사고가 다듬어진 것 이상의 무엇이 아니다. 그렇기 때문에 물리학자의 비판적 사고는 그가 속한 특정 분야의 개념들에 대한 검토에 국한되어서는 안 된다. 그는 더 이상 일상적 사고의 성격 분석이라고 하는 더욱 어려운 과제에 대한 비판적 고찰을 피해갈 수 없게 되었다.

그러면서 그는 다양한 심리학적 현상들 가운데서도, 물리학은 오직 감각경험들과 이들을 연결하는 '이해understanding'만을 직접적으로 다룬다는 점을 지적하고, 일상적 사고에 나타나는 '실제 외부 세계real external world'의 개념조차 배타적으로 '감각인상sense impression'에 바탕을 둔다고 말한다. 그의 말을 더 들어보자.•

나는 '실제 외부 세계'를 설정하는 첫 단계가 바로 물체bodily object 개념의 형성에 있다고 믿는다. … 수많은 감각경험 가운데서 우리는 일정하게 반복되는 감각인상 군群을 임의롭게 선택해 이들을 하나의 개념—곧 물체 개념에 연결시킨다. 논리적으로 보면 이 개념은 이와 연결시킨 감각인상들의 총체와 동일한 것이 아니다. 오히려 이것은 인간 (또는 동물) 마음의 자유로운 창조물이다. 그러면서도 이 개념은 그 의미에서나 그 정당성에 있어서 우리가 이것과 연관시킨 감각인상들의 총체에 바탕을 두고 있다.

• *Ideas and Opinions.* p.291.

그리고 그는 둘째 단계로, 이렇게 마련된 물체 개념에 대해 이것의 기원이 된 감각인상들과는 독립적으로, 하나의 의미를 부여하게 되며, 이로 인해 물체가 실재real existence로서의 자격을 얻게 된다고 본다. 이러한 작업의 정당성은 오로지 이 개념들과 그들 사이의 관계가 우리로 하여금 감각인상들의 미로 안에서 방향을 잡아나가게 해주는 데 있다고 한다. 그는 이렇게 얻어진 개념 체계는 한편 이것이 정신의 창조물이면서도 개별적인 감각경험들보다도 오히려 더 강력하고 내구적인 성격을 가지게 됨을 놀라워하면서, 다음과 같이 말한다.•

> 우리 감각경험의 총체가 사고(개념들의 조작, 이들 사이의 특정 함수적 관련성의 창안 및 사용, 그리고 감각경험을 이들에 연결하는 작업 등)에 의해 이처럼 질서를 가지도록 설정될 수 있다는 사실 그 자체는 우리에게 경외감을 불러일으키는 일이며, 우리는 결코 이것을 이해할 수 없을 것이다. 그래서 우리는 다음과 같이 말할 수 있다. "세계의 영원한 신비는 이것이 이해된다는 것이다."••

아인슈타인의 이 유명한 선언은 흔히 "우주 안에서 가장 이해할 수 없는 것은 바로 이것이 이해된다는 것이다"라는 말로 널리 전해지고 있다. 여기서 그가 사용한 '이해된다는 것comprehensibility'이란 말에

• *Ideas and Opinions*. p.292.

•• The eternal mystery of the world is its comprehensibility.

대해 그는 다음과 같이 풀어 설명하고 있다.

> 즉 이것은 감각경험들 사이에 어떤 질서를 형성시키는 일인데, 이것은 일반적 개념들의 창출, 이들 개념 사이의 관계들, 그리고 개념들과 감각경험 사이를 잇는 특정의 관계들을 통해 형성된다. 우리의 감각경험들이 이해된다는 것은 바로 이러한 의미에서다. 이것이 이해된다고 하는 사실이야말로 하나의 기적이다.•

아인슈타인은 감각경험들과 일상적 사고 안에 나타나는 초보적 개념 사이의 관계 또한 오직 직관적으로만 파악될 수 있을 뿐 과학적 논리의 틀 안에 이를 수용하는 것은 가능하지 않다고 본다. 이는 곧 과학이론이 그 자체만으로 완결될 수 없고 반드시 이러한 관계를 별도로 설정해야만 과학으로의 기능을 하게 된다는 것으로 해석할 수 있다.

여기서 우리는 아인슈타인이 도달한 매우 중요한 인식론적 통찰에 대해 커다란 의미를 부여하면서도, 그가 제시한 이 기적적인 관계를 '영원한 신비'로 남겨버린 것에 대해 일말의 아쉬움을 금할 수 없다. 분명히 아인슈타인이 생각하고 있는 과학적 서술, 그리고 일반적으로 동역학적 서술이라 불리는 대상의 서술 방식으로는 아인슈타인이 지적한 이 두 영역을 연결할 수가 없다. 그러나 이것이 동역학적 서술을 넘어선다고 해 영구히 이해할 수 없는 것으로 넘겨버리는 것은 그리 적

• *Ideas and Opinions*. p.292.

절한 자세라 할 수 없다.

바로 이러한 문제에 당도해 과학 자체의 성격을 좀 더 입체적으로 이해해보려는 것이 오늘날 우리가 취해야 할 자세이며 과제이기 때문이다. 그렇기에 바로 이 경계에까지 접근했던 아인슈타인이 이 새로운 세계를 '영원한 신비'로 넘겨버리지 않고 우리가 풀어야 할 새로운 학문적 과제로 설정해주었더라면 후학들의 학문 발전에 좀 더 큰 도움이 되었으리라 생각된다.

아인슈타인의 이러한 자세와 관련해 또 한 가지 의아하게 여겨지는 점은 그가 분명히 지적한 대로 '실제 외부 세계' 그리고 '실재'라는 것이 '감각인상'에 바탕을 두기는 하지만, 궁극적으로 '인간 사고의 창조물'일 뿐이며, 실제로 '저 밖에 있는 무엇'과 일치해야 할 이유가 없음을 자신이 명백히 말해놓고도, 그는 정작 양자역학이 '실재'를 제대로 그려내지 못한다는 점을 들어 끝내 불신했다는 사실이다.

앞에서(제5장) 우리는 볼츠만이 스스로 목숨을 끊고 생애를 마쳤음을 언급한 일이 있는데, 20세기의 뛰어난 물리학자 가운데 볼츠만 외에도 스스로 목숨을 끊은 또 한 사람이 있다. 그가 바로 아인슈타인의 절친한 친구였던 에렌페스트였다. 일설에 의하면 그가 양자역학에 대한 아인슈타인과 보어 사이의 논쟁을 쭉 지켜보면서 어느 편이 옳은지를 스스로 판단할 수 없음에 비애를 느꼈기 때문이라고 한다. 이는 곧 그만큼 양자역학에 대한 해석의 문제가 학자들을 곤경에 빠트렸음을 말해주고 있다.

이와 관련해 또 한 가지 의아한 것은 양자역학 형성에 누구보다도 결정적인 기여를 했던 슈뢰딩거가 생명에 관한 책을 쓰고 통계역학에 관한 책•은 썼지만 정작 양자역학에 대한 책은 쓰지 않았다는 점이다. 그는 만년에 자기 생애의 주된 관심사였다고 하는 철학적 주제들에 관한 책을 내면서도 놀랍게도 양자역학에 대해서는 거의 언급하지 않았다. 그는 이 책의 서문에서 다음과 같이 언급한다.••

> 한 가지 비난은 면할 수 없으리라. 왜 이 논문들에서는 비인과율, 파동역학, 불확정성 관계, 상보성, 팽창하는 우주, 연속 창조 등에 대해서는 한마디도 하지 않느냐는 것이다. 대체 이 사람은 왜 자기가 아는 일에 대해서는 일언반구도 하지 않고 철학 전공자들 일에 끼어든단 말인가? … 내가 보기에는 내가 하는 이런 이야기들은 요즘 사람들이 흔히 생각하는 것처럼 꼭 철학적 세계관에만 관련되는 것은 아니다.

단순한 내 추측이지만, 슈뢰딩거는 양자역학을 창안하기는 했지만 이것을 이해했다고 생각하지는 않은 듯하다. 양자역학의 이해라고 하는 주제는 양자역학을 넘어서는 더 큰 앎의 틀과 관련을 가질 텐데, 그는 아직 이 큰 작업을 모색하기에 벅차다고 보았을 것이다.

• Schrödinger, E. *Statistical Thermodynamics.* Cambridge University Press, 1946.

•• Schrödinger, E. *My View of the World.* Ox Bow Press, 1983; 에르빈 슈뢰딩거, 김태희 역,《물리학자의 철학적 세계관》, 필로소픽, 2013, 8쪽.

아인슈타인이 만년에 그의 친구 막스 보른에게 보낸 편지 한 구절만 더 들어보자.•

> 만일 하느님이 세상을 창조하셨다면, 그 하느님은 우리가 이것을 쉽게 이해하지 못하게 하려고 엄청 애를 쓰신 게 틀림없어.

• Letter to David Bohm (1954), *A. Calaprice Quotable Einstein.* Priceton, 1996, p.157.

내용 정리

이제 일급 물리학자들조차 포기하거나 비관한 마지막 문제 하나를 생각해보자. 이는 곧 앎이란 무엇이냐 하는 것이다. 그런데 이 물음은 그 자체로서 매우 독특하다. 어떤 물음이 추구하는 것은 그 해답에 해당하는 앎을 말하는 것인데, 이 물음은 앎 그 자체가 무엇인가를 다시 묻고 있다. 그러니까 이것은 앎의 자기 완결성을 묻고 있는 물음에 해당한다. 우주 안에 있는 모든 것의 존재 양상에 대해 우리가 일정한 이해를 지녔다고 한다면, 앎이라는 것도 우주 안에 나타나는 한 가지 현상일 것이므로, 앎이란 것 또한 이 안에서 어떤 위상을 지닌 존재인지를 파악할 수 있어야 한다. 이렇게 새로 파악된 앎이 기왕에 우주의 존재 양상을 파악하기 위해 활용했던 앎과 적어도 그 성격에 있어서 같은 것임이 확인되어야 한다. 만약에 여기서 차이가 나타난다면 이 차이가 해소될 때까지 기왕의 논의를 거듭 재검토해나가야 한다. 그렇게 하여 앎에 대한 하나의 일관적 이해에 도달한다면, 이는 곧 이 전체 앎의 체계가 자체 모순을 가지지 않음을 의미하며, 그런 점에서 이 앎의 체계에 대한 신뢰성 또한 그만큼 향상될 것이다.

따라서 우리는 우주와 생명에 대해 앞에서 논의한 현 단계의 이해를 바탕으로 앎의 성격을 규명해보기로 한다.• 앎이라고 하는 것은 그 본성상 대상에 대한 주체의 내적 대응물이기에 앎의 세계에 대한 논의를 위해서는 그 논의의 범주를 앎의 주체와 앎의 대상으로 양분화할 필요가 있다. 우리가 설혹 앎의 대상을 앎 그 자체에 둔다 하더라도 이를 논의하는 앎의 주체는 여전히 존재하며 또 이 주체가 대상으로 삼는 '대상으로서의 앎' 또한 설정할 필요가 있다.

흔히 앎이라고 할 때, 우리는 앎의 주체를 암묵적으로 전제하고 앎의 내용 곧 앎의 대상에 대한 서술만을 떠올리게 된다. 그러나 이것은 처음부터 앎의 내용에만 관심을 가졌을 경우에 해당하는 것이며, 앎 자체를 논의하기 위해서는 앎의 주체에 대해 먼저 관심을 돌려야 한다. 앎이란 결국 앎의 주체 안에서 이루어지는 활동이며 앎의 대상을 무엇으로 삼을까 하는 것 또한 앎의 주체 안에서 설정되는 것이기 때문이다.

한편 앎의 주체는 의식 주체의 일부분으로서 의식 활동을 통해 기능하게 되지만, 이것 또한 일차적으로는 물리적 바탕 위에 이루어지는 물리적 현상의 일부다. 따라서 우리는 먼저 물리적 실체로서의 앎의

• 이 논의의 상당 부분은 장회익, 〈앎이란 무엇인가?〉(장회익 외, 《양자, 정보, 생명》, 한울, 2015, 441~473쪽)에서 요약된 것이다.

주체에 대한 고찰에서 출발하기로 한다. 이것은 앎의 주체를 이루는 물리적 체계에 해당하는 것으로 '주체의 몸body of subjectivity'이라 부르기로 한다.

주체가 지닌 조직의 구성과 기능

어떤 물리적 실체가 앎을 다룰 주체의 몸으로 기능하기 위해서는 이것이 우선 일정한 구성요소들을 지닌 조직organization을 이루어야 한다. 여기서 조직이라 함은 구성요소들 사이에 정교한 상호의존적 관계를 맺음으로써 전체적으로 높은 수준의 준안정 구성체를 이룸을 말한다.• 그리고 앎의 주체가 그 안에 앎을 가진다는 것 곧 인식적 활동을 하게 된다는 것은 이에 해당하는 조직상의 변별 구조가 존재해 그 앎의 내용을 이 변별 구조가 물리적으로 대행하고 있음을 의미한다.

이제 앎의 주체 조직에 외부 정보 α가 가해질 때, 조직의 변별 구조 $\Gamma_{\alpha\beta}$에 의해 특정되는 반응 β가 나타난다고 하면, $\Gamma_{\alpha\beta}$를 α와 β를 연결하

• 극단적 사례로 조직을 전혀 가지지 않은 돌멩이 하나를 생각하자. 이것이 어떤 앎의 주체가 될 수 있는가? 그렇지 않다고 하는 점은 여기에 작용하는 정보와 반응이 전혀 선택적이지 않다는 점을 들어 말할 수 있다. 만일 물질의 특수한 내부 분포(예컨대 자성을 띠는 경우)로 인해 선택적 반응을 한다고 하더라도 이것이 어떤 내적 기능(예컨대 자체 보존)에 관련되지 않는다면 이를 앎이라 부를 수 없다.

는 서술내용이라 한다.• 이미 언급된 바와 같이 이러한 앎의 주체는 물리적 실체를 가지게 되며, 이 물리적 실체를 보는 관점은 역학적 서술의 대상으로 보는 관점과 조직의 구성체로 보는 관점으로 대별된다. 이것이 (제3의 주체에 의한) 역학적 서술의 대상으로 간주될 때, 이것이 '역학 모드mechanical mode'에 있다고 말하며, 이것이 조직을 이루어 정보와 반응 관계를 연결하는 기구로 간주될 때, 이것이 '서술 모드descriptive mode'에 있다고 말한다.

이것이 역학적 서술의 대상이 된다고 하는 것은 여기에도 자연의 보편적인 법칙인 동역학이 적용된다는 의미다. 그러나 동역학 자체는 원칙적으로 임의의 대상에 적용되지만 구체적 적용에서는 반드시 지정된 대상을 명시해야 한다. 그러므로 앎의 주체가 동역학의 대상이 된다고 할 때는 대상의 범위를 어떻게 잡느냐에 따라 여러 가지 의미를 지닐 수 있다. 우선 주체 전체를 동역학적 고찰의 대상으로 삼는 일인데, 이것은 주체의 기능적 작동과 관련해 아무런 의미를 지니지 못한다. 주체의 기능적 작동은 오히려 열역학적 질서에 바탕을 두고 작동하기 때문이다. 그러나 세부 요소 간의 단순한 역학적 작동을 파악하는 데는 도움을 줄 수 있다. 예를 들어 한 요소와 다른 요소 사이의 역학적 상호작용이 기능의 작동에 기여할 것이므로 이를 살피는 것은 매

• 여기서 정보 α와 반응 β는 일반화시킬 필요가 있다. 내적 사고에 의해 가상의 정보를 주고 그 결과를 예상해보는 경우 정보 α는 굳이 외부 정보일 필요가 없으며, 또 반응의 경우에도 굳이 신체적인 반응 이외에도 앎의 저장 또는 단순한 무시의 반응 또한 반응 β의 일종으로 보아야 한다.

우 중요하다. 또한 외부 대상과 주체 사이의 역학적 상호작용은 대상에 관련된 물적 정보의 근거를 제공하므로 매우 중요하지만, 이것은 역학 모드와 서술 모드의 경계를 형성하는 것이어서 특별한 주의를 요한다.

반면 주체가 주체로서 기능하게 되는 것은 바로 서술 모드를 통해서다. 이것은 물질적 법칙과 질서를 바탕으로 하는 것이지만, 자체 조직의 구조를 통해 신빙성이 높은 결정론적 절차에 따라 작동하게 된다. 정보의 이른바 연산과정processing이 바로 서술 모드에 해당하는데, 여기서 동역학적 그리고 열역학적 과정은 오직 이를 가능케 하는 바탕물질을 통해 신뢰할 만한 하드웨어를 작동하는 데만 관여한다. 다시 말해 앎의 주체 조직에 외부 정보 α가 가해져, 조직의 변별 구조 $\Gamma_{\alpha\beta}$에 의해 특정되는 반응 β가 나타난다고 하는 것은 모두 일정한 하드웨어를 바탕으로 한 서술 모드의 작동이다.

앎의 주체가 유입되는 정보에 따라 특정의 반응을 일으켜 그 (생존지향적) 기능을 수행할 경우, 그 내적 조직을 다시 기록물record과 수행체performer로 구분할 수 있다. 즉 이 안에는 해당 조직에 각인된 기록의 지시를 받아 이를 수행하는 수행체와 함께 그 기록을 담지하는 기록물이 있어서, 이들 사이의 정합적 관계가 이루어져야 한다. 이때 기록물은 수행체에 영향을 주어 일정한 방향의 수행이 이루어지도록 하며, 동시에 수행체는 기록물의 작동에도 일정한 영향을 주어 이것이 제 기능을 하게 해, 이 전체가 하나의 준-순환 조직quasi-circular organization을 이루게 된다.

여기서 굳이 '준-순환'이라 한 것은 정보와 반응이 있다는 점 외에도 단순한 반복만이 아닌 부분적 수정modification 또한 가능함을 나타내고자 한 것이다. 특히 특정한 방식의 되먹임feedback을 활용해 마련되는 '학습' 효과도 이러한 수정을 통해 가능해진다.

기록물의 바탕 상태를 기준으로 이것이 '기록'으로의 의미를 가지기 위해 요구되는 질서의 정도 즉 그 '정교성'을 이 '기록물의 정보량'이라 부를 수 있다. 여기서 기록물의 바탕 상태라 함은 말하자면 백지상태에 해당하는 것으로 구성 요소들이 단순한 기준 배열을 이루어 '기록'으로의 성격을 지니지 못하게 되는 경우를 말한다.

여기서 중요한 점은 기록물의 정보량이 수행체와의 정합성에 의존한다는 사실이다. 수행체가 이를 읽어내지 못한다면 그 기록은 무의미한 것이기 때문이다. 그러니까 그 어느 것이 의미 있는 '기록'이냐 아니냐 하는 것은 일단 정상적이라고 간주되는 수행체를 전제했을 때 이를 기준으로 말할 수 있다. 이는 정상적 해독 능력을 가진 독자가 있어야 문헌 기록이 의미를 가지는 것과 같은 이치다.

하나의 사례로서 제7장에 논의한 자체촉매적 국소질서 모형인 $\alpha\beta\gamma$ 모형을 생각해볼 수 있다[그림 〈7-2〉 참조]. $\alpha\beta\gamma$ 모형은 (구성 요소 A, B, C, D로 이루어진) 고정적 구성체 α와 β, 그리고 (구성 요소 E로 이루어진) 유동적 구성체 γ로 이루어진 하나의 조직이다. 여기서 α(또는 β)는 기록물에 해당하며 γ는 수행체에 해당한다. α(또는 β) 안의 A, B, C, D 배열이 '기록'에 해당하며 이들의 '정보량'은 유의미한 배열의 정교성으로 표현된다. 이러한 점에서 $\alpha\beta\gamma$ 모형은 하나의 원초적 앎의 주체라 할 수 있다.

이미 말했듯이 어떠한 앎의 주체도 이것이 물질로 구성되어 있는 한 그 자체로 역학적 서술의 대상이면서 동시에 서술을 수행하는 조직의 구성체가 되며, 이 각각의 역할을 나타내고 있는 것이 바로 역학 모드와 서술 모드다. 이를 역학 모드로 볼 경우, 외부에서 유입되는 정보는 외부로부터의 물리적 자극 형태를 띠게 되며 이것과 일정한 크기의 상호작용을 일으키고 있어서 그에 따른 역학적 진행mechanical processing이 이루어진다. 이에 비해 이를 서술 모드로 볼 경우, 외부로부터의 정보 곧 이러한 물리적 자극은 오직 기존 조직 안에 마련된 감지 기구의 어느 부위에 반응을 촉발하는 역할만 하게 되며 그 크기와 물리적 영향은 이론상 0에 수렴할수록 좋다. 그리고 이후 인식주체 안에 나타나는 유의미한 진행은 역학적 진행에 대비되는 정보적 진행informational processing이 된다. 이러한 진행은 조직 활동의 일부이며, 물리학적으로는 자유에너지의 소모에 따른 비평형 열역학의 한 현상이 된다. 이것 또한 원론적으로는 역학적 서술의 대상이 되지만, 이때의 역학적 관계는 서술 모드의 정보 채널을 뒷받침하는 것 이상의 기능을 지니지 않는다.

의식적 앎과 비의식적 앎

앎의 주체가 앎의 내용을 어느 선까지 주체적으로 의식하느냐 하는 것은 일반적으로 말하기 어렵다. 무엇을 주체적으로 의식하느냐 아니냐 하는 것은 그 성격상 오직 그 의식의 주체만이 판정할 수 있는 것이어서, 그 의식 여부나 범위를 객관적으로 설정할 수 있는 것이 아니기 때문이다. 그러나 이미 의식의 주체가 되어 있는 우리로서는 이러한 정보적 진행의 최소한 일부만이라도 의식하는 경험을 가지고 있으므로, 앎의 주체인 '나'는 앎에 대한 의식의 주체도 된다는 선언을 할 수 있다. 이는 곧 앎의 주체는 '역학 모드'와 '서술 모드' 이외에 또 하나의 존재론적 모드로 '의식 모드'에 놓일 수도 있음을 의미한다. 사실 우리가 경험하는 모든 앎은 일단 의식 모드에 놓인 앎이라 할 수 있다. 실제로 앎의 주체인 우리의 내부에 서술 모드로서의 앎이 작동하고 있다 하더라도 이것이 의식 모드 안에 포섭되지 않으면 우리는 이것이 작용하고 있다는 사실조차 알아차릴 수 없다. 많은 경우 우리의 앎은 이미 비의식(흔히 '무의식'이라고도 함) 차원에서 진행되고 있으며 그 가운데 극히 일부만이 의식 모드 안에 통합되고 있다. 우리는 생존을 위해 비의식적 앎에 크게 의존하고 있지만, 주체적 삶 곧 자신의 의식적 판단에 따른 삶을 영위하기 위해서는 불가피하게 의식 모드에 떠오르는 앎을 필요로 한다.

많은 경우 의식적 앎과 비의식적 앎은 서로 긴밀한 연관을 가지고 있으며, 경우에 따라서는 의식적 노력에 의해 의식 모드에 떠오르지 않았던 앎을 의식 모드 위로 떠올릴 수도 있다. 지나간 기억을 되살리는 일이 하나의 좋은 사례다. 사실상 많은 중요한 서술의 내용들은 비의식 (서술) 모드로 간직되어 있으며, 필요한 경우 우리는 이를 의식 모드로 떠올려 활용하고, 다시 좀 더 보관이 용이한 비의식 서술 모드로 전환하게 된다. 그리고 경우에 따라서는 체외 비의식 서술 모드 곧 책이나 컴퓨터 기억 장치 속에 저장했다가 필요할 때에 펼쳐내어 읽음으로서 의식 모드로 떠올리기도 한다.

반대로 같은 주체의 신체 안에 작용하면서도 서로 별도의 체계를 가지고 독자적으로 운용되는 앎의 체계들도 있다. 그 대표적 사례가 인간의 신체 안에 작동되는 면역 체계다. 이는 중추신경계 안에서 작동되는 의식 모드와는 무관하게 독자적으로 작동되는 것으로, 의식 모드에 반영되거나 의식 모드를 통해 통제되지 않는다. 하지만 면역 체계 안에 서술(각인)된 앎의 내용 또한 주체의 생존을 위해 중요한 기여를 하고 있다. 흥미로운 점은 면역 체계 또한 간혹 잘못된 앎을 지님으로써 신체의 건강에 역행할 수도 있는데, 이럴 경우 의식 모드를 지닌 우리는 (현대 의학에 도움을 받아) 간접적인 방법으로 이를 '학습'시킬 수도 있다는 점이다. 이러한 점에서 다른 체계에 속한 앎도 서로 연결해 좀 더 적절한 앎으로 바꾸어나가는 메타적 학습 과정의 길도 열려 있는 셈이다.

앎의 대상과 이에 대한 앎의 서술

지금까지는 앎의 주체에 대해 논의했으나 이제는 앎의 대상에 대해 생각해보자. 앎의 주체가 일단 결정되면 이것과 관계를 맺을 수 있는 그 어떤 것도 앎의 대상으로 떠오를 수 있다. 그러나 앎의 주체와 원천적으로 관계를 맺을 수 없는 어떤 것은 앎의 대상이 될 수 없다. 그것에 대한 어떠한 증거도 또 그것으로 인한 어떠한 결과도 예상할 수 없기 때문이다. 예를 들어 사후에 만날 수 있는 어떠한 세계도 상상의 대상은 될 수 있겠으나 앎의 대상은 될 수 없다. 그러나 우리가 직접 접근할 수 없는 예컨대 직녀성의 구성 물질은 앎의 대상이 될 수 있다. 이는 '별'이라고 하는 것이 지닌 보편적 성질들을 공유할 것이며, 또 이것이 보내고 있을 빛의 스펙트럼을 분석해 이러한 스펙트럼의 빛을 내는 물질이 어떤 것인지를 추론할 수 있기 때문이다.

이제 앎의 주체에 의해 이것의 관심사가 될 어떤 것이 앎의 대상으로 선정되었다고 하자. 이 경우 그 대상의 성격에 따라 이것에 대해 주체가 서술하게 될 앎의 내용은 매우 다양하다. 그렇기에 우리는 우선 대상에 대한 이러한 서술이 가지게 될 가장 전형적인 형식 하나를 살펴보고, 다른 모든 가능한 앎들을 이것의 변형 혹은 일반화라는 관점에서 살펴나갈 필요가 있다.

예를 들어 지금 나무에 달려 있는 사과 한 개가 관심의 대상으로 들어왔다고 하자. 앎의 주체가 이것을 대상으로 삼아 '앎'이라고 하는 내적 활동을 전개한다는 것은 적어도 다음과 같은 몇 가지 필수 과정이 수행되고 있음을 의미한다.

첫째, 대상으로부터 일정한 정보 예컨대 대상에서 반사된 빛줄기가 주체의 감지 기구 예컨대 그의 시신경에 도달한다.

둘째, 주체는 이 정보의 일부를 활용해 이 대상이 사과라는 '특성'을 지닌 대상임을 확인한다. 이를 위해 주체 안에는 이미 사과라는 특성의 내용과 이를 지닌 대상을 확인할 판정 기준이 '지식'의 형태로 각인되어 있어야 한다.

셋째, 주체는 입수된 정보의 또 다른 일부를 활용해 대상의 '상태' 예컨대 이것이 아직 '설익은' 상태임을 확인한다. 이를 위해서도 주체 안에 이미 대상의 상태를 확인할 판정 기준이 각인되어 있어야 한다.

넷째, 이를 확인한 주체는 일정한 시간 이후 이것이 '익은' 상태로 변할 것임을 추론한다. 이를 위해 주체 안에는 사과의 가능한 상태들 및 이들 사이의 전이 경향에 관해 일정한 지식이 각인되어 있어야 한다.

다섯째, 이러한 추론을 거친 주체는 일정한 시간 이후 예상대로 익은 상태가 되었는지를 확인할 수도 있다. 예를 들어 눈으로도 확인할 수도 있고, 더 확실하게는 이것을 따먹으며 맛으로 확인할 수 있다.

이러한 사례에서 보다시피 하나의 대상에 관련해 이와 의미 있는 관계를 맺기 위해 앎의 주체 안에는 먼저 이것에 대한 일정한 사전 지식이 각인되어 있어야 하며, 이를 통해 대상으로부터의 정보를 활용해 대상의 특성 및 대상의 현재 상태를 확인하고 필요한 미래 상태를 추론할 절차적 방식이 마련되어 있어야 한다. 그렇게 함으로써 하나의 예측적 앎이 수행되고 또 이에 맞추어 적절한 행동을 수행할 수 있게 된다.

예측적 앎 작동의 단위 과정

위의 사례에서 본 일련의 활동은 예측적 앎이 작동하는 하나의 전형적 과정이다. 위에서 보았다시피 주체가 한 대상을 서술하기 위해서는 다음과 같은 몇 가지의 '지식'과 '정보'가 관여한다.

[지식 1]: 대상의 특성에 관한 지식
[지식 2]: 대상의 가능한 상태에 관한 지식
[지식 3]: 대상의 상태 변화 경향에 관한 지식

[정보 1]: 대상의 특성을 지정할 정보
[정보 2]: 대상의 처음 상태를 지정할 정보
[정보 3]: 대상의 나중 상태를 검증해 얻은 정보

여기서 요구되는 '지식'은 적어도 잠정적으로 주체 안에 미리 각인되어 있어야 하며, '정보'는 대상과 주체 사이의 일정한 교섭을 통해 그때그때 대상으로부터 주체로 전달되는 성격을 지닌다.

이제 한 주체가 한 대상의 존재를 확인하고 이것의 행동에 대한 가능한 예측을 수행한 후 일정한 방식으로 이것을 확인하거나 이에 필요한 대응을 수행하기까지의 일련의 과정을 편의상 '예측적 앎 작동의 단위 과정'으로 설정하고, 개요를 다음과 같이 정리해보자.

[정보 1] → [지식 1]: 대상의 특성 지정

[정보 2] → [지식 2] → [상태 1]: 대상의 처음 상태(상태 1) 지정

[상태 1] → [지식 3] → [상태 2]: 대상의 나중 상태(상태 2) 예측

[상태 2] → 〈대응〉 → [정보 3]: 대상에 대한 주체의 대응 및 결과 검증

이것으로서 예측적 앎이 그 기능을 수행하는 하나의 단위 작업이 끝나게 되는데, 경우에 따라서는 나중 상태에 대한 예측을 수행한 후 여기에 대한 대응의 과정에서, 특별한 조처를 취하지 않고 단지 최소한의 측정만 수행해 예측에 대한 검증을 해볼 수도 있다. 이렇게 얻어진 새 정보 곧 [정보 3]은 대상의 나중 상태에 대해 확인된 정보로서 이렇게 확인된 나중 상태는 예측된 상태 곧 [상태 2]와 동일할 수도 있고 동일하지 않을 수도 있다.

만일 새 측정에 의해 얻어진 [정보 3]이 예측했던 결과와 다름을 말해준다면, 우리는 이렇게 얻어진 새 상태 곧 [상태 1′]을 새로운 처음 상태로 하는 예측적 앎의 새 작동 과정에 돌입할 수도 있다. 단지 이것은 동일한 대상에 대해 수행하는 예측의 과정이므로 대상 지정의 절차만 생략하면 된다. 즉 이렇게 얻어진 제2의 단위 과정은 다음과 같이 정리될 수 있다.

[정보 3] → [지식 2] → [상태 1']: 대상의 처음 상태(상태 1') 지정

[상태 1'] → [지식 3] → [상태 2']: 대상의 나중 상태(상태 2') : 예측

[상태 2'] → 〈대응〉 → [정보 3']: 대상에 대한 주체의 대응 및 결과 검증

또한 같은 방식으로 제3, 제4, … 등의 단위 과정이 되풀이될 수 있다.

지식과 정보는 어떻게 얻어지는가?

위의 논의를 통해 우리는 예측적 앎이 작동하기 위해서는 주체 안에 각인되어 있는 지식과 함께 대상으로부터 전해지는 정보의 취득 방식이 결정적인 역할을 하고 있음을 알았다. 그렇다면 이러한 지식과 정보의 취득 방식에는 어떠한 것들이 있는가?

대부분의 유기체에 있어서 가장 원초적인 지식과 정보 취득 방식은 유전적으로 그 체내에 각인되어 있으며 출생과 함께 바로 작동하게 된다. 그리고 이들은 또한 신체의 성장과 함께 급격한 발전을 가져오며, 특히 그간의 생존 경험을 통해 효과적으로 학습되어나간다. 그러다가 어느 단계에 이르러 이 내용들이 의식되기 시작해 이것들이 의식 모드의 영역 안으로 들어오면서 체계적인 앎의 탐색, 검토 및 개선 작업이 이루어진다.

우리는 이러한 앎의 바탕에 대한 기원과 그 개선 과정에 대한 논의는 조금 뒤로 미루고, 여기서는 일단 이들의 작동을 통해 얻어지는 전

형적 형태의 앎 특히 과학적 앎의 구조와 성격에 대해 논의키로 한다.

전형적 앎의 몇 가지 사례

먼저 하나의 구체적인 사례로서 의사가 병원을 찾아 온 환자를 대상으로 적용하게 되는 앎을 생각해보자. 가령 한 30대 중반의 건장한 남자가 의사를 찾아 왔다고 할 때, 여기서 의사가 관심을 가지게 될 대상의 '특성'과 '상태'를 중심으로 고찰해보자.

우선 그 대상의 '특성'으로서 의사는 일단 '30대 중반의 한 건장한 남자'라는 내용을 취하게 될 것이며, 필요하다면 그의 주변 환경과 그가 지닌 병력을 여기에 추가할 것이다. 그리고 의사는 그의 건강 '상태'를 검진할 것이다. 예컨대 몇몇 종류의 검사와 진찰을 통해 그가 폐결핵 초기에 있다는 진단을 얻어낼 수 있다. 이때 이 검사와 진찰은 대상에 대한 '관측' 혹은 '측정'에 해당되는 것이며, '폐결핵 초기'라는 것이 이 환자의 현 '상태'에 해당된다. 이제 의사는 이러한 '특성'(30대 중반의 한 건장한 남자)의 환자가 이러한 '상태'(폐결핵 초기)에 놓일 경우, 그 '상태'가 앞으로 어떻게 변해나갈 것인가에 대한 일반적 경향 곧 '상태 변화의 법칙'에 비추어, 아무런 조처를 취하지 않을 경우 얼마 후에 어떠한 '상태'(폐결핵 말기)에 놓이리라는 추정을 하게 된다.

의사는 물론 적절한 조처를 취할 경우 상태가 어떻게 변할 것인가에 대해서도 알고 있다. 이는 말하자면 '특성'에 어떠한 변화가 가해지면

'상태'도 이에 따라 변해갈 것을 예측하는 것인데, 이것 또한 이러한 틀 안에서 이해될 수 있는 지식의 형태를 취한다. 이때 외부에서 가해지는 조처는 '특성'의 범주에 속하는 것임에 주의를 기울일 필요가 있다. 동일한 '상태'에 있는 대상이라 하더라도 그 '특성'에 차이가 가해짐으로써 '상태'의 변화 양상에 차이가 나타나는 것이고, 의사는 바로 이 점을 활용해 병을 치료한다.

여기서 한 가지 유의할 점은 환자의 '상태'라는 것이 검사와 진찰을 통해 얻어진 데이터 그 자체를 말하는 것이 아니라, 이를 통해 추출해 낸 '폐결핵 초기' 혹은 '폐결핵 중기' 등으로 일컫는 다소 추상적인 병상病狀을 말하게 된다는 점이다. 그리고 예를 들어 '폐결핵 초기'라는 '상태'에 있던 환자가 '폐결핵 말기'라는 '상태'에 이를 것이라고 하는 추정이 얻어졌다고 하면, 폐결핵 '상태'와 구체적 증세들을 연결하는 의학적 관련 지식(해석 방법)에 따라 이 환자의 신체에 어떤 일이 생기리란 것을 예측할 수 있게 된다. 가령 몸을 가누기 어려운 지경에 이를 것이라든가 또는 사망에 이를 것이라는 예상들이다. 이때 물론 의미 있는 지식이라고 해 단정적으로 어떠한 일이 일어난다는 말을 해야 되는 것은 아니다. 가령 6개월 이후까지 생존할 확률이 20퍼센트라는 말을 할 수 있더라도 이는 의미 있는 예측이다.

이와 흡사한 사례는 다른 분야에서도 찾아낼 수 있다. 가령 한국 사회라는 대상의 '경제 상태'에 대한 관측 및 예상을 수행하는 경우도 이와 유사한 방법과 절차를 따라 고찰할 수 있으며, 성장하는 식물의 '생육 상태' 또한 같은 방법과 절차에 의해 생각해볼 수 있다.

그러나 역시 가장 대표적인 사례는 천체(지구) 주변에 떠도는 물체의 경우, 이것의 초기 상태(위치 및 운동량)를 관측하고 여기에 고전역학의 법칙들을 적용함으로써 이것의 미래 임의의 시각에서의 상태(위치 및 운동량)를 예측해내는 경우가 될 것이다. 특히 이것의 한 특수한 경우로 지구 주변에서 물체가 낙하하는 현상은 이를 적용할 수 있는 가장 간단하면서도 매우 친숙한 사례다. 그러나 여기서 우선 주목해야 할 점은 경우에 따라 그 적용의 방식과 엄격성에는 차이가 있겠으나, 미래의 상황에 대해 의미 있는 예측을 가능케 하는 모든 지식들은 이러한 형태적 양상에서 크게 벗어나지 않는다는 점이다.

보편이론으로서의 동역학

일반적으로 과학적 앎이라 불리는 앎의 형태가 지닌 중요한 특성은 이것이 특정의 대상에만 한정적으로 적용되는 것이 아니라 물질의 형태를 지닌 모든 대상에 적용할 수 있는 보편성을 지닌다는 점이다. 그리고 이런 보편성을 최대한 확보하기 위해 모든 대상들이 지닌 가장 기본적 성격만을 뽑아 '특성'을 구성하고 여기에 적용될 '보편적 법칙'을 마련해 이것이 가지게 될 '상태'들을 논의하는 체계적 앎을 구축할 수 있으며, 이렇게 마련된 앎의 전형이 바로 우리가 앞에서 '바탕 이치'라 불렀던 동역학이다. 역사적으로 등장한 이런 동역학으로는 이미 17세기에 마련된 고전역학과 20세기에 들어와 등장한 양자역학이 가장 전형적인 사례들이다.

이미 보아온 바와 같이 고전역학은 한동안 무제한의 적용 범위를 가진 보편적 이론으로 여겨졌지만 20세기에 들어오면서 한갓 제한된 적용 범위를 가지는 근사적 이론으로 판명되었으며, 지금은 '바탕 이치'로서의 자격을 양자역학에 물려주고 있다. 한편 양자역학은 다시 원자핵과 전자 등 원자의 안정된 구성물들을 주로 다루는 비상대론적 양자역학과 기본입자들 사이의 발생과 소멸까지 아울러 취급하는 양자장 이론으로 구분할 수 있다.

하지만 여전히 동역학 이론으로서의 고전역학과 양자역학은 서로 모순되는 이론이라기보다는 기본적으로 하나의 이론체계이면서 그 적용 영역에 따라 서로 다른 방식으로 단순화한 부분이론들이라 볼 수 있으며, 여전히 그 적용 영역 안에서는 매우 높은 설명력과 예측력을 보이고 있다. 따라서 이론의 구조적 성격을 파악하기 위해서는 이들 사이의 차이점보다는 오히려 공통점에 주목해야 한다. 다만 이 공통점을 찾기 위해 우리는 더 단순화된 이론에서가 아니라 이론의 구조적 성격이 더 명시적으로 드러나고 있는 한층 더 정교화된 이론에서 출발할 필요가 있다. 이런 점에서 우리는 제4장에서 소개한 양자역학의 경우를 염두에 두고 인간의 예측적 앎이 지닐 기본 성격을 좀 더 면밀히 살펴나가기로 한다.

우리가 일단 제4장에서 논의한 양자역학의 개략적 성격을 인정할 때, 물리적 세계의 존재론적 구조를 '상태 층'과 '사건 층'의 두 가지 층위로 나누어 생각할 수 있다. 여기서 '상태 층'이라 함은 주체가 접하는 모든 대상이 오직 (양자역학적) '상태'만의 형태로 존재하는 층위로서, 이는 실재의 일부를 대표하는 것이기는 하나 어떠한 관측에도 직접 포착되지 않는, 말하자면 수면 이하의 세계와 같은 존재를 말한다. 이에 비해 '사건 층'이라 함은 제4장 [공리 4] 이하에서 상세히 언급했듯이 사건 또는 빈-사건들의 총체에 해당하는 것으로서, 오직 이것만을 통해 대상의 존재가 외부와 관계를 맺게 되는 층위에 해당한다. 이는 말하자면 수면 위로 드러나는 세계를 의미하는데, 인식주체는 오직 이 층위에서만 대상과의 어떠한 교섭을 취할 수 있다.

따라서 일상 경험하는 세계는 당연히 '사건 층'에 속하는 것이기는 하나, 이는 그 자체만으로 서 있는 세계가 아니라 그 바탕에 '상태 층'을 깔고 있으며 그 '상태 층'에 의해 조정되고 있는 외피에 해당하는 세계라 할 수 있다. 예를 들어 물리적 대상을 빙산에 비유한다면 '사건 층'은 물 위로 드러난 부분이고 '상태 층'은 수면 아래 잠겨 있는 부분이다.

이러한 구분은 원론적으로 고전역학에서도 성립한다. 고전역학에서의 상태 또한 '상태 층'을 형성하며, 구체적으로 관측되는 물리량들이 '사건 층'을 형성하는 것으로 보는 것이 옳다. 다시 말해 외부의 관측 장치와 아무런 교섭이 없는 한, 고전역학에서도 대상의 상태를 알 길이 없다. 그러나 고전역학에서는 상태 자체를 관측되는 물리량들의 값들[위치와 운동량의 값 (x, p)]로 규정하고 있기에, 이러한 구분 자체가 현실적으로 잘 드러나지 않는다. 그렇기에 우리는 불의불식간 이 두 층위를 하나의 존재론적 실재로 묶어버리고, 물리적 실재로서의 별도의 '상태 층'을 수용할 여지를 아예 배제해버린다. 따라서 고전역학적 관점에 의해 마련된 이러한 통념에 따라 양자역학을 볼 경우, 양자역학에 나타나는 '상태 층'을 수용할 별도의 존재론적 공간이 보이지 않는다. 그래서 이를 존재론적으로 받아들이는 입장에 대해 '비실재론'이라든가 '도구주의'라는 명칭으로 폄하하는 경향이 나타난다.

반면 양자역학을 통해 마련된 중층적 존재론의 관점에서 보면, '상태 층'이라고 하는 그동안 묻혀 있던 새로운 층위의 존재가 선명한 구분을 가지고 밝혀진 셈이며, 그간 실재 세계라고 여겨졌던 현실세계가 실은 '사건 층'이라고 불려야 할 실재의 한 구성 층위에 불과했음을 알게 된다.

동역학의 구조에 대한 메타이론적 성찰

이제 앎의 주체와 그 동역학적 대상에 대한 이러한 이해를 바탕으로 이들 사이의 관계에 대해 좀 더 구체적으로 살펴보자. 앞서 언급했듯이 지금까지의 동역학에서는 주로 대상 쪽에 초점을 맞추어 대상의 상태와 그 성격에 관한 내용이 주를 이루었으며, 앎의 주체에 대한 관심과 이해가 거의 이루어지지 않았다. 따라서 대상과 주체 사이의 관계에 대한 이해가 매우 불충분했으며, 이로 인해 '측정'과 관련된 문제에서 적지 않은 혼란이 빚어지고 있다.

동역학에서의 서술 대상은 '상태'라고 하는 다소 신비스런 속성을 지니고 있기는 하나 오직 역학적 현상의 일부라고 하는 한 가지 성격만으로 이해되는 것임에 반해, 실제 인식을 수행하는 인식주체는 이미 앞에서 보았듯이 적어도 세 가지의 서로 구분되는 성격을 내포하고 있다. 그 첫째는 인식주체 또한 물질로 구성된 물질세계의 일부이므로 이것 또한 역학적 현상의 일부로 보아야 한다는 '역학 모드'로서의 성격이며, 둘째는 이것이 서술되는 대상으로가 아니라 서술하는 기구로 기능해야 하는 '서술 모드'로서의 성격이고, 셋째는 이것이 의식의 주체가 되어 이 모든 과정을 의식의 차원에서 떠올릴 수 있다고 하는 '의식 모드'로서의 성격이다. 사실 인식주체는 분명 하나이지만 이 세 가지 성격 가운데 어느 쪽을 중심으로 고찰하느냐에 따라 다양한 견해가 나오게 된다.

그리고 혼동을 줄이기 위해 우리가 여기서 인식주체라 부르는 존재의 물리적 경계를 명백히 설정할 필요가 있다. 일상적 의미에서의 인식주체는 인식적 능력을 지닌 하나의 자연인을 지칭하게 되지만, 동역학적 서술 주체로서의 인식주체는 대상과의 조우가 이루어지는 인지기구(변별체)를 포함해 이로부터 정보를 읽어내고 동역학적 연산을 수행하며 결과에 대한 예측과 확인 작업까지 수행할 수 있는 전체 시스템을 일컫는 개념으로 보는 것이 더 적절하다. 이러한 의미에서 대상과 인식주체의 경계는 명백하며, 이 둘 사이의 유일한 접촉이 바로 대상의 상태와 인지기구(변별체) 사이에 이루어지는 '조우遭遇'가 된다.

이제 우리는 대상 자체를 서술하는 '동역학적 관점'을 넘어서 대상과 인식주체 그리고 이들 사이의 관계를 함께 보는 '메타적 관점'에서 이 전체를 조망해보기로 하자.

먼저 인식주체 자체를 또 하나의 역학적 현상이라고 보는 '역학 모드'에서 이를 보면 대상 및 인식주체 전체를 새로운 한 대상으로 보고 여기에 동역학적 서술을 시도하는 입장이 된다. 이것 또한 이론상 불가능한 것은 아니겠지만 여기에는 분명한 한계가 따른다. 즉 우리는 매우 복잡한 복합체계의 '상태'를 생각해야 하며, 특히 이를 관측 가능한 물리량의 고유상태 항들의 결합 형태로 표현해야 한다. 그리고 이것에 대한 어떤 정보도 모두 거기에 대응하는 인지기구(변별체)들을 통해 얻어져야 한다. 그러니까 이 서술을 통해서는 이렇게 얻어지는 '상태'와 그것이 예측해주는 내용 이외의 어떤 다른 의미 있는 이야기도 할 수가 없다. 그리고 이러한 인지를 위해서는 이 전체를 인식할 별도의 인식주체가 따로 상정되어야 한다. 따라서 이것이 말해주는 바는 이러한 관점이 가능하다는 것 이외에 다른 어떤 현실적 의미도 없다.

단지 하나, 인식주체 안에도 '역학 모드'와 연계해 이해되어야 할 중요한 한 부분이 있다는 점에 주목해야 한다. 이것이 바로 인지기구(변별체) 안에 나타나는 '사건' 곧 물리적 변화 ε의 발생 여부다. 사실 ε의 값은 약하면 약할수록 좋은 것이지만 원초적으로 이것 없이는 가/부(yes/no)의 판단이 불가능하므로 인식주체는 동역학적 서술을 위해 이 부분의 '역학 모드'를 활용하게 된다. 그러나 이것은 앞에서 말한 존재론적 층위에서 보자면 '상태 층'에 해당하는 것이 아니라 '사건 층'에 속하는 부분이다. 그리고 이것을 읽어내는 작업을 비롯해 이후 모든 활동은 모두 '서술 모드'에 해당한다. 그러한 의미에서 '변별체'는 대상의 역학 모드와 인식주체의 서술 모드를 이어주는 고리로서, 그리고 바탕에 깔린 '상태 층'과 위로 떠오르는 '사건 층'을 연계하는 고리로서 아주 중요한 역할을 한다.

일단 이 정도로 대상과의 연계가 마련되고 나면, 나머지 인식활동을 위해 인식주체가 의존하는 것은 전적으로 '서술 모드'다. 여기에는 변별체의 구성을 포함해 이로부터 정보를 얻는 과정 그리고 계산기(또는 뉴런 구조)를 통한 연산의 수행 등 모든 활동이 포함된다. 쉽게 말해 동역학적 서술을 위해 이런 치밀한 장치가 필요하며 이 장치가 목적에 맞게 수행해내는 작업이 모두 '서술 모드'에 해당한다. 물론 이러한 장치의 작동을 가능케 하는 바탕 동역학을 우리는 인정해야 하지만, 여기서 중요한 것은 이러한 기능 수행의 가능성일 뿐이고 여기에 어떠한 동역학이 작용하든 또는 그 동역학을 이해하든 못 하든 이러한 것들은 이 맥락에서 전혀 문제되지 않는다. 심지어 여기에는 의식을 지닌 인간이 개입하든 안 하든 이것조차 중요한 것이 아니다. 예를 들어 정교한 인공지능을 만들어 이 전체 작업을 수행하게 한다면, 이 또한 동역학적 서술의 한 사례라고 해야 할 것이다.

그렇다면 인식주체가 경험하는 '의식 모드'는 여기에 어떻게 관여하는가? 여기서 신체와 마음 사이의 이원론을 지지하는 아주 특별한 관점을 취하지 않는 한, 실질적으로 서술 모드에 나타나고 있지 않은 그 어떤 것에 의식 모드가 직접 관여한다는 말을 할 수가 없다. 그러면서도 의식주체가 스스로의 의지에 따라 예컨대 특정의 실험을 수행한다고 생각한다면, 이는 이미 자신의 내부에 각인되어 활동하고 있는 서술 모드의 내용을 의식의 차원에서 떠올리고 있는 것이라 해석할 수 있다. 인식주체가 자신의 활동을 의식한다는 것은 그 자체로 매우 놀라운 일이지만, 이러한 일반적 놀라움을 넘어 특별히 동역학적 서술에 따로 기여하는 것이 있으리라는 생각은 아무 근거가 없다.

동역학의 대상과 인식주체 사이의 이러한 관계가 〈심학 제9도〉에 도식적으로 표현되어 있다. 대상에는 역학 모드만이 적용되는 반면, 인식주체에는 이 세 모드가 적용될 수 있다. 그리고 인식주체 안에서 이루어지는 서술 내용을 보면, 처음 사건서술 영역을 거쳐 처음 상태 서술 영역을 통과하고 이것이 다시 변화의 원리를 거쳐 나중상태, 나중사건 서술 영역으로 연결되어 의미 있는 예측이 이루어진다. 결국 인식주체 안에서는 대상 자체가 서술 모드의 형태로 투영되는데, 대상으로부터의 정보를 접하는 부위에서는 '사건 층'의 형태로, 그리고 축적된 지식을 활용해 대상의 진행을 서술하는 부위에서는 '상태 층'의 형태로 반영된다. 그러나 이들 모두는 '서술 모드'로 기능한다는 점에 주목해야 한다.

실제로 양자역학의 해석과 관련해 발생하는 많은 문제들은 〈심학 제9도〉와 같이 동역학적 앎의 성격과 관련해 주체 쪽이 가질 수 있는 이 세 가지 모드 가운데 어느 모드를 택해서 보느냐에 따라 발생한다. 특히 '역학 모드'를 통해 '서술 모드'를 설명해야 한다고 전제하면서, 이것이 가능하지 않음을 보고 역설로 여기거나, 혹은 이것이 가능하도록 무리한 수정을 가하려 하는 것이 이러한 과오의 대표적 사례들이다. 이러한 사례들은 근본적으로 서술 모드의 작동에 대한 몰이해에 기인한다. 서술 모드의 작동은 구성의 정교성 곧 열역학적 질서에 바탕을 두고 있는 것이어서 이를 동역학으로 환원하는 것이 불가능하다. 이때 역학 모드는 오직 세부 요소간의 단순한 역학적 작동을 파악하는 데 도움을 줄 뿐이다.

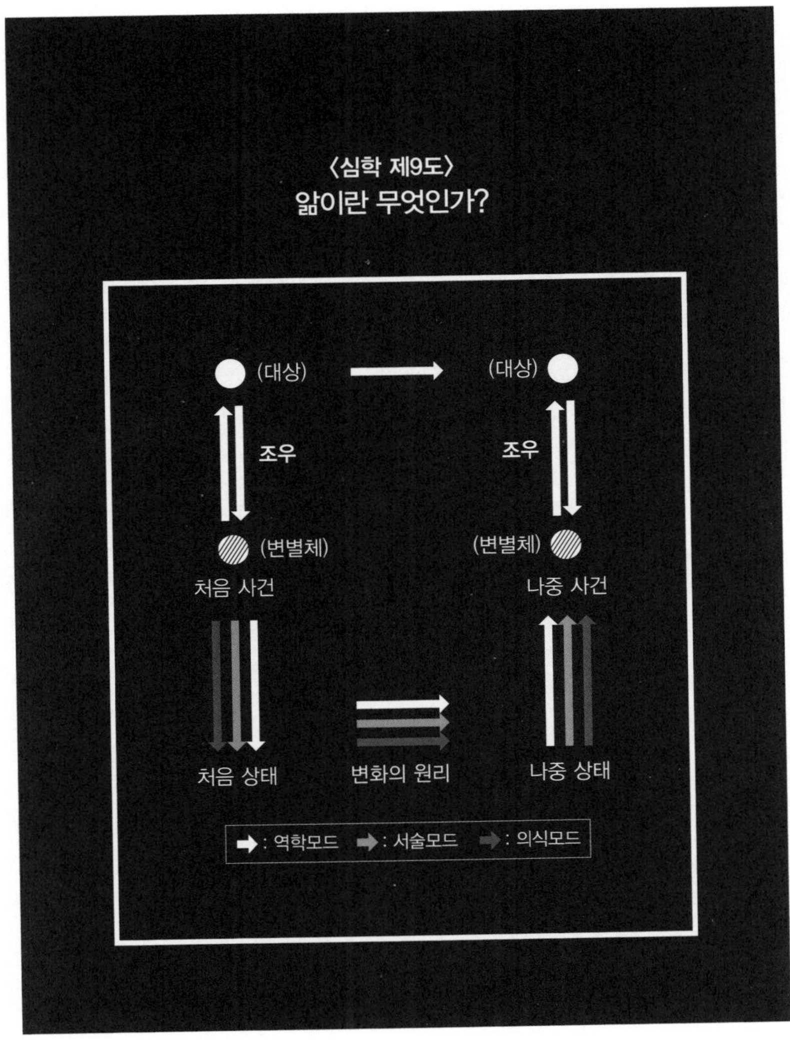

이러한 오해의 사례들은 많은 경우 고전역학적 단일 실재론에 경도되어 '상태 층'과 '사건 층' 사이의 존재론적 관계를 인정하지 않고 단일 존재론을 통해 사물을 이해해보려는 자세에서 비롯되고 있다. 사실 서술 모드는 '사건'들 간의 정보 체계적 연계를 통해 작동하는 것인데, 이를 오히려 양자역학의 '상태 층' 안으로 끌어들이려는 무모한 시도가 그 대표적 사례다.

그리고 심지어 인식주체의 의식 모드가 대상에 어떤 영향을 미치는 것으로 잘못 이해하는 사례들도 종종 나타난다. 특히 실험자가 무엇을 보려 하느냐에 따라 대상이 달리 행동한다는 다분히 오도된 해석이 그 대표적인 경우다. 이러한 해석은 〈제4장 소를 얻다〉에서 이미 논했듯이 [공약 4]의 사건과 빈-사건 개념을 제대로 이해하지 못하는 데서 대부분 기인한다.

앎의 집합적 주체

우리는 앞에서 인식주체를 논의하면서 이것이 지닌 세 가지 모드를 논의했다. 그 가운데 '역학 모드'와 '서술 모드'는 '주체의 몸'이 지닌 특성들이며 오직 '의식 모드'만이 의식을 지닌 주체가 의식 차원에서 인지하는 내용임을 밝혔다. 그리고 주체의 몸이라 함은 자연인의 신체 부위뿐 아니라 그가 사용하는 변별체를 포함한 각종 인지기구들을 포함한다. 특히 이 안에는 책이라든가 컴퓨터와 같은 인위적인 기록물과 수행체들도 포함된다. 마찬가지로 의식의 주체 차원에서도 개별 자연인만이 아니라 서로 정보 교환이 가능한 자연인들의 집단을 포함시킬 수 있다. 그러니까 의식 모드 또한 특정 개인의 의식만이 아니라 의사소통을 통해 공유되는 탐구자 집단의 의식일 수 있다. 이렇게 다양한 주체의 구성 요소들이 '인식주체'라는 하나의 존재자로 묶이게 되는 것은 이들 사이의 정보 교환 채널이 형성되어 인식을 수행하는 하나의 기능적 단위를 형성하기 때문이다.

물론 일상생활에서는 하나의 자연인이 전형적인 인식주체로 기능하고 있지만 좀 더 세련되거나 광범위한 지적 활동은 이러한 복합적 인식주체가 담당하는 것이 일반화되어 있다. 따라서 우리는 이를 개별 자연인으로의 앎의 주체와 구분해 '앎의 집합적 주체'라 부르기로 한다. 그러니까 앎의 집합적 주체 안에는 인식활동을 함께 수행하는 자연인들의 집단뿐 아니라 인식활동을 위해 이들이 활용하는 모든 도구들이 포함된다. 그리고 이러한 인식활동이 전 인류적으로 공유될 때 이는 곧 온생명으로의 인식주체가 되는 셈이다. 실제로 인류의 집합적 지성에 의해 수행되고 축적되는 모든 지적 활동이 바로 이러한 집합적 주체의 인식활동을 통해 이루어지는 것이다.

실제로 인식주체에 대한 관심은 양자역학의 대두와 함께 절실해진 면이 있지만 상황을 좀 더 면밀히 살펴보면 인식주체에 대한 이러한 생각은 양자역학 이전에 이미 우리가 무의식 속에서 전제해왔던 내용임을 알 수 있다. 과학적 지식의 주체가 누구냐고 묻는다면 우리가 아무리 생각해보아도 어떤 특정인을 지목할 수는 없다. 결국 과학적 사고를 함께하는 그 어떤 집합적 지성에 생각이 미치게 될 것이고, 그 안에 인식주체의 편에서 인식을 기능적으로 돕고 있는 관측 장치들을 함께 포함시키게 될 것이다. 이러한 점은 다시 과학 활동이라는 것이 그 어떤 개인의 활동이 아니라 인류지성 안에 암묵적으로 조성되어가고 있는 그 어떤 집합적 주체의 활동이라는 것을 다시 한번 일깨워주는 일이기도 하다. 과학은 결국 특정 개인들만이 이해하며 그 어떤 비전秘傳을 통해서만 전해지는 학문이 아니라 기본적 지성을 갖춘 모든 개인에게 함께 이해되고 소통될 수 있는 열린 학문이며, 이러한 것에 동참할 수 있는 모든 존재들이 합쳐 그 주체를 이루고 있음이 오래전부터 이미 공인되어 온 터이다. 이를 다시 온생명 개념에 연결시킨다면 과학 활동이란 결국 온생명의 인식적 기능을 담당하는 일이라고도 할 수 있다.

끊임없이 네 앎을 죽여라.
그렇지 않으면 네 앎이 너를 죽일 것이다

이처럼 앎이란 한 개인이 하고 있는 지적 활동과 그 내용만을 의미하는 것이 아니라 인류 공동체 그리고 더 크게는 우리 온생명이 함께 하는 활동이며 내용임이 분명해졌다. 그런데 바로 이 시점에서 우리는 하나의 매우 본질적인 물음 하나를 제기하게 된다. 우리의 집합적 주체를 통해 얻어진 앎이 어떻게 우주의 운행원리와 일치하게 되는가 하는 점이다. 여기서 중요한 점은 이 문제가 바로 인류 그리고 우리 온생명의 생존 문제와 직결되고 있다는 사실이다. 곧 앎이라 함은 생존에 의해 만들어졌으며 생존은 앎을 통해서만 보장된다는 점이다.

이를 논하기 위해 자체촉매적 국소질서를 통해 이루어진 이차질서의 형성 과정을 생각해보자. 앞에서 이미 지적했듯이 자체촉매적 국소질서의 원형인 $\alpha\beta\gamma$ 모형이 이미 하나의 원초적 앎의 주체가 된다. 여기서 α(또는 β) 안의 A, B, C, D 배열이 '기록' 곧 정보(서술 모드)에 해당하며 γ는 앎의 수행체에 해당한다. 그렇기에 이들이 생존을 하게 된다는 것은 이들 내에 각인된 이 앎과 그 수행방식이 우주의 운행원리에 순응하게 됨을 의미한다. 그리고 다시 이들이 월등히 높은 정교성을 지닌 후기 세대로 가면서 이들 안에 기록된 앎은 이 운행원리를 더욱 정교하게 반영하게 된다. 그렇지 못한 것들은 이 과정 속에서 생존에 성공하지 못하고 씻겨나갈 것이기 때문이다.

그러다가 인간 정도 규모의 낱생명이 발생될 무렵에는 이들 유전적 정보기록은 기초적 생리와 함께 더 정교한 앎의 담지자인 두뇌 곧 뉴런(신경세포) 조직을 뒷받침하는 역할로 한정되며 이번에는 뉴런 조직들이 더욱 고차적인 인식 기능을 주관하게 된다. 당연히 이들 안에 각인된 기록의 내용이 우주의 운행원리를 제대로 반영할 때 이들의 생존은 보장되며 그렇지 못한 것은 제거되고 말 것이다. 다시 이들의 지적 활동이 개체 수준을 넘어서 공동체 그리고 온생명 수준으로 통합되면서 더욱 정교한 앎이 누적되며 이것은 다시 우주의 운행원리를 더욱 적절히 반영하지 않을 수 없다. 그러므로 우리가 우주의 운행원리를 알려면 이렇게 얻어진 우리 앎을 들여다보는 것 이외에 다른 방법이 없다. 적어도 이 앎은 40억 년의 긴 시간 동안 우리 온생명 전체가 생존을 걸고 다듬어온 최종 결과이기 때문이다.

그러면서 우리는 좀 더 적절한 앎 곧 우주의 운행원리를 좀 더 잘 반영한 앎을 얻기 위해 직접 생존 자체를 내걸지 않고도 이를 시험해보는 방식들을 개발해왔으며, 이것의 한 구체화한 방식이 바로 과학적 방법이다. 그러므로 우리는 과학적 방법을 포함한 진리 추구의 최선의 방법을 동원해 우리의 앎을 계속 검증해나가면서 그 가운데 적절하지 못한 부분들을 제거해나가게 된다. 만일 이 과정에서 부적절한 앎의 제거에 성공하지 못하고 잘못된 앎에 의존할 경우, 우리는 극단적으로 생존 그 자체를 상실하게 된다. 이는 곧 "끊임없이 네 앎을 죽여라. 그렇지 않으면 네 앎이 너를 죽일 것이다"라는 지엄한 명제 앞에 우리가 하루도 자유로울 수 없음을 말해주고 있다.

해설 및 성찰

이제 이러한 논의를 바탕으로 여헌에 의해 제기되고 나름의 해답이 제시된 '내 안에 있는 이理'와 '천지만물의 이理' 사이의 관계를 생각해 보자. 제1장에서 이미 인용했듯이, 그는 다음과 같이 말한다.

> 일반적으로 이치를 추궁한다는 것은 내 안에 있는 이로 천지만물의 이를 비추어 보아 이를 남김없이 꿰뚫어 인식하는 것을 말한다. 이렇게 꿰뚫어 비추어 볼 수 있는 이유는 여기에 있는 이와 거기에 있는 이가 그 근본에 있어서 하나이기 때문이다.•

여기서 '천지만물의 이'라는 것은 우리가 지금까지 살펴온 자연의

• 凡窮理者 以在我之理 照彼天地萬物之理 卽可以認會得無餘蘊也 其所以隨照便會者 理之在此在彼爲一本原也

기본 원리들 즉 우주의 운행원리라 보아 큰 무리가 없다. 그리고 '내 안에 있는 이'란 우리 인식주체 안에 각인된 인식 능력 특히 우리가 사물을 합법칙으로 인식할 수 있는 능력이라고 할 수 있다. 그런데 이 두 가지 이가 그 근본에 있어서 하나라는 것은 '나'라는 존재가 우주의 운행원리를 통해 빚어졌고 또 우주의 운행원리를 통해 걸러져 왔기에 내 안에는 적어도 '천지만물의 이'의 일부가 들어 있어서 마치 공명을 일으키듯이 이 두 가지가 서로 맞아떨어져 그 '바른 이'가 얻어진다는 의미를 내포하고 있다.

그런데 여기에는 좀 더 다듬어져야 할 측면이 있다. '천지만물의 이'를 통해 빚어진 존재가 '나' 말고도 무수히 많을진대, 그들이 모두 '바른 이'를 터득했다고 주장할 수는 없기 때문이다. 그렇다면 '나'는 이들과 어떻게 다르기에 이러한 주장을 할 수 있는가? 그래서 그는 '남김없이 꿰뚫어 인식'해야 한다는 말을 한다. 즉 이는 꿰뚫어 이해하려는 시도가 없이 저절로 알게 되는 것이 아니라 철저한 지적 추구의 노력이 이루어진 후에라야 가능하다는 것이다. 수많은 가상假想을 통해 상황을 그려보고 부적절한 것을 추리고 추려내다가 매우 우연히 모든 것을 설명해줄 새 이치가 감지될 때 이것이 곧 '천지만물의 이'에 부합하는 것이라는 생각이다.

이와 관련해 아인슈타인의 "세계의 영원한 신비는 이것이 이해된다는 것이다"라는 말의 의미를 되새겨보자. 이는 곧 우리 우주가 이해된다는 것이며, 우리의 삶이 우주의 운행원리를 잘 반영한 삶일 수 있다는 말이다. 그리고 그 이유는 우리 자신이 바로 40억 년에 걸친 존재의 모험과 바꾸어 얻어낸 소중한 결산이기 때문이다. 따라서 아인슈타인이 말하는 '영원한 신비'는 우리 자신이 이런 우주적 과정을 통해 빚어지고 있다는, 그리고 빚어진 우리 자신이 다시 자신을 빚어낸 그 우주를 이해하려 한다는 바로 그 근원적 신비에 맞닿아 있다는 말로 풀이된다.

겸해서 한 가지 짚고 넘어가야 할 점은 '이해'와 '앎' 사이에 어떤 차이가 있느냐 하는 점이다. 일반적으로 앎이란 단편적 앎의 요소 곧 정보들과 이들을 연결하는 이론들로 구성되며 이해란 단편적 앎의 요소들을 연결된 전체의 형태로 파악하는 능력 혹은 행위라 규정할 수 있다. 그러니까 이해를 통해 이론을 창안하고 이론을 학습해 이해를 도모하게 된다. 그리고 이해가 없거나 부족하면 단편적 앎 속에서 헤맬 수밖에 없으며 때로는 서로 상치되는 앎을 붙들고 갈등하게 된다. 따라서 앎의 검증과 효용은 그 이해의 폭에 크게 의존할 수밖에 없다.

그런데 한 가지 유의할 점은 우리의 앎은 집합적 지성을 통해 누적되지만 이해라는 것은 근본적으로 개별 인간이 수행하는 작업이라는 사실이다. 상호 간의 지적 협동을 통해 개별 주체의 이해를 도울 수는 있으나, 개별 주체가 이해하지 못하는 것을 집합적 지성이 대행할 수는 없다. 이해를 돕기 위한 이론체계는 기록의 형태로 담아낼 수 있겠으나 이것 또한 개별 주체의 해독작업을 통해 이해되는 것이지 그 자체가 이해에 해당하는 것은 아니다. 예를 들어 아인슈타인이 우주를 이해했고 그 내용을 이론 안에 서술해두었다 하더라도 이를 해독할 사람이 아무도 없다면, 아인슈타인의 사후 그 이해 및 이론은 소멸되고 말 것이다.

그렇다면 여기에 큰 의문 하나가 떠오른다. 한 사람의 지적 능력은 유한하기에 결국 그 이해 능력도 유한할 것이고 그렇다면 인간에 의한 우주의 이해는 일정 범위 이상 넘어갈 수 없는 것이 아닐까? 이것은 물론 원론적으로 옳은 이야기지만, 현실적으로 어떤 한계를 지을 수는 없을 것이다. 그 이유는 우리가 이론을 가다듬음으로써 이것이 이해 가능한 형태를 취하면서도 그 내용의 질적 수준을 끊임없이 높일 수 있기 때문이다. 사실 어느 면에서 심오한 이론일수록 그 외형적 모습은 더 단순하고 아름다울 수 있다. 그 사례 하나가 아인슈타인의 일반상대성이론이다. 어느 면에서는 누구나 이해할 수 있을 만큼 단순하면서도 그 안에 우주의 궁극적인 모습을 담고 있는 이론이 있다면 이는 곧 우주가 우리에게 이해된다는 말에 해당한다. 그러니까 아인슈타인이 신비라고 보았던 것은 "우주의 궁극적 모습을 담고 있으면서도 한 개인이 이해할 수 있을 만큼 그렇게 단순한 이론이 만들어질 수 있다"는 바로 그 사실이다.

그래서 그는 만년에 한 젊은이에게 바로 이러한 이해가 가능하니 이를 추구해보라는 뜻에서 다음과 같이 말하지 않았을까?

> "우리가 더 깊이 뚫고 들어갈수록 그리고 우리의 이론이 더 광범위하고 포괄적이 될수록, 이러한 이론들을 결정함에 요구되는 경험적 지식의 분량은 줄어들게 됩니다."

아인슈타인이 말했듯이 우리가 우주를 이해한다는 것은 신비다. 그리고 더 근원적으로는 우리가 무엇을 안다고 하는 것 자체가 신비다. 그런데 이 신비는 우리의 손이 닿지 않는 저 먼 곳에 있는 것이 아니다. 우리가 지금 이 신비를 누리고 있는 것이다.

우리의 삶은 우리의 몸 안에서 그리고 우리의 의식 안에서 이루어지는 것인데, 그것이 저 밖에서 절로 흐르고 있는 물과 저 밖에서 절로 흐드러지게 피는 꽃과 연관이 되다니, 이 얼마나 놀라운 일인가? 우리는 지금까지 이 깊은 신비를 너무도 외면해온 것은 아닐까.

이것이 혹시 곽암 선사의 다음과 같은 시가 함축하는 내용이 아닐지?

근원으로 돌아오고자 온갖 공을 들였구나.
이 어찌 귀머거리나 벙어리 노릇과 같다 하리오.
암자에 앉아 암자 밖 사물을 보지 못함이니
물은 절로 아련히 흐르고 꽃은 절로 붉게 핀다.

제10장

저잣거리에 들어가 손을 드리우다

온전한 앎

露胸跣足入廛來 抹土途灰笑滿顋 不用神仙眞秘訣 直教枯木放花開
로흉선족입전래 말토도회소만시 불용신선진비결 직교고목방화개

열 번째 여정, 입전수수入廛垂手

이제 긴 여정을 마치고 옛 고향으로 돌아와 예부터 전해진 가르침의 내용에 새 의미를 부여해본다. 그러고는 그동안 모아온 앎의 구슬들을 한 묶음으로 엮어 지혜의 꽃으로 피워내기를 기대해본다. "저잣거리에 들어가 손을 드리운다"는 말의 깊은 뜻은 내가 헤아리기 어렵지만, 나는 그저 옛것을 본받아 새로운 것을 창조한다는 '법고창신法古創新'의 뜻만이라도 되새기는 자리가 되었으면 한다.

역사지평

이미 〈여는 글〉에서 간단히 언급했듯이 퇴계는 1568년 12월에 성리학의 핵심이 되는 가르침을 10개의 도표로 요약하고 이에 해설을 붙인 《성학십도》를 당시 임금이었던 선조께 바쳤다. 이를 틈나는 대로 열심히 배우고 익혀 성군聖君이 되어달라는 취지였다. 그리고 그는 2년 후 세상을 떠났지만 그의 《성학십도》는 1569년 궁내에서 처음 간행된 이후 그의 사후에도 숙종, 영조를 비롯한 역대 임금들이 이를 익히고 보급시키기에 힘썼으며, 시간이 지나면서 많은 유학자들의 관심과 논의의 대상이 되어왔다. 퇴계의 《성학십도》에 대해 집중적인 연구를 수행한 금장태 교수는 다음과 같이 말한다.•

《성학십도》는 왕실에서 역대 군왕이 병풍으로 만들거나 서첩으

• 금장태, 《성학십도와 퇴계철학의 구조》, 서울대학교출판부, 2001, 304~305쪽.

로 만들어 항상 곁에 놓고 궁리·체인하는 전형으로 삼았고, 경연에서는 교재로 채택되어 거듭 강의되었으며, 왕명에 의해 인본으로 간행되고 반포되기도 하였다. 더욱 중요한 것은 17세기부터 20세기 전반까지《성학십도》에 대한 주석들과 그것을 응용한 도상들이 많이 나오고 있다는 사실이다. 조선시대 유학자들의 저술로서《성학십도》처럼 많은 주석본이 나온 책은 없다.

《성학십도》에 대한 해외 연구 또한 활발하다. 일본의 다카하시 스스무高橋進 교수는《이퇴계 사상의 체계적 구조-성학십도를 중심으로》(1987)에서 경敬을 중심으로 하는 퇴계 사상의 본질적 특성을 해명하면서《성학십도》에 대한 정밀하고 체계적인 분석을 수행했고, 미국에서는 칼튼 교수가《To Become A Sage－The Ten Diagrams on Sage Learning by Yi T'oegye》라는 제호로《성학십도》를 영어로 완역했다.• 특히 그는 자신의 서론과 더불어 각 장에 총 47개 항의 주석을 붙임으로써 퇴계학 연구를 한층 진전시켰다.•• 그리고 동양학문의 본산이라고 할 중국의 대표적인 근대 사상가인 량치차오梁啓超 또한 "십도를 만들어 리理의 요결을 전하시고 백세에 길이 성인의 마음을 펴셨다"고 하면서 퇴계와《성학십도》에 대해 찬사를 아끼지 않았다.

• C. Kalton, Michael. *To Become A Sage – The Ten Diagrams on Sage Learning by Yi T'oegye.* New York: Columbia University Press, 1988.

•• 《성학십도와 퇴계철학의 구조》, 305쪽.

그렇다면 이《성학십도》는 어떠한 구조와 특징을 가졌는지, 퇴계 자신의 설명을 들어보자. 퇴계는 특히 제4도인 〈대학도大學圖〉를 해설하는 가운데, 이들 도표의 성격과 그 관련성에 관해 다음과 같이 언급하고 있다.

> 대체로 앞의 두 도표(제1도인 〈태극도〉와 제2도인 〈서명도〉를 말함)는 근본을 추구하고 확충해 하늘을 체득하고 도道를 다하게 되는 극치를 보여주는 것으로, 〈소학도〉(제3도)와 〈대학도〉(제4도)의 표준이고 본원이 되는 것입니다. 다음에 나오는 여섯 개의 도표는 선善을 밝히고 몸을 성실히 하며 덕德을 높이고 일을 넓혀가는 데 온갖 힘을 쏟게 하는 내용이니, 〈소학도〉와 〈대학도〉의 활용 마당이 되는 것입니다.

이러한 설명을 통해 볼 때,《성학십도》는 학문적 탐구 노력을 통해 우주와 인간의 본질에 대한 이해를 추구토록 하고 있으며 이를 다시 당위성의 추구와 연결하면서 이 모든 것을 현실적 삶 속에 구현시켜 나가도록 하는 내용을 담고 있다. 즉 이 안에는 우주와 인간의 참모습, 이를 체득하는 방법론, 그리고 이를 바탕으로 인간이 추구해야 할 바른 삶의 방향을 자각토록 하는 내용이 담긴 것이다.

사실 이러한 내용은 굳이《성학십도》가 아니더라도 성리학 일반이 모두 추구하는 것이기에 이 책만의 특성이라 보기는 어려울 것이다. 그러니까 구슬이 서 말이라도 꿰어야 보배라고 했듯이 퇴계 이황의 공적이라면 그가 성리학 안에 담긴 서 말이 넘는 구슬더미를 파헤치다가 그 가운데 열 개의 구슬을 찾아내고 이를 차례로 엮어《성학십도》라는 보배를 만들어냈다는 데 있다. 그러면서 그는 앞의 인용문에 밝혔듯이 제1도인 〈태극도〉와 제2도인 〈서명도〉가 "근본을 추구하고 확충해 하늘을 체득하고 도道를 다하게 되는 극치를 보여주는 것"이라고 하면서 나머지 모든 것은 이를 배우고 실천해나가는 과정임을 명시하고 있다.

이미 서문에서 우리가 보았듯이 퇴계는 훗날 〈태극도설〉이야말로 자신을 계발시킨 첫출발이었으며, "도설을 보니 모든 의문이 싹 가시고 앞뒤가 확 트이게 되었으며 우주의 근본원리와 인간의 본질이 무엇인지가 마음속에 잡혔다"고 고백하고 있다. 따라서 우리의 관심은 자연스럽게 〈태극도〉와 〈태극도설〉에 모이게 되며 이것이 지금도 과연 유효한 것인지가 궁금해진다.

〈태극도〉와 〈태극도설〉은 물론 퇴계가 만든 것이 아니다. 굳이 밝힌다면 성리학의 비조 가운데 하나인 염계濂溪 주돈이周敦頤(1017~1073)가 작성한 것이다. 그러나 모든 고전이 그러하듯 이를 주돈이 개인의 창조물이라고 말하기는 어렵다. 이미 그 무렵까지 전해진 고전적 지혜를 총괄해서 그의 이름으로 엮어낸 것이라고 보는 것이 아마 더 타당할 것이다.

주돈이의 〈태극도설〉

〈태극도〉와 〈태극도설〉을 집필한 주돈이는 어린 시절에 아버지를 잃고 외가 쪽 친척 집에서 양육된 것으로 알려졌다. 갓 스물의 젊은 나이에 북송北宋 홍주洪州 분녕현分寧縣의 주부主簿가 되면서 벼슬길에 올랐던 그는 남안南安의 사법관司法官, 남강군南康軍의 지사 등을 역임했다.

그가 남안에 있을 때 함께 관리로 있던 정향程珦이라는 사람이 그의 인품과 학문에 경의를 품고 자기의 두 아들을 그의 문하에서 배우게 했는데, 이들이 후에 주희朱熹(1130~1200)와 함께 신유학 창시자들로 알려진 정호程顥(1032~1085)와 정이程頤(1033~1107)다.

주돈이는 역전易傳과 도교 및 도가 사상 등을 아울러 우주 전체의 운행 구도를 간결한 도식으로 나타내고 있는데, 이것이 〈태극도〉이며, 이를 설명한 짧은 해설문(249자)이 〈태극도설〉이다. 〈태극도설〉의 전문을 우리말로 옮겨보면 다음과 같다.

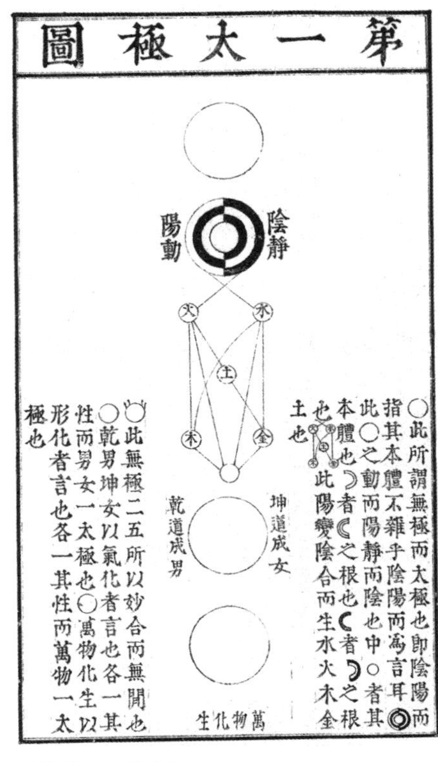

그림 10-1. 태극도

무극無極이면서 태극太極이다. 태극이 움직여 양陽을 낳고, 움직임이 극에 이르면 조용해지는 것이니, 조용함이 음陰을 낳는다. 조용함이 극에 이르면 다시 움직임이 나타난다. 이처럼 한 번 움직이고 한 번 조용해짐이 서로 근본이 되어 음과 양으로 나뉘어 양의兩儀가 성립한다. 양이 변하고 음이 화합해 수화목금토水火木金土를 낳아서 오기五氣가 차례로 베풀어지고 사시四時가 운행된다. 오행五行은 하나의 음양이며, 음양은 하나의 태극이고, 태극은 본래 무극이다. 오행은 생겨나면서 각기 그 성性(특성)을 지닌다. 무극의 진眞과 이오二五(양의와 오행을 함께 일컫는 말)의 정精이 오묘하게 화합 응결된다. 건乾의 도道는 남성을 이루고 곤坤의 도는 여성을 이룬다. 두 기氣가 교감해 만물萬物이 생겨나고 만물은 낳고 또 낳아 변화가 무궁하다.

오직 사람은 그 뛰어남을 얻어 가장 영험하며 형체가 생기면서 정신 안에 앎이 생겨나고, 다섯 가지 성性이 작동해 선과 악이 나뉘고, 만사萬事가 출현한다. 성인聖人은 중정中正과 인의仁義로 이것들을 정리하고, 고요함 가운데서 사람의 바른 자리(인극人極)를 세운다. 그리하여 성인은 천지와 더불어 그 덕을 함께하며 일월과 더불어 그 밝음을 함께하고 사시四時와 더불어 그 질서를 함께하고 귀신과 더불어 그 길흉을 함께한다. 군자는 이를 지켜 길하고 소인은 이를 어겨 흉하다. 이런 까닭에 하늘의 도를 세워 음과 양이라 하며, 땅의 도를 세워 유柔와 강剛이라 하고, 사람의 도를 세워 인仁과 의義라 한다. 또 "시초를 찾아보고 종말로 돌아오니 삶

과 죽음의 이치를 알게 된다"고 말하고 있으니, 과연 역易의 위대함이야말로 지극한 것이로구나.•

위의 글에서 첫 문단 즉 '무극이면서 태극이다'에서 출발해 '만물이 생겨나고 만물은 낳고 또 낳아 변화가 무궁하다'까지가 〈태극도〉[〈그림 10-1〉]에 그려진 상징적 도형에 해당하는 내용이다. 이것이 바로 우주 안에 나타나는 유형적 존재가 일정한 원리와 방법에 의해 형성되고 변해나가는 것이데, 이것이 바로 음양과 오행의 원리라는 것이다. 그리고 〈태극도〉에는 나타나 있지 않으나 〈태극도설〉에는 그 둘째 문단에서 인간에 대해 논하고 있다. 즉 그러한 우주적 질서에 맞추어 정신을 갖춘 인간이 출현하게 되고, 특히 이 질서를 제대로 파악한 성인이 나와 사람이 놓일 바른 자리를 지정해주니 이를 따르는 사람은 길할 것이고 어기면 흉할 것이라 한다. 그리고는 "시초를 찾아보고 종말로 돌아오니(원시반종原始反終) 삶과 죽음의 이치를 알게 된다"는《주역》의 말을 인용하면서 역의 조화가 놀랍다는 경탄으로 끝을 맺는다.

• 〈태극도설〉의 전문은 다음과 같다. 無極而太極 太極動而生陽 動極而靜 靜而生陰 靜極復動 一動一靜 互爲其根 分陰分陽 兩儀立焉 陽變陰合 而生水火木金土 五氣順布 四時行焉 五行一陰陽也 陰陽一太極也 太極本無極也 五行之生也 各一其性 無極之眞 二五之精妙合而凝 乾道成男 坤道成女 二氣交感 化生萬物 萬物生生而變化無窮焉 惟人也 得其秀而最靈 形旣生矣 神發知矣 五性感動 而善惡分 萬事出矣 聖人定之以中正仁義 而主靜立人極焉 故聖人與天地合其德 日月合其明 四時合其序 鬼神合其吉凶 君子修之吉 小人悖之凶 故曰立天之道 曰陰與陽 立地之道 曰柔與剛 立人之道 曰仁與義 又曰原始反終 故知死生之說 大哉易也 斯其至矣

이 〈태극도설〉이 지니는 중요성은 이 간단한 그림과 짧은 몇 마디의 설명을 통해 우주와 인간의 가장 근원적이고 본질적인 내용을 한눈에 보이도록 제시하고 있다는 점이다. 그러니까 이것이 만일 바른 진리를 제대로 반영하고 있고 이를 사람들이 바로 읽어 터득할 수 있다면, 이것이야말로 인간이 자신들의 삶을 올바로 영위하는 데 도움을 줄 가장 소중한 문헌일 수 있다. 실제로 주희 이래 역대 신유학자들은 이 점을 암묵적으로 전제하고 있었으며, 퇴계의 《성학십도》 또한 이러한 관점에 바탕을 두고 있다.

그런데 신유학으로 대표되는 고전학문에서는 바로 이 점에 대한 비판이나 의문은 본질적으로 허용하지 않는다. 즉 〈태극도설〉을 학습은 하되 과연 이것이 바른 내용을 담고 있느냐에 대해서는 묻지 않는다. 오직 허용되는 것이 있다면 이 문헌에 대한 해석을 첨부하는 것이며, 학문적 논의의 대부분은 그 가운데 어느 해석이 더 적절하냐를 묻는 것이지 원문의 내용을 비판하거나 부정하는 데까지 이르지는 않는다.

이 점이 바로 근대 학문과 구분되는 고전 학문의 특징이며, 《성학십도》는 특히 이러한 성격을 전형적으로 보여주고 있기에, 우리는 이를 고전학문의 부류에 속한 것으로 보게 된다. 이에 반해 근대 학문은 그간 받아들여 왔던 어떤 내용도 일단 합리적 검증의 대상으로 삼겠다는 것이며, 아직도 찾아야 할 더 중요한 것이 남아 있고 그것을 바로 내 힘으로 찾아 나가겠다는 자세에서 출발한다.

이런 점에서 우리가 앞서 논의해온 내용들은 어떤 부동의 진리를 전제하는 '성학聖學' 수용의 과정이 아니라 새로운 방식으로 이를 찾아나가겠다는 '심학尋學' 수행의 과정이었으며, 이를 통해 도달한 어떤 앎이 있다면 이것이 설혹 잠정적인 것이라 하더라도 현재 우리가 취할 최선의 앎이라는 입장을 취하게 된다. 실제로 이러한 근대적 방식의 학문 추구는 퇴계가《성학십도》를 집필할 당시에는 상상도 할 수 없었던 놀라운 성과들을 얻어냈으며 그 중요한 내용들을 우리가 앞에서 개략적으로나마 정리해보았다.

하지만 새로운 학문정신을 통해 도달한 오늘의 학문이 모든 점에서 만족스런 결과만 얻어낸 것은 아니다. 현대 학문이 지닌 또 하나의 중요한 특성은 극히 전문화된 방향으로 치닫고 있어서, 그 중요한 내용들을 하나로 묶어 마치 〈태극도〉나 〈태극도설〉에서와 같이 우리가 꼭 알아야 할 핵심적 내용을 하나의 간결한 형태로 정리해내는 데 무척 취약하다는 점이다. 그렇기에 우리가 고전 학문을 통해 본받을 것이 있다면 바로 전체를 한눈에 파악해 이를 우리 삶의 지침으로 삼아보려는 통합적 학문정신이라 할 수 있다.

따라서 이 장에서 우리가 시도해볼 것은 〈태극도〉와 〈태극도설〉을 현대의 관점에서 되돌아보아 이 안에 담긴 내용들이 어떠한 의미를 지니는가 하는 점과 겸해 현대의 개념과 이론을 통해 〈태극도〉와 〈태극도설〉에 준하는 어떤 간결한 학문적 정리가 가능한지를 살피는 일이다.

내용 정리

이러한 작업을 위해 우선 앞에서 소개한 〈태극도설〉에서 그 열쇠 말들만 간추려 요약해보면 다음과 같다.

> 무극無極이면서 태극太極이다. 태극이 나뉘어 음양이 되고 또 변화를 일으켜 오행이 된다. 이들이 오묘하게 화합해 건곤乾坤과 만물이 생겨나고 낳고 또 낳아 변화가 무궁하다. 사람의 정신 안에 앎이 생겨나고 성인聖人이 사람의 바른 자리(인극人極)를 세운다. 군자는 이를 지켜 길하고 소인은 이를 어겨 흉하다. 시초를 찾아보고 종말로 돌아오니 삶과 죽음의 이치를 알게 된다.

이제 이렇게 정리된 각각의 항목들을 중심으로 〈태극도설〉에 나타난 주요 내용들을 현대적 관점에 맞추어 좀 더 상세히 검토해보자.

무극이면서 태극이다

〈태극도설〉 가운데 가장 이해하기 어려운 부분이 바로 첫 구절 '무극이면서 태극(무극이태극無極而太極)'이라는 표현이다. 이를 두고 역사적인 논란이 많았지만, 여기서는 일단 태극을 우주의 근원적 존재 양상 또는 원리라 보고, 무극은 한계가 없다 또는 태허太虛에 닿아 있다는 의미로 새기기로 한다. 이렇게 볼 때 '무극이면서 태극'이라는 것은 이런 궁극의 실체는 무궁한 신비를 가지는 것이며, 이를 더 이상 구체적으로 파악하는 것은 가능하지 않다는 의미를 함축한다.

그런데 한 가지 흥미로운 점은 이것을 현대 우주론의 빅뱅이론에 견주어 해석할 수 있다는 점이다. 우리가 제6장에서 논했듯이 우주는 대략 138억 년 전에 이른바 빅뱅이라고 하는 급격한 팽창과 함께 출현했는데, 이 최초의 순간에는 공간 자체를 포함해 모든 것이 크기를 겨냥할 수 없는 작은 점에 집결되어 있었고, 그 안에는 구분 가능한 어떤 것도 존재하지 않았다. 즉 이것은 완전한 혼돈 또는 대칭의 상태에 있었는데, 이를 일러 '무극'이라 부르는 것이 가능하다. 그리고 한편 그 안에는 앞으로 현상을 일으킬 기본 원리와 소재의 원형이 분화되지 않은 형태로 잠재되어 있었으니 이를 일러 '태극'이라 부르는 것 역시 가능할 것이다. 만약 그렇게 본다면 이것이야말로 '무극이면서 태극이다'라는 말로 나타내기에 아주 적절하다.

그러나 〈태극도설〉에 나오는 이 표현이 이를 염두에 두고 말했다고 보는 것은 다분히 견강부회의 소지가 있다. 저자가 이런 상황을 상상했을 리가 없기 때문이다. 하지만 그의 어떤 존재론적 직관이 여기에 닿을 수 있었음을 그저 부정만 할 것은 아니다. 당시 우주의 출발에 대한 어떤 이론적, 경험적 증거도 없었지만, 이러한 사고에 이른 것이 단순한 추측에 따른 우연의 일치라고만 보기에는 너무도 절묘한 표현이기 때문이다.

태극이 나뉘어 음양이 되고 또 변화를 일으켜 오행이 된다

우리가 이미 보았듯이 우주 안에는 여러 가지 형체를 지닌 많은 것들이 존재한다. 이것들이 바로 '국소질서'라 불리는 것들인데, 이들은 다시 크게 두 가지로 구분된다. 그 한 가지가 '일차질서'로 불리는 비교적 단순한 질서를 가진 것들이며, 다른 하나는 이에 비해 월등히 높은 정교성을 가진 것들로 '이차질서' 혹은 그저 생명체라 불리는 것들이다. 현대과학이 이루어낸 놀라운 성취는 이들이 특정한 원리에 따라 특정한 과정을 통해 형성된 것임을 밝혀내고 있다는 사실이다.

그런데 〈태극도설〉에서는 이러한 상황에 대해 "태극이 나뉘어 음양이 되고 또 변화를 일으켜 오행이 된다. 이들이 오묘하게 화합해 만물이 생겨나고 낳고 또 낳아 변화가 무궁하다(분음분양 양의입언 양변음합 이생수화목금토分陰分陽 兩儀立焉 陽變陰合 而生水火木金土)"라고 말하고 있다. 이는 곧 태극이라는 기본 원리와 소재가 음양과 오행이라는 현상적 법칙과 과정에 따라 수많은 사물을 빚어내고 있다는 이야기가 된다. 그렇다면 이러한 음양과 오행은 현대의 관점에서 볼 때 어떠한 개념에 해당하는 것일까?

사실 음양과 오행의 개념을 현대과학의 용어로 풀이해낸다는 것은 쉽지 않다. 현대과학의 관념 체계 안에는 이들 용어로 대표되는 개념이 명료하게 분화되어 들어 있지 않기 때문이다. 그러나 크게 보아 음양의 개념은 자유에너지의 흐름과 이를 통한 변화에 관련된 것이고, 오행의 개념은 이차질서와 그 안에 드러나는 자유에너지의 구체화된 활동 양상이라 봄이 무난할 듯하다.

예를 들어 하나의 비평형 준안정 국소질서가 형성, 유지, 소멸되는 과정을 생각해보면, 자유에너지를 받아 이것이 형성되는 과정을 음이 양으로 전환되는 것으로 보며, 이것이 유지 및 활동하는 과정을 양의 전성기로, 다시 이것이 소멸되어 낮은 자유에너지 상태로 복귀되는 것을 양에서 음으로 전환되는 것으로 볼 수 있다. 이를 단지 외형적 변화로만 보는 것이 아니라 그 안에 자유에너지의 흐름이 함께한다는 것을 통합적으로 개념화한 것이 음양의 작용이다.

이러한 음양의 작용은 아주 보편적인 것이지만 특히 이차질서를 형성하고 이를 유지해가는 과정에서는 훨씬 더 정교한 개념분화가 요청되며 이것이 바로 오행에 해당한다. 가장 자연스럽게 토土가 바탕질서에 해당하며, 목木이 유기물 속에 함축된 자유에너지를, 그리고 화火가 이 에너지의 분출을 상징한다고 볼 수 있다. 한편 수水는 이들의 유통을 돕는 존재로, 그리고 금金은 이들을 구성하는 소재로 생각해볼 수 있다. 이럴 경우, 수가 목을 낳는다는 것(수→목)은 자연스럽게 식물의 자유에너지 전환 곧 광합성의 과정을 말하며, 목이 화를 낳는다는 것(목→화)은 이 자유에너지를 활용한 각종 활동을, 그리고 화가 토를 낳는다는 것(화→토)은 바탕질서로의 환원을 의미하며, 다시 토가 금을 낳는다는 것(토→금)은 바탕질서로부터 유용한 소재가 분리됨을, 그리고 금이 수를 낳는다는 것(금→수)은 이 소재의 원활한 흐름을 말한다고 볼 수 있다.

이러한 해석 또한 현대적 관점에 의한 견강부회일 수 있다. 사실 〈태극도설〉에서는 이를 이러한 특정 과정에 한정하지 않고 모든 존재물 즉 건곤과 만물에 적용되는 것으로 보기 때문이다. 하지만 우리의 세계 특히 우리 온생명이 기본적으로 이러한 과정들이 여러 겹으로 쌓여 형성된 것임을 감안할 때 이 해석의 적용 범위는 예상외로 넓을 수 있다. 실제로 음양과 오행은 하나의 사고 패턴이며, 이러한 패턴에 따라 정리될 수 있는 많은 현상들이 있기에 이들을 근사적으로나마 이러한 방식으로 정리해 파악하는 것이 현실 속의 사물 대처에 많은 이점을 주었던 것으로 추정된다.

하지만 음양과 오행이 지닌 이러한 성격의 약점은 이를 통해 정교한 서술이나 예측이 어렵다는 점이다. 그렇기에 구체적 활용을 위해서는 음 안에 양이 있고 또 양 안에 음이 있다든가, 또 오행의 기능이 음양의 여건에 따라 달라진다든가 하는 수많은 예외 조건과 보충 장치를 활용하지 않을 수 없다. 이는 마치도 태양중심설이 나오기 이전 지구중심설을 통해 행성들의 운동을 서술하기 위해 원운동 주변에 또 작은 원

운동들이 겹친다는 이른바 주전원周轉圓, epicycle 개념을 설정해야 했던 사정과 흡사하다.

사람의 정신 안에 앎이 생겨나고…

우리가 제8장에서 살펴본 바와 같이 서양 지성사의 뜨거운 논점 가운데 하나가 사람의 몸과 마음이 어떤 관계로 맺어지느냐 하는 문제였다. 그런데 〈태극도설〉에서는 이 문제에 대해 특별히 고민한 흔적이 없이 "오직 사람은 그 뛰어남을 얻어 가장 영험해서 형체가 생기면서 정신 안에 앎이 생겨나고, 다섯 가지 성이 작동해 선과 악이 나뉘고, 만사가 출현한다(유인야 득기수이최령 형기생의 신발지의 오성감동 이선악분 만사출의惟人也 得其秀而最靈 形旣生矣 神發知矣 五性感動 而善惡分 萬事出矣)"는 말 한마디로 넘어가버린다. 그러니까 사람에 대해 매우 특출해서 그 정신 안에 앎이 생겨나고 선악을 구분하며 의도적인 활동을 수행하는 존재라 선언하고 있을 뿐 몸과 마음의 구분 및 이러한 구분에 대한 존재론적 설명은 전혀 나타나 있지 않다.

이 점은 세계의 물질적 측면을 따로 분리해 이를 물질적 인과를 통해 이해해온 관점에서는 잘 이해되지 않는다. 이렇게 이해된 세계 안에는 인간의 주체적 활동이 들어설 자리가 없으며, 따라서 이를 별도로 설명해야 하는 문제가 발생한다. 하지만 처음부터 물질만을 따로 구분하지 않고 몸과 마음이 하나의 실재인 것으로 여겨온 관점에서는 이를 특별히 문제 삼을 이유가 없다. 단지 문제가 된다면, 인간에 이르러 이러한 정신적 측면이 두드러지고 있다는 점인데, 이는 오직 인간이 더 뛰어나고 더 영험해서 그럴 뿐이라는 설명으로 충분하다.

그렇기에 〈태극도〉 자체와 〈태극도설〉 전반부가 우주의 물질적 양상을 말한 것이고, 〈태극도설〉 후반부에 갑자기 인간에 대한 이야기가 뛰어든다고 보는 것은 이미 물질과 정신을 분리해서 보는 현대인의 시각일 뿐 〈태극도〉와 〈태극도설〉 자체의 입장은 아니다. 이제 이러한 이해에 도달한다면, 우리가 앞에서 논했던 태극과 음양, 오행의 해석에 일정한 수정이 불가피하다. 우리는 이것들을 일단 물질세계를 관장하는 원리, 자유에너지의 흐름과 이를 통한 변화, 그리고 이차질서와 그 안에 드러나는 자유에너지의 구체화된 활동 양상 등으로 해석했는데, 이는 오직 태극과 음양, 오행의 한 측면만을 본 것이고, 본래의 태극과 음양, 오행 개념은 마음의 세계마저 함께 포괄하는 성격을 지닌 점을 간과한 셈이다. 단지 인간 이외의 대상에서는 그 물질적 측면만이 두드러지기에 〈태극도설〉 전반부에서는 이 둘 사이의 현실적 차이가 나타나지 않았다고 볼 수 있다.

이러한 〈태극도설〉의 관점을 이제 우리가 제8장에서 논의한 관점 즉 일원이측면론一元二側面論의 입장과 비교해 무엇이 다른지를 좀 더 상세히 살펴보자. 우선 이들 모두 몸과 영혼을 별개의 것으로 보는 상식적 이원론을 넘어, 기본 실재를 하나로 본다는 점에서 동일하다. 그러나 일원이측면론에서는 외적 측면으로의 물질세계와 내적 측면으로의 정신세계를 엄격히 구분해 각각의 독자적 인과율을 적용하고 있음에 비해 이러한 구분을 명시적으로 내세우지 않는 〈태극도설〉에서는 하나의 합법칙적 질서를 통해 이 둘을 함께 포괄하려는 성향을 지닌다. 예를 들어 내가 어떤 물체를 움직였을 때, 외적 측면에서 보면 내 몸이 행사한 물리적 힘이 원인이 되지만, 내적 측면에서 본다면 이를 움직일 마음의 동기가 원인이 된다. 하지만 이 둘을 구분하지 않는 〈태극도설〉의 관점에서 본다면 단지 음양의 조화가 이를 움직이게 했다는 설명이 가능할 것이다. 이 경우 현실 생활에 활용하기 위해서는 두 측면을 구분해 설명하는 것이 도움이 되겠지만, 인간 수양을 목적으로 한 경우에는 내가 음양의 조화를 깨트리지 않는지를 반성케 하는 〈태극도설〉의 설명이 더 유용할 수 있다.

그리고 또 한 가지 차이를 보자면 일원이측면론의 경우, 이 두 측면이 결국 하나의 실재에서 나온다고 하는 또 하나의 놀라운 신비를 발견하게 되지만, 이를 처음부터 뭉뚱그려 하나로 보고 그 차이를 인지하지 않을 경우 '실재'가 보여주는 이 놀라운 두 양상을 감지하지 못할 뿐 아니라 그 어느 한 양상도 정확히 이해하지 못할 가능성이 크다.

성인이 사람의 바른 자리를 세운다

흥미롭게도 〈태극도설〉에서는 인간에 대한 서술을 짧은 한마디로 그친 데 비해 성인聖人에 대해서는 훨씬 많은 분량을 할애하고 있다. "성인은 중정과 인의로 이것들을 정리하고, 고요함 가운데서 사람의 바른 자리를 세운다. 그리하여 성인은 천지와 더불어 그 덕을 함께하며 일월과 더불어 그 밝음을 함께하고 사시와 더불어 그 질서를 함께하고 귀신과 더불어 그 길흉을 함께한다."

이는 곧 앎의 큰 목표를 바른 삶에 두며 그 바른 삶의 길을 밝히는 이른바 성인이 존재한다는 관점에 해당한다. 그는 정확한 이해력과 함께 어질고 의로운 성품을 지니며, 구체적으로는 이러한 성품이 우주 자연의 질서와 함께하는 데서 온다고 본다.

그렇다면 이러한 존재가 과연 있을 수 있는가? 있다면 그를 어떻게 알아볼 것인가? 이 점에 대해 〈태극도설〉은 별도의 설명을 하지 않는다. 반면 이 점에 대해서는 우리가 앞에서 논의한 온생명의 주체를 통해 그 해답을 제시할 수 있다.

우리가 일단 생명의 존재론적 성격을 파악하고 나면 진정한 의미의 생명은 온생명 안에서 찾아야 하며, 따라서 진정한 의미의 '나' 또한 낱생명으로서의 '나'를 넘어서 온생명으로서의 '나'로 나아가야 함을 알게 된다. 물론 이미 논의한 바와 같이 온생명의 존재 자체를 의식하지 못하는 입장에서 온생명으로서의 주체를 직접 느끼는 것은 쉽지 않으므로 대단히 투철한 어떤 직관을 통해 이를 파악한 극소수의 사람들만이 이 단계에 이를 수 있으리라 추정된다. 그러나 일단 이러한 사람들이 나타나 가르침을 펴기 시작하면 사람들은 설혹 그와 동일한 의식의 단계에 이르지는 못한다 하더라도 그의 가르침이 지닌 비범함 혹은 신성함을 느껴 알게 되고 그를 일러 성인이라 부를 수 있다.

만일 그러한 사람이 나타나 진정 온생명을 자신이라 느끼고 그 온생명의 생리에 따라 가장 적절한 삶의 길을 추구한다면 이는 곧 "천지와 더불어 그 덕을 함께하며 일월과 더불어 그 밝음을 함께하고 사시와 더불어 그 질서를 함께하고 귀신과 더불어 그 길흉을 함께한다"는 말로 그의 가르침을 묘사할 수도 있을 것이다. 온생명이 바로 이러한 질서에 맞추어 형성되고 존속, 성장해나가는 존재이기 때문이다. 여기서 "귀신과 더불어 그 길흉을 함께한다"는 말은 자칫 어떤 점술이나 미신을 연상시킬 수 있지만 본래 성리학에서의 귀신 개념은 통속적인 귀신 개념과는 달리 깊은 학술적 의미를 지닌다. 앞에 잠깐 언급한 정이程頤는 "귀신이란 조화造化(자연의 변화)의 자취(적迹)"라 규정하고 있으며, 주희朱熹는 "귀신은 다만 기氣이니, 왕래굴신往來屈伸하는 기"일 뿐이라고 말한다. 그러므로 이러한 것에 통달한 사람이면 무엇이 길하고 무엇이 흉한 것인지를 안다는 이야기가 된다.

군자는 이를 지켜 길하고
소인은 이를 어겨 흉하다

그러나 안타깝게도 대부분의 사람들은 이러한 경지에 이르지 못하고 있다. 우리가 설혹 온생명 개념을 합리적 논리에 의해 파악하고 이것이 곧 내 몸이라는 사실을 이해하는 데 이른다 하더라도 이를 진정한 '나'로 느끼기까지는 넘어야 할 장벽들이 많다. 그 하나가 이미 몸에 배어 있는 기존의 '생명' 개념이며, 다른 하나가 기왕의 '나'와 이 생소한 새로운 '나' 사이에 놓인 심정적 장벽이다.

더구나 이러한 온생명 개념에 이를 그 어떤 이해의 틀조차 존재하지 않던 시기에 이런 직관과 통찰력에 이른다는 것은 현실적으로 기대할 수 없으므로, 이를 깨달은 이들을 성인으로 높이 모시고 이들이 일러 주는 가르침만이라도 잘 따르는 것이 흉한 일을 피하고 길한 일을 찾는 현실적 지혜가 되리라는 점을 쉽게 납득할 수 있다.

바로 이러한 이유로 〈태극도설〉에는 "군자는 이를 지켜 길하고 소인은 이를 어겨 흉하다"는 말을 하고 있다. 그러면서 이런 성인들의 가르침을 하늘의 것, 땅의 것, 사람의 것으로 나누어 각각 음양陰陽, 유강柔剛, 인의仁義로 규정한다. 여기서 음양이 자연의 법칙이라면 유강은 물질의 속성이며 인의는 인간이 지켜야 할 도리인데, 이를 배우고 따라야 한다는 이야기가 된다.

시초를 찾아보고 종말로 돌아오니 삶과 죽음의 이치를 알게 된다

〈태극도설〉은 마지막으로 이 모든 가르침의 보고라 일컬어지는 주역《계사전繫辭傳》의 한 구절을 인용해, "시초를 찾아보고 종말로 돌아오니 삶과 죽음의 이치를 알게 된다(원시반종 고지사생지설原始反終 故知死生之說)"고 하면서 새삼스럽게 역의 위대함을 찬양하는 것으로 대미를 장식한다.

그런데 이 말 속에는 몇 가지 짚어보아야 할 문제가 있다. 우선 '삶과 죽음의 이치를 알게 된다'는 말의 주어가 무엇이냐 하는 점이다. 내용의 깊이로 보아서는 성인의 행적을 말하는 듯하나 성인 이야기는 이미 끝낸 마당에 다시 성인이 그러하다고 하면서 감탄할 이유는 없다. 그렇다면 성인의 가르침을 따른다고 하는 군자가 그러하다는 것인가? 이미 위에서 보았지만 그는 성인이 찾아 정리해놓은 음양, 유강, 인의의 도리를 학습해 따르기만 하면 되는 존재인데, 어떻게 이러한 이치를 알게 될까?

그리고 또 한 가지는 '시초를 찾아보고 종말로 돌아온다(원시반종原始反終)'는 말의 의미가 무엇인가 하는 점이다. 이것은 물론《계사전》에 나오는 말로 그 앞뒤 맥락에 따라 해석할 수 있지만, 유독 이 한 구절만 따다가 대미를 장식하는 데에는 이것만이 가지는 그 어떤 무게를 인정하는 것이 아닐까?

그래서 고민 끝에 나는 다음과 같은 잠정적 결론을 내려보려 한다. 우선 이 말의 주어는 성인도 군자도 아닌 독자를 염두에 둔 것으로 본다. 이러한 〈태극도〉를 판독한 그는 처음과 끝 곧 전체를 한눈에 파악함으로써 삶의 궁극적 관심사인 생사生死(본문에는 死生으로 썼음)의 문제를 스스로 해결하리라는 희망을 전하는 것이라 본다. 그러면서 이 〈태극도〉와 〈태극도설〉만으로는 모자란다면《주역》의 지혜를 빌리라는 암시도 함께 전하는 것이다.

상세한 앎과 온전한 앎

앞에서 제시한 〈태극도설〉의 의미를 간략하게 정리하면 다음과 같은 두 가지로 압축될 수 있다. 첫째는 〈태극도설〉이 우주와 생명 그리고 인간에 관해 가장 본질적인 사항들을 매우 간결하고 포괄적인 방식으로 제시하고 있다는 점이다. 이렇게 함으로써 읽는 이로 하여금 삶의 지침이 될 핵심적 내용을 함께 사유하도록 유도하고 있다. 사실상 이것은 현대 학문이 거의 잊어버리고 있는 고전학문의 한 특성이기도 하다.

그리고 둘째는 이런 방대한 시도에도 불구하고 개념적 명료성과 현실 적응성에 있어서는 많은 문제를 노출하고 있다는 점이다. 어느 면에서 이것은 포괄적 언어가 지니는 불가피한 한계일 수도 있으나, 이미 고착된 개념적 제약에 의해 그 확장성이 보장되지 않는다는 커다란 약점을 지닌다. 다시 말하면 이를 수정하거나 발전시켜 좀 더 적절한 형태로 개조해나가기가 매우 어렵다는 점이다.

이에 반해 현대학문의 특성은 그 대척점에 서 있다. 개념적 명료성과 현실 적응성이 상대적으로 높은 반면, 우주와 생명 그리고 인간에 관해 가장 본질적인 사항들을 간결하고 포괄적인 방식으로 제시하는 데에는 크게 성공하지 못하고 있다. 따라서 이제라도 현대학문이 지닌 긍정적 측면은 유지하면서 고전학문이 보여준 통합적 학문정신을 되살려내어 현대인들의 삶에 소중한 길잡이가 되도록 하는 것은 시대가 요청하는 과제다.

실제로 이러한 상황을 지도의 제작 문제와 관련해 생각하면 보다 쉽게 이해할 수 있을 것이다. 현대의 학문이 각각의 좁은 지역을 선택해 매우 자세하고 정밀한 지도를 제작하는 일에 능숙하나 이들을 엮어 더 큰 지도를 만들어나가는 일에는 상대적으로 취약하다면, 고전 학문은 그 전체를 묶어 세계 전체를 그리려 하나 그 선명성과 정확도에 있어서는 크게 뒤처지는 상황이라 할 수 있다.

그런데 여기서 한 가지 고려해야 할 매우 흥미로운 사실은 설혹 자세한 지도들을 잘 연결해 세계지도를 만들려고 해도 이를 하나의 큰 평면 위에 그리려 하면 불가피하게 왜곡되고 만다는 점이다. 사실 우리는 벽걸이용 평면 세계지도를 일상에서 자주 접하지만, 여기서 동쪽 끝과 서쪽 끝이 서로 붙어 있는 지점들이라는 사실을 표현할 방법이 없다. 이러한 문제를 해결할 유일한 방법은 이 지도들을 하나의 평면이 아니라 하나의 구면 위에 배치해 이른바 지구의가 되도록 하는 일이다.

이는 실제로 우리의 앎을 나타내는 방법과 관련해 매우 중요한 시사점을 주고 있다. 앎이란 그 자체의 정밀성이나 정확성도 중요하지만 다른 앎의 관련성 또한 여기에 못지않게 중요하다. 특히 우리가 사물을 이해한다는 것은 이처럼 관련된 앎의 그물 위에 해당 사항이 어느 위치에 놓이는가를 파악하는 것을 말한다. 그렇기에 우리가 앎을 정리하기 위해서는, 그 앎이 넓고 깊은 성격의 것일수록, 그 자체의 정확성뿐 아니라 이를 어떤 기하학적 틀 위에 정리할 것인가 하는 점이 매우 중요하다. 이는 마치 우리가 한 도시의 지도나 한 국가의 지도를 그릴 때는 하나의 평면 위에 나타내어도 별 지장이 없지만 한 대륙이나 대륙과 대륙 간의 관계 등을 나타낼 때에는 반드시 그 규모에 비례하는 구면 위에 그려야 하는 것과 같은 이치다.

이러한 점을 고려한다면 우리는 올바른 앎을 판정하기 위한 두 가지 기준을 생각할 수 있다. 그 하나는 누구나 잘 알고 있는 정확성 또는 정밀성의 기준이다. 이러한 기준은 대체로 그 앎과 대상 사이의 관계에 관련되는 것으로 단편적인 앎일수록 기하기가 쉬운 반면, 적용 범위가 넓은 광역적 앎일수록 기하기가 어렵다. 그리고 두 번째 기준은 그 앎이 다른 앎들과의 상대적 관계를 얼마나 잘 반영하고 있느냐를 묻는 기준이다. 말하자면 그 지도가 지구 모형의 구면 위에 바른 자리를 잡고 있느냐 아니냐 하는 점이다. 그러니까 이것은 단편적인 앎에 적용되는 것이 아니라 한 묶음의 앎 그리고 이상적으로는 앎 전체를 연결하는 하나의 통합적 앎에 적용되는 판정 기준이다. 가령 지구 모형의 구면 위에 모든 위치가 제대로 자리를 잡은 지도를 '온전한 지도'라 부르기로 한다면, 앎의 정합적 관계가 반영된 바른 (기하학적) 구조 위에 제대로 자리 잡은 앎이 '온전한 앎'이 된다.

온전한 앎의 뫼비우스의 띠 모형

이렇게 할 때에 떠오르는 매우 중요한 문제는 앎의 정합적 관계를 바로 반영하고 있는 기하학적 구조가 무엇이냐 하는 점이다. 온전한 지도를 지구의 위에 그릴 수 있는 것은 지구의 표면 자체가 구면이라고 하는 기하학적 구조를 지녔기에 가능한 일이다. 그렇다면 우리의 앎은 어떠한 구조 위에 자리 잡고 있다고 할 수 있을까? 지구의 모습조차 처음부터 명백히 알려져 있지 않았듯이, 앎이 자리 잡고 있는 구조 또한 처음부터 명백히 알 수 있는 것은 아니다. 오직 우리가 생각할 수 있는 모든 앎을 합리적으로 연결하려 시도했을 때, 이들을 무리 없이 수용하는 하나의 자연스런 구조적 틀이 떠오른다면 이를 하나의 유용한 모형으로 취할 수 있다. 따라서 다음과 같은 몇 가지 예비적 고찰을 수행해보자.

우선 이것이 정합적 체계를 이루기 위해서는 그 안에 논리적 부정합이 있어서는 안 된다는 점이다. 말하자면 평면 지도에서처럼 동쪽 끝과 서쪽 끝이 구조적으로 분리되어서는 안 된다는 것이다. 이 점을 반영할 적정한 위상학적 구조로 우리는 원 또는 구의 형태를 쉽게 떠올릴 수 있다. 이는 지구상의 모든 존재물이 지구의라는 모형 위에 가장 무리 없이 시현되는 정황과 흡사하다. 그리고 특히 온전한 앎에 대해 "모든 앎을 담아낼 정합적 체계"로 규정했을 때, 이 안에는 객체적 앎뿐 아니라 주체적 앎 또한 함께 담길 수 있어야 한다. 즉 앎의 객체뿐 아니라 주체도 함께 고려해야 하는데, 이는 본질상 둘이 아닌 하나의 실체에 해당하므로, 온전한 앎의 틀은 성격상 대비되는, 그러면서도 서로 밀접한 관련을 맺는 두 가지 양상 곧 내면과 외면을 함께 지니는 성격의 것일 필요가 있다.

이러한 점들을 고려해 필자는 이미 몇몇 글에서 온전한 앎의 기하학적 모형으로 '뫼비우스의 띠' 모형을 제안한 바 있다.• 뫼비우스의 띠는 우선 전체적으로 하나의 원형을 이룸으로써 전체를 정합적 관계로 연결하는 것이 가능하다. 그리고 이것은 표면과 이면을 지님으로써 객체와 주체를 나타내기에 적합하며 또 표면과 이면이 한 번 전도되는 관계를 가짐으로써 이들의 주된 기능적 역할이 객체적 앎에서 주체적 앎으로 전환되는 상황을 상징적으로 표현하기에 적합하다. 물론 온전한 앎의 실상이 이 모형 안에 얼마나 잘 반영되느냐 하는 점에 대해서는 지속적인 검토가 필요하겠지만, 우선 이 정도의 모형만으로도 온전한 앎이 지닌 개략적 양상을 나타내는 데 큰 도움이 되리라 생각한다.

온전한 앎의 한 모습

이제 뫼비우스의 띠 모형 안에 우리가 생각할 수 있는 앎의 주된 내용들을 개략적으로 배치해보면 〈심학 제10도〉에 나타낸 바와 같다.

〈심학 제10도〉에 표현된 내용을 구체적으로 살펴나가기 위해 우선 온전한 앎의 한 주요 구성 요소로 '자연의 기본원리'를 택하고 이를 출발점으로 삼아보자. 자연의 기본원리라고 하는 것은 우리가 제1장에서부터 제5장에 걸쳐 논의한 내용들을 총괄하는 것으로 이 안에는 동

• 예컨대, 장회익, 〈뫼비우스의 띠로 엮인 주체와 객체〉(이정전 외, 《인간문명과 자연세계》, 민음사, 2014, 63~101쪽).

역학과 통계역학의 기본 원리들이 포함된다. 이제 이 원리를 알았다고 할 때, 우리는 제6장에서 논의한 바와 같이 이를 통해 우주의 기원을 비롯한 우주의 주요 존재 양상을 찾아낼 수 있다. 그리고 제7장에서 보인 바와 같이 우리는 이 존재 양상 가운데 하나로 이른바 '생명'이라 불리는 그 무엇이 출현할 수 있음을 알게 되며, 다시 그 가운데 나타날 수 있는 주요 존재자인 '인간'의 위치를 확인할 수 있다. 그런데 '인간'의 경우 매우 놀라운 성격은 이것이 물질적 구성체인 '객체'인 동시에

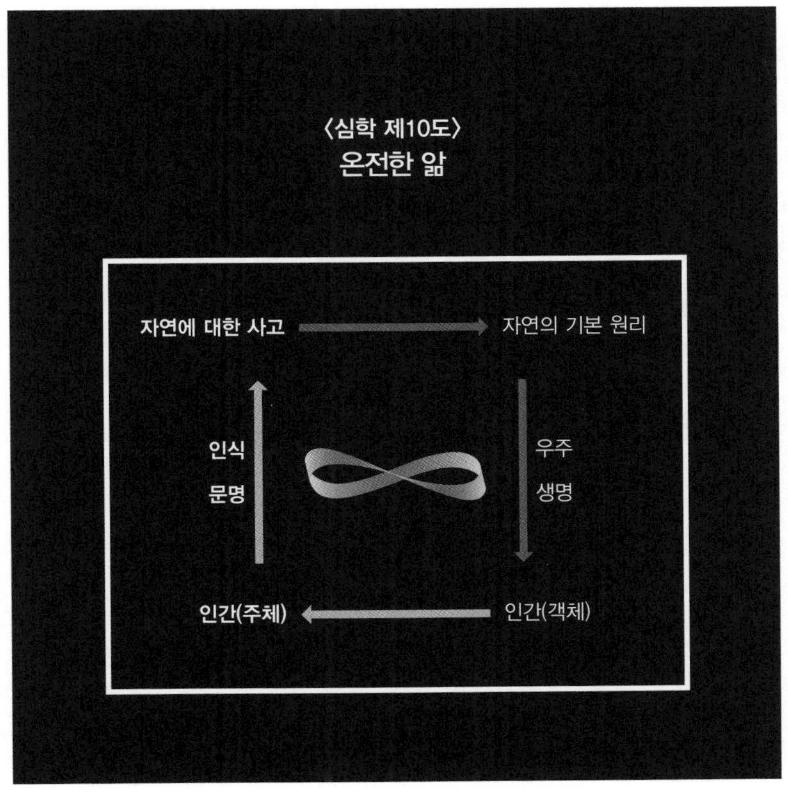

정신 혹은 마음을 지닌 '주체'이기도 하다는 점이다. 이 둘이 서로 어떻게 관련되는가를 이해하는 문제가 이른바 '몸/마음 문제body/mind problem'인데, 이 점에 대해서는 제8장에서 비교적 상세히 논의한 바 있다. 그 논의의 핵심은 "이들이 둘이 아닌 하나이면서, 두 측면 곧 밖과 안을 지녔다"고 하는 '일원이측면론'의 관점을 취함이 적절하다는 것이며, 몸과 마음이 지닌 바로 이러한 성격이 표면과 이면의 양 속성을 지닌 '뫼비우스의 띠' 모형을 요구하는 한 이유가 된다.

자연의 기본원리에서 우주와 생명 그리고 인간의 몸에 이르기까지 객체로서의 모습을 표층에 드러내던 '뫼비우스의 띠'가 인간에 이르러 한번 꼬이면서 내부에 있던 주체의 측면이 겉으로 드러나게 되는데, 이것이 바로 '나'라는 것이 우리의 앎 속에 명시적으로 드러나는 상황에 해당한다. 이로써 의식적 활동 곧 '삶'이라고 하는 주체적 양상이 표층으로 드러나 활동하게 되며 이러한 인간의 주체적 활동에 의해 조성되는 모든 결과물이 바로 우리가 흔히 '문명'이라 부르는 것에 해당한다. 그리고 이 문명의 중요한 한 요소가 사물에 대한 인식활동이며, 그 가운데 일부가 '자연에 대한 사고'를 형성한다. 그런데 우리가 제9장에서 논의한 바와 같이 이 사고의 소산이 현재 우리가 파악하고 있는 '자연의 기본 원리'다. 이처럼 우리는 최초의 출발점으로 삼았던 '자연의 기본 원리'에 다시 접하게 되며, 이렇게 주체의 측면에 해당하는 '인간의 사고'가 객체의 측면에 해당하는 '자연의 원리'에 연결됨으로써 우리 '뫼비우스의 띠'가 완결된다.

온전한 앎이 보여주는 것

뫼비우스의 띠가 우리 앎의 정합적 구조를 반영하기에 적절한 것이라 한다면, 현재까지 알려진 우리 앎의 주된 내용을 이 위에 배열해 이 띠를 완성시켰다고 하는 것은 우리가 지표면상의 주요 지점들을 지구의라는 모형 위에 그려 넣은 것에 해당한다. 그럼으로써 우리는 하나의 '온전한 지도' 곧 '온전한 앎'을 얻었다고 할 수 있다. 그리고 지구의 위에 그려진 지도라고 해서 반드시 자세하거나 정확한 지도는 아니듯이 '온전한 앎'이라고 해서 반드시 상세한 앎이라거나 정확한 앎이라는 것은 아니다. 이것은 무척 거칠고 부분적으로 부정확한 것일 수도 있겠으나 올바른 구조 위에 자리 잡았다는 점에서 앎 전체의 모습을 큰 왜곡 없이 보여주는 데 있어서는 매우 소중하다 할 수 있다. 그리고 어느 면에서는 전체를 한눈에 띄게 하기 위해 상세한 곁가지들을 과감히 생략하고 굵은 줄기만 추려주는 것이 더욱 유용할 수도 있다. 일단 이것이 형성되면 그 정밀성이라든가 정확성은 이 밑그림을 바탕으로 얼마든지 다듬어나갈 수 있기 때문이다.

이런 점에서 《성학십도》 그리고 그 기반이 되는 〈태극도설〉은 처음부터 이 굵은 줄기들만을 보여주려 했던 것인데, 그러다 보니 실증성이나 신뢰성에 약점이 있었고 아울러 그 바탕 모형에 대한 고려도 충분치 않아 특히 현대인들에게는 거의 설득력을 상실한 모습을 보여주고 있다. 이에 반해 우리가 이 책에서 훑어온 근대학문은 상세한 검증의 과정을 거쳐옴으로써 확고한 신뢰성과 활용성을 지니고 있으나 잔

가지들에 묻혀 그 전모를 파악할 수 없는 지경에 이르고 있다. 그리하여 그 잔가지들을 걷어내고 그것이 자리하고 있는 지형의 바른 모습만을 주로 살펴보고자 한 것이 뫼비우스의 띠 모형이다.

당연히 아직은 너무 거칠고 구조 자체의 적절성에도 검증의 여지가 남아 있지만, 일단 이러한 띠 하나를 제시하고 이러한 띠를 완결시킨다는 것은 현대학문의 주된 약점인 통합성의 문제를 해결하는 데 결정적인 기여를 하게 될 것이다. 그렇게 함으로써 현대학문이 지닌 정밀성이나 정확성을 유지하면서도 고전학문이 지닌 통합성과 간결성을 구현하고, 단순히 활용 가능한 지식으로의 앎뿐 아니라 삶의 의미와 방향을 읽어내는 데에도 도움이 되기를 기대해볼 수 있다. 그렇게 된다면 우리는 〈태극도〉와 〈태극도설〉 대신에 뫼비우스 띠 형태의 모형도(심학 제10도)와 이를 이해할 핵심 개념들(심학 제1도에서 심학 제9도의 내용)을 바탕으로 삼아 우주와 생명 그리고 그 안에 살고 있는 우리 자신의 모습을 비교적 구김살 없이 한눈에 파악하고 이를 바탕으로 보다 적절한 문명의 새 항로를 찾아나갈 수 있을 것이다.

해설 및 성찰

인간에게 주어진 가장 소중한 선물은 자신의 삶 그 자체다. 이것이 소중한 이유는 이것 없이는 그 무엇도 할 수 없는 바탕 소재이기 때문이며, 이것을 선물이라 부른 이유는 자기도 모르게 무상으로 주어져 있는 것이기 때문이다. 그러나 이 소중한 선물을 어떻게 활용할 것인가 하는 것은 전적으로 자신의 몫이다. 누구나 자신의 삶을 가장 온전히 살아내려 할 것이며, 어떻게 해야 온전한 삶이 되느냐를 찾는 것부터 자신이 풀어야 할 과제다.

그렇기에 우리에게 대두되는 가장 중요한 물음은 "나는 어떠한 세계에 사는 어떠한 존재이며, 그렇기에 나는 어떠한 방식으로 어떻게 살아야 하나?" 하는 것이다. 하지만 우리가 이 물음 앞에 백지상태로 혼자 서 있는 것은 아니다. 이미 앞서간 많은 사람들이, 그리고 지금 함께 살고 있는 많은 사람들이, 같은 문제에 대한 답을 추구해왔고, 수많은 해답들이 이미 존재하는 셈이다. 그래서 많은 경우 그중 하나를 임의로 선택하거나 자기도 모르게 그 가운데 하나에 이미 묶여 살아가고 있다. 그런데 문제는 그 모든 해답이 서로 다를 뿐 아니라 그 어느 하나도 적절하지 않을 수 있다는 점이다.

그래서 우리는 이에 대한 어떠한 해답들이 있는지, 그리고 그것들은 얼마나 적절한 것인지를 다시 묻지 않을 수 없다. 이를 위해 우리는 이 해답들을 몇 가지 부류로 나누어 살펴보기로 한다.

그 첫째는 일상적 차원의 해답들이다. 이것은 우리가 일상적 생활 경험을 통해 얻은 관념 체계에 바탕을 두는 것들로서 깊은 반성적 검토 없이 채택된 생활지혜에 해당한다. 구체적 문화 풍토에 따라 차이가 있겠으나 개략적으로 이야기한다면 이것의 관념 체계는 몇몇 자득적 개념들, 예컨대 시간과 공간, 생명, 영혼 등의 개념들을 바탕으로 구성된 다분히 신화적인 세계관 속에서 형성되며 그 안에서 자신의 삶을 관행적으로 답습하는 방식이다.

그리고 둘째로는 고전 학문적 차원의 해답으로 최소한 이러한 자득적 개념과 신화적 세계관을 넘어 심화된 개념과 합리적 세계관을 바탕으로 자신의 위치와 규범을 찾아보려는 시도다. 우리가 이미 본 동아시아 문화권의 〈태극도설〉이 그 전형적 사례다. 사물의 내면적 질서를 통찰해 얻어낸 음양과 오행 등의 개념구조를 바탕으로 우주와 인간의 존재 양상을 직관적으로 그려낸 〈태극도설〉은 근본적으로 인간의 올바른 삶을 위한 고전적 해답이라 할 수 있다.

한편 사물에 대한 과학적 실증적 탐구가 진행되고 새로운 개념체계와 자연의 합법칙적 질서가 파악되면서 상황은 훨씬 복잡한 양상으로 치닫고 있다. 우선 이러한 이해는 인간의 기술적 능력을 향상시켜 인간이 그간 염원해왔던 물질적 풍요와 생활의 편의를 획기적으로 향상시킨 반면 고전적 관념체계와 생존 규범을 급격히 무력화시키고 있다. 자연과학을 비롯한 거의 모든 학문 분야들이 전문화 파편화되어 우주와 인간에 대한 통합적 이해는 상실되고 오로지 기술 유토피아만을 향해 질주하는 상황이 나타나고 있다. 우주와 인간에 대한 통합적 이해를 결여한 이런 질주는 결국 유토피아가 아니라 디스토피아에 이르게 할 위험성이 있다. 인간은 이미 자신의 보생명을 크게 훼손했으며 대규모 개발과 낭비는 이를 더욱 더 부추기고 있다.

오직 한 가지 가능한 대안은 근원적 물음 즉 "나는 어떠한 세계에 사는 어떠한 존재이며, 그렇기에 나는 어떠한 방식으로 어떻게 살아야 하나?"를 진지하게 되묻고 그 해답의 실마리를 '온전한 앎' 속에서 추구하는 데 있다. 이는 이미 그 효력을 상실한 고전적 해답을 대체할 뿐 아니라 과거에는 상상도 할 수 없었던 놀라운 새 영상을 보여주고 있기 때문이다.

지난 수백 년에 걸쳐 인간의 집합적 지성이 진지한 탐구 끝에 마련한 이 새 영상 속에는 우주가 인간을 창출하는 모습이 담겨 있으며, 창출된 그 인간이 다시 자신을 창출하는 그 우주를 이해해나가는 과정이 담겨 있다. 우리가 만일 서로 돌고 돌아가는 이 경이로운 관계를 우리의 지적 공간 안에 충실히 담아낼 수 있게 된다면, 이는 곧 인간의 자기 이해인 동시에 우주의 자기 이해라 할 만하다.

그렇게 될 경우, 인간과 우주 사이의 내적 연관이 완결되는 것이며,

인간이 이제 온생명의 주체일 뿐 아니라 명실상부한 우주의 주체로 부상하는 결과를 가져올 수도 있을 것이다. 온생명이 곧 내 몸이며 우주가 곧 내 집임을 투철한 앎의 눈을 통해 파악한 인간이 이제 자신의 삶을 어떻게 이끌어갈 것인가 하는 점은 그 자체로서 또 하나의 우주적 사건이 될 만하다.

곽암은 〈십우도〉 마지막 그림에 곁들인 선시에서 그간 역경을 헤쳐온 구도자의 환한 웃음과 함께 "신선이 가졌다는 비법이 없이" 이룩한 그의 신비로운 성취를 "마른 나무" 위에 피어난 꽃에 견주어 노래하고 있다. 우리 또한 그 어떤 신선의 비법이 아닌 순수한 지성만으로 얻어낸 구슬들을 오로지 하나의 둥근 고리 위에 엮어냄으로써 마치 마른 나무가 되살아나듯 지혜의 꽃을 활짝 피울 수 있지는 않을까?

곽암이 전해주는 마지막 선시를 음미해 보자.

> 맨발에 가슴 풀어헤치고 저잣거리 들어서니
> 흙투성이 재투성이라도 얼굴엔 함박웃음 가득하다.
> 신선이 가졌다는 비법이 없어도
> 마른 나무 위에 곧바로 꽃을 피우는구나.

본문 보충 설명과 권말 부록

부록

제3장 보충 설명

상대론적 전자기이론

상대성이론을 통해 밝혀진 매우 중요한 사실 가운데 하나는 전기력과 자기력이 각기 독자적인 3차원 벡터가 아니라 통합된 4차원 벡터가 되며, 전기장과 자기장 또한 각각 독립된 3차원 물리량이 아니라 통합된 하나의 4차원 텐서가 된다는 점이다. 그리고 전기장과 자기장을 발생시키는 전하와 전류 또한 독립된 1차원 스칼라와 3차원 벡터가 아니라 합하여 하나의 4차원 전류 벡터가 된다. 특히 전하는 4차원 전류의 네 번째 성분에 해당한다. 이들의 구체적 모습을 살펴보자.

정지전하밀도를 ρ_0 라 할 때, 4차원 전류 벡터 J_μ는 다음과 같이 정의된다.

$$J_\mu = \rho_0 v_\mu = \rho_0 \frac{d}{dt_0} x_\mu = \gamma \rho_0 \frac{d}{dt}(x, y, z, ict) = (\rho \vec{v}, ic\rho) \qquad (3A\text{-}1)$$

여기서 $\gamma \equiv \frac{1}{\sqrt{1-v^2/c^2}}$ 이며, $\rho \equiv \rho_0\gamma$ 로 정의된 ρ 는 상대론적 전하 밀도다.

한편 3차원 전기장, 자기장을 각각 (E_i), (B_i) $(i=1, 2, 3)$라 할 때, 4차원 전기자기장 텐서 $F_{\alpha\beta}$ 는 다음과 같은 4×4 매트릭스 형태로 정의된다.

$$F_{\alpha\beta} = \begin{bmatrix} 0 & B_3 & -B_2 & -iE_1/c \\ -B_3 & 0 & B_1 & -iE_2/c \\ B_2 & -B_1 & 0 & -iE_3/c \\ iE_1/c & iE_2/c & iE_3/c & 0 \end{bmatrix}$$

이렇게 정의할 경우 전기장, 자기장, 그리고 전류(전하 포함) 사이의 관계를 나타내는 유명한 맥스웰의 방정식들은 다음 두 개의 식으로 압축된다.

$$\frac{\partial F_{\alpha\beta}}{\partial x_\beta} = \mu_0 J_\alpha \quad (\alpha = 1,2,3,4) \tag{3A-2}$$

: 전기장에 대한 가우스법칙과 일반화된 앙페르법칙

$$\frac{\partial F_{\alpha\beta}}{\partial x_\gamma} + \frac{\partial F_{\beta\gamma}}{\partial x_\alpha} + \frac{\partial F_{\gamma\alpha}}{\partial x_\beta} = 0 \quad (\alpha,\beta,\gamma\text{는 순환 순서로 교체됨}) \tag{3A-3}$$

: 자기장에 대한 가우스법칙과 패러데이법칙

여기서 그리고 앞으로 모든 경우에 (3A-2)식에서의 β와 같이 같은 첨자가 두 번 되풀이될 경우, 이는 $\sum_{\beta=1}^{4}$의 기호가 생략된 것으로 보라는 의미를 지닌다. 즉 β에 각각의 값을 대입한 후 모두 합하라는 의미로,

이를 아인슈타인 규약이라 부른다.

이렇게 할 경우 4차원 전기자기력 $\vec{F}_\alpha (\alpha = 1,2,3,4)$ 은

$$\vec{F}_\alpha = qF_{\alpha\beta} v_\beta \quad (\alpha = 1,2,3,4) \tag{3A-4}$$

로 표시되며, 따라서 정지질량 m_0, 전하 q를 지닌 운동을 말해줄 변화의 원리 곧 운동방정식은 다음과 같이 적을 수 있다.

$$m_0 \frac{d}{dt_0} v_\alpha = \vec{F}_\alpha = qF_{\alpha\beta} v_\beta \quad (\alpha = 1,2,3,4) \tag{3A-5}$$

이것을 3차원 형태의 힘 $\vec{F}$ 와 비교하면, $\vec{F}_i = \gamma \vec{F}_i \quad (i = 1,2,3)$ 의 관계가 확인되며, 따라서 그 운동방정식은 친숙한 3차원 형태의 방정식

$$\vec{F} = \frac{d}{dt}(m\vec{v}) = q(\vec{E} + \vec{v} \times \vec{B}) \tag{3A-6}$$

가 된다. 다만, 여기서 질량 m은 $m = \gamma m_0$ 을 만족하는 상대론적 질량이라는 점만이 비상대론적 운동방정식과 달라진 점이다.

다시 운동방정식의 네 번째 성분 $\alpha = 4$의 경우를 보면

$$\vec{F}_4 = \gamma \frac{d}{dt}(imc) = i\gamma q\vec{E} \cdot \vec{v} / c \tag{3A-7}$$

곧 $\frac{d}{dt}(mc^2) = q\vec{E} \cdot \vec{v}$가 되어 전기력 $q\vec{E}$가 단위시간에 한 일이 mc^2의 변화율에 해당함을 말해주는데, 이것이 mc^2을 에너지 E로 규정한 앞의 식 $E = mc^2$의 근거가 된다.

제4장 보충 설명

δ-함수와 푸리에 변환

δ-함수의 정의와 δ-함수의 사례

어떤 함수 $\delta(y-x)$가 있어서, 이것이 만일 임의의 함수 $\Psi(y)$에 대해

$$\int \Psi(y)\delta(y-x)dy = \Psi(x) \tag{4A-1}$$

의 관계를 만족하면 함수 $\delta(y-x)$를 $\delta-$함수라 한다.

〈정리〉

다음 관계식으로 정의되는 함수 $\Delta(y-x)$는 $\delta-$함수다.

$$\Delta(y-x) \equiv \frac{1}{2\pi}\int dk e^{ik(x-y)} \tag{4A-2}$$

〈증명〉

함수 $\Delta(x)$의 정의로부터

$$\Delta(x) = \lim_{K\to\infty} \frac{1}{2\pi} \int_{-K}^{K} dk e^{-ikx} = \lim_{K\to\infty} \frac{1}{\pi} \frac{\sin Kx}{x}$$

$$\int \Psi(x)\Delta(x)dx = \lim_{K\to\infty} \frac{1}{\pi} \int \Psi(x) \frac{\sin Kx}{x} dx$$

여기서 Kx를 새 변수 q로 치환하면

$$\int \Psi(x)\Delta(x)dx = \lim_{K\to\infty} \frac{1}{\pi} \int \Psi(\frac{q}{K}) \frac{\sin q}{q} dq = \Psi(0) \frac{1}{\pi} \int dq \frac{\sin q}{q}$$

가 된다. 이제 적분 $\int dq \frac{\sin q}{q}$의 값을 산출하기 위해 다음과 같은 함수 $F(t)$를 도입하자.

$$F(t) = \int_0^\infty dq e^{-tq} \frac{\sin q}{q} (t > 0)$$

이 경우 $F(\infty)$의 값은 0이며, 이를 변수 t로 미분하면

$$\frac{d}{dt} F(t) = \int_0^\infty dq e^{-tq} \sin q = -\frac{1}{(1+t^2)}$$

이 된다. 조건 $F(\infty) = 0$과 함께 이를 변수 t로 적분하면

$$F(t) = \int_0^\infty dq e^{-tq} \frac{\sin q}{q} = \frac{\pi}{2} - \tan^{-1} t$$

를 얻는다. 여기에 $t=0$을 넣으면

$$F(0) = \int_0^\infty dq \frac{\sin q}{q} = \frac{\pi}{2}$$

가 된다. 한편, 피적분 함수는 q의 우함수이므로

$$\int_{-\infty}^\infty dq \frac{\sin q}{q} = 2\int_0^\infty dq \frac{\sin q}{q} = \pi \qquad \text{(4A-3)}$$

임을 얻으며, 이는 곧

$$\int \Psi(x)\Delta(x)dx = \Psi(0) \qquad \text{(4A-4)}$$

임을 의미한다. 한편 (4A-1)식 좌변에 $\delta(y-x)$ 대신에 $\Delta(y-x)$를 넣고 새 변수 $z = y - x$로 치환하여 이를 다시 써보면

$$\int \Psi(z+x)\Delta(z)dz$$

이 되는데, 이 표현은 (4A-4)에 의해 $\Psi(x)$에 해당하므로 함수 $\Delta(y-x)$는 정의 (4A-1)식을 만족하는 $\delta-$함수임이 입증된다.

푸리에 변환

다음과 같은 관계를 만족하는 함수 $\Phi(k)$는 함수 $\Psi(x)$의 푸리에 변환이라 한다. 함수 $\Phi(k)$를 규정하는 공간 $k(-\infty \leq k \leq \infty)$는 함수 $\Psi(x)$를 규정하는 공간 $x(-\infty \leq x \leq \infty)$의 맞-공간reciprocal space이다.

$$\Psi(x) = \frac{1}{\sqrt{2\pi}} \int \Phi(k) e^{ikx} dk \tag{4A-5}$$

$$\Phi(k) = \frac{1}{\sqrt{2\pi}} \int \Psi(x) e^{-ikx} dx \tag{4A-6}$$

• 정리

임의의 함수 $\Psi(x)$에 대해 푸리에 변환을 만족하는 함수 $\Phi(k)$가 존재한다.

• 증명

이를 증명하기 위해 (4A-6)식으로 주어진 $\Phi(k)$를 (4A-5)식의 우변에 대입하면

$$\frac{1}{2\pi} \int e^{ikx} dk \int \Psi(y) e^{-iky} dy = \int \Psi(y) [\frac{1}{2\pi} \int e^{ik(x-y)} dk] dy$$

가 된다. 여기서 적분 $\frac{1}{2\pi} \int e^{ik(x-y)} dk$는 (4A-2)식에 의해 $\delta(y-x)$가 되므로 (4A-5)식의 우변은

$$\frac{1}{\sqrt{2\pi}}\int\Phi(k)e^{ikx}dk=\int\Psi(y)\delta(y-x)dy=\Psi(x)$$

가 되어 (4A-6)식으로 주어진 함수 $\Phi(k)$가 푸리에 변환을 만족함이 입증된다.

즉, 함수 $\Psi(x)$를 알면 함수 $\Phi(k)$가 정해지고, 함수 $\Phi(k)$를 알면 함수 $\Psi(x)$가 정해지므로 이들 두 함수는 서로 동일한 정보를 지니고 있다.

기대치의 표현

• 정리

(k,ω) 공간에서

$$\int\Phi^{*}(k,\omega)k\Phi(k,\omega)dkd\omega$$

로 주어지는 물리량 k의 기대치는 (x,t) 공간에서

$$\int\Psi^{*}(x,t)\left(-i\frac{\partial}{\partial x}\right)\Psi(x,t)dxdt$$

로 주어진다.

• **증명**

$\Psi(x,t)$ 의 푸리에 변환식

$$\Psi(x,t) = \frac{1}{2\pi}\int \Phi(k,\omega)e^{i(kx-\omega t)}dkd\omega$$

양변에 연산자 $-i\dfrac{\partial}{\partial x}$ 를 취하면

$$-i\frac{\partial}{\partial x}\Psi(x,t) = \frac{1}{2\pi}\int \Phi(k,\omega)ke^{i(kx-\omega t)}dkd\omega$$

을 얻으며, 이는 곧

$$\int \Psi^*(x,t)\left(-i\frac{\partial}{\partial x}\right)\Psi(x,t)dxdt$$
$$= \frac{1}{(2\pi)^2}\int \Phi^*(k',\omega')\Phi(k,\omega)e^{[i(k-k')x-i(\omega-\omega')t]}dk'd\omega'dkd\omega dxdt$$

가 된다. 여기에 이중 $\delta-$함수의 표현

$$\frac{1}{(2\pi)^2}\int e^{i(kx-\omega t)}dxdt = \delta(k)\delta(\omega)$$

를 활용하면 곧

$$\int \Psi^*(x,t)\left(-i\frac{\partial}{\partial x}\right)\Psi(x,t)dxdt = \int \Phi^*(k',\omega')k\Phi(k,\omega)dkd\omega \quad \text{(4A-7)}$$

을 얻는다.

불확정성 관계

일반적으로 기대치 $\langle A \rangle$로 표시되는 물리량 A의 불확정성 ΔA는 다음 관계식으로 정의된다.

$$(\Delta A)^2 = \left\langle \Psi \left| (A - \langle A \rangle)^2 \right| \Psi \right\rangle \equiv \int \left| (A - \langle A \rangle) \Psi \right|^2 dx \qquad \text{(4A-8)}$$

이제 물리량 x와 k의 불확정성

$$(\Delta x)^2 = \langle \Psi | (x - \langle x \rangle)^2 | \Psi \rangle$$

$$(\Delta k)^2 = \langle \Psi | (k - \langle k \rangle)^2 | \Psi \rangle \quad (\text{여기서 } k \equiv -i \frac{\partial}{\partial x})$$

사이의 관계를 생각하기 위해, 임의의 실수 α에 대한 다음과 같은 함수 $I(\alpha)$를 고찰하자.

$$I(\alpha) = \int \left| \alpha (x - \langle x \rangle) \Psi + i(k - \langle k \rangle) \Psi \right|^2 dx$$

$$= \alpha^2 (\Delta x)^2 + (\Delta k)^2 + \alpha \int (x - \langle x \rangle) \frac{\partial}{\partial x} [\Psi^* \Psi] dx$$

$$= \alpha^2 (\Delta x)^2 + (\Delta k)^2 + \alpha \int [\Psi^* \Psi] dx$$

$$= \alpha^2 (\Delta x)^2 + (\Delta k)^2 + \alpha$$

함수 $I(\alpha)$는 정의상 임의의 실수 α에 대해 $I(\alpha) \geq 0$이어야 한다. 따라서 α에 대한 이차함수인 $I(\alpha)$는 두 개의 실근을 가질 수 없으므로 근의 공식 $\alpha = \frac{-b \pm \sqrt{b^2 - 4ac}}{2a}$ (권말 부록 A.2 참조)에 의해 $1 - 4(\Delta x)^2 (\Delta k)^2 \leq 0$의 조건, 즉

$$(\Delta x)(\Delta k) \geq \frac{1}{2} \tag{4A-9}$$

을 만족해야 한다. 유사한 관계는 변수 t와 ω에 대해서도 성립한다. 즉,

$$(\Delta t)(\Delta \omega) \geq \frac{1}{2} \tag{4A-10}$$

제5장 보충 설명

햇빛이 가져오는 자유에너지•

일반화된 엔트로피

앞에서 한 대상 계가 취할 한 거시상태의 엔트로피를 그 거시상태 안에 포함될 미시상태들의 수로 규정했다. 이러한 규정이 가능했던 것은 한 거시상태가 어느 특정 미시상태에 있을 확률이 $1/W$이거나 혹은 0임을 전제로 한 셈이다. 그러나 더 일반적으로는 각 미시상태에 있을 확률이 $\{P_i\}$ $(i=1, 2, 3, \cdots)$ $[\sum_i P_i = 1]$의 분포를 가질 수 있다. 그리고 서로 다른 거시상태는 서로 다른 확률 분포를 가지는 경우에 해당한다. 이러할 경우 (5-1)식에 해당하는 엔트로피의 표현은

• 이 글은 다음 논문의 주요 부분을 요약 해설한 것이다.
Zhang, H. I. and Choi, M. Y. "Generalized formulation of free energy and application to photosynthesis." *Physica A* 493 (1 March, 2018): 125-34.

$$S = -k\sum_{i} P_i \log P_i \tag{5A-1}$$

로 일반화되어야 한다. 이는

$$\{P_i = 1/W\}\ (i = 1, 2, 3, \cdots W),$$
$$\{P_i = 0\}\ (i \geq W+1)$$

를 (5A-1)식에 넣을 때 이것이 바로 (5-1)식이 됨을 확인할 수 있다.

지금까지 우리가 논의한 미시상태들은 대상 계의 동역학적 상태 특히 양자역학적 상태임을 전제로 했을 뿐 특정한 물리량의 고유상태임을 전제하지 않았다. 그러나 통계역학의 현실적 활용을 위해서는 이들이 모두 특정한 에너지를 가지는 상태 곧 에너지 고유상태로 취하는 것이 매우 편리하다. 물론 양자역학에서의 일반적 상태는 에너지 고유상태일 필요는 없다. 제4장 (4-3)식과 같이 임의의 상태 $\Psi(x,t)$는 서로 다른 에너지 고유상태 $e^{i(kx-\omega t)}$들의 일차결합으로 표시할 수 있다. 그런데 통계역학적 취급에 있어서는 이 대상의 미시상태가 이러한 에너지 고유상태들의 결합상태(에너지 고유상태는 아님)에 있으나 혹은 각각의 에너지 고유상태들에 있으면서 해당하는 확률 비율로 섞여 있으나 현상적으로는 다를 것이 없다.

따라서 우리는 한 대상 계가 놓일 수 있는 가능한 미시상태들을 $\{\Psi_i\}$ $(i=1, 2, 3,\cdots)$로 지칭하기로 하고, 이들은 모두 특정된 에너지

$$\{E_i\}\ (i=1, 2, 3, \cdots)$$

값을 지니는 상태들이라고 보기로 한다. 이렇게 할 경우 이 대상 계가 지닐 거시상태는 이들 각 미시상태에 대한 확률 분포

$$\{P_i\}\ (i=1, 2, 3, \cdots)$$

에 대응하게 되며 이것이 지닐 엔트로피는 (5A-1)식으로 표시된다. 그리고 이것의 내부에너지는

$$U = \sum_i P_i E_i$$

로 간편하게 표시된다.

정준분포 및 정준온도

실제로 우리가 취급하는 많은 대상 계의 경우, 그 내부에너지 U의 값이 특정치 U_c로 주어지게 된다. 이러할 경우 대상 계는 이 조건이 허용하는 범위 내에서 가질 수 있는 서로 다른 여러 분포 확률 $\{P_i\}$ $(i=1, 2, 3, \cdots)$에 대응하는 거시상태들에 놓일 수 있다. 이런 경우 우리의 관심사는 이 분포들 가운데 엔트로피 S가 최대로 될 분포가 무엇인가 하

는 점이며, 그 해답은 다음 정리를 통해 얻어진다.

• **정리**

내부에너지 U의 값이 U_c로 고정되어 있는 경우, 엔트로피 S가 최대로 될 분포 확률 $\{P_i\}$ (i=1,2,3,⋯)는

$$P_i = \frac{e^{-E_i/kT_c}}{Z_c} \,, \quad Z_c = \sum_i e^{-E_i/kT_c} \tag{5A-2}$$

이며, 여기서 파라미터 T_c는 다음 식을 만족하도록 설정된다.

$$U_c = \sum_i \frac{E_i e^{-E_i/kT_c}}{Z_c} \tag{5A-3}$$

• **증명**

주어진 조건 아래 분포 확률 $\{P_i\}$ (i=1,2,3,⋯)가 이미

$$S = -k\sum_i P_i \log P_i$$

의 값을 최대로 만들 분포를 지녔다고 가정하자. 이 가정은 곧 P_i의 값들이 분포 $\{P_i\}$에서 극소량 δP_i 만큼 변할 경우 δS가 0이 된다는 것, 즉

$$\delta S = -k[\sum_i \delta P_i \log P_i + \sum_i P_i \frac{\delta P_i}{P_i}] = 0 \tag{5A-4}$$

의 관계를 만족함을 의미한다. 한편 분포 확률 $\{P_i\}$ (i=1,2,3,⋯)는 그 전체 합 $\sum_i P_i$가 1이어야 하므로, 극소량 δP_i의 변화에 대해

$$\sum_i \delta P_i = 0 \tag{5A-5}$$

을 만족해야 한다. 다음, 내부에너지 U의 값 $\sum_i P_i E_i$이 U_c로 고정되어 있으므로, 역시 극소량 δP_i의 변화에 대해

$$\sum_i \delta P_i E_i = 0 \tag{5A-6}$$

을 만족해야 한다.

한편 (5A-4)식의 둘째 항은 $\sum_i \delta P_i$가 되는데, 이것은 곧 (5A-5)식에 의해 0이 되므로 (5A-4)식은 바로

$$\sum_i \delta P_i \log P_i = 0 \tag{5A-7}$$

으로 환원된다. 그리고 (5A-5)식과 (5A-6)식에 각각 임의의 상수 α, β를 곱한 후 이들을 (5A-7)식과 합하면 다음과 같은 관계식을 얻는다.

$$\sum_i (\log P_i + \alpha + \beta E_i)\,\delta P_i = 0 \tag{5A-8}$$

이 식은 임의의 변분 δP_i에 대해 성립해야 하므로, 그 계수들이 0이 되

며 따라서

$$P_i = e^{-\alpha-\beta E_i} \equiv \frac{e^{-E_i/kT_c}}{Z_c}$$

의 관계가 성립한다. 여기서 임의의 상수 α, β를 각각 조건 $e^{-\alpha} \equiv 1/Z_c$, $\beta \equiv 1/kT_c$로 치환했다. 여기서 미정 상수 Z_c는 조건 $\sum_i P_i = 1$에 의해

$$Z_c = \sum_i e^{-E_i/kT_c}$$

로 표시되어 (5A-2)식을 얻게 되며, 또 하나의 미정 상수 T_c는 조건 $\sum_i P_i E_i = U_c$에 따라

$$U_c = \sum_i \frac{E_i e^{-E_i/kT_c}}{Z_c}$$

의 관계를 통해 결정되는데, 이것이 곧 (5A-3)식이다. (증명 끝)

요약하면, 내부에너지 U_c의 값이 정해진 대상 계의 가장 있음직한 거시상태는 그 미시상태들의 분포확률이 (5A-2)식으로 표시되는 경우이며, 그에 따른 엔트로피는 이 분포확률을 (5A-1)식에 대입해 다음과 같이 표현됨을 말해준다.

$$S_c = -k\sum_i \frac{e^{-E_i/kT_c}}{Z_c}\left(-\frac{E_i}{kT_c} - \log Z_c\right) = \frac{U_c}{T_c} + k\log Z_c \tag{5A-9}$$

이와 더불어 파라미터로 도입되었던 T_c의 값이 (5A-9)식에 의해

$$\frac{\Delta S_c}{\Delta U_c} = \frac{1}{T_c} \tag{5A-10}$$

의 관계 곧 계의 내부 온도임을 확인할 수 있다. 이에 따라 T_c를 정준 온도라 부르며, (5A-3)식과 (5A-9)식으로 표시된 에너지와 엔트로피 또한 계의 정준에너지, 정준엔트로피라 부른다. 한편 (5A-2)식에 나타난 Z_c의 표현 즉

$$Z_c = \sum_i e^{-E_i/kT_c} \tag{5A-11}$$

을 분배함수라 부르는데, 이것은 계의 물리량들을 산출하는 데 매우 유용한 구실을 한다. 그리고 만일 이 대상 계가 온도 T를 지닌 주변 배경 계와 열적 평형을 이루는 경우에는 T_c가 T로 환원되며, 나머지 모든 물리량들 또한 평형에서의 값 곧 평형에서의 내부에너지와 평형에서의 엔트로피 그리고 평형에서의 분배함수에 해당하게 된다.

일반화된 자유에너지

이처럼 정준분포와 정준 물리량들이 정의되고 나면 이들을 통해 내부 자유에너지를 다음과 같이 정의할 수 있다.

$$F_0(T_c) = U_c - T_c S_c \tag{5A-12}$$

그리고 (5A−9)식에 나타난 엔트로피 표현을 여기에 대입하면

$$F_0(T_c) = -kT_c \log Z_c \tag{5A-13}$$

의 관계를 얻으며, 이는 U_c가 주어질 경우 주변의 온도에 무관하게 계 자체의 고유 성격에만 의존하는 물리량임을 말해준다. 이제 여기서 한 걸음 더 나아가 우리는 '일반화된 자유에너지' $F(T, T_c)$를 다음과 같이 정의할 수 있다.

$$F(T, T_c) = U_c - TS_c \tag{5A-14}$$

여기서 대상의 정준에너지와 정준엔트로피인 U_c와 S_c는 모두 대상의 정준온도 T_c의 함수이나, T는 주변 곧 배경 물질의 온도를 말한다. 만일 대상의 정준온도 T_c가 주변의 온도 T와 같아지면 대상은 주변과 열적으로 평형을 이룬 상태가 되며, 이때에는 U_c와 S_c는 모두 평형에서의 값 U와 S로 환원되고 $F(T, T_c)$ 또한 평형에서의 자유에너지

$$F_0(T) = U - TS$$

로 바뀌게 된다. 이 과정 곧 $F(T, T_c)$가 $F_0(T)$로 바뀌는 동안 대상 계

의 에너지는 U_c에서 U로 바뀌게 되고 그 과정에서 대상 계가 외부에 해줄 수 있는 일 W는 열역학 제1법칙과 열역학 제2법칙에 따라 다음 관계를 만족하게 된다.

$$W = U_c - U - Q \tag{5A-15}$$

$$S_c - (S + Q / T) \le 0 \tag{5A-16}$$

여기서 Q는 이 과정에서 대상 계 밖으로 흘러나간 열량을 말하며, 그로 인해 주변에 증가한 엔트로피는 Q/T이다. 이제 (5A−16)식에 T를 곱하고 (5A−15)식과 합하면

$$W \le (U_c - TS_c) - (U - TS)$$

곧

$$W \le F(T, T_c) - F_0(T) \tag{5A-17}$$

와 같이 된다. 이것은 매우 의미심장한 결과이다. 우리가 활용할 수 있는 자유에너지의 양은 (5A−14)식으로 정의된 일반화된 자유에너지와 이것의 정준온도 T_0가 주변 대상계의 온도 T로 떨어졌을 때의 자유에너지 사이의 차이를 말한다는 것이며, 따라서 에너지를 전달하는 매질 가령 햇빛에 대해 우리가 이것을 산출할 수만 있으면 우리가 활용할

수 있는 자유에너지가 얼마인지를 알게 된다.

이러한 작업을 좀 더 편리하게 하기 위해 에너지 가용률accessibility 이라는 새 개념을 하나 더 도입키로 한다. 이제 에너지 가용률 η를 단위 정준에너지 U_c당 이것이 할 수 있는 일의 양 W의 비로 정의하면

$$\eta(T,T_c) = W / U_c = F / U_c - F_0 / U_c$$

$$\eta(T,T_c) = 1 - \frac{T}{T_c} + \frac{T}{T_c}\xi(T_c) - \frac{U}{U_c}\xi(T) \qquad \text{(5A-18)}$$

를 얻게 되는데, 여기서

$$\xi(T) \equiv F_0 / U = 1 - T\frac{S}{U} \qquad \text{(5A-19)}$$

$$\xi(T_c) = 1 - T_c\frac{S_c}{U_c} \qquad \text{(5A-20)}$$

로 정의된 ξ는 매질만의 성격으로 규정되는 매질의 특성인자 character factor이다. 여기서 만일 $\Delta S/\Delta U$ 곧 $1/T$이 S/U와 같으면 $\xi(T)=0,\ \xi(T_c)=0$이 되어

$$\eta(T,T_c) = 1 - \frac{T}{T_c} \qquad \text{(5A-21)}$$

로 됨을 알 수 있다. 이것이 유명한 카르노 한계Carnot Limit인데, 이 관

계는 $1/T$이 S/U와 같은 특별한 경우에만 성립할 뿐 일반적으로는 성립하지 않음을 말해준다.

빛이 지닌 에너지 가용률

햇빛을 포함한 광자photon 계가 지닌 통계역학적 성질을 서술하기 위해서는 두 단계의 과정을 밟게 된다. 먼저 진동수 ω를 지닌 단일 모드의 물리량들을 계산하고 다음에는 여기에 단위 공간 안에 들어가는 모드의 수, 곧 모드 밀도 $\rho(\omega)=\dfrac{\omega^2}{\pi^2 c^3}$를 곱하면 단위 공간 안에 들어가는 물리량들을 산출할 수 있다.•

우선 대상 광자 계가 진동수 ω를 지닌 단일 모드에 있다고 보고, 온도 T에서 이것이 지닐 분배함수를 생각하자. 이 광자 계의 경우, 에너지 E_i가 $\hbar\omega$의 정수 배에 해당하므로 이것의 분배함수[(5A-11)식 참조]는

• 모드 밀도 산출과정은 다소 번잡하나 예를 들어 《양자역학》(송희성, 교학연구사, 2014) 4~6쪽에 잘 나와 있다. 거기서는 밀도 ρ에 대해 진동수 ν를 바탕으로 $\rho(\nu)d\nu=\dfrac{8\pi\nu^2}{c^3}d\nu$에 해당하는 결과를 도출하고 있는데, 이를 $\omega=2\pi\nu$로 정의된 각진동수 ω를 바탕으로 바꾸기 위해 $\nu=\dfrac{\omega}{2\pi}$, $d\nu=\dfrac{d\omega}{2\pi}$를 대입하면 $\rho(\omega)d\omega=\dfrac{\omega^2}{\pi^2 c^3}d\omega$라는 결과를 얻는다.

$$Z(\omega,T)=\sum_{n=0}^{\infty}e^{-n\hbar\omega/kT}=\frac{1}{1-e^{-\hbar\omega/kT}}$$

로 주어진다(권말 부록 A.13 참조). 그리고 이에 대응하는 평형 자유에너지와 평형 내부에너지는 각각

$$f_0(\omega,T)=-kT\log Z=kT\log[1-e^{-\hbar\omega/kT}]$$

$$u(\omega,T)=\frac{1}{Z}\sum_{n=0}^{\infty}n\hbar\omega e^{-n\hbar\omega/kT}=\frac{\hbar\omega}{e^{\hbar\omega/kT}-1}$$

가 된다. 따라서 이들에 대응하는 단위 체적, 단위 ω영역에서의 평형 자유에너지와 평형 내부에너지 $F_0(\omega, T)$, $U(\omega, T)$는 각각 이들에 모드 밀도 $\rho(\omega)$만 곱한 값이 되며, 예컨대 $U(\omega, T)$는 다음과 같이 표시된다.

$$U(\omega,T)=\left(\frac{\omega^2}{\pi^2c^3}\right)\frac{\hbar\omega}{e^{\hbar\omega/kT}-1} \tag{5A-22}$$

이제 이들을 활용해 (5A-19)식으로 주어진 광자 계의 특성인자를 구하면 다음과 같다.

$$\xi(\omega,T)\equiv\frac{F_0(\omega,T)}{U(\omega,T)}=\frac{f_0(\omega,T)}{u(\omega,T)}=\frac{kT}{\hbar\omega}\left(e^{\hbar\omega/kT}-1\right)\log\left(1-e^{-\hbar\omega/kT}\right)$$

여기에 새 변수 $x \equiv \hbar\omega / kT$, $x_c \equiv \hbar\omega / kT_c$ 를 도입해 이를 다시 적어보면

$$\xi(x) = \frac{1}{x}(e^x - 1)\log(1 - e^{-x})$$

$$\xi(x_c) = \frac{1}{x_c}(e^{x_c} - 1)\log(1 - e^{-x_c})$$

로 되며, 이들을 (5A-18)식에 대입하면 광자 계의 가용률에 대한 다음과 같은 표현을 얻는다.

$$\eta = 1 - \frac{x_c}{x} + \frac{1}{x}\left(e^{x_c} - 1\right)\log\left(\frac{1 - e^{-x_c}}{1 - e^{-x}}\right) \tag{5A-23}$$

여기서 만일 x와 x_c의 값들이 1보다 충분히 크면

$$\eta = 1 - \frac{T}{T_c} - \frac{kT}{\hbar\omega} \tag{5A-24}$$

으로 근사되는데, 이는 가시광선 영역에서 매우 좋은 근사에 해당한다.

이 식들을 활용해 빛 에너지의 가용률 η를 산출하기 위해서는 지구상에 도달한 빛의 정준온도 T_c를 알아야 한다. 이 문제는 다음과 같은 두 가지 방법을 통해 해결할 수 있다.

첫째는 지표면에 도달하는 빛의 세기를 관측하는 방법이다. 빛의 세기와 내부에너지 사이의 잘 알려진 관계식에 따르면 정준온도 T_c에서

의 빛의 세기 $I(\omega,T_c)$는 (5A-22)식에 의해

$$I(\omega,T_c)=\frac{c}{\hbar\omega}U(\omega,T_c)=\frac{\omega^2/\pi^2c^2}{e^{\hbar\omega/kT_c}-1}$$

으로 표시되며, 이를 $x_c\equiv\hbar\omega/kT_c$에 대해 풀면

$$x_c=\log[1+\omega^2/\pi^2c^2I(\omega,T_c)]$$

가 되어 (5A-23)식은 다음과 같이 된다.

$$\eta=1-\frac{1+y}{x}\log(1+y)+\frac{y}{x}\log y-\frac{y}{x}\log(1-e^{-x}) \tag{5A-25}$$

여기서 $x\equiv\hbar\omega/kT$, $y\equiv\omega^2/\pi^2c^2I(\omega,T_c)$이다. 즉 우리가 지표면에 도달하는 빛의 파장별 세기 $I(\omega,T_c)$만 관측하면, T_c를 직접 알지 않더라도 그 빛의 가용률 곧 그 안에서 우리가 활용할 수 있는 자유에너지의 비율을 산출할 수 있다.

둘째로는 빛의 정준온도 T_c를 광원의 온도를 통해 직접 추정하는 방식이다. 햇빛의 경우 광원의 온도 T_S는 태양 표면의 온도로 대략 5760K이다. 지금 태양과 지구에서의 빛의 세기를 각각 $I(\omega,T_S)$, $I(\omega,T_c)$라 하면 이들의 비는

$$I(\omega,T_S)/I(\omega,T_c)=(e^{\hbar\omega/kT_c}-1)/(e^{\hbar\omega/kT_S}-1)$$
$$\approx(2R/R_S)^2\equiv G\sim1.85\times10^5$$

정도가 된다. 여기서 R_S는 태양의 반경으로 약 7×10^8m이며, R은 태양에서 지구까지의 거리로 약 1.5×10^{11}m이다. 이 관계식을 통해 T/T_c 값을 역산하면 ($G\gg1$)

$$\frac{T}{T_c}=\frac{kT}{\hbar\omega}\log[G(e^{\hbar\omega/kT_S}-1)] \tag{5A-26}$$

이 되며, 특히 $e^{\hbar\omega/kT_S}\gg1$일 경우

$$\frac{T}{T_c}=\frac{T}{T_S}+\frac{kT}{\hbar\omega}\log G$$

라는 결과를 얻는다. 파장 680nm에 해당하는 적색광의 경우 $\hbar\omega=$ 1.8eV가 되며, T_S는 5760K로 추정되므로 T_c의 값은 대략적으로 1350K가 된다.

이제 이 값을 통해 상온 T=300K에서 적색광의 에너지 ΔE에 해당하는 자유에너지를 계산해보면 ($kT/\hbar\omega=0.013$)

$$\Delta F=(1-\frac{T}{T_c}-\frac{kT}{\hbar\omega})\Delta E=0.764\Delta E \tag{5A-27}$$

즉 대략 빛이 전해주는 에너지의 76.4%가 활용 가능한 자유에너지라

는 결과가 나온다. 이는 곧 지구상에서의 광합성이나 햇빛 발전 방식에 무관하게 햇빛이 자체가 가지고 오는 자유에너지이며, 가장 효율이 높은 광합성이나 햇빛 발전장치를 활용한다면 이론상 여기에 접근할 수는 있으나 결코 이를 넘어설 수는 없다.

제6장 보충 설명

일반상대성이론에서 우주론으로

$g_{\alpha\beta}$ 읽어내기

이제 (6-1)식과 (6-4)식에 나타난 메트릭의 두 표현

$$ds^2 = g_{\mu\nu}\,dx^\mu dx^\nu \tag{6-1}$$

$$ds^2 = a^2(t)[dr^2/(1-kr^2) + r^2(d\theta^2 + \sin^2\theta\, d\phi^2)] - c^2dt^2 \tag{6-4}$$

을 통해 좌표계

$$x^\alpha = \{r, \theta, \phi, t\} \ \ (\alpha = 1, 2, 3, 4)$$

를 기준으로 한 메트릭 텐서 $g_{\alpha\beta}$를 읽어내면 다음과 같다.

$$g_{\alpha\beta} = \begin{bmatrix} a^2/(1-kr^2) & 0 & 0 & 0 \\ 0 & a^2r^2 & 0 & 0 \\ 0 & 0 & a^2r^2\sin^2\theta & 0 \\ 0 & 0 & 0 & -c^2 \end{bmatrix}$$

한편 이것의 역－메트릭 텐서 $g^{\beta\gamma}$는 $g_{\alpha\beta}g^{\beta\gamma} = \delta_\alpha{}^\gamma$로 정의되므로[제3장 (3-29)식 아래 문단 참조] 다음 식을 얻어낼 수 있다.

$$g^{\beta\gamma} = \begin{bmatrix} (1-kr^2)/a^2 & 0 & 0 & 0 \\ 0 & 1/a^2r^2 & 0 & 0 \\ 0 & 0 & 1/a^2r^2\sin^2\theta & 0 \\ 0 & 0 & 0 & -1/c^2 \end{bmatrix}$$

크리스토펠 심볼 산출

이번에는 위의 메트릭 텐서를 활용해 (3-29)식으로 정의된 크리스토펠 심볼Christoffel symbol

$$\Gamma^n{}_{ab} = (1/2)g^{nm}(\partial g_{bm}/\partial x^a + \partial g_{ma}/\partial x^b - \partial g_{ab}/\partial x^m) \qquad (3\text{-}29)$$

을 산출하자.

$$\Gamma^1{}_{ab} = (1/2)g^{11}(\partial g_{b1}/\partial x^a + \partial g_{1a}/\partial x^b - \partial g_{ab}/\partial x^1)$$

$$\Gamma^1{}_{11} = (1/2)g^{11}(\partial g_{11}/\partial x^1 + \partial g_{11}/\partial x^1 - \partial g_{11}/\partial x^1)$$

$$=(1/2)g^{11}(\partial g_{11}/\partial x^1)$$

$$=kr/(1-kr^2)$$

$$\Gamma^1{}_{22}=(1/2)g^{11}(-\partial g_{22}/\partial x^1)=-r(1-kr^2)$$

$$\Gamma^1{}_{33}=(1/2)g^{11}(-\partial g_{33}/\partial x^1)=-r(1-kr^2)\sin^2\theta$$

$$\Gamma^1{}_{14}=\Gamma^1{}_{41}=(1/2)g^{11}(\partial g_{41}/\partial x^1+\partial g_{11}/\partial x^4-\partial g_{14}/\partial x^1)=\dot{a}/a$$

$$\Gamma^2{}_{ab}=(1/2)g^{22}(\partial g_{b2}/\partial x^a+\partial g_{2a}/\partial x^b-\partial g_{ab}/\partial x^2)$$

$$\Gamma^2{}_{33}=(1/2)g^{22}(-\partial g_{33}/\partial x^2)=-\sin\theta\cos\theta$$

$$\Gamma^2{}_{12}=\Gamma^2{}_{21}=(1/2)g^{22}(\partial g_{22}/\partial x^1)=1/r$$

$$\Gamma^2{}_{24}=\Gamma^2{}_{42}=(1/2)g^{22}(\partial g_{22}/\partial x^4)=\dot{a}/a$$

$$\Gamma^3{}_{ab}=(1/2)g^{33}(\partial g_{b3}/\partial x^a+\partial g_{3a}/\partial x^b-\partial g_{ab}/\partial x^3)$$

$$\Gamma^3{}_{13}=\Gamma^3{}_{31}=(1/2)g^{33}(\partial g_{33}/\partial x^1)=1/r$$

$$\Gamma^3{}_{23}=\Gamma^3{}_{32}=(1/2)g^{33}(\partial g_{33}/\partial x^2)=\cot\theta$$

$$\Gamma^3{}_{34}=\Gamma^3{}_{43}=(1/2)g^{33}(\partial g_{33}/\partial x^4)=\dot{a}/a$$

$$\Gamma^4{}_{ab}=(1/2)g^{44}(\partial g_{b4}/\partial x^a+\partial g_{4a}/\partial x^b-\partial g_{ab}/\partial x^4)$$

$$=(1/2)g^{44}(-\partial g_{ab}/\partial x^4)$$

$$\Gamma^4{}_{11}=(1/2)g^{44}(-\partial g_{11}/\partial x^4)=\dot{a}a/(1-kr^2)c^2$$

$$\Gamma^4{}_{22}=(1/2)g^{44}(-\partial g_{22}/\partial x^4)=\dot{a}ar^2/c^2$$

$$\Gamma^4{}_{33}=(1/2)g^{44}(-\partial g_{33}/\partial x^4)=\dot{a}ar^2\sin^2\theta/c^2$$

0이 아닌 성분들을 종합 정리하면

$$\Gamma^1{}_{11} = kr/(1\text{-}kr^2) \quad \Gamma^1{}_{22} = -r(1-kr^2) \quad \Gamma^1{}_{33} = -r(1-kr^2)\sin^2\theta$$

$$\Gamma^1{}_{14} = \Gamma^1{}_{41} = \dot{a}/a \quad \Gamma^2{}_{33} = -\sin\theta\cos\theta \quad \Gamma^2{}_{12} = \Gamma^2{}_{21} = 1/r$$

$$\Gamma^2{}_{24} = \Gamma^2{}_{42} = \dot{a}/a \quad \Gamma^3{}_{13} = \Gamma^3{}_{31} = 1/r \quad \Gamma^3{}_{23} = \Gamma^3{}_{32} = \cot\theta$$

$$\Gamma^3{}_{34} = \Gamma^3{}_{43} = \dot{a}/a \quad \Gamma^4{}_{11} = \dot{a}a/(1-kr^2)c^2 \quad \Gamma^4{}_{22} = \dot{a}ar^2/c^2$$

$$\Gamma^4{}_{33} = \dot{a}ar^2\sin^2\theta/c^2$$

리치 텐서 산출

이번에는 이들을 활용해 (3-30)식으로 정의된 리치 텐서Ricci tensor를 산출하자.

$$R^b{}_{adf} = \Gamma^b{}_{dc}\Gamma^c{}_{af} - \Gamma^b{}_{ac}\Gamma^c{}_{df} + \partial\Gamma^b{}_{af}/\partial x^d - \partial\Gamma^b{}_{df}/\partial x^a$$

$$R_{af} = R^b{}_{abf} = \Gamma^b{}_{bc}\Gamma^c{}_{af} - \Gamma^b{}_{ac}\Gamma^c{}_{bf} + \partial\Gamma^b{}_{af}/\partial x^b - \partial\Gamma^b{}_{bf}/\partial x^a \quad \text{(3–30)}$$

$$R = R^i{}_i \quad R^i{}_j = g^{ik}R_{kj}$$

$$R_{11} = \Gamma^b{}_{bc}\Gamma^c{}_{11} - \Gamma^b{}_{1c}\Gamma^c{}_{b1} + \partial\Gamma^b{}_{11}/\partial x^b - \partial\Gamma^b{}_{b1}/\partial x^1$$

$$= \Gamma^1{}_{11}\Gamma^1{}_{11} - \Gamma^1{}_{11}\Gamma^1{}_{11} + \Gamma^1{}_{12}\Gamma^2{}_{11} - \Gamma^1{}_{12}\Gamma^2{}_{11} + \Gamma^1{}_{13}\Gamma^3{}_{11} - \Gamma^1{}_{13}\Gamma^3{}_{11}$$

$$+ \Gamma^1{}_{14}\Gamma^4{}_{11} - \Gamma^1{}_{14}\Gamma^4{}_{11} + \Gamma^2{}_{21}\Gamma^1{}_{11} - \Gamma^2{}_{11}\Gamma^1{}_{21} + \Gamma^2{}_{22}\Gamma^2{}_{11}$$

$$-\Gamma^2{}_{12}\Gamma^2{}_{21} + \Gamma^2{}_{23}\Gamma^3{}_{11} - \Gamma^2{}_{13}\Gamma^3{}_{21} + \Gamma^2{}_{24}\Gamma^4{}_{11} - \Gamma^2{}_{14}\Gamma^4{}_{21}$$

$$+\Gamma^3{}_{31}\Gamma^1{}_{11} - \Gamma^3{}_{11}\Gamma^1{}_{31} + \Gamma^3{}_{32}\Gamma^2{}_{11} - \Gamma^3{}_{12}\Gamma^2{}_{31} + \Gamma^3{}_{33}\Gamma^3{}_{11}$$

$$-\Gamma^3{}_{13}\Gamma^3{}_{31} + \Gamma^3{}_{34}\Gamma^4{}_{11} - \Gamma^3{}_{14}\Gamma^4{}_{31} + \Gamma^4{}_{41}\Gamma^1{}_{11} - \Gamma^4{}_{11}\Gamma^1{}_{41}$$

$$+\Gamma^4{}_{42}\Gamma^2{}_{11} - \Gamma^4{}_{12}\Gamma^2{}_{41} + \Gamma^4{}_{43}\Gamma^3{}_{11} - \Gamma^4{}_{13}\Gamma^3{}_{41} + \Gamma^4{}_{44}\Gamma^4{}_{11}$$

$$-\Gamma^4{}_{14}\Gamma^4{}_{41} + (\partial\Gamma^1{}_{11}/\partial x^1 - \partial\Gamma^1{}_{11}/\partial x^1) + \partial\Gamma^2{}_{11}/\partial x^2 - \partial\Gamma^2{}_{21}/\partial x^1$$

$$+\partial\Gamma^3{}_{11}/\partial x^3 - \partial\Gamma^3{}_{31}/\partial x^1 + \partial\Gamma^4{}_{11}/\partial x^4 - \partial\Gamma^4{}_{41}/\partial x^1$$

$$= k/(1-kr^2) + k/(1-kr^2) - (1/r^2) + 2\dot{a}^2/(1-kr^2)c^2 - (1/r^2)$$

$$-\dot{a}^2/(1-kr^2)c^2 + (2/r^2) + \ddot{a}a/(1-kr^2)c^2 + \dot{a}^2/(1-kr^2)c^2$$

$$= 2k/(1-kr^2) + 2\dot{a}^2/(1-kr^2)c^2 + \ddot{a}a/(1-kr^2)c^2$$

$$= \{a^2/(1-kr^2)c^2\}\ \{\ddot{a}/a + 2\dot{a}^2/a^2 + 2kc^2/a^2\}$$

$$R_{22} = R^b{}_{2b2} = \Gamma^b{}_{bc}\Gamma^c{}_{22} - \Gamma^b{}_{2c}\Gamma^c{}_{b2} + \partial\Gamma^b{}_{22}/\partial x^b - \partial\Gamma^b{}_{b2}/\partial x^2$$

$$= \Gamma^1{}_{1c}\Gamma^c{}_{22} - \Gamma^1{}_{2c}\Gamma^c{}_{12} + \Gamma^2{}_{2c}\Gamma^c{}_{22} - \Gamma^2{}_{2c}\Gamma^c{}_{22} + \Gamma^3{}_{3c}\Gamma^c{}_{22}$$

$$-\Gamma^3{}_{2c}\Gamma^c{}_{32} + \Gamma^4{}_{4c}\Gamma^c{}_{22} - \Gamma^4{}_{2c}\Gamma^c{}_{42} + \partial\Gamma^1{}_{22}/\partial x^1 - \partial\Gamma^1{}_{12}/\partial x^2$$

$$+\partial\Gamma^2{}_{22}/\partial x^2 - \partial\Gamma^2{}_{22}/\partial x^2 + \partial\Gamma^3{}_{22}/\partial x^3 - \partial\Gamma^3{}_{32}/\partial x^2$$

$$+\partial\Gamma^4{}_{22}/\partial x^4 - \partial\Gamma^4{}_{42}/\partial x^2$$

$$= \Gamma^1{}_{1c}\Gamma^c{}_{22} - \Gamma^1{}_{2c}\Gamma^c{}_{12} + \Gamma^2{}_{2c}\Gamma^c{}_{22} - \Gamma^2{}_{2c}\Gamma^c{}_{22} + \Gamma^3{}_{3c}\Gamma^c{}_{22}$$

$$-\Gamma^3{}_{2c}\Gamma^c{}_{32} + \Gamma^4{}_{4c}\Gamma^c{}_{22} - \Gamma^4{}_{2c}\Gamma^c{}_{42} - 1 + 3kr^2 + \operatorname{cosec}^2\theta$$

$$+ \ddot{a}ar^2/c^2 + \dot{a}^2r^2/c^2$$

$$= \Gamma^1{}_{11}\Gamma^1{}_{22} - \Gamma^1{}_{21}\Gamma^1{}_{12} + \Gamma^1{}_{12}\Gamma^2{}_{22} - \Gamma^1{}_{22}\Gamma^2{}_{12} + \Gamma^1{}_{13}\Gamma^3{}_{22}$$

$$-\Gamma^1{}_{23}\Gamma^3{}_{12} + \Gamma^1{}_{14}\Gamma^4{}_{22} - \Gamma^1{}_{24}\Gamma^4{}_{12} + \Gamma^2{}_{21}\Gamma^1{}_{22} - \Gamma^2{}_{21}\Gamma^1{}_{22}$$

$$+\Gamma^2{}_{22}\Gamma^2{}_{22} - \Gamma^2{}_{22}\Gamma^2{}_{22} + \Gamma^2{}_{23}\Gamma^3{}_{22} - \Gamma^2{}_{23}\Gamma^3{}_{22} + \Gamma^2{}_{24}\Gamma^4{}_{22}$$

$$-\Gamma^2{}_{24}\Gamma^4{}_{22} + \Gamma^3{}_{31}\Gamma^1{}_{22} - \Gamma^3{}_{21}\Gamma^1{}_{32} + \Gamma^3{}_{32}\Gamma^2{}_{22} - \Gamma^3{}_{22}\Gamma^2{}_{32}$$

$$+\Gamma^3{}_{33}\Gamma^3{}_{22} - \Gamma^3{}_{23}\Gamma^3{}_{32} + \Gamma^3{}_{34}\Gamma^4{}_{22} - \Gamma^3{}_{24}\Gamma^4{}_{32} + \Gamma^4{}_{41}\Gamma^1{}_{22}$$

$$-\Gamma^4{}_{21}\Gamma^1{}_{42} + \Gamma^4{}_{42}\Gamma^2{}_{22} - \Gamma^4{}_{22}\Gamma^2{}_{42} + \Gamma^4{}_{43}\Gamma^3{}_{22} - \Gamma^4{}_{23}\Gamma^3{}_{42}$$

$$+\Gamma^4{}_{44}\Gamma^4{}_{22} - \Gamma^4{}_{24}\Gamma^4{}_{42} - 1 + 3kr^2 + \mathrm{cosec}^2\theta + \ddot{a}ar^2/c^2$$

$$+ \dot{a}^2r^2/c^2$$

$$= -kr^2 + (1-kr^2) + \dot{a}^2r^2/c^2 - (1-kr^2) - \cot^2\theta + \dot{a}^2r^2/c^2$$

$$-\dot{a}^2r^2/c^2 - 1 + 3kr^2 + \mathrm{cosec}^2\theta + \ddot{a}ar^2/c^2 + \dot{a}^2r^2/c^2$$

$$= 2\dot{a}^2r^2/c^2 - \cot^2\theta - 1 + 2kr^2 + \mathrm{cosec}^2\theta + \ddot{a}ar^2/c^2$$

$$= a^2r^2(2\dot{a}^2/a^2c^2 + \ddot{a}/ac^2 + 2k/a^2) + \mathrm{cosec}^2\theta - \cot^2\theta - 1$$

[항등식 $\mathrm{cosec}^2\theta - \cot^2\theta = 1$을 고려하면]

$$= a^2r^2(2\dot{a}^2/a^2c^2 + \ddot{a}/ac^2 + 2k/a^2)$$

$$R_{33} = \Gamma^b{}_{bc}\Gamma^c{}_{33} - \Gamma^b{}_{3c}\Gamma^c{}_{b3} + \partial\Gamma^b{}_{33}/\partial x^b - \partial\Gamma^b{}_{b3}/\partial x^3$$

$$= \Gamma^1{}_{11}\Gamma^1{}_{33} - \Gamma^1{}_{31}\Gamma^1{}_{13} + \Gamma^1{}_{12}\Gamma^2{}_{33} - \Gamma^1{}_{32}\Gamma^2{}_{13} + \Gamma^1{}_{13}\Gamma^3{}_{33} - \Gamma^1{}_{33}\Gamma^3{}_{13}$$

$$+\Gamma^1{}_{14}\Gamma^4{}_{33} - \Gamma^1{}_{34}\Gamma^4{}_{13} + \Gamma^2{}_{21}\Gamma^1{}_{33} - \Gamma^2{}_{31}\Gamma^1{}_{23} + \Gamma^2{}_{22}\Gamma^2{}_{33} - \Gamma^2{}_{32}\Gamma^2{}_{23}$$

$$+\Gamma^2{}_{23}\Gamma^3{}_{33} - \Gamma^2{}_{33}\Gamma^3{}_{23} + \Gamma^2{}_{24}\Gamma^4{}_{33} - \Gamma^2{}_{34}\Gamma^4{}_{23} + \Gamma^3{}_{31}\Gamma^1{}_{33} - \Gamma^3{}_{31}\Gamma^1{}_{33}$$

$$+\Gamma^3{}_{32}\Gamma^2{}_{33} - \Gamma^3{}_{32}\Gamma^2{}_{33} + \Gamma^3{}_{33}\Gamma^3{}_{33} - \Gamma^3{}_{33}\Gamma^3{}_{33} + \Gamma^3{}_{34}\Gamma^4{}_{33} - \Gamma^3{}_{34}\Gamma^4{}_{33}$$

$$+\Gamma^4{}_{41}\Gamma^1{}_{33} - \Gamma^4{}_{31}\Gamma^1{}_{43} + \Gamma^4{}_{42}\Gamma^2{}_{33} - \Gamma^4{}_{32}\Gamma^2{}_{43} + \Gamma^4{}_{43}\Gamma^3{}_{33} - \Gamma^4{}_{33}\Gamma^3{}_{43}$$

$$+\Gamma^4{}_{44}\Gamma^4{}_{33} - \Gamma^4{}_{34}\Gamma^4{}_{43} + \partial\Gamma^1{}_{33}/\partial x^1 - \partial\Gamma^1{}_{13}/\partial x^3 + \partial\Gamma^2{}_{33}/\partial x^2 -$$

$$-\partial\Gamma^2{}_{23}/\partial x^3 + \partial\Gamma^3{}_{33}/\partial x^3 - \partial\Gamma^3{}_{33}/\partial x^3 + \partial\Gamma^4{}_{33}/\partial x^4 - \partial\Gamma^4{}_{43}/\partial x^3$$

$$= -kr^2\sin^2\theta + \dot{a}^2r^2\sin^2\theta/c^2 + \cos^2\theta + \dot{a}^2r^2\sin^2\theta/c^2$$

$$-\dot{a}^2r^2\sin^2\theta/c^2 + (-1+3kr^2)\sin^2\theta + (-\cos^2\theta + \sin^2\theta)$$

$$+ \sin^2\theta(\ddot{a}ar^2+\dot{a}^2r^2)/c^2$$
$$= a^2r^2\sin^2\theta(2k/a^2 +2\dot{a}^2/a^2c^2+ \ddot{a}/ac^2)$$

$$R_{44} = R^b{}_{4b4} =\Gamma^b{}_{bc}\Gamma^c{}_{44} -\Gamma^b{}_{4c}\Gamma^c{}_{b4} +\partial\Gamma^b{}_{44}/\partial x^b -\partial\Gamma^b{}_{b4}/\partial x^4$$
$$= \Gamma^1{}_{11}\Gamma^1{}_{44} -\Gamma^1{}_{41}\Gamma^1{}_{14} +\Gamma^1{}_{12}\Gamma^2{}_{44} -\Gamma^1{}_{42}\Gamma^2{}_{14} +\Gamma^1{}_{13}\Gamma^3{}_{44}$$
$$-\Gamma^1{}_{43}\Gamma^3{}_{14} +\Gamma^1{}_{14}\Gamma^4{}_{44} -\Gamma^1{}_{44}\Gamma^4{}_{14} +\Gamma^2{}_{21}\Gamma^1{}_{44} -\Gamma^2{}_{41}\Gamma^1{}_{24}$$
$$+\Gamma^2{}_{22}\Gamma^2{}_{44} -\Gamma^2{}_{42}\Gamma^2{}_{24} +\Gamma^2{}_{23}\Gamma^3{}_{44} -\Gamma^2{}_{43}\Gamma^3{}_{24} +\Gamma^2{}_{24}\Gamma^4{}_{44}$$
$$-\Gamma^2{}_{44}\Gamma^4{}_{24} +\Gamma^3{}_{31}\Gamma^1{}_{44} -\Gamma^3{}_{41}\Gamma^1{}_{34} +\Gamma^3{}_{32}\Gamma^2{}_{44} -\Gamma^3{}_{42}\Gamma^2{}_{34}$$
$$+\Gamma^3{}_{33}\Gamma^3{}_{44} -\Gamma^3{}_{43}\Gamma^3{}_{34} +\Gamma^3{}_{34}\Gamma^4{}_{44} -\Gamma^3{}_{44}\Gamma^4{}_{34} +\Gamma^4{}_{41}\Gamma^1{}_{44}$$
$$-\Gamma^4{}_{41}\Gamma^1{}_{44} +\Gamma^4{}_{42}\Gamma^2{}_{44} -\Gamma^4{}_{42}\Gamma^2{}_{44} +\Gamma^4{}_{43}\Gamma^3{}_{44} -\Gamma^4{}_{43}\Gamma^3{}_{44}$$
$$+\Gamma^4{}_{44}\Gamma^4{}_{44} -\Gamma^4{}_{44}\Gamma^4{}_{44} +\partial\Gamma^1{}_{44}/\partial x^1 -\partial\Gamma^1{}_{14}/\partial x^4 +\partial\Gamma^2{}_{44}/\partial x^2$$
$$-\partial\Gamma^2{}_{24}/\partial x^4 +\partial\Gamma^3{}_{44}/\partial x^3 -\partial\Gamma^3{}_{34}/\partial x^4 +\partial\Gamma^4{}_{44}/\partial x^4 -\partial\Gamma^4{}_{44}/\partial x^4$$
$$= -3\dot{a}^2/a^2 -3\ddot{a}/a +3\dot{a}^2/a^2$$
$$= -3\ddot{a}/a$$

$$R_1{}^1 =g^{11}R_{11} =\{(1-kr^2)/a^2\}\ \{a^2/(1-kr^2)c^2\}\ \{\ddot{a}/a +2\dot{a}^2/a^2 +2kc^2/a^2\}$$
$$= \{\ddot{a}/a +2\dot{a}^2/a^2 +2kc^2/a^2\}/c^2$$
$$R_2{}^2 = g^{22}R_{22} =\{1/a^2r^2\}\ \{a^2r^2(2\dot{a}^2/a^2c^2 + \ddot{a}/ac^2 +2k/a^2)\}$$
$$= \{\ddot{a}/a +2\dot{a}^2/a^2 +2kc^2/a^2\}/c^2$$
$$R_3{}^3 = g^{33}R_{33} =\{1/a^2r^2\sin^2\theta\}\ \{a^2r^2\sin^2\theta(2\dot{a}^2/a^2c^2 + \ddot{a}/ac^2 +2k/a^2)\}$$
$$= \{\ddot{a}/a +2\dot{a}^2/a^2 +2kc^2/a^2\}/c^2$$

$$R_4{}^4 = g^{44}R_{44} = \{-1/c^2\}\{-3\ddot{a}/a\}$$
$$= 3\ddot{a}/ac^2$$
$$R = R_c{}^c = 3\{\ddot{a}/a + 2\dot{a}^2/a^2 + 2kc^2/a^2\}/c^2 + 3\ddot{a}/ac^2$$
$$= 6\{\ddot{a}/a + \dot{a}^2/a^2 + kc^2/a^2\}/c^2$$

아인슈타인 방정식

한편 아인슈타인 방정식

$$R_{\mu\nu} - \frac{1}{2}Rg_{\mu\nu} + \Lambda g_{\mu\nu} = \frac{8\pi G}{c^4}T_{\mu\nu} \tag{6-6}$$

에 $g^{\mu\nu}$를 가하면

$$R^{\mu}_{\nu} - \frac{1}{2}R\delta^{\mu}_{\nu} + \Lambda\delta^{\mu}_{\nu} = \frac{8\pi G}{c^4}T^{\mu}_{\nu}$$

이 된다.

여기서 첫째, 둘째, 셋째 성분들을 취하면 다음과 같다.

$$\{\ddot{a}/a + 2\dot{a}^2/a^2 + 2kc^2/a^2\}/c^2 - 3\{\ddot{a}/a + \dot{a}^2/a^2 + kc^2/a^2\}/c^2 + \Lambda$$
$$= (8\pi G/c^4)p$$

한편 넷째 성분은 다음과 같이 표시된다.

$$\{3\ddot{a}/a\}/c^2 - 3\{\ddot{a}/a + \dot{a}^2/a^2 + kc^2/a^2\}/c^2 + \Lambda$$
$$= (8\pi G/c^4)(-c^2\rho)$$

위의 두 식을 정리하면 다음과 같은 간단한 두 개의 독립된 방정식을 얻게 된다.

넷째 성분:

$$(\dot{a}/a)^2 + kc^2/a^2 - c^2\Lambda/3 = (8\pi G/3)\rho$$

첫째, 둘째, 셋째 성분:

$$2\ddot{a}/a + (\dot{a}/a)^2 + kc^2/a^2 - c^2\Lambda = -(8\pi G/c^2)p$$

이들이 곧 본문에 서술된 (6-8)식과 (6-9)식이다.

권말 부록

간결한 수학 해설

A.1 실수, 허수, 복소수, 복소수 평면

수數에는 1, 2, 3…으로 전개되는 자연수와 여기에 다시 0, −1, −2… 등의 음의 정수까지 포함하는 정수, 그리고 두 정수 m과 n의 비 즉 m/n의 형태로 표시되는 유리수, 그리고 $\sqrt{2}$나 π와 같이 유리수의 극한값으로만 나타낼 수 있는 무리수가 있다. 이들 모두는 하나의 무한히 긴 직선상의 위치와 대응시킬 수 있는 값들을 가지는 것으로 이 모두를 합해 실수라 부른다.

그런데 흥미롭게도 이들 실수 체계와 분명히 연관은 가지면서도 이들 안에 속하지 않는 i라고 불리는 수가 있다. 이것은 그 제곱 즉 i^2가 −1이 되면서 실수 체계와 연관을 가지나 실수 영역 안에는 들지 않는 존재여서 이를 허수라 부른다. 이러한 존재를 하나의 수로 인정할 경우, 수의 영역은 두 개의 실수 값 a와 b에 대해 $a+bi$라는 값을 가지는 영역으로 확대할 수 있으며, 이를 일러 복소수라 부른다. 여기서 a와 b의 값들은 각각 실수의 전 영역을 가질 수 있으므로, 복소수의 영역은 서로 수직으로 만나는 두 개의 기준 축을 지닌 하나의 평면에 대응시킬 수 있다. 이렇게 형성된 평면을 '복소수 평면' 혹은 가우스 평면이라 부른다.

이러한 복소수에 대한 덧셈, 뺄셈, 곱셈, 나눗셈은 다음과 같이 정의한다.

$$(a+bi)+(c+di)=(a+c)+(b+d)i$$

$$(a+bi)-(c+di)=(a-c)+(b-d)i$$

$$(a+bi)(c+di)=(ac-bd)+(ad+bc)i$$

$$\frac{a+bi}{c+di}=\frac{ac+bd}{c^2+d^2}+\frac{bc-ad}{c^2+d^2}i$$

또한 하나의 복소수 $A=a+bi$에 대해 그 허수부의 수치 b만 $-b$로 치환한 복소수 $a-bi$를 일러 A에 대한 켤레 복소수라 하며 이를 A^*로 표기한다. 복소수 A와 A^*의 곱 즉

$$A^*A \equiv |A|^2=(a-bi)(a+bi)=a^2+b^2$$

을 복소수 A의 '절대치 제곱'이라 하며, $|A|$값 자체를 A의 '크기'라 한다.

여기서 매우 흥미로운 점은 실수의 영역이 1차원 직선에 해당한다

면 복소수의 영역은 2차원 평면에 해당하게 되어, 허수 단위 i를 통해 수의 영역이 한 차원 올라가는 것이지만, 상대성이론과 양자역학 이전까지는 이에 대응하는 물리적 실재가 존재하지 않는 것으로 보아 이를 가능케 하는 i를 허수로 그리고 이러한 새 차원을 허수 차원이라 불렀다. 그런데 상대성이론에서는 실수 차원이 공간에 대응되고 허수 차원이 실제로 시간에 대응되는 것이어서 허수 차원이 결코 공허한 것이 아님이 입증되었고, 또 양자역학에서 상태함수 Ψ가 복소수 값을 가지는 것으로 밝혀져 복소수 공간이야말로 진정으로 물리적 실재를 반영하는 것임이 입증되고 있다.

A.2 이차방정식과 근의 공식

이차방정식

$$ax^2 + bx + c = a(x + \frac{b}{2a})^2 - \frac{b^2 - 4ac}{4a} = 0$$

이 성립하기 위해서는 x의 값이

$$x = \frac{-b \pm \sqrt{b^2 - 4ac}}{2a}$$

를 만족해야 한다. 만일 $(b^2 - 4ac)$의 값이 0보다 작아지면 이 방정식은 실수 해를 가지지 않고 허수를 포함하는 복소수 해만을 가지게 된다.

A.3 피타고라스의 정리

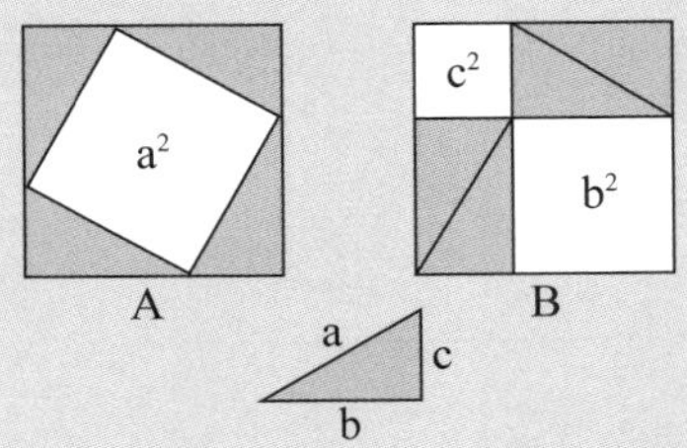

도형 A.3. 피타고라스의 정리

• **정리**

2차원 평면상에 놓인 세변의 길이가 각각 a, b, c(a가 빗변)인 직삼각형의 경우

$$a^2 = b^2 + c^2$$

이 성립한다.

• **증명**

〈도형 A.3〉에 표시된 바와 같이, 면적이 같은 두 개의 정사각형 A와 B 각각에서 직사각형 abc 네 개씩을 잘라내면 그 남은 면적이 동일하다. A의 경우 그 남은 면적은 a^2에 해당하고 B의 경우 이 면적은 b^2+c^2에 해당한다.

A.4 삼각함수의 정의와 몇 가지 성질

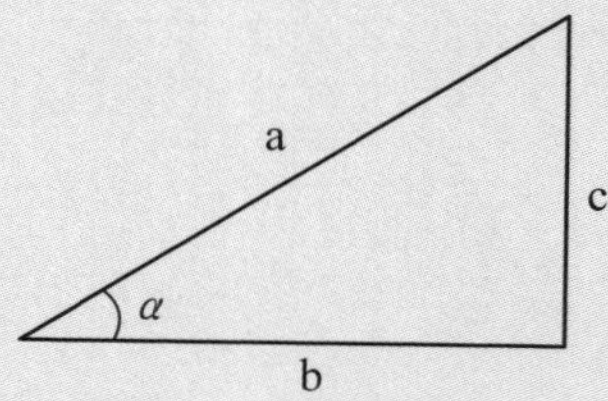

도형 A.4a. 삼각함수의 정의

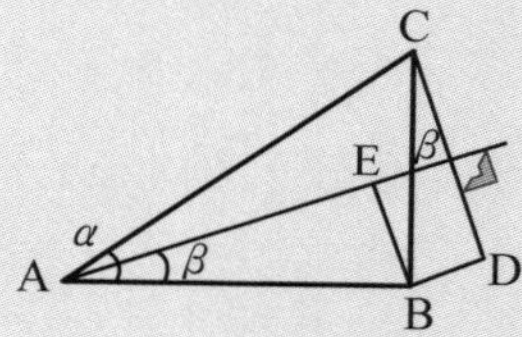

도형 A.4b. 삼각함수 뺄셈 정리

기본 형태의 삼각함수는 〈도형 A.4a〉에 표시된 바와 같이 빗변 a, 밑변 b, 높이 c로 구성된 직각삼각형의 기울여진 각 α의 함수로

$$\sin\alpha = \frac{c}{a},\ \cos\alpha = \frac{b}{a},\ \tan\alpha = \frac{c}{b} = \frac{\sin\alpha}{\cos\alpha}$$

$$\cot\alpha = \frac{b}{c} = \frac{1}{\tan\alpha},\ \sec\alpha = \frac{a}{b} = \frac{1}{\cos\alpha},\ \csc\alpha = \frac{a}{c} = \frac{1}{\sin\alpha}$$

와 같이 정의된다. 이 정의와 피타고라스의 정리를 활용하면 다음과 같은 항등식을 곧 얻게 된다.

$$\sin^2\alpha + \cos^2\alpha = \frac{c^2 + b^2}{a^2} = 1$$

또 이러한 정의에 따르면 두 각의 차이 $(\alpha - \beta)$의 삼각함수는

$$\sin(\alpha - \beta) = \sin\alpha\cos\beta - \cos\alpha\sin\beta$$
$$\cos(\alpha - \beta) = \cos\alpha\cos\beta + \sin\alpha\sin\beta$$
$$\tan(\alpha - \beta) = \frac{\tan\alpha - \tan\beta}{1 + \tan\alpha\tan\beta}$$

로 표현됨을 〈도형 A.4b〉를 통해 다음과 같이 쉽게 확인할 수 있다.

$$\sin(\alpha - \beta) = \frac{CD - BE}{AC} = \frac{CD}{AC}\frac{BC}{BC} - \frac{BE}{AC}\frac{AB}{AB}$$
$$= \frac{BC}{AC}\frac{CD}{BC} - \frac{AB}{AC}\frac{BE}{AB} = \sin\alpha\cos\beta - \cos\alpha\sin\beta$$

$$\cos(\alpha - \beta) = \frac{AE + BD}{AC} = \frac{AE}{AC}\frac{AB}{AB} + \frac{BD}{AC}\frac{BC}{BC}$$
$$= \frac{AB}{AC}\frac{AE}{AB} + \frac{BC}{AC}\frac{BD}{BC} = \cos\alpha\cos\beta + \sin\alpha\sin\beta$$

이들을 $\tan(\alpha - \beta)$의 표현에 넣고 분모, 분자를 $\cos\alpha\cos\beta$로 나누면

$$\tan(\alpha - \beta) = \frac{\sin(\alpha - \beta)}{\cos(\alpha - \beta)} = \frac{\tan\alpha - \tan\beta}{1 + \tan\alpha\tan\beta}$$

을 얻는다. 이들을 삼각함수의 뺄셈정리라 부른다.

• **참고** 피타고라스의 정리와 삼각함수의 일반적 성격은 2차원 또는 그 이상의 유클리드 공간에서 성립하며, 따라서 이들의 성립 여부는 그 공간이 유클리드 공간임을 말해주는 중요한 지표가 된다.

A.5 일반각의 삼각함수

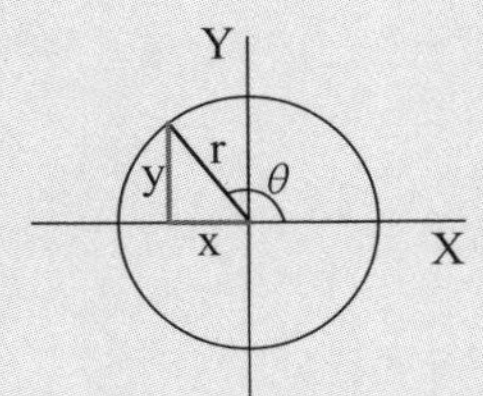

도형 A.5. 일반각에서의 삼각함수

〈도형 A.5〉에 보인 것처럼 XY 직교 좌표의 원점을 중심으로 하는 반경 r의 원을 생각할 때, +X축으로부터 벌어진 일반각 θ를 변수로 하는 삼각함수들은 다음과 같이 정의된다.

$$\sin\theta = \frac{y}{r},\ \cos\theta = \frac{x}{r},\ \tan\theta = \frac{y}{x} = \frac{\sin\theta}{\cos\theta}$$

이 경우 각도 θ는 +X축으로부터 현 위치까지 벌어진 원 둘레 길이를 반경 r로 나눈 값으로 정의한다(이것은 단위가 없는 순수비율이지만 라디안이라 부르기도 한다). 이러할 경우 360°는 2π에 해당하므로 90°는 $\pi/2$, 180°는 π에 해당한다. 이렇게 정의할 때, r은 항상 양의 값을 가지지만 직교 좌표계의 좌표 값들인 x와 y는 θ의 값에 따라 양(+) 또는 음(−)의 값을 가지기도 한다. 그리고 θ의 변역 역시 2π 이내에 국한하지 않고 〈도형 A.4b〉에 보이는 바와 같이 $-\infty$에서 $+\infty$에 이르는 실수의 전 영역을 망라한다.

θ와 삼각함수의 이러한 정의에 따르면

$$\sin(-\alpha) = -\sin\alpha,\quad \cos(-\alpha) = \cos\alpha,\quad \tan(-\alpha) = -\tan\alpha$$

$$\sin(\frac{\pi}{2} - \alpha) = \cos\alpha,\quad \cos(\frac{\pi}{2} - \alpha) = \sin\alpha$$

등의 관계식을 곧 확인할 수 있다.

이와 같은 성질을 이용할 경우 앞에서 제시한 삼각함수의 뺄셈정리에서 β를 $-\beta$로 치환함으로써 다음과 같은 삼각함수의 덧셈정리를 얻을 수 있다.

$$\sin(\alpha + \beta) = \sin\alpha\cos\beta + \cos\alpha\sin\beta$$

$$\cos(\alpha + \beta) = \cos\alpha\cos\beta - \sin\alpha\sin\beta$$

$$\tan(\alpha + \beta) = \frac{\tan\alpha + \tan\beta}{1 - \tan\alpha\tan\beta}$$

그리고 사인함수의 덧셈정리와 뺄셈정리를 결합함으로써

$$\sin\alpha\cos\beta = \frac{1}{2}\{\sin(\alpha + \beta) + \sin(\alpha - \beta)\}$$

를 얻을 수 있고, 다시 $(\alpha + \beta)$와 $(\alpha - \beta)$를 각각 새 변수 A와 B로 치환하면 다음의 결과를 얻는다.

$$\sin A - \sin B = 2\cos\frac{A+B}{2}\sin\frac{A-B}{2},$$

$$\cos A - \cos B = -2\sin\frac{A+B}{2}\sin\frac{A-B}{2}$$

또한 수학적 귀납법을 사용해 사인함수와 코사인함수의 가법정리를 거듭 사용하면 다음과 같은 드무아브르의 정리를 얻는다.

$$(\cos\theta + i\sin\theta)^n = \cos n\theta + i\sin n\theta$$

A.6 삼각함수를 통한 파동서술

〈도형 A.6a〉와 같이 사인함수와 코사인함수는 모두 파동 형태를 지니게 되는데, 이들 사이의 차이는 θ의 값이 $\pi/2$만큼 앞서거나 뒤선다는 것뿐이다. 그리고 이들이 시간−공간상의 실제 파동을 나타내기 위해서는 변수 θ를 공간 변수와 시간 변수로 나타낼 필요가 있으며 이들 파동의 세기를 나타내기 위해서는 이 함수들에 진폭 상수를 곱할 필요가 있다.

예컨대 시간(t) 상의 진동을 서술할 일반적 함수로 우리는 다음과 같은 형태를 생각할 수 있다.

$$y(t) = A\sin(\omega t + \alpha)$$

〈도형 A.6b〉에 보인 바와 같이 A는 진폭이며 α는 시간 $t=0$에서의 함수 값 곧 위상을 말해준다. 그리고 시간 t가 $2\pi/\omega$만큼 커질 때마다 함수는 처음 형태로 되돌아오므로 주기 T는 $T=2\pi/\omega$가 된다. 즉 이 표현에서의 각진동수(각주파수라고도 함) ω는 $2\pi/T$가 된다. 다시 시간(t)에 따라 공간(x)으로 퍼져나가는 파동을 서술하려면 이 함수를 다음과 같은 일반적 형태로 쓸 수 있다.

$$y(x,t) = A\sin(kx - \omega t + \alpha)$$

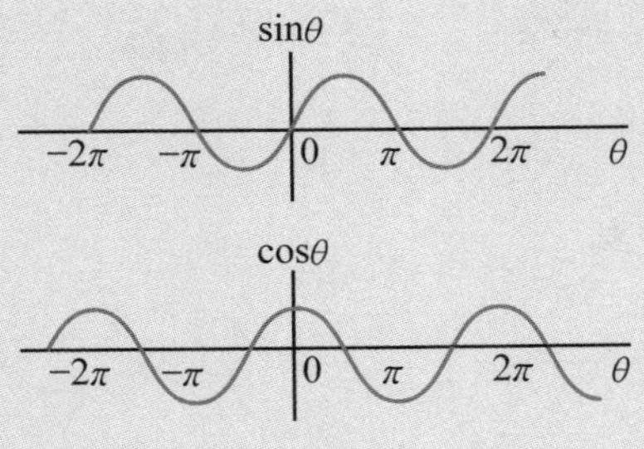

도형A.6a. 삼각함수의 파동 형태

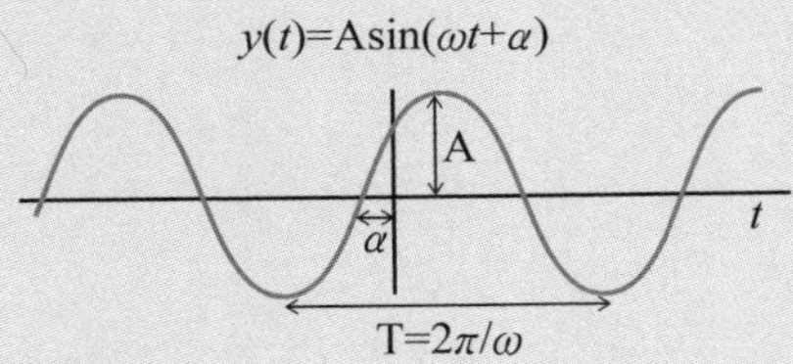

도형 A.6b. 삼각함수의 진폭과 주기

이 파동의 형태는 $kx-\omega t=0$일 경우 그 값이 $A\sin\alpha$로 불변일 것이므로 이 형태는 속도 $v=x/t=\omega/k$에 따라 움직이게 된다. 또 이 함수는 거리 x가 $2\pi/k$만큼 커질 때마다 처음 형태로 되돌아오므로 이것의 파장 λ는 $\lambda=2\pi/k$가 된다. 여기서 k는 각파동수라고 하며 그 값은 $k=2\pi/\lambda$가 된다. 한편 코사인 함수로도 이와 비슷한 파동이 서술되나 단지 그 위상만 $\pi/2$만큼 달라진다.

이러한 파동이 두 개 이상 시공간상에서 합쳐질 경우, 합성된 파동이 발생한다. 특히 파장과 주기가 같고 위상에만 차이가 있는 경우 그 위상 차에 따라 보강 간섭이나 소멸 간섭이 일어날 수 있다. 위상 차이가 2π의 정수 배가 될 때 보강 간섭이 일어나고 π의 홀수 배가 될 때에는 소멸 간섭이 된다.

A.7 지수함수와 로그함수

a를 양의 실수($a \neq 1$)라 할 때, 지수 a^x를 다음과 같이 정의한다.

(1) x가 자연수일 때, a^x: a를 x번 곱함

(2) x가 0일 때, $a^0 = 1$

(3) $-x$가 음의 정수일 때, $a^{-x} = \dfrac{1}{a^x}$

(4) m, n이 정수이며 $m > 0$일 때, $a^{\frac{n}{m}} = \sqrt[m]{a^n}$ ($\sqrt[m]{A}$는 m제곱하여 A가 되는 수)

(5) x가 무리수일 때, $a^x = \lim_{n \to \infty} a^{x_n}$ (수열 $\{x_n\}$은 극한값이 x인 유리수의 무한수열)

지수의 계산: x가 자연수일 때의 확장

(1) $a^p a^q = a^{p+q}$ (2) $(a^p)^q = a^{pq}$ (3) $(ab)^p = a^p b^p$

지수함수를 $x = a^y$ $(y > 0, a > 0, a \neq 1)$로 표기할 경우, 이것의 역함수를

$$y = \log_a x$$

로 표기하며, 이를 일러 a를 밑으로 하는 로그함수라 한다.

로그함수의 성질

(1) $a^0 = 1 \rightarrow \log_a 1 = 0,\ a^1 = a \rightarrow \log_a a = 1$

(2) $a^p a^q = a^{p+q} \rightarrow \log_a MN = \log_a M + \log_a N,$

$$\log_a \frac{M}{N} = \log_a M - \log_a N$$

(3) $(a^p)^q = a^{pq} \rightarrow log_a M^m = m log_a M$

지수함수와 로그함수를 활용할 경우, 그 밑이 되는 a값을 '오일러의 수Euler's number' 또는 '나피어의 상수Napier's constant'라 불리는 특별한 상수 $e \equiv \lim_{n\to\infty}(1+\frac{1}{n})^n = 2.7182818\cdots$로 지정하는 것이 편리하다. 이렇게 할 경우, 지수함수는 e^x 혹은 $\exp(x)$로 표기하며 이를 자연 지수함수라 부르고, 이에 대응하는 로그함수는 밑 a의 표기를 생략하고 $\log x$ 또는 $\ln x$로 표기하며 자연로그함수라 부른다. 이러한 자연지수함수와 자연로그함수가 특히 유용한 이유는 뒤에 보이는 바와 같이 이들의 도함수가 특별히 간단하기 때문이다. 자연 지수함수 e^x는 그 도함수가 원함수와 동일해지는 유일한 사례다(권말 부록 A.9절 참조).

한편 a=10을 취하면 지수함수는 $M=10^m$의 형태를 취하고 그 로그함수는 $m=\log_{10}M$의 형태를 취하는데, 이를 흔히 상용로그라 한다(흔히 상용로그를 log로 표기하고 자연로그를 ln으로 표기하기도 하나, 이 책에서는 자연로그 이외에는 거의 사용하지 않으므로 자연로그를 그대로 log로 표기하기로 한다).

일반적으로 밑 a와 b를 가진 로그함수들의 관계는

$\log_a x = \dfrac{\log_b x}{\log_b a}$ 로 주어진다.

[증명: $\log_a x = y$ 라 하면 $a^y = x$ 이므로 $\log_b a^y = \log_b x$ 이다.

한편 $\log_b a^y = y \log_b a$ 이므로 $y \equiv \log_a x = \dfrac{\log_b x}{\log_b a}$ 가 된다.]

이를 통해 자연로그와 상용로그의 관계를 살펴보면

$$\log x = \frac{\log_{10} x}{\log_{10} e} = 2.3026 \times \log_{10} x$$

의 관계를 얻는다.

A.8 오일러의 공식

물리학에서 매우 유용하게 사용되는 공식 하나가 다음과 같은 오일러 공식이다.

$$e^{i\theta} = \cos\theta + i\sin\theta$$

특히 $\theta=\pi$의 경우, $e^{i\pi}=-1$가 되어 원주율 π, 오일러의 수 e, 그리고 허수 단위 i가 결합되어 −1이라는 수치가 된다는 매우 흥미로운 결과를 준다.

오일러 공식을 증명하는 방법은 여러 가지 있으나 여기서는 앞에 소개한 드무아브르 정리

$$(\cos\theta + i\sin\theta)^n = \cos n\theta + i\sin n\theta \quad (1)$$

$$(\cos\theta - i\sin\theta)^n = \cos n\theta - i\sin n\theta \quad (2)$$

를 이용하기로 한다[(2)식은 (1)식의 θ에 $-\theta$를 대입하여 얻는다].

(1)식과 (2)식을 더하고 빼서 $\cos n\theta$와 $\sin n\theta$를 얻은 후, $x = n\theta$로 변수를 치환하면,

$$\cos x + i\sin x = (\cos\frac{x}{n} + i\sin\frac{x}{n})^n$$

을 얻는다. 이 식은 모든 n에 대해 성립하므로 $n \to \infty$에서도 성립한다. 이 경우, $\cos\frac{x}{n} \to 1$, $\sin\frac{x}{n} \to \frac{x}{n}$이므로

$$\cos x + i\sin x = \lim_{n\to\infty}(1 + i\frac{x}{n})^n \tag{3}$$

이 된다. 한편 $\lim_{n\to\infty}\frac{x}{n} = \lim_{m\to\infty}\frac{1}{m}$이므로

$$\lim_{n\to\infty}(1+\frac{x}{n})^n = \lim_{n\to\infty}(1+\frac{x}{n})^{\frac{n}{x}x} = \lim_{m\to\infty}(1+\frac{1}{m})^{mx} = e^x \tag{4}$$

마지막으로 (4)식의 x를 ix로 대치하면, (3)식의 우변이 되며, 이것이 바로 e^{ix}이다.

오일러 공식을 활용하면 삼각함수를 다음과 같은 지수함수로 표현할 수 있다.

$$\cos\theta = \frac{e^{i\theta} + e^{-i\theta}}{2}, \quad \sin\theta = \frac{e^{i\theta} - e^{-i\theta}}{2i}$$

또한 파동함수 형태의 오일러 공식

$$e^{i(kx-\omega t)} = \cos(kx - \omega t) + i\sin(kx - \omega t)$$

은 위치-시간 공간 (x, t)를 운동량-에너지 공간 (k, ω)로 전환시킬 푸리에 변환의 매개함수로 매우 유용하게 쓰인다.

A.9 미분과 적분

x의 함수 $f(x)$에 대해 다음 식을 만족하는 $f'(x)$이 있을 때, 이를 함수 $f(x)$의 도함수라 한다.

$$f'(x) \equiv \frac{d}{dx} f(x) = \lim_{\Delta x \to 0} \frac{f(x+\Delta x) - f(x)}{\Delta x}$$

주어진 함수 $f(x)$에 대해 그 도함수를 구하는 연산을 미분이라 한다. 반대로, 주어진 도함수 $f'(x)$에서 원함수 $f(x)$를 찾는 연산을 적분이라 하며

$$f(x) = \int f'(x)dx + \alpha$$

형태로 표기한다. 여기서 α는 임의의 상수이다. 원함수를 알면 도함수가 일의적으로 결정되나 도함수를 안다고 원함수가 일의적으로 결정되지 않는다. 이는 상수만큼의 차이를 가진 원함수들은 모두 같은 도함수를 가지기 때문이다.

예를 들면 시간의 함수로서의 경제성장률은 시간의 함수로서의 경제총량의 도함수다. 따라서 어느 시점의 경제총량(α에 대한 정보)을 알고 이후의 경제성장률(도함수)을 알면 이후 임의의 시점에서의 경제총량(원함수)을 산출할 수 있을 텐데, 이것이 바로 적분 연산이다.

자연 또는 사회의 원리 또는 법칙들은 이러한 도함수들이 어떠한 관

계 속에 있음을 말해주는데, 이 관계를 나타내는 수학적 형태를 미분방정식이라 부른다. 그리고 이를 통해 구체적 현상을 알려면 그 원함수들을 찾아내어야 하는데, 이 작업을 일러 '미분방정식을 푼다'고 한다.

대부분의 잘 알려진 함수에 대해서는 그 도함수가 알려져 있으며 많은 경우 표 형태로 정리되어 있으나, 여기서는 개념을 익힌다는 취지에서 몇 가지 대표적인 함수의 도함수를 직접 산출해보기로 한다.

1. $f(x) = x^2$

$$f'(x) = \lim_{\Delta x \to 0} \frac{(x+\Delta x)^2 - x^2}{\Delta x} = \lim_{\Delta x \to 0}(2x + \Delta x) = 2x$$

즉 이 함수의 도함수는 또 하나의 함수인 $f'(x) = 2x$ 이다.

2. $f(x) = \cos(x)$

$$f'(x) = \lim_{\Delta x \to 0} \frac{\cos(x+\Delta x) - \cos x}{\Delta x}$$

$$= \lim_{\Delta x \to 0} \frac{-2\sin(x + \frac{\Delta x}{2})\sin\frac{\Delta x}{2}}{\Delta x}$$

위 식을 얻는 과정에 등식 $\cos A - \cos B = -2\sin\frac{A+B}{2}\sin\frac{A-B}{2}$ 을 사용했다.

여기서 $\Delta x \to 0$의 경우, $\sin\frac{\Delta x}{2} \to \frac{\Delta x}{2}$, $\sin(x + \frac{\Delta x}{2}) \to \sin x$로 접근하므로

$$f'(x) = -\sin(x)$$

가 된다.

3. $f(x) = e^x$ [여기서 $e \equiv \lim_{n\to\infty}(1+\frac{1}{n})^n = 2.7182818$]

$$f'(x) = \lim_{h\to 0}\frac{e^{x+h} - e^x}{h} = e^x[\lim_{h\to 0}\frac{e^h - 1}{h}]$$

여기서 $e^h - 1 \equiv t$로 치환하면, $h = \log(t+1)$이 된다. 따라서

$$\lim_{h\to 0}\frac{e^h - 1}{h} = \lim_{t\to 0}\frac{t}{\log(t+1)} = \lim_{t\to 0}\frac{1}{\log(1+t)^{\frac{1}{t}}}$$

한편 $e \equiv \lim_{n\to\infty}(1+\frac{1}{n})^n = \lim_{t\to 0}(1+t)^{\frac{1}{t}}$이므로 $\log\lim_{t\to 0}(1+t)^{\frac{1}{t}} = \log e = 1$이 되어 $f'(x) = \frac{d}{dx}e^x = e^x$임이 증명된다.

여기서 보듯이 지수함수 e^x의 도함수는 e^x 그 자체가 되는 독특한 성질을 가진다.

다음에는 함수 $x=f(y)$의 역함수인 $y=f^{-1}(x)$의 도함수를 산출해보자. 이제 이 함수를 따라 변수들의 증분 Δx와 Δy를 취하면

$$\frac{\Delta x}{\Delta y}\cdot\frac{\Delta y}{\Delta x} = 1 \quad \text{즉} \quad \frac{\Delta y}{\Delta x} = \frac{1}{\frac{\Delta x}{\Delta y}}$$

을 얻는다. 이 경우 $\Delta x \to 0$은 곧 $\Delta y \to 0$을 함축하므로 다음과 같이 된다.

$$\lim_{\Delta x\to 0}\frac{\Delta y}{\Delta x}=\lim_{\Delta y\to 0}\frac{1}{\frac{\Delta x}{\Delta y}},\quad \frac{dy}{dx}=\frac{1}{\frac{dx}{dy}}\quad \text{즉}\quad \frac{d}{dx}f^{-1}(x)=\frac{1}{\frac{d}{dy}f(y)}$$

하나의 사례로 $y=\log x$, $x=e^y$의 경우를 생각해보면

$$\frac{dy}{dx}=\frac{d}{dx}\log x=\frac{1}{\frac{dx}{dy}}=\frac{1}{\frac{d}{dy}e^y}=\frac{1}{e^y}=\frac{1}{x}$$

즉 함수 $\log x$의 도함수는 $\frac{1}{x}$임이 입증된다.

A.10 편도함수와 편미분

두 개 이상의 변수 $x, y\cdots$를 지닌 함수 $f(x, y\cdots)$가 있을 때, 변수 x를 제외한 나머지 변수들이 고정되어 있음을 가정하고 x만의 변화에 따른 도함수, 즉

$$\frac{\partial}{\partial x} f(x, y\cdots) \equiv \lim_{\Delta x \to 0} \frac{f(x+\Delta x, y\cdots) - f(x, y\cdots)}{\Delta x}$$

를 함수 $f(x, y\cdots)$의 변수 x에 대한 편도함수라 한다. 이 함수에 대한 다른 변수들 예컨대 변수 y에 대한 편도함수

$$\frac{\partial}{\partial y} f(x, y\cdots) \equiv \lim_{\Delta y \to 0} \frac{f(x, y+\Delta y\cdots) - f(x, y\cdots)}{\Delta y}$$

또한 같은 방식으로 정의된다. 그리고 편도함수를 얻는 연산을 편미분이라 한다.

이러한 편미분의 대표적인 활용 사례를 공간변수 x와 시간변수 t를 포함하는 자연지수 함수

$$\exp i(kx - \omega t) = \cos(kx - \omega t) + i\sin(kx - \omega t)$$

에서 찾아볼 수 있다. 이것을 x와 t로 편미분해보면

$$\frac{\partial}{\partial x}\exp i(kx-\omega t)=ik\exp i(kx-\omega t)$$

$$\frac{\partial}{\partial t}\exp i(kx-\omega t)=-i\omega\exp i(kx-\omega t)$$

를 얻는다. 따라서 만일 편미분 연산 $-i\frac{\partial}{\partial x}$, $i\frac{\partial}{\partial t}$를 함수 $\exp i(kx-\omega t)$에 시행하면

$$-i\frac{\partial}{\partial x}\exp i(kx-\omega t)=k\exp i(kx-\omega t)$$

$$i\frac{\partial}{\partial t}\exp i(kx-\omega t)=\omega\exp i(kx-\omega t)$$

가 되어, 실수 값을 지닌 상수 k와 ω가 곱해지는 것 외에는 동일한 함수 $\exp i(kx-\omega t)$를 도로 얻는 결과가 된다. 이러한 경우, 함수 $\exp i(kx-\omega t)$를 연산자 $-i\frac{\partial}{\partial x}$, $i\frac{\partial}{\partial t}$의 고유함수라 하며, 상수 k와 ω를 이들 연산자의 고유 값이라 한다.

A.11 미분과 적분에 대한 몇몇 주요공식

미분의 정의를 충실히 따르면 유용한 여러 공식들을 도출할 수 있다. 이들은 많은 문헌에 잘 수록되어 있으므로 여기서는 특히 유용한 몇 가지만 별도의 증명 없이 제시키로 한다.

(1) $\frac{d}{dx}[f(x)+g(x)] = \frac{d}{dx}f(x) + \frac{d}{dx}g(x)$

$\int[f(x)+g(x)]dx = \int f(x)dx + \int g(x)dx$

(2) $\frac{d}{dx}[kf(x)] = k\frac{d}{dx}f(x)$ 단, k는 상수임

$\int[kf(x)]dx = k\int f(x)dx$

(3) $\frac{d}{dx}[f(x)g(x)] = \frac{df(x)}{dx}g(x) + f(x)\frac{dg(x)}{dx}$

$\int f(x)\frac{dg(x)}{dx}dx = f(x)g(x) - \int g(x)\frac{df(x)}{dx}dx$

(4) $\frac{d}{dx}[\frac{f(x)}{g(x)}] = \frac{\frac{df(x)}{dx}g(x) - f(x)\frac{dg(x)}{dx}}{g(x)^2}$, 특히 $\frac{d}{dx}[\frac{1}{g(x)}] = \frac{-\frac{dg(x)}{dx}}{g(x)^2}$

다음은 몇몇 잘 알려진 함수들의 미분과 적분 공식들이다.

(1) $\frac{d}{dx}x = 1$, $\int dx = x$

(2) $\frac{d}{dx}x^m = mx^{m-1}$, $\int x^m dx = \frac{x^{m+1}}{m+1} (m \neq 1)$

(3) $\frac{d}{dx}\log x = \frac{1}{x}$, $\int \frac{1}{x} dx = \log |x|$

(4) $\frac{d}{dx} e^x = e^x$, $\int e^x dx = e^x$

(5) $\frac{d}{dx}\sin x = \cos x$, $\int \sin x dx = -\cos x$

(6) $\frac{d}{dx}\cos x = -\sin x$, $\int \cos x dx = \sin x$

(7) $\frac{d}{dx}\tan x = \sec^2 x$, $\int \tan x dx = \log |\sec x|$

여기서 $\sec x \equiv \frac{1}{\cos x}$ 임

A.12 매클로린 정리와 매클로린 근사

함수 $f(x)$가 $x=0$ 근처에서 n회 미분 가능할 때, $x=0$에 충분히 가까운 x에 대해 다음의 식이 성립한다(매클로린 정리: 증명 생략).

$$f(x) = f(0) + f'(0)x + \frac{f''(0)}{2!}x^2 + \cdots + \frac{f^{(n-1)}(0)}{(n-1)!} + \frac{f^n(\theta x)}{n!}x^n$$

$$(\text{단, } 0 < \theta < 1)$$

이 식은 특히 $x \ll 1$의 경우, 근사식을 얻는 데에 매우 유용하다. 그 대표적 사례는 다음과 같다.

$$(1 \pm x)^n = 1 \pm nx + \frac{n(n-1)}{2!}x^2 \pm \cdots$$

$$\sqrt{1 \pm x} \equiv (1 \pm x)^{1/2} = 1 \pm \frac{1}{2}x - \frac{1}{8}x^2 \pm \cdots$$

A.13 등비수열의 합 공식

첫째 항 a, 공비 r인 등비수열의 n항까지의 합 즉

$$S_n = a + ar + ar^2 + \cdots + ar^{n-1} \tag{1}$$

의 값은 다음과 같다.

$$S_n = \frac{a(1-r^n)}{1-r} \quad (r \neq 1) \tag{2}$$

• 증명

(1)식 양변에 r을 곱하면

$$rS_n = ar + ar^2 + \cdots + ar^n \tag{3}$$

이고 (1)식에서 (3)식을 빼면 $S_n(1-r) = a(1-r^n)$ 곧 (2)식을 얻는다.

• 사례

$$S_\infty = \sum_{n=0}^{\infty} e^{-nx} = \frac{1}{1-e^{-x}} \quad (e^{-x} < 1)$$

권말 부록

수학 기호와 부호

기호	의미
$=$	(양변의 값이) 서로 같다
$\approx, \simeq$	근사적으로 같다
$\neq$	서로 같지 않다
$\equiv$	~와 동등하다, ~로 정의된다
$>(\gg)$	좌변이 (훨씬) 더 크다
$<(\ll)$	우변이 (훨씬) 더 크다
$\pm$	+이거나 −이다
$\propto$	서로 비례한다
∞	무한히 크다
$\lim\limits_{a\to b}$	a가 b로 무한히 접근한다
$\sum\limits_{\mu}$	μ에 대해 모두 합한다
$\delta_{\mu\nu}, \delta_{\mu}^{\nu}$	$\mu=\nu$일 때 1, $\mu\neq\nu$일 때 0의 값을 가진다. (여기서 $\delta_{\mu\nu}, \delta_{\mu}^{\nu}$는 기호 크로네커 델타의 서로 다른 두 표현임)

그리스 문자와 발음

A α	알파 Alpha	N ν	뉴 Nu
B β	베타 Beta	Ξ ξ	크시 Xi
Γ γ	감마 Gamma	O o	오미크론 Omicron
Δ δ	델타 Delta	Π π	파이 Pi
E ε	엡실론 Epsilon	P ρ	로우 Rho
Z ζ	제타 Zeta	Σ σ	시그마 Sigma
H η	에타 Eta	T τ	타우 Tau
Θ θ	데타 Theta	Y υ	입실론 Upsilon
I ι	이오타 Iota	Φ φ	화이 Phi
K κ	카파 Kappa	X χ	카이 Chi
Λ λ	람다 Lambda	Ψ ψ	프사이 Psi
M μ	뮤 Mu	Ω ω	오메가 Omega

참고 문헌

권오봉,《퇴계선생 일대기》, 교육과학사, 1997.

금장태,《성학십도와 퇴계철학의 구조》, 서울대학교출판부, 2001.

송희성,《양자역학》, 교학연구사, 2014.

이상은,《퇴계의 생애와 학문》, 예문서점, 1999.

이정전 외,《인간문명과 자연세계》, 민음사, 2014.

이황, 조남국 역,《성학십도》, 교육과학사, 1986.

이희익 주해,《선종사부록》, 보련각, 1972.

이희익,《깨달음에 이르는 열 가지 단계: 십우도》, 경서원, 1985(2003 개정).

장현광, 성백효 역,《국역여헌집》 I·II·III·VI: '고전국역총서' 304~307, 민족문화추진회, 1996.

장현광, 이기복 역,《우주설》(〈답동문〉 포함), 지식을만드는지식, 2018.

장회익 외,《양자, 정보, 생명》, 한울2, 015.

장회익,《삶과 온생명》, 현암사, 2014.

장회익,《생명을 어떻게 이해할까?》, 한울, 2014.

정순목,《퇴계정전》, 지식산업사, 1992.

조광호 역해,《십우도》, 비운과소통, 2015.

데카르트, 이현복 역,《방법서설》, 문예출판사, 1997.
데카르트, 이현복 역,《성찰》, 문예출판사, 1997.
리처드 웨스트폴, 김한영 · 김희봉 역,《아이작 뉴턴》 1, 알마, 2016.
안토니오 다마지오, 임지원 역,《스피노자의 뇌》, 사이언스북스, 2007.
에르빈 슈뢰딩거, 김태희 역,《물리학자의 철학적 세계관》, 필로소픽, 2013.
에르빈 슈뢰딩거, 서인석 · 황상익 역,《생명이란 무엇인가?》, 한울, 1992.
에르빈 슈뢰딩거, 전대호 역,《생명이란 무엇인가?》, 궁리, 2007.
월터 무어, 전대호 역,《슈뢰딩거의 삶》, 사이언스북스, 1997
위르겐 네페, 염정용 · 염영록 역,《안녕, 아인슈타인》, 사회평론, 2005.
제러미 번스틴, 장회익 역,《아인슈타인》 I · II, 전파과학사, 1976.

Aczel, Amir. *Descartes'Secret Notebook*. Random House, 2005.
Barrow, John D. *The Book of Universes.* New York: Norton&Co, 2011.
BÖhmer, C. G. *Relativity and Cosmology General.* World Science, 2016.
Broda, E. *Ludwig Boltzmann.* Ox Bow Press, 1983.
Chesterton, G. K. *The Innocence of Father Brown.* New York: Dodd, 1911.
Clarke, Desmond. *Descartes: A Biography.* Cambridge University Press, 2006.
Cottingham, John. *The Philosophical Writings of Descartes.* Volume 1.

Cambridge University Press, 1985.

Crick, Francis. *The Astonishing Hypothesis: The Scientific Search for the Soul.* London: Simon&Schuster, 1994.

Damasio, A. *Looking for Spinoza.* London: Random House, 2003.

Dukas, H. and Hoffmann, B. *Albert Einstein: The Human Side.* Princeton, 1979.

Einstein, A. "Autobiographical Notes." in *Albert Einstein: Philosopher-Scientist.* Schilpp, P. A. ed. Harper&Row, 1959.

Einstein, A. *Ideas and Opinions.* New York: Crown, 1954.

Einstein, A. *The Collected Papers of Albert Einstein.* Vol. 1. Princeton University Press, 1987.

Feuer, Lewis. *Einstein and the Generations of Science.* Basic Books, 1973.

Frank, Philipp. *Einstein: His Life and Times.* New York: Alfred Knop, 1947.

Gardner, Howard. *Creating Minds: An Anatomy of Creativity.* Basic Books, 2011.

Gleick, J. *Isaac Newton.* Vintage, 2003.

Hoffman, B. *Albert Einstein: Creator and Revel.* Plume, 1973.

Kalton, C. Michael. *To Become A Sage–The Ten Diagrams on Sage Learning by Yi T'oegye.* New York: Columbia University Press, 1988.

Laplace, Pierre Simon. *Essai philosophique sur les probabilités.* 2nd ed. 1814.

Lawden, D. F. *An Introduction to Tensor Calculus, Relativity and Cosmology.* 3rd ed. Wiley, 1982.

Martin J. Kline. *Paul Ehrenfest.* American Elsevier Pub Co, 1970.

Moore, Walter. *Schrödinger: Life and Thought.* Cambridge University Press. 1989.

Moszkowski. *Conversations with Einstein.* 1920.Seelig, C. *Einstein: A Documentary Biography*. Staples Press, 1952.

Nadler, Steven. *Spinoza:A Life*. Cambridge University Press, 1999.

Regis, Ed. *What is life?.* Oxford, 2008.

Ryden, Barbara. *Introduction to Cosmology*. 2nd ed. Cambridge University Press, 2017.

Schrödinger, E. *My View of the World.* Ox Bow Press, 1983.

Schrödinger, E. *Statistical Thermodynamics.* Cambridge University Press, 1946.

Schrödinger, E. *What is Life?.* Cambridge University Press, 1944.

Seelig, C. *Einstein:A Documentary Biography*. Staples Press, 1952.

Strathern, Paul. *Spinoza in 90 Minutes.* Dee, 1998.

찾아보기

문헌

ㄹ

ㅁ

ㅂ

ㅈ

ㅎ

장회익의 자연철학 강의

철학을 잊은 과학에게, 과학을 잊은 철학에게

1판 1쇄 발행 2019년 9월 20일
1판 2쇄 발행 2020년 10월 6일

지은이 장회익
펴낸이 고병욱

책임편집 허태영 **기획편집** 김경수
마케팅 이일권, 한동우, 김윤성, 김재욱, 이애주, 오정민 **디자인** 공희, 진미나, 백은주
외서기획 이슬 **제작** 김기창 **관리** 주동은, 조재언 **총무** 문준기, 노재경, 송민진

펴낸곳 청림출판(주)
등록 제1989-000026호

본사 06048 서울시 강남구 도산대로 38길 11 청림출판(주)
제2사옥 10881 경기도 파주시 회동길 173 청림아트스페이스
전화 02-546-4341 **팩스** 02-546-8053

홈페이지 www.chungrim.com
이메일 cr2@chungrim.com
페이스북 https://www.facebook.com/chusubat
ISBN 979-11-5540-153-8 93100

- 추수밭은 청림출판(주)의 인문 교양도서 전문 브랜드입니다.
- 이 도서의 국립중앙도서관 출판예정도서목록(CIP)은 서지정보유통지원시스템 홈페이지 (http://seoji.nl.go.kr)와 국가자료공동목록시스템(http://www.nl.go.kr/kolisnet)에서 이용하실 수 있습니다.(CIP제어번호: 2019029584)